集人文社科之思　刊专业学术之声

集 刊 名：清华国学

主办单位：清华大学国学研究院

主　 编：陈　来

第五辑

集刊序列号：PIJ-2021-444

中国集刊网：www.jikan.com.cn/ 清华国学

集刊投约稿平台：www.iedol.cn

中国学术期刊网络出版总库（CNKI）收录
集刊全文数据库（www.jikan.com.cn）收录

清华大学国学研究院　主办

陈来　主编

清华国学

第五辑

本辑执行主编　赵金刚

社会科学文献出版社
SOCIAL SCIENCES ACADEMIC PRESS (CHINA)

目录

1

佛学研究

文化结构与文明交流

书　评

旧文新刊

朱子的形而上学

张东荪

此文已早送登《燕京学报》，时在民国三十年秋间，发排后，手民将小样与原稿一同交我自校，我校完了把小样送回，却将原稿留下，迨至十二月八日燕大被封时，该报虽曾印好，却尚未发行遂亦同被毁坏。今中大何校长索稿，我检屉中，居然发见此文原稿：此中殆有天意，即或则天要留此区区一篇而为今天中大学报充篇幅也。且我以狴犴余生，犹得见此文之重新付刊，真不能不引以为奇了。民国三十三年十二月一日自志。

本篇是为李相显君所撰《朱子哲学》一稿而作的一个长序。李君费了一年多的光阴，村居闭门，著成此书，有六七十万言。其中材料可谓丰富之至。不过他对于解释却十二分审慎。他只用朱子自己的话来解释，不加任何比较，亦不用新的名词。我看了以后，不由得引起我的兴会来了。我觉得非从现在我们的观点来解释不可。故本篇所说的一切话完全是我个人的观察，并不与李君相干。一切由我自负其言责，不过取自于李君所搜集的材料而已。

论述古人的思想有两个方法：一是只用他自己的话；一是用我们现在的说法去解说他。但这两个方法又都各有困难。他自己的话如果本是明白的，当然不用解说。倘使不明白，则再用他自己的话去解说，必定依然不能使我们了解。如果用我们今天所流行的言语去注释，则我们心目中所想的是否与他的原义完全一致又成问题。稍一不慎，反而引出误会。这两个方法既各有短长，则我们只能任择其一，而不求兼顾。换言之，求确切必须照他自己的话便有时失之不明白；求明白必定用我们的说法则有时恐怕不太确切。二者决难兼顾。所以本篇是采用第二种方法，希望在用我们的说法中尽量以求其

3

与原义吻合。

须知凡对于古代思想的了解条须是把他拉到我们现在的文化境况中予以相当的位置而始能了解之。文化的阶段已经变了；在以前的那个文化中的思想对于我们的现代已经失了其功用；我们要了解这种思想不是一件容易的事情。必定把他在那时的文化境况全唤起来，从他在那个时代上的文化功用来看，方能真了解他。但是必须注意一点：就是我们自己是为我们这个时代的文化境况所拘住的。我们不知不觉而自然就把自己的"思想格局"（frame of thought）从现在的文化状态上使其固定化了。所以我们看那个离开我们很长久的过去思想终不免是戴着自己的眼镜子的。因此我们要了解过去的学说，同时我们必须先了解现在的思潮。人们常有个弊病：就是往往喜欢拿现在的思想来比拊古代的思想。这是从现在思想与古时思想之同点来着眼。我则以为与其着眼于同不如着眼于异。因为从其相异之点可以反映出古时候文化的全境，同时亦足明现代的文化境况之特色。因为从同上着眼是把一个思想而分为若干点，以见其某某点之相同；而从异上着眼是看一个思想的整个配合与系统。我尝说过，正犹一个人之面部，苟其分开来看，只看其眼鼻，或许发见与他人竟十二分相像，但合而观之，看他的整个儿的脸便几乎没有一点相同了。但读者不可以为同异是可以完全独立的，本来讲同就暗中以异为背境，现在讲异当然亦不是把同从其背后完全抽出去。因为这个原故，我所以专从朱子与其他学说的不同处来述说。我所用以比较的是西洋哲学。因为西洋哲学在近年以来输入中国，已成为中国现代文化之一部分了。今后中国人恐怕要一天比一天知道西方思想较多于中国自己的古代思想了。故我即以西方思想来代表现代文化，用以与朱子相比，而由比较以求得对于朱子的真正了解。我所用的共有四派，即一是亚里斯多德的方式与质料之两元论，二是柏拉图之意典论，三是美国的新实在论派之共相论，四是黑格儿之动的逻辑。但这样办法却不包括我个人亦赞成他的主张。我只是求得一个纯粹的了解而已。这一点在下文自会明白。总之，本篇所以详述朱子哲学，就是拿他当作一个系统而加以分析，意在表明这样系统上的思想格式对于其文化境况之关系。

我们讨论朱子哲学分下列各点：

一、道是什么？

二、道与理的关系是什么？

三、理是什么？与太极是什么？

四、理与气的关系是什么？

五、气是什么？

六、理与性的关系是什么？

七、理与心的关系是什么？

在此首先要提醒一句：就是所谓"是什么？"这个发问的观念本身是由于我们的文化境况而起的。为什么在朱子的时代他自己不问这些概念究竟是什么呢？可见这个发问的态度本身就表示一个文化上的思想格调。并不是任何文化都有这样的思想态度。这里便牵涉到一个"文化距离"的问题，我以为普通所谓心理距离至少有大部分是由文化距离而造成的。文化距离有时代的关系：我们今天对于古代的思想往往不能澈底明白，就是由在文化上已经有了相当的距离。中国人不十分了解外国的思想亦正是由于文化有距离。现在最奇怪的是：因为数十年来欧化教育的结果把中国青年反而弄的比较容易了解外国学术而比较不容易明白中国自己的古代思想，这显然是我们今天的文化距外国较近而距古代反远了。我们在自己的时代中把我们的思想不由然而然困在一种格局之下。所以我们看见了那些字，如道、理、性与心等要问是什么，而殊不知这些字在当时乃全是习见的。正和我们今天眼见飞机大炮而不问其是什么一样。今天来问，道是什么，理是什么，乃是从我们的"思想格局"来发言。这个思想格局是隐然受了西方名学上定义的影响。我会在别的文章上举出中国没有定义。后来我才知道这完全是思想格局的不同，并不是中国人不进步或有忽略。因为西方人的"定义"不是一件单独的事，乃是文化全盘上所形成的，有其深远的哲学背境，有其连带的文化境况。并且我们有个大误会：总以为对于一个事物而追问其是什么是把他弄的归还于本原。殊不知所有的追问都只是加以解释。详言之，即只是"增加"（addition）而不是"还元"（reduction）。乃是把一层一层的解释增加上去，并不是像剥芭蕉一样，一层一层剥下来。解释自是随时代而不同。所以我们问，道是什么，便无异于我们对于道给予一个新的解释。详言之，即从我们今天来看，道是什么。

于此所谓"什么"乃是指其配入于我们今天文化境况中始确定其意义而言，虽不能说没有原来意义，然其确定必有待于我们的视点来调配他。我这几句话恐怕读者或有误会。再举一例以明之。例如我们说朱子的理就是现代

哲学上的 universal（共相），这好像是把古代思想嵌入于现代的文化而求其了解了。其实不然。这样反而不能了解。因为这是比附。反之倘使我们说朱子的理和 universal 不同，这样却足以助我们的了解。就是我们用现代思想来比附不如用现代文化来衬托。本篇对于朱子就是想把其原有的意义与现在的观点配剂来讲，以明其在一个整儿个的之中，反而得使原有意义更为明显。

明白了此点，请即进而讨论道是什么。朱子说：

> 形而上者谓之道；形而下者谓之器，道本无体。那无声无臭便是道。（《朱子语类》卷三十六）

又说：

> 伊川云：形而上者谓之道；形而下者谓之器。须著如此说。曰：这是伊川见得分明，故云须著如此说。形而上者是理；形而下者是物。如此开说，方见分明如此了。"（《语类》卷七十五）
>
> 形而上者谓之道；形而下者谓之器。道是道理，事事物物皆有个道理；器是形迹，事事物物亦皆有个形迹。（同上）

我们乍看起来便容易以为道即是理，换言之，即道是道理之道。其实在朱子既然继承孔孟则当然对于道与理二字在概念上有些分别。试看朱子自己的话：

> 道须是合理与气看。理是虚的物事；无那气质则此理无安顿处。《易》说一阴一阳之谓道，这是兼理与气而言。阴阳，气也；一阴一阳则是理矣。（《语类》卷七十四）
>
> 道者，兼体用，该隐显而言也。（《语类》卷六）

在此显然可见道当作一个概念来看，其范围比理这个概念为广。换言之，即在道的概念中可以包括理的概念。这自然是由于传统的大统所使然。然而有一点很可以注意的：就是孔孟的书中道字可谓甚多甚多，而理字却不多见。到了朱子虽则道的概念仍然存在，且较理为广泛，然而却是以理为骨

干来说明这个道。所以他说:

> 阴阳,气也,形而下者也。所以一阴一阳者理也,形而上者也。道即理之谓也。(《通书解》)

要说明道必以理为骨干则必定牵涉到体用二个概念。关于体用二辞,他有很好的说明:

> 假如耳便是体;听便是用;目是体,见是用。(《语类》卷一)
> 体是这个道理;用是他用处。如耳听目视,自然如此,是理也。开眼看物:着耳听声,便是用。(《语类》卷六)

这样使我们对于体用二字可以得一个确当的解释。以现代哲学上的专门语来解释之,可以说二者绝对不是所谓 reality versus appearance。体的意思颇近于英文 the substantive;至于用当然是 activity。须知凡有用必是发自于体;但无用亦不能见体。体与用是互相而见的。在这点上便和亚里斯多德所谓的 substance 微有不同,因为在亚氏此字是由 substratum 而来的。便变了一切东西的底质或底层了。但宋儒的体用是随处而现的。故至少有一些些的差别。至于说理是体,在朱子系上,固可以说,但细按之,当知体依然还是指太极而言。关于太极当另讨论之。须知形而上者谓之道,形而下者谓之器,本是《易经》上的话;而在朱子则应得云,形而上者谓之理,形而下者谓之气。至于道则较广于理。朱子说"道是统名,理是细目",又说:"道字宏大,理字精密。"并又说:

> 问道与理如何分?曰:道便是路,理是那文理。道字包得大,理是道字里许多理脉。(《语类》卷六)

这显然是道的意义较理为广。道是体用的,道所以兼含有用的缘故是因为他只少有动的意义在内。所以说:

> 天地之化,往者过来者续,无一息之停,乃道之本然也。(《论语集

注》卷五)

道既是兼用而言，则理乃偏于体之意。试观下列一语便知二者之不同。

> 仁者人之所以为人之理也。然仁，理也；人，物也。以仁之理合于人之身而言之，乃所谓道也。(《孟子注》卷七)

根据上述则我们便知道与理之关系是什么，因为道与理的关系遂使我们得知道的性质是什么。详言之，即阴阳是气，是形而下的；一阴一阳是理，是形而上的；而所以发为一阴一阳则是道。在这个解释上显然可见宋儒对于《易经》上儒家思想有一个大修正。就是在道之下又添了一个理。这个理字在《大学》上完全不见；在《中庸》上亦只有"君子之道淡而不厌，简而文，温而理"与"文理密察，足以有别也"两句。都是把理字当作"条理"解，并无形而上的含义。到了孟子始有"心之同然者理也义也"等说法，虽比《中庸》上的意义深些，然而其重要仍不在道字之上，亦不足与道字并驾齐驱。我们从今天来看，必知宋儒的根据是《孟子》与《易经》(《说卦传》上有"和顺于道德而理于义，穷理尽性以至于命""将以顺性命之理"又《系辞》上"易简而天下之理得矣"云云)而在这些地方，理这个观念显然与道这个观念是不能比较的。宋儒乃把这个"理"特别提出来，不仅使其与道并重并且使其为道的骨干。这便是宋儒在中国思想更上的一大推展。他们虽自称道学，而后世竟称之为理学，想即由于此故。

道的原义是路。路字是只取其可以遵循的意义。凡可以遵循的必有一定的途径。从一定的途径而言，遂把可以遵循又变为必然遵循。由必然遵循更一转为当然遵循。道这一个概念就同时含有这些意义。就"可以"来讲，是英文的 possibility，就"必然"来讲，是英文 necessity，就"当然"来讲，是英文 ought。这三者在西方思想上有很大的区别。而中国则不然。凡可能的都是必然的，凡必然的都是应当的。反过来说，亦是一样：凡应该的都是必然的，凡必然的无不是可能的。从前一半来说，是形上学 (metaphysics)，从后一半来说是伦理学 (ethics)。中国思想的特点即在于把形上学与伦理学完全合而为一。并不是把形上学作为理论的基本原则，而视伦理学为原则的实际应用。因为中国只有这样一套思想，根本上分不清楚那是原则与那是应用。

换言之，即同时是形上学，同时又是伦理学。居于我们的现代，如果不明白这一点势必对于宋儒理学终是有些隔膜。

根据此义，我们看朱子的下列的话便会明白其义。

> 阴阳成象，天道之所以立也；刚柔成质，地道之所以立也；仁义成德，人道之所以立也。道一而已，随事著见。（《太极图说解》）
>
> 天人无二理；本末无二致。尽人道即天道亦尽。（《答廖子晦书》）

于此我们便知在宋儒思想中是道德（人事）与物理（自然）看作一件事。水之流与火之热即等于君之仁，臣之忠。换言之，即父之慈子之孝在性质上与水流火热相同。所以我说宋儒是把宇宙论与道德论打成一片。讲宇宙的秩序就是讲人伦的道德；讲善恶的伦理就是讲自然的职能。这一点是宋明理学的特色。——虽则其根底是出于《易经》。

我们在此要讲一讲形而上与形而下是什么意义。须知形而上不是指"抽象"（abstract）而言。抽象这个意义在西方是始于亚里斯多德，他说我们研究数学时把物之色，形，大小，重量皆抽去，而止留其数（metaphysica 061a29）。后来白尔文（Baldwin）的《哲学辞典》上就有下列的话。

> Abstract is a relative designation, probably implying throughout its various uses, (a) the isolation of an aspect, quality, or relation from the whole in which it is directly apprehended and(b) the employment of the isolated fact or as the subject of an assertion and therefore the assignment to it of a certain measure of independent, substantive existence.

这显然可见不问所抽出者是不是个实质的存在，而总是从"具体"与"浑合"的全体中抽出来，方足为抽象。虽然朱子讲理时并不离气，单就理而言，好像是从理与气的合一中把理单独抽出来，则理便成为抽象的了。其实这个意思有些差别。朱子说：

> 理未尝离乎气。（《语类》卷一）

但他又说:

> 所谓理与气,此决是二物。但在物上看,则二物浑沦不可分开各在
> 一处。然不害二物之各为一物也。(《文集》卷四十六)

据此则形而上一语是说明理的自身的性质,纵使这个说明是等于比较。
却并不是先从其与气合在一起的时候抽出来而后讲的。因此我们须知形而上
与抽象,这两名辞的内包外延至少有一些不同。抽象只重在由其体事物中抽
出,而所抽出者却不限定必是无形无迹的。至于形而上则全指超乎形迹物相
而言。不见得所有抽象的都是形而上的;亦不见得所有形而上的都是抽象
的。例如我们从许多具体的红物而抽出一个"红"的概念来,这个概念却不
能完全无形无迹。故名之曰"共相",依然有相,不过遍在于多数的具体物
上而已。可以说是超时空的,而不可说无时空的。可以说是离经验的而不可
说是非经验的。朱子的形而上一语在表面上看,是很浅的,或许就是指无声
无臭而言,正与有形有迹相对,有形有迹当然是经验的。但无声无臭却不可
仅认为是超经验的。因为超经验的一语与形而上的一语在内包外延上恐怕又
有些不同。例如康特(Kant)所举的例,两点之间的直线必是最短,这便是
超经验的而却不是形而上的。须知中国的思想格局上有一大弊病:就是往往
以类(genus)来说明种(species)而略其差别的地方。例如云白,色也。
在《说文》上这种例是举不胜举的。姑举一端以明之,如:

> 悲,痛也。恻,痛也。惜,痛也。愍,痛也。殷,痛也。悠,痛也。

其实这些都是痛之一种。故对于"白,色也"而若改为"白,色之一种
也"就比较可以明白些。所以形而上者谓之道,就只是道者形而上者也。在
概念上却不能严格把形而上者完全与道相等质等量。形而上一语若就其浅义
言之,当然是指无声无臭与无形无迹。这不过只是状谓理与道而已。就是说
道与理是不可以目见,以耳闻的。然而却不可翻过来说。如果说,凡是无声
无臭无形无迹的都是理与道,这却有了问题了。例如普通的"神"与佛教的
"涅槃"都是无声无臭的,然而在朱子却不认为就是道。我所以如此郑重言
之的缘故只在于想表明我们不能用其他的超时空者〔例如新实在论的共相与

柏拉图的意典（idea）〕来解释朱子的理。

不仅这一点是如此，朱子的理与西洋哲学上的共相还有很大的不同。先说共相的意义。孟太葛（W. P. Montague）在其《知识之方法》（*The Ways of Knowing*）上说：

> By universals are meant such objects of thought as are signified by class-names, horse, man, and by abstract names, roundness, redness. (p. 70)

他们（新实在论者）以为"红""方"等等都是共相，因为是不限于那一个花的红，那一个桌子的方之故。他们主张这些共相是在逻辑上先于具体事物而存在。不过其存在不是现实上特殊的"具在"（existence）而是性质上普遍的"附在"（subsistence）。就这些意义来看。显见与朱子的理有不同。我们遂进而讨论到理的性质了。

朱子的理乍看起来好像与先秦思想所谓理有很大的差异，而其实却仍和《中庸》与《易经》上的原义并不相冲突。戴东原说，理者分也，就是把理只训为条理。其实这个理的原义在朱子亦仍是保留着，不但保留着且亦固持之。试看他的话：

> 理各有条理界瓣。（《语类》卷六）
> 理是有条瓣，逐一路子，以各有条理之谓。（同上）
> 理如一把线相似。有条理，如这竹篮子相似。（同上）

我们既把这个理的原义把握着了，则便知我们平常把理字用滥了，致与原有的意义相出入。如我们普通说，某人讲理，某人不讲理，于此，理字是指社会所公认的"当然"。又如我们说物理或心理，这是指物的"结构"（structure）或心的结构。这两种意义都容易使人对于理的真义有误会。社会上所公认的当然固不是完全与宋儒所谓理丝毫不相通，但一是相对的，一是绝对的，在涵义上大大不同。至于物理与心理尤其使人有误解。就是因为结构是讲其物的自身，可以说是偏于"自性义"（intrinsic sense）。但条理却是兼取"连他义"（extrinsic sense）。宋儒所谓条理即是秩序，如上下之别，长幼之秩，君臣之分等等。别不能离上下，秩不能离长幼，位不能离君臣。换

言之，即有上下即有分别，而有分别，即有上下。所且抽出了上下而言分别，抽出了君臣而言分位，这是不可能的。但上下可见，而别不可见；君臣有形言分无形。根据此义，则对于宋儒所谓理便很难言其是一是多。虽则朱子亦常有"众理"一词，有时更说"一物有一物之理"，好像是偏于主张理是多的。我以为有时我们对于形而上学的用语不能太严格来看。例如《老子》上说"有物混成先天地生"，在这句上的物字不可看重了，又朱子说"理与气决是二物"，在这句话上亦不可把物字看呆了。因为在天地以先，不能有物；理亦绝不是一个物。朱子虽有众理一词，我却不可以为理是多的。朱子固明明说那有许多的理只是一个理。《语类》第六卷上，有"理只是这一个""理只是一个理"等语。理之一多问题我们可以拿空间或水来作比喻。当一个物体占据空间的时候，可以说这是一个空间。其外尚有空间。当有人把海水勺了一碗的时候，可以说这是一碗水。然而等到把物体的边际化除以后，其所占的空间便与大的空间连成一片，而只是一个唯一的空间了。如果把碗内的水还入大海，亦就是只有一个水而已。明白了这个道理则我们便可很肯定说朱子所说的理毋宁注重于一。关于此点有许多的原文可以引证，读者将来看李相显的书便可了然。并且须知朱子此说是袭取伊川，伊川云"万物皆是一理"，又云："天下之物皆能穷，只是一理。"可见宋儒都是如此，绝无像西洋新实在论那样主张共相是众多的。朱子所以注重于理是一个的缘故，在我看来就是因为理是条理而不是结构。条理必是连成一片的。结构则限于其物的自身。条理既是连成一片，则讲条理必定隐然包有一个整体为其托底。如果没有整体，则条理便无所呈现了。所以我常说中国所谓理有几分与西洋思想上的 distinction 这个字相似。西方的客观唯心论者如格林（Green）等人，都是把这个字看得很重。不过他们是从知识来讲，宋儒不是从知识入手罢了。但凡注重于这一方面必定承认有个整全的总体，以为根本的托底。这是在思想的基型上所不得不然的。所以照他们的理来说，宇宙乃是一个理的实现，而不是许多的理之凑合。

如果我们承认此点则可断定拿新实在论的共相来与理相比较是很不妥当的。因为红的共相虽是一个，而不因所有红的具体东西，有所分散，但却与方的共相全不相干。我们可以假想世界上全没有方的共相以及其他的共相而红的共相屹然自若。因为红的共相在实际上就是一个类名。类与类之间不必有倚靠。红类并不因方类而始存在。马类不与人类有存在上的倚靠关系。马类绝了种，人类还是存在。最好的例莫如龙。这一类早已没有了，虽则其概念尚留存着。他的存亡却与任何他类不生连带的影响。如此说来，显见共相是无数的，是各个独立的，是澈头澈尾自己存在的。如果我们说人之所以为人之理就是人之共相，这便显然对于理有多少的误解。虽则宋儒对于理是训为所以然之故好像是专就一个东西的本身而言，其实乃兼言其物在整儿的宇宙中所处的地位与其所具的作用。例如言人之所以为人在于仁，这个仁字在一方面是表示人的本质，他方面却是人在全体的职能。人之所以为人在于仁就等于目之所以为目在于视，耳之所以为耳在于听。我们不能抽去了全身而专讲目的视与耳的听，讲目视耳听的时候，我们已早假定目与耳是在全身上，并不是单独自己存在的。目之视是目之理；耳之听是耳之理。所以人之仁就是人之理。若就共相言，我们至少必须说目是一个共相，视又是一个共相，不过目之共相包括视的共相而已。就理来讲，目若不能视，根本上就不成目。故不能目有目之理，视有视之理。对于自然事物亦用这个法子来讲：就是水之就下是水之理。单就水来说，好像其就下只是他的本性，而其实乃亦兼含有对于宇宙中其他事物的关系。只因为我们平常爱说物理心理，遂把理字暗指事物自身的结构，因而容易与共相相提并论。殊不知理字至少兼有些英文 order and function 的薏思，必须先立有一个整体在其背方可。至于把理训为一物之所以然又好像与西文的 essence 相当，不过西文此字在意义颇有分歧，有时是指 essential attribute 而与"偶德"相反，又有时即指本体，无论如何，我以为与中国的"德"字颇相近。因为德者得也，即个物得之于总体者为德。如果把整体抽去了则许多的理都变为散立的了，且在那里胡乱飘浮着。据我所了解的宋儒思想，似乎他们确不是如此。他们以为天下只有一个理：在此理之下，父得之而慈；子得之而孝；水得之而就下；至于木之浮于水上与石之沉于水下亦都只是这一个理。虽亦可说父有父的理；子有子的理；水有水的理；与石有石的理；但却不是各自散立，因为其背后的宇宙观是把宇宙当作一个有机体。和我们常识上的宇宙观很大不同。我们常识总以为这个桌子就是这个桌子，纵使世界上其他东西都没有了或改变了，而桌子之为桌子在其自身上仍不会有丝毫的差异。所以常识的宇宙观是散沙式的，即许多许多的东西之一个大的堆积。桌子可以与椅子发生左右前后的关系，但桌子的性质是不受影响的。有机体的宇宙观虽亦不主张桌子因为与椅子发生关系而改变其性质，但却主张桌子的自身性质并不由桌子自身而决

定，乃决定于全宇宙。正犹目之所以为目不由于其自身决定，而决定于人身全体。我们往往把常识上散沙式的宇宙观来配合宋儒所讲的理，而把他们学说背后的有机体宇宙观忘却了，遂致使宋明理学更加了许多的困难。倘使我们了解他们所说的理只是一个理，并没有许多种类不同的理，则可知他们在系统上尚是相当的谨严，不见得有很大的漏洞。

并且须知理训为所以然之故乃正是说明其为"生物之本"，即谓物之所以成立。"所以"二字中的"以"字有"使"字的意思。如说方之所以为方，便是说有个使之为方者。这个使之为方者就其本身言好像是西洋哲学史中古哲学的 essence；但方之出现于全宇宙中却只是表现方在整体中的一个特殊职能。故所谓一物有其所以然之故就是说其物所以出现于全体上，并不能抽去其背后托底的整体而讲其所以然之故。根据此义，于是所以然之故乃转而为当然之则。我以为所以然之故是讲其物之所以从全体而出现，而当然之则是讲其物在全体中所担当的职分。我在上文已说过，宋儒总是想把必然与当然混为一谈。其所以合并为一的缘故就在于有这样的宇宙观。我们在此勉强替朱子对于理下一个定义，似乎可以说：在宇宙的有机整体上任何事物的出现或成立必有其所以然之故，此所以然即其所由以成，此乃就其在整体的功用而言；至于就各个事物而言，既是在整体中，自必须尽其所以出现或成立的功能，此即是当然之则，合而言之，所以然之故与当然之则谓之曰理。如果我们对于所以然之故拿类名的共相来解释之，则必定对于所以然之故变为当然之则感到相当的困难了。如果我们把所以然之故就解作生物之本，则显然是与有机体宇宙观相联了。

此外，把共相与理来比拟，还有一个绝大不同处。就是新实在论虽是个纯客观主义，然而无论如何他是一个知识论上的问题，乃是从知识论而言之。至于宋儒所谓理却毫没有知识论的问题包含在内。他只是一个纯粹的形而上学的概念。即是完全从形而上学的出发点来讲的。这一点和上述的有机全体一义亦有关系。凡从知识来讲，每一对象当然是独立的。共相既是知识的对相便当然不能变为有机整体。关于这一点我们还得留在下文讨论宋儒对于心的见解时再行讨论了。

因为理绝不能与共相相比，所以对于理才能立有太极。太极在表面上看来说是理。故他说"太极只是一个理字"（《语类》卷一），但太极与理究有一些不同。在上段已经说过道与理有些不同，太极与理不全同正和道与理不全同一样。朱子明明说："太极者如屋之有极，天之有极，到这里更没去处；理之极至者也。"（《语类》卷九十四）又说："极是名此理之至极。"又说："太极中全是具一个善字。""太极只是个极好至善底道理。"凡此云云足见太极虽只是理，却是理之极致，而不是理之总称。在这里所说的理乃是说道。因为道字暗含有动的意义在内。所谓太极乃就是理之趋于极顶。所以才是"完全"。宋儒是承孟子的统系，总要把完全认为善，把缺陷视为恶。于是把"极致"一转而含有善的意义了。可见宋儒所用太极一词便与《易经》上的太极显有不同的解释。《易经》上的太极之极字是有"始"字的意义。因此他们在太极上又加以无极，遂说太极而无极。这个无极之极字方有始字之义。便是说太极无始。这样遂把宇宙原始论改为宇宙本体论了。总之，太极不是万理之总汇，乃只是一理之自足，因为万理只是一理。我们在此勉强替朱子对于理与太极下一个界说，似乎可以说，理是就其分别条绪而言；若把理当作体，则谓之太极。总之，道与理与太极，三者是差不多的，但总有稍微的差异；不是所指者有不同，乃只是对于同一所指者有方面的不同。宋儒思想始终是一元的多元论而不是多元的一元论。

我在上文虽说宋儒的贡献在于特别提出理字于道之下以充实这个道的观念，然而道的观念在其全系统依然是个最重要的。我们绝不能抽去了道而只谈理。就太极而言。此义更为显明。朱子说：

> 故语道体之至极则谓之太极；语太极之流行，则谓之道。虽有二名，初无两体。（《文集》卷三十六）

道字兼赅体用，而太极则只是体。并且是唯一的本体。读者看到这里必定以"物物各有一太极"的话相诘难. 我以为这是一元的多元论的证据。后世学者都以为朱子此说取法于佛家的"月印万川"之说。朱子在《太极图说》注上云："自其著者而观之，则动静不同时，阴阳不同位，而太极无不在焉；自其微者而观之，则冲穆无朕，而阴阳五行之理已悉具于其中矣。"这便是一切用绝不离体。而不是说许多的理杂然堆聚在太极内。须知每一个用既不离体，则其所含之体便是那个唯一的本体。这完全是两方面的说法。从每一个物有一个太极来说，是一个物有一个太极，则万物便有万个太极；但从用不离体而言，虽则有万个物而却只有一个太极，因为万物各个所含的

太极还只是那个太极。这两句话在形而上学上并无冲突。如果把理等于共相，则对于这个问题便不能如此说法了。势必以为一个物具有若干共相，但不能把世界上一切共相都具有之而无遗，这样显见共相是多的。且其互相关系是由于物的具有，并不完全由于彼此间自身的连络。这里便引出一个大问题来了：就是如果是这样的，则体便不能是太极而变为气了。于是我们必须讨论到气。

朱子所讲的气是很显明的。他说："阴阳是气，五行是质。"可见气是指运行，质是指形体。严格来说，绝不可把气来包括质。气与质既不可归并于一，则我们便不能说一个物之所以有形有迹，可触可见是完全由于气。须知气字在朱子所说的之中，似有广狭二义。广义的气包括质在内，就是阴阳而兼五行。狭义的气则单指阴阳。朱子虽说理无气则无挂搭处，然气却不是理的"底质"。此处所谓挂搭应当作"显现"解释方无误会。须知底质的观念是出于西方的亚里斯多德，他所说的 matter 可以译为"大素"。因为素字就有材料的意思。孟太葛在他的《知识之方法》上说一个具体的东西若把其上的共相一一抽去必定不会无余，换言之，即一个物绝不完全等于若干共相的总和。这就是说必须还有一个不是共相的纯粹材料。亚里斯多德就是这样主张。但朱子的气与质都绝对与此不相侔。因为朱子绝对不把气与质认为是体。有时他反而主张阴阳（即是气）乃是用。所以他在此处显然是一元论，绝与亚氏的"式""质"两元论不同。因为气字并没有"材料的"（material）之意。

气既不是材料，则气与理的关系是什么？朱子说；

> 有是物则有是理与气。（《语类》卷六十）
> 所以有此物便是此气，所以有此气，便是有此理。（同上卷六十八）

朱子所以如此说法是因为：

> 既有理，便有气；既有气则理又在乎气之中。（同上卷九十四）
> 问理在气中发见处如何？曰：如阴阳五行错综不失条绪便是理。若气不结聚时，理亦无所附着。（《语类》卷一）

照这样说理与气既不相离（其实还应得加上一句是：气与质亦不相离。必如此方使理有挂搭处）。则又安有理气先后的问题呢？但朱子却竟又主张先有理而后有气。我们对于这一点很容易得一个满意的解答。就是这本是一件事的两方面来说。就理与气的相附着而言，有气即有理，亦有理必有气，二者并无先后可言。但就体用的分别而说，毕竟理是体。所以不能不说理是先有的。试看下列的话：

> 问理与气？曰：有是理便有是气。但理是本。而今且从理上说气。（《语类》卷一）
>
> 以本体言之，则有是理然后有是气。而理之所以行又必因气以为质也。（《孟子或问》卷三）

显然可见他的理先气后之说完全为了体用的分别而立的。从这一点上我们更可知在朱子系统中理（在此即谓太极）是体；绝不能像亚里斯多德把纯粹的材料认为体。这两个哲学系统显然绝不相同，不可用为比拟。

理先气后既是专就体用而言，则我们若说，"未有舟车以前，先有舟车之理"，这句话便不能照字面上的意思来解释了。照朱子的系统来说，所谓未有舟车而先有舟车之理只是在舟车未成以前，阴阳五行的配合却早有舟车的可能性。用现代物理来比之，就是说依据普通的物理可以造成舟车。并不是有个舟车之理宛然自若存在在那儿。即不是有个舟车的"意典"（idea）自己存在于那里，（此乃柏拉图之说）。依然只是就普通物理而成。不过在朱子的时代所谓普通物理只是阴阳五行而已。如果以为在未有舟车以前而先有舟车之理，这个理隐然自己存在，则便是采取柏拉图或新实在论的观点，把理就等于共相或意典。在共相论与意典论立场，可以说有个舟车之共相或意典普遍于一切具体的舟车上而独自先存在。不过此说的困难却较朱子学说为更甚。关于这一点，亚里斯多德早已对于柏拉图有了很厉害的攻击。就是说把每一个东西都加上一个意典并不足以说明这个东西，只是重复一下而已。例如我们说红有红的意典，方有方的共相，这样不过于具体的红以外再加一个抽象的红；于无数的方以外又添一个绝对的方。如果我们用心理学与物理学来研究红色便见红是一个很复杂的现象，并不是一个单纯的东西。但这并不是指红之概念。须知红之概念是单纯的，我们对于这个概念不可分析。

但对于红却可以分析。方亦是如此。我们可以用几何学上线与角来说明方之所以为方。这显见方不是一个单纯的东西，只是我们用一个概念来表示之，遂变为单纯的了。所以后来讲名学的学者们对于概念便加上了内包与外延。以为一个概念包有许多概念。普通的名学教科书上有一个表，一端是"物"，另一端是"人"，中间则有生物与动物，以明内包外延之迭相增减。其实这只是一个概念与概念间的关系问题，并不足表示概念内容的必然性质。柏拉图的学说显然不采取这样办法。他是后世所谓的"概念实在论"（conceptual realism）。就是把每一个概念（或共相，如红与方）都当作实在的，与单独的并且自存的。所以不能免于亚里斯多德之讥。果如用此法以讲理学，势必说红有红之理，方有方之理。红之理对于红不能有所说明，只不过于红以外又添了一个红之理而已。因为红之理是单纯的，并不能由此以明红究竟是什么。所以亚氏说这样不过是重复一番罢了。在西方思想上中古哲学史有一大部分是讨论这个问题的。其结果这种概念实在论的点愈益显明。但这样的攻击却不能施于朱子。因为照我上文所说的，理只是一个，则在朱子系统中似乎不能说未有舟车以前就先有舟车之理，这个理只限于是舟车的模型，而不为他物所共具，好像红之共相不是方之共相一样。

或许有人说理气的先后不是说时间的先后而是说逻辑的先后。在此处我们要讲一讲什么作逻辑的先后。我以为严格讲来，在一句辞（即命题）中主语与谓语的次序是逻辑的先后，在一个推论上前提与结论的关系是逻辑的先后。在形而上学上以为体是本而用由以出，好像在其推论（逻辑）上是体先用后；其实这只是根据形而上学的理论并不是纯粹出于逻辑。如果把理视为共相而讲其对于实际具体事物的关系上之先后，则性质便是不同了。经验派的学者告诉我们：世上有了许多许多的红色具体物件，然后人们抽出来成为一个红之概念。这个概念之构成是由于抽绎与总括。迨至这个概念既成立以后，纵使世上一切的红色东西完全消减无余，而这个红之概念却依然存在，如说在世界上未有一切红的东西以前而就已早有红之概念，这是不可解的。人们所以有此误解就是因为红之概念于既成立以后可以完全脱离一切具体的红物。所以我说朱子所说的理不是新实在论的共相，乃是因为新实在论的共相是概念而朱子的理却绝不是概念。虽则我们可以用概念以表现理，但却必须认明理之自身不是概念。根据此义，我们可以说理气先后的问题不必含有逻辑的意义，换言之，即不见得必是逻辑的先后。

　　先后既是关乎时间则我们在此又引出一个问题来了。就是要问：何以朱子的系统上没有提到空间时间？我的答案是说：不是朱子忽略了空时，乃是由于他的系统中不容有空时。朱子虽有"道之体用，流行发见，充塞天地，亘古亘今，虽未尝有一毫之空阙，一息之间断"等语，但其意却都在于否定空间时间之"实效性"（efficacy）。我们必须知道朱子的主张是一个动的宇宙论。于此所谓动是内在的之意，不是外在的之意。正和西方的黑格儿（Hegel）的哲学是一样：黑格儿的系统中不容有空时，因为空时不是宇宙所以构成的要素。所以朱子的系统中亦没有空间时间的地位。空间没有功用，时间不生影响，则便等于没有空间时间。在黑氏与朱子的系统中，虽不是无空时共物，乃是空时不生作用，毫无重要，自可略而不谈。如果我们把理认为概念则空时的问题便无法删除了。照新实在论讲。空时都是事物间之关系。但在朱子，这一类的关系，如上下、左右、前后、并列、以及先后、早晚等却都是条理的理。果真如此，则空间与时间立刻就变为理了。如果我们说，共相之所以异于具体事物就在于具体事物见在空间时间上的，而共相则超乎空间与时间。这样岂不等于说具体事物之所以为具体的缘故就是由于在理之上。因为空时都是关系，而关系就是理。故在朱子系统无须加上空时。根本上是由于他的系统中并不分抽象的存在与具体的存在。他明明说有一物必有一物之理与气。换言之，即有气必有理。从这一点上说，他的思想是与柏拉图不同。柏拉图的意典可以悬为模型；一切具体的东都是要"依照"（participate），他而成。既有依照，则当然便有先后，至少是宇宙论上万物构成论中的先后。柏拉图在他的《泰冒斯》（*Timaeus*）一书虽把时间认为永恒之幻影（image of eternity），然而永恒是在意典界，而时间在事物界确又是有的。总之，必须先承认意典与事物显然为两个界，方能如此主张。朱子并不主张另有个"理世界"，所以朱子对于空时不能像柏拉图的办法。总之，关于空时，朱子的态度，在我看来，是比较上近于黑格儿而远于柏拉图。换言之，朱子哲学是与西方的客观唯心论（objective idealism）在一个大类中，而绝与西方的实在论不相似。以上虽言空时，却是偏重于时间。朱子固然是没有空间的问题，却有位置的问题，不过在这里所谓位置并不含有空间的意义。朱子的位置问题就是他们（宋儒）所说的理一分殊。在表面上看，理一分殊是个伦理的问题而其实却暗含有宇宙论的性质。其故就是在中国思想上形而上学与伦理学完全只是一个东西。朱子关于理一分殊的话以在《中庸或

问》为最明显：

> 天下之理未尝不一，而语其分则未尝不殊，此自然之势也。盖人生天地之间，禀天地之气；其体即天地之体，其心即天地之心。以理而言，是岂有二物哉？故凡天下之事虽若人之所为，而其所以为之者莫非天地之所为也。……若以其分言之，则天地之所为固非人之所及，而人之所为又有天地之所不及者。……只是一理，而天人所为各自有分。

按理一分殊之说由张子《西铭》而起，程子继而提倡之。《西铭》上所主张的乃是万物一体与天人相通之"整体主义"（integralism）。整体主义之根基虽见于《易经》，而所谓"元"与"一"却总有些原始的意思，到了孟子以知性则知天，更使这个一体的观念显明些了。然而宋儒却仍是由于佛教的刺激而始偏重于此。佛法以海水喻整体，沤波喻个体。波有起伏，而水不生灭。可见此种思想主要在于解决生死问题。我以为在古代人们总是以不死为道德之根，以为非个体有不死，道德是没有法子讲的。故此种整体主义其出发点仍在于道德问题，宋儒虽主张万物一体而却又不愿太违反儒家传统的等差观念，因而力避墨子的兼爱与平等观念，故于一体的整全中又设有因位置不同而生的等差。关于这一点本当在论道德的时候提出，现在所以要说乃只是表明宇宙论上的位置分配不必完全与空间发生关系。并且说明离了整体观念不能讲分殊，而绝不类于许多具体事物之依照一个共同的理法。

既讨论到分殊则自然便入于性的范围了。我们接着当言性之意义。朱子所谓性是从天命之谓性而来的。他把天即指为理。故说性即理也。我们对于这句话不能解释为性就是理。他明明说：

> 问天与命，性与理，四者之别：天则就其自然者言之；命则就其流行而赋于物者言之；性则就其全体而万物所得以为生者言之；理则就其事事物物各有其则者言之。到得合而言之，则天即理也；命即性也；性即理也。是如此否？曰：然。（《语类》卷五）

可见在朱子哲学上道、理、太极、天、命与性这些概念都是连成一套的，并且都是指一个内容而只是方面不同，以致意义各有专属。我们根据上文所言宇宙是一个有机的整体，在其中有条不紊，各尽职能，便就是理；这个理而赋予于各个物与人便谓之性。离理不能言性，但性却不即是理。所谓性即理也只是一种不完全的表述。形而上学本是难以言说的东西，当然于其表述有时总不免有不完全之弊，朱子又说：

> 性即理也：在心唤作性；在事唤作理。（同上）
> 性自禀赋而言。人生而静以上，未有形气，理未有所受，安得谓之性？……有此气为人，则理具于身，方可谓之性。（同上卷九十五）

可见性是指天理之赋予于人或物之身者而言。人或物得之于宇宙全体之理以为其性则其性断无不善。故宋儒论性完全基于孟子。孟子以为人性之向善等于水性之就下。此说初看来颇觉拟于不伦。殊不知倘加以宇宙有机体的整个儿东西为其背境，便立刻明白其中所以必须如此说之故了。试详言之。在这种思想的系统中，说到水之就下是水之性，亦必定把全宇宙的整体拿来作个托底。人之仁与水之就下都等于目之视与耳之听在全体人身上一样。目不是为了自己而视，乃是为了全人身而视，换言之，即目之视是由全人身而决定。目之所以为目亦正在于此。水之就下不是水自己如此乃是全宇宙来决定其如此。即是水所以得之于全体宇宙者。故一说到性，便是说所赋的性，即由总体而取得者。所以我们讲到理必须讲到性，而一说理与性又必须自总体出发。根据此义则所谓红有红之理。在宋儒系统上，乃是说红之所以为红由于整个儿的有机宇宙来决定。必须如此主张，方可以把当然与必然合为一义。我在上文郑重申言宋儒思想的特点即在于把必然与当然视为一事。必须这样则伦理学与形而上学方合并为一家。以英文来说，性字在表面上是取intrinsic nature 的意思，而其实乃是取 extrinsic nature 的意思，并且性的涵义竟有"职司"（function）在内。宋儒讲道德亦何尝不在暗中预设一个整体。如君之仁，臣之忠，父之慈与子之孝，都是把君臣父子即等于目耳口鼻。子之孝即等于目之视。目之视预设有人身全体；子孝父慈亦预设有全体社会。如果我们不明白此中关键，而以为每一物具有一个性，每一个性表示一个理，或若干理之和，则势必谓理是多个。须知即是一个，此乃是宋儒理学之根本假设。这个根本假设是绝对不容推倒的。倘使这一点变了，则其学说的全系统亦必随着变了。所以我们若承认理是多个（这就是新实在论的立

场以为共相与理可以在性质上相同），则我们纵使亦可以建立一个哲学系统，而这个哲学系统在性质上绝与宋儒不同。是可以断言的。反之，我们倘能把握住这个整体主义，则对于物物各有一太极之说，亦可从性即理也上解释之。因为理只是一个；各物之性不能离开这个总全的理。须知不是各物起来了而去依照于理以成其形，乃是一个理去决定各物所以为各物之性。理之在物与人之身上者唤作性，但理之本身却不因为在许多许多的事物上而即亦变为多个。这种论调本来含有神秘的意味，所以我在另一篇文章上名此种思想为神秘的整体主义。如果我们不喜欢这样的神秘态度我们尽可以根本上不探取他们的系统。但我们却不能够同时采取其系统把其背后托底的整体观念抽除了去。

在这样的系统中最可以与新实在论相提并论的一点就是心。他们虽说心是主宰，但在此处却没有丝毫像西洋哲学上认识论的"主观心"之义。朱子说：

> 唯心乃虚明洞彻。（《语类》卷五）
> 人心如一个镜，先未有一个影象；有事物来，方始照见妍丑。（同上卷十六）
> 虚明而能应物者便是心。（同上卷九十八）

显然在朱子系统中所谓心即理也亦不能照其字面而不加解释。所谓心具万理乃是说心之功用在打通小己与全体。故必须虚而明。如果不虚则当中便隔着了。如其不明则便无由通透了。可见朱子是依然采取实在论的立场，以为知与被知只是一个打通的关系。须知在本体论采取有机的整体宇宙观，则在知识论当然采取实在论，这样是把心的作用只认为打通与彻透的能力，愈彻透则愈不隔膜，于是遂能成为万物一体，此种思想在西洋则有斯披诺刹（Spinoza），这乃是一元的泛神论（monistic pantheism）之特征，中西都是一样的。在这一点上已经有些把知与行合为一事了。后来王阳明的知行合一说未尝不就是由于理学中有这样的天然倾向而始提出的。不过我们须知他们所说的心，其对象是理，而不是普通的外物。理虽为心之对象，但理却又不在心以外。朱子说：

心与理一，不是理在前面为一物，理便在心之中。（《语类》卷五）

于是我们对于心具众理一语便可得有正当的解释。这里分二层来说，一论其何以能具，一论其所以具。就前者说，心之所以能具理只是由于性使然。须知性即理也。由理造成的性则当然可使心能与理打通。因为心是以性为体，至于心不过是性之用而已。就后者而言，须知理只是一个；在此并非谓知一理同时便具万理，乃是说心而虚明则性便完成，性而完成则理即自显。故明心即是尽性；性即是穷理；理即是理之自己完成。说心说性说理乃完全是一回事。因而有心即理与性即理之言。我们在此必须铭记在心上的就是朱子讨论心时，他并没有注意到认识问题。他所以论到心乃是为了辨别仁义礼智信等。因为必须使人们有这样一种辨别能力，方可以使仁义等得以成立。我们从今天来看，可以说他们的心是偏于在道德判断的方面。亦是想求得一个道德判断的能力，以为其基础。

根据这一点我们又可讨论宋儒对于善恶的意见了。他们的主张，其实亦很简单而明显，就是个体而能与总体打通，尽了个体在全体中由全体所赋予的那个特殊职能，使全体得成一个有机体，则这个个体便是善。反之，个体与全体隔绝了，一切都是为了个体自己，这便是恶。更以浅近的比喻来说，仍以目耳在人身为譬，目为了全身而尽其视的职能，则于目便可谓"尽性"了。人之与全宇宙亦然。反之，倘使人专为了自己，则在宋儒便谓为这是由于私欲所蔽，就是把个体与总体隔绝了，于是宋儒乃有天理人欲之说。凡此所言似已为大家所习知，故本篇不拟详加讨论。

讨论到此已经差不多了。读者看了以后必定觉得朱子的系统在其本身上是十分紧严的，他的理论是很整齐的一套，他的思想可以说是动的一元论与多元的一元论。在《论语集注》上有下列个的话最为明显：

盖至诚不息者道之体也，万殊之所以一本也；万物各得其所者道之用也，一本之所以万殊也。（卷二）

在他的学说，世界是由一源而演成。这个演成之过程同时是体又是用，即佛家所谓的"即用显体"。所以他不像西洋哲学上本体派哲学主张有个静止的本体，永久不变。他亦不把本体当作"本质"，因为他偏于动的观点，

所以不需要有个素质贯通于一切。他的一元论只是一源演化论而不是一质潜存论。由于一本而把万殊化成，遂致万殊各个毕肖于此一本。我曾用耳目之在人身为比喻以明个体（万殊）与总体（一本）之关系，但我自知这个比尚有一个地方不甚切当。就是在他们的系统中，人乃是一个小宇宙；而宇宙却是一个大的人。人在宇宙中就好像脑（即心）在人身上一样。脑为全身主宰，故人在宇宙内亦足"为天地立心"。于是遂有吾心即天心之言。并不是说天有一个心，乃是说人在宇宙中如能实现固有的功能则人之自身即变为天地之心了。这样为天地之心是在消极方面必须与万物打通，超脱了自己的小范围，而在积极方面是实现人之所以为人，即天地所以要有人之故。这样却不是常人所能办到的；如能致此则谓之圣人。

这种思想毋宁说是稍近于佛教的思想，但除了佛教主出世、宋儒主救世这一个大大不同以外。尚有一个大不同，朱子曾说过：

> 释家一切皆空，吾儒一切皆实。

这句话是非常重要的。所谓实是指"有自性"而言，因为佛家的空是谓无自性。因为一物有一物之性，其性都由整体所赋。如果无自性则一切必都是幻现；今既皆有自性，则一切都是"实现"（realization）了。这个分别只在于一个（佛家）是以知识论作出发点而讲世界现象，一个（宋儒）是以本体论作出发点而讲宇宙组织。所以在宋儒的系统中根本上不能有知识论，纵使他们亦大讲心，讲智，讲灵明。

若与西洋哲学上的学说相比，则毋宁说比较上其系统的精神是近于黑格儿，而不近于亚里斯多德。至于柏拉图，好像又较新实在论为接近一些。因为柏氏于一切意典之上又立有一个 Idea of good。这是新实在论所不注重的。总之，依著者以为无论那一个学说，苟把他拆开来看，总可寻得到若干点与他种思想系统上的论点相同。但是配合在一个严密组织的统系中则相同之点亦会变为不同了。正犹人之面部，如果只看其鼻子或眉毛，总有些与他人十分相同的地方。倘连在一起来看便不会完全相同了。学说与学说之比较亦是如此。朱子的学说是有个整个儿的严正系统的。散开来看，我亦承认他所说的理未尝没有几分像共相，他所说的气未尝没有几分类乎材料。但合而观之，则完全不同。

此外我们要提到一点，就是朱子的用语太不清楚。例如他说，道即性，道即理，性即理，心即理等等。如果严格照名学来讲，把即字训为"等于"，则这些话即变为全无意思。朱子自己亦未尝不知此中困难，所以他常说"说话难"。我则以为这个说话困难是由于形而上学的性质所使然。故我尝说任何形而上学系统终不免有若干地方是糊涂的。我名此为形而上学之糊涂性（metaphysical ambiguity），就是说形而上学本身是绝对免不了有些混淆不清楚。如果绝对清楚而不混淆则立刻为非形而上学了。因此我们对于朱子不太加责备。不过清楚与糊涂完全是个程度上的分别。朱子所说却又似乎太不清楚。我们只能在可能范围内勉力以求尽量的不含混。但亦必须明知绝对的清楚是办不到的。我们只能在程度上责备朱子，因为他太不审慎了。在西方哲学上亦同样有此情形，例如黑格儿的著作几乎没有法子完全懂得。

要明白这个原故必须明白形而上学是一件什么性质的东西。而要明白形而上学是什么又必先谈一谈所谓形而上学的命题。命题一词是 proposition 的译语，却译得一百二十分不妥。一切误解均由此而出。其实只就是"一句话"。我们必须明白"形而上学的话"只是关于形而上学的话而已，不能就完全与形而上学绝对相等与相同。因为形而上学如果是言语所不能完全表现的，则关于形而上学的话便不能代表形而上学而无误。换言之，即形而上学的命题不能说就完全是形而上学。所以对于形而上学的命题的攻击亦不能就是对于形而上学的攻击。佛教上有一句话是：因指见月，而指非月。又说得鱼忘筌。这都是表明言诠与其所指者是一而实二。正犹经验的命题其本身并不是经验，乃只是一个命题而已。我们须知关于命题的讲究是属于名学（即逻辑）的。而关于命题的内容则必须超出或离开名学的领域。现在学者因为注重于逻辑的缘故却忘了这个分别。动辄要研究命题：研究知识论上先验问题总是讲先验命题；研究形而上学总是讲形而上学命题。如果我们把命题即视为一句话，则显然可见关于先验知识的话其本身不必是先验的；关于形而上的话其本身亦未必是形而上的。虽然如此说，但我亦承认我们的思想不能离了言诠。形而上学亦必是不能离开形而上学的命题。不过又须知命题与命题之间有其固有的法则。这样的法则当然对于形而上学的诸命题有左右力。但我们在专研究命题间的规则时却并不一定会牵涉到形而上学的内容。因为这样研究是逻辑的所有事。倘使我们把逻辑改译为"说话规则学"或"诠理学"，则我们便不会以为讨论命题就是讨论哲学了。据我看，说话的法则是

人定的，至少是人根据人性上的必要而设定的。在西文谓之 conventional，就是"约定俗成"之义。我们倘使用约定俗成者以明宇宙的本然，则终不免有些附会。因此我不赞成以逻辑以上的法式即认为是宇宙间的理。我以为这样一讲，不但使得以宇宙的本然为对象之形而上学之性质不能明白，而即以说话上固有规则为对象之逻辑之性质亦弄得不明白了。

现在我们抛开逻辑，且单讲形而上学。我以为形而上学之为一种知识是一种最奇怪的知识。在性质上虽不失为一种高深的知识却有些地方却颇有类乎艺术。一个精密的形而上学系统便好像一幅极细致极美的绘画。因为都是所谓空中楼阁。不过一个是从审美的观点来造成一个空中楼阁；一个却是从理论上搭起一个七宝楼台来。须知理论本身亦有所谓"理论美"，因此形而上的思想既不能用经验去证明，亦不是完全诉诸逻辑。于是我们对于形而上的学说便不免要去赏鉴其理论美。空中楼阁愈架得高而圆满，便在理论上愈足以动人。我说空中楼阁不过比喻，并不含有贬义。读者切不可因此就而加以轻视。至于何以要搭成这样的空中楼阁，则我愿从文化社会方面作个答案。朱子就是一个最好的例证。我所以要讲朱子亦就是只为拿他来可以说明形而上学的性质。他虽建立了一个伟大的系统，在其中大讲道、理与气，而实则归根结底却不外乎为仁义礼智信等道德寻得一个理论上的根据。而他说此五德又不外乎为了与五常（君臣父子等）相配合。五常是属于社会与政治的；五伦是属于人生与道德的。所以形而上学无论如何说得天花乱坠，讲什么宇宙组织，说什么本体奥妙，而终久必须落到地下；换言之，即落到人生与社会问题。从理论的先后次序上是由本体论宇宙论推演到人生论道德论社会论政治论。我们千万不要为这种理论的次序所迷。老实说，这个理论的空中楼阁却是倒装上去的。换言之，即在文化境况的实际要求上乃是先有社会政治与人生道德问题，由这些问题的需要才把形而上学的抽象论逼迫出来。所以我们说形而上的纯粹哲学只是人生社会的实践哲学之追加的理由。最显明的例是孔子到孟子，再由孟子到宋儒。孔子说，政者正也；又说，己所不欲勿施于人。其实这就是一种仁政论。但孟子却觉得讲仁政必须先讲性善，故孟子的性善论乃是仁政论之追加理由，意在使人们对于仁政论更加深一层的相信。迨到宋儒出来，觉得对于性善还得再加上一个理论的根据。于是创出唯理的宇宙论以理为宇宙之本体，则人性之向善便更有了根渊，在理论更圆满些，使人听了更可相信。这样一层一层架上去，在表面上好像专门入于纯粹学理的范围了，其实并不能脱离其底层的社会实际要求。所以形而上学的学说都是由人生社会的实际需要而倒溯上去以造成的。我这种意见却和马克思派以为哲学思想代表阶级利益与其思想态度并不相同。因为我以为一个时代的文化是一个各部分配合好了的全体，任何实际的需要必是起于这样的全体内，而不是其中单独一部分所能决定的。以朱子的思想为例。朱子主张事天，固然承张横渠的统绪，然而当知其时正当外族侵略，在文化自含有民族团结与个人牺牲的必要。超脱小我的理论即暗中答覆这个文化需要上的问题，显然可见是并非代表那一个阶级。总之，哲学的学说是社会思想所推出来的，而社会思想则为当时文化需要所决定，不明白这个道理的人们自以为我能窥破宇宙的秘密，掘发本然的真理。这是由于哲学家因为尊重自己的职业遂自然而然的作此想法。其实若照我所说，哲学的尊严并亦没有丝毫减低，哲学家在文化全体的配合亦仍有其需要。反之，倘使自以为能得最后的真理，则问题便起来了。姑举一例以明之。例如哲学家说飞机有飞机之理，在飞机未发明以前而飞机之理本自屹然存在。但科学家来看，便要问：说这样的一句话有什么意思。因为哲学家自己不能发明飞机，只等到科学家创造出来以后，立在旁边说一句风凉话，说这是本来有的。科学家听了只有好笑，因为不用哲学家说这样的话，科学家自己就会去研究的。倘使没有科学家去研究，纵哲学家高呼亦还是没有用处。如果哲学家不明白他的话别有另外的用处，则他所说的便都变为"呆话"（silly talk）了。我这一番话并不是轻视哲学家，我的意思只在表明在这些地方哲学家绝不要想与科学家争一日之短长。以朱子系统为例亦是很好的一个。朱子所说的之中有许多是关于天文，人体以及五行等等，在当时可说就是中国的科学思想，但在今天的中国，西方科学已经传入，看起来简直是胡说八道。所以我说科学的真理与哲学的真理虽同是真理而却是截然两种，一个是可以实验的，可以证明的，另一个却是不能实验又不能证明。我们却又不能因他是不能实验与证明遂认为他是不需要的。从人类的文化来看恐怕这个不可实验的真理有时对于人类的发展反有较大的推动力与帮助力。例如自由，平等以及主权等观念都是不能实验的。然有多少人为他而死，多少人因而获得幸福。可见人类的知识中不见得都是必须要有实验来证明的。但我们必须承认可以实验的知识之可贵，老实说，把宇宙认为在外的，而要探其秘密，则我们只有请教物理学生物学心理学。从逻辑上研究，柏拉图之意典说也罢，新实在论之共相说也罢，朱

子之理说也罢，其结果终不免流为呆话，或废话。如果要想把废话变为不废话，则只有移其作用于文化社会方面，而看其对于当代的文化全体上的要求能否适应。

说到这里又引出一个问题来了，就是，朱子思想在现代中国能否复活？这个问题是不能有单简的答复。我以为宋儒思想有两个来源：一个是《易经》，一个是《大学》《中庸》与《孟子》。大概周濂溪与邵康节是比较上偏于前者，张横渠与程伊川是偏于后者，朱子出来作其大成。就今天来说，后一部分主张性，把个人自己完成了而与大我打通，这种思想不能说没有永久的价值。至于前一部分，把宇宙视为变易不息，同时又是一个各种械能相配的总体，亦是有其独到之处，不过我们须知一个时代的文化有其整个儿的配合。拆开来只取其中的一二点是不是可能的，却有问题。如果天人相通就是暗指民族团结，则今天的中国确亦有此需要。但今天所需要的恐怕不仅是个人为全体而牺牲。因为我们从西方文化上看透了一点，同时又从我们数千年历史加以反证，更知这一点是不可少的。这一点是什么？就是一个社会只有向心力是不够的，往往愈求统一而结果愈不能统一。其故安在，不可不加以长思。据我看，就是一个社会必须能时时自己修正自己，庶可不流于腐化。而要使一个社会中常有活气能自己矫正以往的过失，使文化不致于停滞，道德不流于具文，则必须在社会内留有自由。所以今天中国当面的问题是民族一体的需要而同时却包有内部自由的需要。如果没有自由，则必等于一间房屋没有新鲜空气进去，久而久之，势必其中的人们真要自身中毒而渐即于衰亡了。中国思想上始终没有注意到这个社会内部防止恶化的问题。儒家自始至终只主张为政以德，而对于社会政治上已有的恶势力如何铲除以及将来的腐败如何防止均没有讨论。孟子亦只说到天受民受为止，以为一切不过归洁其身而已。这样便等于毫无办法。所以我尝说儒家的政治理想虽是中国的土产而在中国土地上却从来没有开花结果。所差者只是始终没有死绝而已。其故不能专责备后来的中国人，当知儒家思想的本身必亦负其责任。从文化的观点来说，恐怕是由于文化的推移已经对于儒家所悬的格局不能再相应配了。根据这一点，我们必定看见若把朱子思想恢复起来，侧重于社会与人生，恐怕仍不免踏入儒家的覆辙。因为宋明理学就是先秦儒家的继统者。其分别点即在于个人修养与公共幸福有些偏重。专注重在归洁其身的个人安身立命恐怕亦是不够了。所以我以为朱子思想不是不能恢复。换言之，即理学与儒家思想有些部分本来就在我们的血管里，并没有完全死去。不过为了时代的文化要求恐怕还得加上一些更合乎需要的东西。

此外还有一点亦可以讨论一下。就是哲学系统往往愈伟大而严密则必有后继为难的情形。亚里斯多德的系统愈大，其后希腊思想反而沉闷下去了。黑格儿的系统无所不包，结果反使哲学没有进步。在此显见哲学有两个不同的方面。因此我分哲学为建设性哲学与批评性哲学。建设性的哲学志在建立系统，当然是系统愈大愈密便愈好。批评性的哲学虽不求自己建立系统，然亦不反对建立系统者的工夫。不过其主要在于所谓"解蔽"。自然科学的基本假定有蔽，社会科学的方法论亦有蔽，政治上各种理论都更是有蔽。倘能从哲学上作相当的解蔽工作，则造福当不在小。所以批评性哲学的贡献亦是很大的。中国今天对于哲学的需要恐怕是建设性哲学与批评性哲学同等重要。中国以往的哲学似乎太偏重于建设性而忽略批评性，朱子的系统既严密而又伟大，但这样的建设性哲学往往不为后来学术发展留余地。在一个文化阶段，其文化自己发展已经到了各方面比较满足的时候，这样的伟大严密系统自可应运而生。但在一个文化阶段，其文化尚在自身激变中，恐怕不容易有系统的哲学出现。在此处恐怕批评性哲学要有些用处了。例如我们立在哲学的地位来说：飞机之理在其未发明以前就自存在。至于其理为何，哲学本不研究，而让科学去担任。这样好像是分工，其实从科学的立场来看，却毫无关系。所以我以为朱子思想不但是出于当时的文化需要，并且代表他那个时代的文化状况。而现在的文化环境却完全不同了。故我对于朱子学能否复活的问题不敢有完全肯定与完全否定之答复。

此篇写完以后，有应附记者：冯芝生先生会远道惠寄其大著《新理学》，匆匆翻阅未毕，即为友人抢去。此间爱好哲学之青年久处沙漠，闻足音而喜。遂争取传观，致久假不归。竟未能参正，引为憾事。其《中国哲学史》则常在案头，（下卷第十三章论朱子者）重取而读之，觉吾今所言与芝生先生有相出入。惟哲学最富于"忍容"（tolerance）。想芝生先生必乐于将见仁见智者两存之也。民国三十年十月十七日。

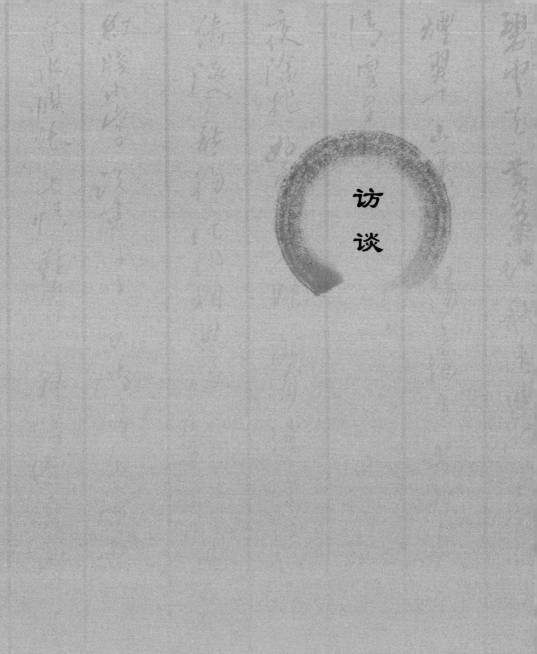

访谈

道体学与新气论答问录

丁　耘（中山大学哲学系）

刘光璞　梁奕飞　秦一筹（清华大学哲学系）

严杭迪（复旦大学哲学学院）

摘　要：丁耘教授认为，新气论是道体学发展的内在过程，而非外部影响的结果。新气论一方面接续力量哲学的传统，一方面也是对近代心学思想的化合与接续，进而在学术脉络上将中西文明纳入理心气三系的脉络中。此外，新气论在处理心性道德问题的基础上，格外注重"成物"问题，并期待在历史哲学等方面进一步拓展与探究。

关键词：气　新气论　道体学　力量哲学

秦一筹：丁老师好！在上次听您讲的《新气论纲要》［系 2023 年 12 月 15 日丁耘教授在清华大学做的主题为"新气论纲要"的讲座，主要内容详见丁耘《新气论纲要》（《中国哲学年鉴》，中国社会科学出版社，2023，第 18~37 页），后简写为《纲要》］之后，我们又看了一些老师关于"气论"的文章，想进一步请教您一些问题。我们的问题主要与"道体学气论"是如何诞生的、新气论的推进点在哪，以及"道体学气论"今后的走向有关。此外还有一些零碎的问题。

一　道体学气论的发展与推进

秦一筹：第一个问题，在一开始看《道体学引论》的时候，我的感觉是您对"气论"或者说"道体是气"的主张是一个批判的态度，尤其是您认为

"气"存在一个"超物"和"周物"、"大全"和"化生"的矛盾，书中也有一部分专门讲"气宗之失"。① 所以我很好奇，为什么在后面的《论中国哲学的标识性概念》和《新气论纲要》里面，您会比较有信心讲"道体学气论"，而且认为"道体学气论"能够解决《论中国哲学的标识性概念》当中作为普遍性的道体和作为划界性概念的"气"或者"生生"的问题？② 还有一个我们比较好奇的问题：您如何从批判的态度走向"道体学气论"？

丁耘：第一点，我想也是特别重要的一点，自 2020 年以来，在这一点上，我关于气论的一系列的文章的观点呈现出和《道体学引论》明显的差别。这个问题是这样的，"道体学气论"本身是一个道体学的内在的理论。我先讲一下，我实际上对西学里面的特定传统——比如说柏拉图主义的太一论的传统——是有比较多的借鉴的，这在《道体学引论》的最后一章应该可以看得很清楚。

第二个考虑是对中学的传统特别是晚明以来的传统的一个自觉的接续和开新。道体学的内在的理路，如果从柏拉图的太一论去看，实际上可以简单地说它有两种系统。不知道几位同学有没有读过柏拉图的《巴门尼德篇》，这个当然研究界有不同的说法，但是它在哲学史上特别是对新柏拉图主义的影响非常大。他在这里给出了若干个系统，其中的两个前提，一个叫如果"一一"，一个叫如果"一是"（也有的翻为"如果太一存在"，我们这里不涉及"是"与"存在"的译名之争）。从如果"一一"开始推，最后得到"一"什么都不是，连它自己都不是，这也可以说是一个否定太一论的系统；如果从"一是"开始，就会得到"一"是一切。我们知道太一论和道体学是有内在关系的，这一点我们今天不多讲。我的一个考虑是，如果从这个框架来看，《道体学引论》作为 21 世纪第二个十年的一个作品，它更多的是在否定道体学。它讲的其实就是第一个系统，即相当于如果"一一"，也就是说道体什么都不是。这里的意思就是我在评刘咸炘先生有关思想的文章中讲的"超物"。但是如果"一是"这个系统肯定道体学它是周物，"周"就是全的意思，它是一切。

不仅如此，我在最近几年特别是最近的两篇文章里讲了"周物"下面的东西，即"成物"和"转物"的问题。要"周物"就不能说是一个逻辑上

① 丁耘：《道体学引论》，华东师范大学出版社，2019，第 99~105、193~196 页。
② 丁耘：《论中国哲学的标识性概念》，《开放时代》2023 年第 1 期，第 64~67 页。

的范围，它得有个动力上的生产，"生"就是"成物"的问题。所以你们看出来的明显的不同，其实就是否定哲学体系和肯定哲学体系的不同。那么这里的区别在哪里？这里讲的听起来其实很玄，因为在西哲史上这也是一个最复杂玄奥的系统，但是它并不是讲不清楚。

《巴门尼德篇》的这段论述之所以在后来的解释上有争议，就是因为它的形式是如果"一一"、如果"一是"，按陈康先生这个解释它只是一个悬拟的系统，有人认为它仅仅是一个纯粹的形式逻辑上的训练。但是之后的形而上学家或者第一哲学家们不是这么考虑的，比如黑格尔对《巴门尼德篇》非常重视，你们可以看到他的《逻辑学》里透露出来的几个地方，他认为可以和他的逻辑学相提并论的，只有《巴门尼德篇》；但是他有一个批评，他说柏拉图好像只是把"一"和"是"这两个东西外在地结合起来。他的意思是说，应该从一个概念而不是两个东西的结合往下推，这个是黑格尔的批评[①]。我的看法跟他不大一样。我的意思是说，对如果"一一"和如果"一是"不要用知性逻辑非此即彼地理解。"一是"不妨碍"一一"，"一一"也不妨碍"一是"。听起来很奇怪很特别。这在现象界的知性逻辑、形式逻辑看起来好像是背离的，但是广义地说，最终的表达一定是"一一"和"一是"是不异的关系，两者是可以并行不悖的，由此而来的两个系统也可以并行不悖。这样我们就可以从道体学的内在理路看到"道体学气论"不是外在地、添加地突然转到对气的看法，它实际上是对道体的一个肯定性的展开。你们的问题问得很好，也让我自我理解一下并对自己的理路做一个梳理。这是第一点。

第二点，也是更重要的一点，是从西方哲学的内部去看，你们都知道"气论"跟力量哲学有内在的相应关系，"存在"跟"力量"是可以对应的。你们做西哲的同学应该知道我说的是什么，这个不是说一两个点相对应，而是说它在源头上就是有渊源的。柏拉图在《智者篇》里讲过——当然借的是爱奥尼亚学派的哲学家之口——存在就是力量（dynamis），存在的基础是力量。这个说法在这里只不过一闪而过，并且用柏拉图体系来解释是一个麻烦。在新柏拉图主义那里，太一本身是有力量的（或者有的翻译成有潜能的），其和太一流溢成其他的两个本体、流溢成宇宙灵魂是密不可分的。在这个意义上来说，太一的力量化解释和从太一论向存有论的转进是分不开

---

① 〔德〕黑格尔：《哲学史讲演录》，贺麟、王太庆译，商务印书馆，1959，第262~263页。

的。这也和"道体"在道体学气论中被表述为"气"是相应的。

最后一个考虑是，因为我在《道体学引论》里讲过一个判断、一个概括，在对道体的表述中，气宗，也就是大的气学传统和理学传统、心学传统是一个循环，它有一个显隐的规律。很明显，我们之前的几十年，从中国思想界来看，最重要的是主体性哲学，在中国哲学里是心学，你们应该都很清楚，比如阳明学说肯定是最火的。

秦一筹：也是对"气"批判最厉害的。

丁耘：对，这是一个时机，阳明学的繁荣，有它自己的时代理由，这个是合理的。它反过来影响了西方哲学研究。西方哲学研究从 20 世纪 70 年代末李泽厚先生讲康德的主体性哲学开始，一直到现象学界最后结出最新的果实即心性现象学为止，就是一个大的主体性的时代。那么后面的时代应该怎么推进？按照我刚才说的三个大传统的循环的规律，后心学的时代，不管中西，其实应该是一个"气论"或者力量哲学的时代。参照西方哲学史，这个线索其实是很清楚的，实际上是从康德哲学之后就开始了，然后一波一波不断地呈现这样一个情况，这是我想要回应诸位讲的"气论"怎么会到"道体学气论"，为什么会产生这样的发展历程这个问题。赵金刚老师在《新气论纲要》讲座后还问我有什么心路历程，其实这不是一个主观的想法，思想者的心路历程实际上是跟时代的大的"心"和客观的精神的推进相契合的。

回到我刚才讲的。我再多讲两点，一个是在刘咸炘先生提的"超物"跟"周物"之外，我又加了"成物"和"转物"。我在《纲要》里写得比较清楚，我讲的"物"是现象学意义上的事情，本身是宽泛意义上的事物。《纲要》里处理的不是去年的"气论"里处理的"心"的问题，而是道物问题。[①] 在这个问题里面"心"也是放在广义的"物"下面。当然后面肯定有困惑要说明，但是在"道体学气论"的权衡下情况就是这个样子。一个是"成物"问题。我在《纲要》里说，其实西方哲学一直在讲实在哲学问题，因为"物"就是物自身，"物如"其实就是实在性，终极实在。用现在最普通的话讲这个实在和实在性还是有点区别，就是终极实在怎么成为实在。

这是"成物"的问题。我在《纲要》里还特别地考察了两个环节，一个是"成物"的"成"，一个是"成物"的"物"。我在那里所讲的也是把我

---

① 丁耘：《新气论纲要》，《中国哲学年鉴》，中国社会科学出版社，2023，第 18~37 页。

没考虑成熟的一个点给摆出来，我认为我们要从历史哲学上多考虑一下实在哲学，把历史作为一个总体来考虑。这个点我是欠了唐文明老师的债，唐文明老师原来就约我去参加和现代世界有关的一系列的密集讨论。在我写《纲要》之前就请了我，所以历史哲学我是先考虑的，你要说历程是这样一个历程。但是这个部分我一直没有完全想好，所以先把它附到《纲要》的后面的一个部分。历史哲学这个问题，我考虑的是它是一个"成物"，还有一个我刚刚说的"转物"的问题。现在我重新重视"气论"，有不止一条理由，我觉得让我产生兴趣的、现在当前的学术讨论里真正有价值的东西，有一个是——你们应该都知道的、中国哲学的同学应该更清楚——"工夫论"的讨论，工夫论说得简单一点是"心"怎么"转物"。

它首先是狭义的工夫论，讲的不仅是格物致知，还包括自己的身体。梁漱溟先生在当代其实对这工夫论是有真正的探索的，因为他真的做工夫。他遇到过麻烦，他看工夫论的典籍，比如《大学》说"诚意"就是身心要合，"身"也是"物"当中的一种。如果心物不合，生活就会有问题。最简单的情况就是会失眠，心想睡，身体兴奋——梁先生是有失眠症的，他最佩服讲《大学》的伍庸伯先生可以在任何情形下都雷打不动地午睡。那么这是我体会出来的工夫论后面的问题，这个是严格意义上的工夫论。我在作为历史哲学的"成物之学"的前提下讲的"转物"是一个大工夫论，包括了伦理学之外的实践哲学跟政治哲学。也就是改造事物、改造世界。这个是"转物"之学。当然这个我只能这么点一下，这会涉及非常复杂的问题。比如你转的物是身外之物，那么这个时候"转物"的"心"就不能是你身体里的"心"。

不仅如此，后面更大的问题是在历史总体里面去理解身心关系，它有"大物"和"大心"的关系。讲"大心"的哲人是横渠，这个是我重视《正蒙》的一个特别重要的理由。还有一个——后面的问题也问到了——是斯宾诺莎讲的无限样态，特别是其中的无限思维样态，也就是无限理智、神的观念的问题。

我再讲最后一条，虽然你们没有问到但我还是讲一讲。心学背景下——不论中西——其实是两个出路，一个当然是气论，另一个是理学。我们当前最活跃的理学是什么？其实不仅仅是纯粹学院里考虑的实在哲学，或者思辨实在论、逻辑概念这些，而正是你们唐文明老师讲的"秩序"。唐文明老师最近出的书是围绕沃格林的，它的核心概念是"秩序"，因为这是沃格林的

核心概念。"秩序"就是"理"。你们学中哲的都知道,"理"和"乱"是相对应的,"理"不仅仅是动态的东西,它呈现在这个世界上就是事物的秩序。我特别欣赏唐老师的努力,我会跟他有进一步的交流,就是说从气论出发怎么去看这个理,其实就是说从力量哲学出发怎么看这个秩序。这在《纲要》里很明显,我在明年初跟他对话的时候会讲这个问题。之后我也会继续思考秩序和理的问题。

这是一条路,还有一个是我个人治学的出身。我是做现象学出身的。中国现象学运动我是亲身参与的。从倪先生第一代算起来,我是第二代。我其实今年还发了一篇文章,就是《莱布尼茨与力量现象学——从连续体迷宫出发的研究》①,你们在访谈提纲里没提到,可能比较难读。其实你们不用看特别烦琐专门的讨论。这篇文章的意图,就是把意识还原到力量上。你可以说这是现象学的,也可以说是后现象学的。我现在对"后现象学"持谨慎的态度。现象学界有学者认为我这样做就不是现象学了。如果用力量去解释意识,用根据—效果结构去解释意识,就不再是现象学。那么对此我是保留意见的,我希望用现象学的方法得到现象学的边界——仍然是通过现象学的方法,不是形而上学的方法得到的。在这个统绪里确确实实得到的、还原出的东西就是力量。这是关于产生的内容。

秦一筹:其实我们在后面也准备了好多关于"新气论"的问题,老师也已经提到好多。我们也还准备了一个过渡问题,就是从"道体学"到"道体学气论"是一个转向,而我觉得"道体学气论"内部还有一个老师思想的转向,从《论心性——道体学气论导言》(后简写为《导言》)、《心物问题与气论》到《纲要》,我感觉这是一个比较明显的转变,因为在《导言》里面您着力解决的还是心性的问题,但是我们明显感觉到《纲要》中的表达是比所谓"第一方案""第二方案"更有信心的一个表达。这是不是能够理解成,您认为《导言》的尝试和处理基本上是成功的,所以可能我们也不会再看到第三、第四方案的出现,继续沿着《纲要》来推进。

丁耘:是这样,这个问题我印象还很深。你们还有一个表述,问了我"权实"的问题。

---

① 丁耘:《莱布尼茨与力量现象学——从连续体迷宫出发的研究》,《社会科学》2023 年第 6 期,第 25~60 页。

秦一筹：对，就是"权立气本"的问题。在《导言》中，您的副标题是"道体学气论导言"，并在文中指出您的态度还是"权立气本"，似乎更有尝试的意味。

丁耘：讲"权"和"实"最透彻的是佛家，比如天台宗依托《法华经》讲"开权显实"，后来牟宗三也对"权"和"实"的关系做了很多发挥。你现在问我是不是后面就没有"权"了，后面会不会再有方案，我现在没有办法回答你。因为《法华经》是最后一部经，是"经王"。最后其实天台是解释佛教的，华严是解释佛的境界的，天台是解释佛的开示、佛的不同教法。最终把这些所有的不同的说法统一起来，这叫做"实"。"实"不是离开这个"权"的，它把"权"统一在最根本的东西上。

那么我说的方案，严格讲，其实只有一个方案，就是用力量哲学激活"气论"。但是力量哲学是一种脉络，它不只是一个点。你要从点上看可能会有第一方案、第二方案的区别，方案有它的所谓"权"，就是要看到语境下面的针对性。它和不同的对手作战就会显现不同的面相，显得似乎是不同的方案。

那么在力量哲学这个脉络里面，斯宾诺莎和莱布尼茨当然是非常重要的。为什么我特别要说这两个人，就是提醒哲学界，康德之前很重要。不要一上来就说康德把之前的都批判了，接下来都看康德。康德之前很重要，康德亏欠了莱布尼茨很多东西。这个脉络往前，到笛卡尔，经院哲学的传统，一直到亚里士多德和柏拉图都有，但是我们先不讲。

自21世纪20年代以来我特别注意近现代哲学以后的东西，因为讨论《道体学引论》的时候，吴增定老师对我有一个批评，他认为我漠视了古今的差别。他说的原话我记得是"好像笛卡尔从来没有诞生过一样"，他有这样一个说法。我对他有所回应，这个回应当然不是说去修正什么，而是把原来的表述里面他没有注意到的东西我给突出了，所以就是讲近现代以来的东西。近现代以来从笛卡尔到康德之间，斯宾诺莎和莱布尼茨最重要，要反复讲。康德之后力量哲学，很清楚，主要是谢林。谢林的意图也是要糅合斯宾诺莎和莱布尼茨，而且他也用了不止一个方式去糅合。后面则是马克思和尼采。也就是说康德、黑格尔之间的和后黑格尔的思想，都可以用力量哲学脉络贯通。

但这个时候——刚才秦同学问的——会不会有第三、第四个方案？我可

能会回应说：归根结底说只有一个方案，但是在跟不同的哲学体系做交互理解或者斗争的时候，它会显现出不同的面向。这里先解释了这个方案问题，方案问题其实也就是"权实"问题。

然后回到你们开始这个问题："气论"内部的、去年的两篇文章，特别是《导言》和《纲要》的关系问题。《导言》其实是处理心物问题，试图在中国哲学内部、中国学术思想史内部，尝试如何从"心学"到后心学的"气论"，这是心物问题对于"气论"的一个工作。我在《导言》这一篇里尝试用什么样的哲学框架支撑这样一种中国哲学史的解释。在《心物问题与气论》的最后，我其实是回到了莱布尼茨，虽然由于发表时的篇幅限制这部分最后被压缩了，但是还是很清楚。熊十力到莱布尼茨这条线都很清楚，扣在关键词上就是"力"，因为熊十力自己是用力来解释乾元和坤元的，对这个"力"最好的解释是莱布尼茨。在《导言》这篇文章里，探索第一方案和第二方案，用斯宾诺莎和莱布尼茨的关系来给出一个对《纲要》这篇文章来说比较合适的一个支撑框架，也就是力量哲学。2022年这两篇文章都是偏"心"和"气"的关系，《纲要》是偏"气"和"物"的关系，偏"成物"。但是这里面不言而喻的是——就像我刚才讲的——形成了一种实际上不是心物二分的对待物的概念。

我还是要重申一下《心物问题与气论》这篇文章。上次陈来老师提了一些不同意见——你们其实也提到了——即气论和心学的关系。陈老师认为晚明的气论没有它的"心学"，这好像是当时陈老师的原话。我的理解是这样，心学是一个立场，气论肯定不是这个意义上的心学，但是作为一个学说，它比心学之前的气论高明在它自己有一个关于"心"的学说。否则它怎么去应对阳明学？滔滔天下都是阳明的学说、阳明的工夫。如果讲得妥帖一点，可以说晚明气论是后心学的气论，或者用《心物问题与气论》的框架，尽管我没有解出这个关键词，但是也是呼之欲出的，就是唯识型的气论。这里面最重要的一点是我特别注意船山的《相宗络索》，这篇著作是他对唯识的解释，他转化了唯识，他实际上有一个没有明说但是可以察觉到的概念框架的对应，即"真如"跟"阿赖耶识"是对"太虚"和"气"的，然后"末那识"是对"心"的，是这样一层一层相对的。《相宗络索》里说是"真如"转出第八识，第八识出第七识，也就是末那识，第七识转出第六识等。唯识家批评说这个对唯识的理解完全是不对的。其实船山这些解法应该是个创造性的误解，这种创造性的误解其实为船山的气论提供了让气论从心学中翻转出来的框架。我这篇文章所讲的最重要的意思就是不能用意识意义上的心学去理解实在问题。气论在这个方面对意识意义上的心学的批评，包括来自工夫论的批评，都是非常重要的，而且是在历史上有结果的。

秦一筹：我感觉老师您刚才已经提到了我们准备问的另一个问题，这个问题是您认为第三期的"气论"是不是对近代以熊十力先生为代表的学说的吸收和扬弃。赵老师也谈到您的心学有一个很强的佛教的背景，所以我们回去看了一下，在《道体学引论》里面，包括《心物问题与气论》里提到的心学，好像是既有说佛教，也有说阳明学，尤其是对"心即理"的翻转。您好像直接提到是先用气学来翻转心学，然后在工夫论上用唯识学再对"气"做一个翻转。① 所以我觉得这里牵涉一个气学分系的问题，乃至整个理心气三系的问题，因为当谈到"理"和"心"，或者说理心气三系的时候，之前更多的是一个宋明理学内部讨论的概念，但是当您用"心学"或者用"心宗"来同时讲佛学和阳明学的时候，我认为其实是把这个概念运用到了整个中国哲学史的领域。包括您提到理心气的循环。我也看到在《道体学引论》里面，您对魏晋玄学的定位也是理宗，这样的话理心气的循环才能够实现，这里我想跟您确证一下，您是不是想把理心气三系的概念，从宋明理学的内部扩展到整个中国哲学史，然后完成您理心气循环这个论证。

丁耘：你理解的一点没错，但是不够，我说的甚至不仅是中国哲学内部的，而是说全部哲学的。陈先生上次一直提醒我注意冯先生，其实我非常重视冯先生，冯先生晚年有个说法，他说理学心学这个框架是普遍的，西方哲学也不过就是心学和理学，他说康德是心学，柏拉图是理学，这是冯先生的原话（参见《中国哲学史新编》的最后一册）。我认为冯先生的判断完全正确，但是按照我们这个框架，除了心学和理学，还有一个气学。西方哲学也有一个虽然弱但是相当于"气学"的传统，这就是我后来讲的力量哲学。当然这是一个太大的论断，但是这确实是一个非常自觉的反—反向格义，而且是可以成立的。

接着回答你这个问题，就是说"心"在佛学跟宋明理学当中，甚至"理"在佛学跟宋明理学当中都非常清楚。对"心"和"理"在当时讲得最透彻最完整的是佛学。"理"是华严宗的基本的概念，华严宗讲的基本的范

---

① 丁耘：《心物问题与气论》，《中国社会科学》2022 年第 6 期，第 86~87 页。

畴是"理"和"事"。华严宗讲的大乘止观法门有几个境界，比如"事法界""理法界""理事无碍法界""事事无碍法界"。这对理学传统是有影响的，对朱子也是有直接影响的，"月映万川"其实是互摄互入的境界，这是华严宗的渊源之一，是华严宗的境界。"心"更是唯识学的基本看法，唯识学最重要的贡献就是分"心"的层次，也就是笼统地说都叫"心"，那么第六识、第七识、第八识哪一个才是真正严格意义上的"心"？当然唯识也有不同的系统，在我看来现在应该重视第八识，第八识不仅仅是有意识性的、跟物对待的"心"。这实际上对后来的，不管是理学还是心学传统，都有直接的、理论表述上的影响。佛学的分析非常体系化，也会对儒家在做工夫的时候有影响，会做得更加精细。但是儒家的工夫跟这个就不完全一样。

冯友兰先生说禅宗下一转语就是理学，但是转语这个意思是说，禅宗内部笼络不了理学的实践，禅宗是说砍柴担水也是日常的生活。但是儒家要的日常生活可不止这个东西，比如说饮食男女、杀伐决断，儒家有的是要带兵杀人的，比如王阳明是要杀人的，这在禅宗的戒律里则是被禁止的——除了极端情况，比如舍戒，但一般他不会讲。这个转语不得不下，而且转语一下，表面上看它就不是禅宗了，而是儒家。儒家的工夫范围很广，它得用到儒家要求的世俗生活中去。这里就会有一些其他的考虑，在这个意义上，佛家形态的心学，哪怕是阿赖耶识意义上的心学，得用儒家的其他概念来接引，那么它就会转一个形态。也就是说禅宗下转语变成理学，那么佛家的心学也要下一个转语变成对应的儒家哲学的系统。

二 新气论的新特点

秦一筹：谢谢老师，感觉我们的讨论也进入了这个新气论的新特点这个部分。在读《纲要》的时候，其实我没有全部读完的时候，就有一个特别深的印象，比起前面的《心物问题与气论》，《纲要》是回到斯宾诺莎和张载。我自己对张载比较感兴趣，在《心物问题与气论》里面，您提到张载对佛学的了解是不够深入的，他也是不能够对付佛学的。① 所以在关于新气论的讨论中回到张载，我们想问：这是您对过去看法的一个修正，还是说现在新气

---

① 丁耘：《心物问题与气论》，《中国社会科学》2022年第6期，第90页。

论推进到了一个解决道路问题的阶段，所以张载的所谓"一物两体"的说法或者是"体用一于气"的说法就会得到您特别大的重视？这是一个您个人观点的改变，还是征用的理论资源不同的问题？

丁耘：非常明显，对张载的不同具体解读是不一样的，但是并没有实质的改变。要说改变的话，应该区分张横渠自己和作为王船山这个注疏家论著中的张载。我在《纲要》里面专门讲，是因为船山是这样看张载的，所以我们也要尊重他作为注疏者和论著之间的连续性。我在《心物问题与气论》里更多讲的是他们的断裂性，但是在《纲要》里确实讲了二人的连续性。

这里的问题就在于横渠没有经过佛家的淬炼，他了解一些佛学，陈来老师说《正蒙》主要是对付道教的，但是朱子批评张载是大轮回，这个你们都知道。朱子认为，张载也有对付佛教的那一面，但是失败了。表面上是这样，但它不是不可能阐发出对于心学的意义，我在《纲要》里认为，他有一两个命题表现出来的原理，是可以对付他当时没有意识到的心学的，也就是"以我视物则我大，以道体物我则道大"（《正蒙·大心篇》）这条原理。

而且，张横渠有特别明快犀利的地方，他比明儒清楚。而且，他的论著跟宋儒的其他人——除了周敦颐——比，也更为系统。其他宋儒留下来的材料显得不那么系统，比如《二程遗书》。朱子是后人，给他分了语类，所以显得比较系统。张载的《正蒙》是有系统的，而且规模比周敦颐要大。明儒有系统，但是明儒特别缭绕。相较而言这是张载的优点，比明儒清楚，有明快犀利之处。但是他的明快犀利要看跟谁比，他的犀利明快之处要在他的后学和西学的磨炼当中——就像磨刀石那样——才能体现出来。这就是后人的阐发工作。阐发不是说他这里面说对了或者说错了，这对于哲学史研究来说其实是比较低级的。阐发应该是看他能不能引出更高明的，哪怕是在当时人的理解甚至他的自我理解里没有的，但是在其中蕴藏着的东西。这就是主观精神和客观精神。实际上所有的人的作品都是大的"心"的呈现，甚至呈现的东西比作者预料的都要多，这就是为什么哲学史可以绵延不绝。这个道理有时候是通过批评，有时候是——特别在中国哲学中——通过解释和再解释（显现），"解"就是释放出更多的力量。那么如果是用现在形式逻辑的标准，你就会觉得这样一个解释，好像跟张载的解释总是有冲突。你看船山这个解释，船山不光是对张载的，他整个对四书五经的解——你可以对照的——即使不是冲突，也有很多很明显不同的说法。这是因为他在不同语境下有具体

的意图，他要释放出不同的力量。我觉得这可能是我们当前做学术工作应特别注意的东西，因为我们体会到古人的学术传统跟我们今天不一样，但是我们今天又不是古人，我们是在现代的学院里面，我们怎么样用现代学院的逻辑把这个东西说得周全，这个可能要动用一些西方哲学当中的诠释学，不能仅仅用逻辑学去解释，还要用诠释学的成熟技艺来解释。这个是关于张载的问题。

秦一筹： 我们回到张载的问题，其实我觉得回到张载的另一面就是回到斯宾诺莎，因为在《心物问题与气论》里面，我的理解是，第一方案是通过德勒兹的力量哲学解释，将气论和力量哲学做一个接引。第二方案是通过莱布尼茨，从气论开出心性问题。但是在讲"心"的殊胜的时候，我感觉《心物问题与气论》更多是征引莱布尼茨，而在《纲要》里面您特别强调自我生产和异己生产的同一的这一面向，感觉似乎又回到了斯宾诺莎。这个问题光璞你看还有没有补充的？

刘光璞： 老师您特别强调回到斯宾诺莎和莱布尼茨的哲学传统中去，我想再问一下您这两者之间在哲学上的区别之处，以及我们具体怎么从力量哲学角度来理解斯宾诺莎和莱布尼茨。

丁耘： 你们看得也挺准的，张载在我这个解释里面，地位升降跟斯宾诺莎地位升降是一致的。看到这个特别好，我也有这方面考虑，但是这不是最主要的。

第一，《纲要》里没有说"心"不殊胜，我用了船山那个话讲"首出庶物"，这个就是殊胜。"殊胜"其实还有个背景，就是我在翻译海德格尔的《现象学之基本问题》的时候，海德格尔说此在是"ausgezeichnet"的存在者，现在一般译成"卓越"，但我倾向于用"殊胜"来翻译：它是存在者，但是它又是存在者当中最殊胜的。我那时候就是这么考虑。这一点 20 年前我在文章里面就写了。

第二，"首出庶物"虽然是坚持殊胜性，但是它强调的是说"心"有根据，没有说心不殊胜，殊胜的东西也不一定是最终根据。那么这和斯宾诺莎当然有关系，斯宾诺莎跟张载有一个特别可以相对照的地方，就是我刚刚说的"大其心"。"大其心"在斯宾诺莎那里对应的就是说，观念一定要变成一个充分的观念，即以人的理智扩大对因果的理解范围，贴上这个无限的理智。你们的问题里面其实有一个关于斯宾诺莎哲学中的有限样态和无限样态的问题，提得很好。在张载那里无限化就是"大其心"，而且最重要的是人的"大其心"，超出它的形，来合乎"天心"，这在斯宾诺莎哲学里面就是无限理智，即神的理智。从这个意义上你会发现斯宾诺莎和莱布尼茨之间的断裂没有莱布尼茨声称的那么大，因为莱布尼茨讲神的知识，神的知识就是最完美直观的，就是所有的理由，包括事实真理的理由。莱布尼茨区分逻辑真理跟事实真理：逻辑真理是 A＝A 的；事实证明真理就好比我们说是后来人说的偶在，看起来是偶然的，因为不是依其本质一定有的东西，似乎是偶然的，这是我们今天理解的。在斯宾诺莎那里，他说这个东西不是自因，但也不是偶然的，这是斯宾诺莎主义。而莱布尼茨的意思是说，这个不是按同一律可以推出来的，但是事实真理也有它的根据，只不过这个根据对于人来说是没法理解的。我们今天逻辑学家在这里会遇到巨大的麻烦，就是莱布尼茨其实讲的是——用今天逻辑的讲——个别词项的定义问题，比如说"凯撒"怎么定义，莱布尼茨认为"凯撒"这个词项的内涵不只包含康德后来批评的"一百塔勒"式的"实存"，甚至也包含他渡过卢比孔河和回到罗马重掌大权，这在我们今天看起来完全是摹状词描述的偶性。但是在莱布尼茨看起来，在神的直观里，他可以完全看到这个个别事物的本质与实存。现实世界里面的看起来对人来说、对有限理智来说是偶然的因果联系，对神来说则是必然的。这个和斯宾诺莎讲的必然性有什么区别呢？斯宾诺莎说的无限理智就是莱布尼茨这里讲的神的知识。

我甚至在课上跟学生说，我在斯宾诺莎的《伦理学》里可以解剖出一个极简版本的单子论来。斯宾诺莎说物体都可以继续分，分开了的这个物体也有心灵，一个物体分出来的微粒也是有它相伴的心灵的，这不就是单子论吗？这之间有断裂，但实际上没有莱布尼茨讲的那么大，也不是我们后面理解的那些。

最重要的断裂是要不要目的因，也就是承认一套原因系统还是承认两套原因系统，这个才是最彻底的。这就是莱布尼茨——我的意思是——有关于力量的学说，但是从立场上都不能被称为力量哲学。在斯宾诺莎立场上而言就是力量哲学，因为它贯彻到底只有一套原因系统。

秦一筹：您注重斯宾诺莎的一个很重要的原因是他彻底地清洗了目的因。但同时您在《纲要》中仍然提到了体用问题，以及新气论仍然是"道'体'学气论"。我感觉您的这个建构和张载说的"神，天德；化，天道。

德，其体；道，其用。一于气而已"（《正蒙·神化篇》）有极高的一致性。所以我的问题在于，在一个彻底地清洗了目的因的哲学理论中是如何讲出来一套体用论的？如何能够在气论中保留体用的结构？正如陈来教授提到的，台湾的气学研究中提到的"道体论气学"①，或者说它不是所谓先天之气，是一种没有放弃本体的"气论"，所以不能称为气论。也就是说，按照此种观点，气论可以说是一定要放弃"本体"的。所以我也试图请您再阐释的一点就是"新气论"有没有放弃本体？或者说，您的主张和所谓"道体论气学"的区别在哪里？

丁耘：首先我解释一下和杨儒宾先生理论的关系。杨儒宾先生我很早就认识了，但是我不知道他写的这个东西，直到我写完《道体学引论》以后，有学生给我发来杨先生这个（道体学）方面的成果。我之前看过他的以身体哲学与工夫论为主题的文章，然后我发现杨先生也有相关的推进，我也特别高兴。那么我在后来的研究中加了一些话，也不是像陈来老师认为的格外地重视。台湾学者的研究我当然重视，但不是说特别重视，我只是要划界。因为人家给你讲了一个跟你类似的东西，你需要做出解释。

气论与体用的这个问题就比较大了。我认为有三个概念要分清楚：本体、体用论和目的论。不能把它们想当然地等同起来。我体会陈来老师说的气论与本体的意思，是认为台湾学者的研究还保留有一个气上的、形而上的本体。他的批评是，台湾学者的研究之所以不能算说是气论，是因为没有在本体上的主张，即没有说本体是气，我认为陈老师好像是这个意思，不知道理解得准确不准确，你们可以给我提出来。

秦一筹：我感觉陈老师说的是，台湾学者的研究有一个形而上的气，有一个形而下的气，因为在提出道体论气学之前，杨儒宾教授说的是先天之气和后天之气，所以在这个基础上会认为张载的气论是一种可谓"走向理学的气论"，他就说"凡根源处设定了理气架构，而又不采纳朱子的严格对分的立场者，往往都会采取'先天之气'之观点"。②

---

① 陈来教授在《在丁耘教授"新气论纲要"讲座上的发言》中谈到，"道体论气学有一个最重要的特点是不放弃本体的概念，重视'气的超越性'，不能说在气以外没有本体，一定要坚持本体"，详见 https：//mp. weixin. qq. com/s/xNbBH3dUFXcXpKMXp2NYzQ。关于道体论气学、先天之气的意涵，可见杨儒宾《重审理学第三系说》，转引自林月惠《中国哲学的当代议题：气与身体》，"中研院"文哲所，2019，第93~132页。

② 杨儒宾：《异议的意义：近世东亚的反理学思潮》，上海古籍出版社，2019，第105页。

丁耘：这种思路肯定跟我是不同的。因为它首先是分了形而上、形而下，这个理论有体、有用，但不是体用论，而是体用两节论、体用对待论。我在解张载的时候，特别要用到斯宾诺莎，就是因为斯宾诺莎的体系里蕴含的一两种命题，直接可以破掉这种对体用论的理解。

我现在想先问一下诸位，从西语或西学概念中怎么译解体和用？我这个问题抛给你们，今天你们肯定会有一些好奇，会去想。这个问题对于海外的汉学以及中国学等学术领域来说都是个巨大的难题。我参加过一个学术讨论会，当时李泽厚先生也在场，会上提出了各种各样的方案，就是译解李泽厚先生的"西体中用"，当时有的人甚至认为"体"应该翻译成 body。我讲到这个，是因为我认为导致这种问题的原因可能是我们在西哲上下的功夫还不够好。如果在西哲上下的功夫够，你就会有所了解，比如说德语里面说的 Wirkung，是和根据律相关的。德语中讲根据跟效果，因果律是由根据律转出来的，即根据肯定有它的效果，这个效果叫 Wirkung。Wirkung 还有个意思就是"用"、效用，这个意思转过来就是说现实性，即实现、功用、效果是一回事儿。所以我认为要翻译"用"，没有比 Wirkung 更好的，这个就是"用"，不用再另外私自地去想什么方案了。Wirkung 这个词可以追溯到亚里士多德的实现概念，energy（词根是 ergon——"用"）这个概念里面包含了 Wirkung，也就是发用这个意思，就是说（实现就是）发用，这个叫作"根据—效果结构"。

我单独拿出来的这一条其实可以说是两条对应的逻辑定律，一个叫根据律，也就是熟知的充足理由律，即每一个事物都有它存在的理由，反过来一条叫效果律。鲍姆加登在其写的《形而上学》里面就专门做了一个论证，是一个跟充足理由律对称的逻辑定律，即所有的事物都有它的结果。这两条合在一起，就说明所有的事物都有根据，并且是根据，这对不对？我的考证可能有疏失，我觉得在莱布尼茨那里我没有看到后果律，但是我在斯宾诺莎的《伦理学》第一部分最后一条命题里看到了后果律，这就是斯宾诺莎讲的，每一个事物都有它自己的特定的结果。

我在《纲要》里其实对这个有相关的阐述，《情感与力量——从贺麟与张祥龙的斯宾诺莎解释出发》也提到，这条根据律在斯宾诺莎那里是怎么证明的，他不是通过逻辑学来证明的。他没有说这是什么逻辑性的定律，他认为，每一个事物都表现了神的力量，所以它有结果，这个意思是什么？不是

说力量是符合因果的东西，而是说因果性就是对力量性的表现。

一般我们把斯宾诺莎体系的精髓理解为实体，而我认为斯宾诺莎试图说明的是实体现在是力量。这意味着实体一定是有 Wirkung 的，是有用的，这个才是斯宾诺莎体系的第一原理。我认为没有比它更好的贯穿了体用的表达，即从原理的层面来说，体自身就是有用的，这才叫"体"。体用是这个力量的本性，或者说力量自身是有用的、有大用的、有无限用的唯一的"体"，其表现的这个东西，才是因果。因果是说，有一个事物就表现了"体"，它也是用，但是这个用不是无限的，是特定范围内的用。因果表现了体用，体用是涉及全体的根据律，但是斯宾诺莎的论证是力量学的、动力学（dynamics）的，不是逻辑学（logics）的。这个也是非常清楚的，我觉得斯宾诺莎的这一原理讲得比所有的体用论相关的论述都好。

当然熊先生从佛家那里转出来也讲得很好，但在西学里面斯宾诺莎是讲得最清楚的，后面对这个东西讲得清楚的就是黑格尔，他在《大逻辑》里面讨论这几个范畴的时候，其实表达的就是这个意思，你们学习西哲就知道"力"范畴是先出来的，最后的那一组里的绝对现实性也是可以去排查的，我实际上喜欢把这个翻成"果"，就是发用性，就是用。本质论的最后的结果就是本质必将表现出来，就是体用贯穿的。这是黑格尔的"体用"。

秦一筹：老师区分了两种"体用论"，一个可以说是"相对待的体用"，一个可以说是"根据—效用"或者"根据—表现"的体用。在现在的台湾研究中也有人讲气和力量哲学，比如陈荣灼教授。

丁耘：对，陈荣灼。也有学生后来给我发了陈荣灼的一些文章。

秦一筹：陈教授更倾向于认为气论就要打掉体用①，而且港台的研究可能是受牟宗三先生的影响，他们特别有体用论的焦虑，有一个追求主体的焦虑在里面。所以气论如何讲述体用，也是一个我们很想请教老师的问题。

丁耘：这个就说来话长了，牟先生的体用论是依着熊先生讲的，而熊先生的体用论是从佛学里转出来的，因为"体用"这个概念讲得最清楚的是佛学。

---

① "希望大家以后不要再用'体用论''道体论'来言'第三系'，而应该直接就用'气学''气论'，通过这个'气'就回到张载的'气'义。"见陈荣灼、杨儒宾、何乏笔等《气论、体用论与牟宗三对理学系谱的再反思》，《商丘师范学院学报》2023 年第 1 期，第 40 页。

但其实佛学讲的不仅仅是"体用"这一对概念。有的经解讲了四个概念——体大、相大、力大、用大，还有相和力，是谈到了"力"的，后面简为了"体用论"。以后我打算专门处理这个问题。这不是牟先生一家之见，他要发扬中国哲学的传统，他又把西学中的康德那里的本体、现象概念打通，这是他的努力，他的意图是这个。不是说（气论与体用）到底合不合，哲学家不是这么看这个问题的。而且我觉得在这个意义上，实际上不是说体用论帮助气论和力量哲学，而是力量哲学和气论帮助了体用论，它是道体学肯定系统的展开，这跟"一"和"是"的关系是一致的。这是一方面。

还有一方面，也是你刚才问的第二个问题。我刚刚只讲了体用的关系，现在还要谈一下目的因的问题。体用论当然不同于目的论。说体用论可以有各种版本，当中有一个版本可以是目的论的。这里就涉及一个非常关键的问题，莱布尼茨和斯宾诺莎的关键区别在哪里？这不是说这两个人的观点区别，而是斯宾诺莎一个人跟整个德国唯心论的基本区别。因为莱布尼茨的神义论给出的自由必然迷宫一翻转就成了康德讲的必然王国跟自由王国的两元论的体系，后面的谢林、黑格尔就是要努力把这个二元对待给扬弃掉。但这个扬弃无非就是用自由的原则去统筹必然的原则，他们先设定了这个。在这个时候他们对斯宾诺莎就表示了一种异乎寻常的关注，因为斯宾诺莎提出了一套跟康德完全异质的东西，斯宾诺莎认为没有国中之国，没有两个王国，只有一个王国。斯宾诺莎是怎么实现这个允诺的？斯宾诺莎可以用你看起来只限制在自然界的动力因，把你的精神现象、道德现象全解释了，这是《伦理学》里最重要的部分。后面他说《伦理学》为什么是伦理学，是因为它可以用效果因或者是动力因，把精神现象、心理现象、伦理工夫统统解释掉，这个就不是目的因。斯宾诺莎之说是体用论，肯定不是目的论。不是说他不要目的。斯宾诺莎当然是承认人的行为是有目的的，但他认为这个目的不是行为的原因。有目的跟目的论是两回事儿。

我现在想着用斯宾诺莎去回应目的论一开始的提法，就是亚里士多德那里的提法——人为什么要散步？为了健康。这是目的因最经典的出处，我想斯宾诺莎可以怎么回应他。站在斯宾诺莎的角度我们可以说，为了健康是目的，健康不是指你散步时已经有了健康，而是没有健康，是吧？你通过散步获得的健康，这个目的就是不存在的东西，是不是？不存在的东西怎么能做原因，它真正的原因是"我要健康"，这个才是散步的时候存在的，而不是

尚未存在的健康。这是斯宾诺莎的看法。"我要健康"是对健康的趋向和表象，就是加一个"要"。"要"字加进去，目的也在里面了，但他的"因"不是这个目的。或者说夫妻两个要孩子，你能说未来的、还不存在的孩子，是他们的原因吗？也许根本要不了孩子，或者孩子还没有怀上的时候——这就是说，孩子根本存在不了或还没存在，怎么能成为原因？他们只是"要"孩子，这个东西才是真正的原因和动力。现在虽然关于目的因的讨论有很多非常高明的说法，但斯宾诺莎在根本上想到的就是前面提到的这个东西，就是他说的"欲望"。不要把欲望想得那么狭义，所有冲力、努力、欲望、对目的的趋向才是原因，所趋向的目的本身不是原因。所以有了趋向，才有了这个目的，他是这样解的。

这里你就可以知道体用论和目的论的区别在哪里，因为目的论归根结底最后回到一个说法，也是亚里士多德一开始提到的。这个说法的最终实现就是"思想自身的思想"，其实就是自身意识、自身性。目的性最后在逻辑上就是自身性，这个东西到后面就闭合了，这就是列维纳斯说的总体性。只有斯宾诺莎的趋向性的东西才能开出不同的东西。不管黑格尔说得多绕，他到最后还是这个结构：思想自身的思想。这就是一个结构、大结构。

秦一筹：老师刚才讲到，除了用力量哲学讲气论，力量哲学也对气论要做一个帮助或者辅助。《纲要》里面所讲的气论和我之前看到的气论有一个特别大的区别，就是对描述"气"的概念的变化，因为在传统气论里面，特别讲聚、散，但是在新气论当中，您特别注重用"凝"这个概念来讲气直接表现而成物的特点，而和"凝"相比来说，"聚"是一种高阶的"凝"。

丁耘：对。

秦一筹：为什么您会注重"凝"这个概念，而且高阶的"高"应该如何理解？比如说张载讲的太虚是气散未聚的状态，这个时候似乎可以理解为一种很强的主动性，或者是非常强的感应能力。随着太虚聚的时候，气逐渐有相有形，它的感应能力反被其形阻碍。这个气聚的过程似乎和您提到的作为高阶的凝的"聚"是不太一样的。

丁耘：这是一个出发点，有两个考虑，一个考虑是"凝"确实也是中国传统气论里面非常重要的概念，其实《易传》里就讲"阴疑于阳"（《周易·坤·文言》），就是这个"凝"。所以说这是个很古老的一个词。气论讲聚散，有时候也可以讲凝聚，泛泛地讲，凝和聚混在一起讲的。

但"聚"它是有一个逻辑难题的，莱布尼茨连续体迷宫其实处理的就是这个逻辑难题，就是说，"聚"不是无中生有，是吧？它一定要有一个开始聚的单位，是吧？这些东西之所以能聚起来，都是因为有什么东西聚成一个显著的东西，是吧？这些东西再微小，它也有，它不是无。那么这些东西本身是聚起来的吗？如果说它也是聚起来的，往后推，就会出现无穷倒退。要避免无穷倒退，就需要有一个最基本的东西，这个是莱布尼茨哲学体系的最基本原理，就是单子论的一个最直接的理由，要有一个最基本的东西。但这个基本的东西在他看起来不能有广延，因为有广延有大小就一定可以继续分下去，这就是他的考虑逻辑难题。

斯宾诺莎怎么处理这个问题？在这些问题上，我认为中国哲学史有一些材料和说明，但是我觉得在逻辑上也可以用一下西方哲学的说明。斯宾诺莎的考虑是这样的：他的一个界说是对个别事物的界说，也就是说，多怎么合成一个。在这个界说里他其实区分了个别者跟个体，这个是斯宾诺莎研究里面的一个小难点，有的研究者是不区分这两个概念的，而有的研究者认为应该区分，这两个不是一回事。我上次在演讲的时候专门讲，"个别"是量上的单一，个体是质上说的"不可分"。在这个对个别事物的界说里，他总是预设了有个体的，这个个体是事物，也就是样态的最基本的单位，这个单位其实就是力量的直接表现。就是刚才我讲的，事物表现了力量，它会有若干的结果，其中结果之一就存在于团体中。就是说自我保存，也存在于团体当中，这一点在《伦理学》里被当作本体论提出来，但实际上支撑了斯宾诺莎整个的政治哲学。

这里有一个特别有意思的东西，就是说它有一个力量的直接呈现，就是初阶的呈现，还有力量的高阶的呈现。我认为比较重要的是把斯宾诺莎和莱布尼茨谈到的关于聚合、结合非常经典的近代哲学问题和熊先生的翕辟学说连在一起。反过来看，（那天高海波老师讲得很清楚）熊先生实际上是想要一个可以团聚成一个事物的东西，但是在其"一翕就是一辟"（这是熊先生的基本原理）的结构中，看不到翕的东西结合在一起，以形成一个更大的、稳固的存在的可能，虽然他后面可以用其他的方式补充，但是这是个补充说明，在原理上没有涉及。

我觉得熊先生的思路是要在原理上有涉及，其实也好办，就是说保留"一翕就是一辟"的说法，但要把"翕"分阶次。

高阶的"翕"是什么？比方说一个人是一个"翕"，一群人结合成一个家庭或一个班级，就是高阶的"翕"。高阶的"翕"可以叫"聚"。我在这里有一个贯穿的想法，最重要的还不是说"翕"分阶次，要点是整个的翕辟学说，"辟"也可以相应地有阶次。

这一点其实就是谢林用利己意志和爱的意志要说的东西。我基本没有在《纲要》里涉及谢林，后面我还会写这部分内容。这个东西也是莱布尼茨用收缩和扩展要说的东西。小到一个质点，大到身体物体、客观精神，比如马克思处理的劳动产品交换流通、一个民族的进退消长都可以用这个来解释。谢林是统用这个东西（Potenz）来解释神和自然。翕辟的阶次很明显是借鉴了谢林之说，但是我对此有自己的解释与推进，我本来也有点这个想法，先刚教授译成"潜能阶次"翻得很好，原来他是翻成"幂"对吧？乘方幂。因为这个东西有个自身关系的意思在里面。关于谢林，后面我就不多讲。其实马克思也有这个学说，马克思讲劳动价值论的时候，其实也用了这个概念。

秦一篝：您对"凝"和"聚"的区分和您刚才讲的"体用"，我认为其实都可以视作您对张载理论的进一步的发展。张载的体用论可以由您刚刚提到的"根据—效用"的解释得到澄清。您刚才提到，《易传》有提到凝的地方，其实张载本人是说到了凝的，他是在用冰水之喻来讲虚空即气的时候用到了凝和释（气之聚散于太虚，犹冰凝释于水，知太虚即气则无无）。那么如果一气流行的聚散可以通过"阶次"概念做一个划分的话，我觉得也是能够把凝提炼出来的。

丁耘：对。这是给凝聚论一个力量哲学说的解释。

你们还没有问一个很关键的问题，也就是新气论跟仁义道德的关系没有完成。我特地对这个问题做了准备。

秦一篝：我觉得这是气论面临的几乎可以说是最大的问题。而且与之相关的是，新气论是在试图讲出仁义礼智，还是说在呼唤一种新的道德？

刘光璞：或者说，气论作为中国哲学的推进，它如何去说它里面是传统儒家意义上的道德。因为可能在西方传统中，力量哲学，包括像斯宾诺莎讨论的自由、善，是一种力量化的道德，包括尼采对主人道德和奴隶道德的区分，也是力量强与弱的区分。那么新气论中的道德和力量传统中的道德会有怎样不同？

秦一篝：这个问题似乎真的只能回到斯宾诺莎。这个问题似乎也是气论、斯宾诺莎和法国哲学的动力学解释潜在的冲突之处。当涉及气论清洗目的因的时候，三者具有相当的一致性。但是现在用气在讲道德，有可能就会被视作一件没有必要的事情。

丁耘： 这个问题其实不像你们想象的那么有挑战性。尼采和斯宾诺莎，特别是斯宾诺莎，没有提什么新道德，他是把这些道德全部用力量哲学写了一遍。你在他面前秉持古典道德，不管是柏拉图派、斯多格派还是基督徒，都会承认你有道德。区别在于你的道德的原理是什么。他可以用自保、用努力全部解释。斯宾诺莎在这个意义上，可以说呈现出一种古今的调和，它的原理是现代的，但是要的德行表，名目上统统都是古代和中世纪的。

所以这个问题其实没有那么尖锐。真正把道德问题在哲学上变得尖锐的是海德格尔和尼采。尼采的意思就是上帝死了，那么人该怎么活？能不能过没有美德的生活，人怎么样决断？这个才是道德学上最尖锐的东西。

气论怎么解释仁义道德，这根本不用我来说，古人已经讨论过。阳明之后的刘宗周我认为是写得最好的，他是这样讲的：仁义礼智、喜怒哀乐、春夏秋冬、一气流转。仁义礼智对应的是喜哀乐怒，然后喜怒哀乐是新的一气流转，跟天的春夏秋冬是一致的，也就是元亨利贞。这对他们来说没有什么不顺，对他们来说最根本的义理之性跟气质之性是不割裂的。要割裂会引起很多巨大的困难，这在刘宗周看来就是典型的异端。"有物混成，先天地生"以及在气之前立一个本体，这就是异端，不是儒家。他讲得特别斩钉截铁。

当然，刘宗周的体系有很多缭绕，很难解，比佛学都难解。牟宗三先生解刘宗周是不大成功的，他写《佛性与般若》倒很顺。这是因为体会刘宗周有一条进路，即工夫论，这个讲起来就很微妙。阳明后学这些人权衡阳明学，不是说道理上写得顺，不是科学旨趣的，而是说按你这个来安顿我的身心顺不顺，我走你这个路子来做工夫顺不顺。刘宗周对阳明态度是有过反复的。他最后找到了一个自己的工夫，就是在意根上做工夫。这个意根就是针对阳明学，特别是王畿说的"念头上做工夫"的。比如说他讲不二过，就是说"一过即觉、一觉便化"，马上意识到。它其实是个功能，不用从道德上纠正它，你觉的时候坏心眼已经是过去的东西了，它就随着时间化掉了。刘宗周不取这个路子，因为后面的坏念头还会再来。它是个习惯，习惯就会有一个先于念头的力量驱动。

刘宗周说在意根上下文章的这个"意"不是意识，而是先于意识的倾

向。他要做的是彻底改变，他自己语录里谈到过的就是"下种子"，要把种子铲掉。这个工夫就是在心之前，他认为其实是一个气禀的东西，就是气的倾向。

比如说喜怒哀乐这个东西，你们好好体会一下，它其实在意识之前推动了你的意识。刘宗周说的"意"，你要用当代西学讲，它更像无意识。恰恰不是说在无意识上似乎不能立道德，真正的、彻底的理学，它是反过来的：道德的根一定要生在无意识上，而不是生在康德说的压制我的质料性的东西上，我不理；我听绝对命令了，那基本上做不了什么工夫，可能最后就会很分裂、很虚伪。

所以说仁义礼智就是一气的节文，用气论来解仁义礼智其实比用《伦理学》来讲更好，这个仁不是生发性的东西，气是截然有止。比如说我们平时看到烂好人，任何人他都爱，他觉得都要对人家好，这个过分了，我把他截住，该怎么样就怎么样，按照理，有些人你对他就不必那么好，这个是义，是截然有止，把它刹住、断了，这个就是秋肃之气，就像秋天。天就是这样做的，这人和天的关系，你用心很难弄，用气一下就贯通了，气是打通天和人的。

后面有一些现代哲学家其实也都是从这个方面来做，这个关键在于它是一气之节文。这可以说是个元伦理学的解释，至于说你刚才问的问题，那是德性表，就说我们现在要培育什么道德品质，树立什么样的核心价值观，这是另外一个问题。

在这个问题上气论能解释吗？能解释。我们社会主义核心价值观，第一个是富强。富强就是国族的自保。斯宾诺莎《伦理学》最重要的问题就是万物都要努力（conatus），努力就是保存自己存在，包括实存和本质的。这实际上说万物自我保存的原因、根据就是努力。顺着这个东西继续往前问，就是目的因跟动力因结合的地方。因为从目的因的逻辑上写出来就是这个东西，就是 A = A（当然要经过中介），自我成全自我。你看，斯宾诺莎说动力因的最基本的东西是努力的时候，其实他从"后门"里把目的已经带进来了，但是这个东西和目的论有什么不一样的呢？

自我保存后的自我跟保存时的自我其实不大一样，阶次上就不一样，人为了自保，是会自新的，会出现新的形式；动物为了自保会产生新的个体；一个社会为了自保，它会产生新的社会形式。这个时候，你保存的自身它自己会有阶次地替代上去，这就是说新道德在气论当中的根基，你认为你保持了原来的东西，实际上你呈现了一个新的东西，但是这个是你自保的结果。如果要废弃自己的传统那完全就是奴隶道德，就是说外国人让我怎么做我就怎么做。当然这也是一种最低级的自保，但是他的形式全是来自外部的，但真正自保、自新、不断的富强或者其他一系列的东西探索出的，是一个新的形式。

它既是动力因也是目的因，但它不是一个预存的目的产生的东西，因为我们实际上谁也不知道预存的社会是什么，它还没有存在，它不可能起动力的作用。在自保中一定会进行新的自我创造，这个时候才一定会有新道德出来。它是道德，它是新的。它是开放的东西。

秦一筹：所以我看在《纲要》里面老师都把 conatus 翻译成"努力"。

丁耘：对。

三　新气论、斯宾诺莎及其阐释

梁奕飞：老师我有一个有关有限样态和无限样态的问题，我们可能注意到的是斯宾诺莎说的有限样态的层面，但是斯宾诺莎其实还提到无限样态和有限样态的区分。在这个层次的区分之中的无限样态对于气论的理论有什么可能的帮助吗？

丁耘：这个问题其实刚才已经讲了。"大其心"就是天心、道之大，或者甚至也可以说是"我"之大，在斯宾诺莎那里，对应的都是无限样态，不是有限样态。

这里的关键还不是说给出一个无限样态就完了，而是有限者怎么无限化。就是说，"大其心"的"大"作为一个动词，它怎么实现？这是一个难点。后来整个德国古典哲学可以说就是在有限和无限的关系上面做文章。黑格尔说的"真无限"，就是无限跟有限的统一，也就是理事无碍。它是看起来是个事，但它把所有的事情都包在里面。

这个观点在理智上是说得通的，而且这个跟莱布尼茨说的神的知识、完满的直观和太一单子其实是没有二致的，但是斯宾诺莎还有另外一面，在他的理论中，身心是同步的，心观念往前拓展，会跟越来越多的观念进行联系。最后就是说心、身体和其他物体的联系是同步的，不能说谁决定谁。

这是一条非常关键的命题，这一点是当代法国人最喜欢的。我看阿尔都塞的斯宾诺莎解释中，阿尔都塞很在意这条。就是说它不是孤立的一个理智，也就是说这意味着身体本身跟其他外物的实际联系。当然阿尔都塞对这条的解读有他的深意，他试图用这条去阐释上层建筑跟经济基础的关系。他实际上是这个意思。就好比说我们今天国家的观念和我们的经济活动是同步的，如果我们要闭关锁国，观念肯定就是闭关锁国的观念，你要开放，那就相应地会有开放的观点，但是开放你要有主导，你就会有主导的观点。这个跟你的国家、社会、市场、社会组织的延伸是同步的，是这个意思。这个里面一定会出现新的道德。这就是一个老话题了——新的道德在旧道德看起来是不是不道德，这是另外一回事。这里海德格尔给了一条出路，海德格尔没说这些都是虚无主义的，还应付"畏"带来的这些困境，他有个说法叫决断。这决断就是赋予确知、确信或者良知。确信和良知是一个词，这个翻译得很好。反过来也讲，良知就是决断。海德格尔为我们理解阳明学提供了一个角度，良知就是信。阳明老说信得过、信得及。良知就是在你的犹豫当中，不要再犹豫，实现一个选项。阳明学最好的用处是在战场上，战势是瞬息万变的，容不得你犹豫。犹豫你肯定失败，要当机立断。阳明的工夫就在于当机立断，行云流水般地把事情处理好。

在所有可能性里面选择一个实现，这是存在论的东西。也就是说不管用什么样的道德，总比犹豫好，会有代价，但代价再付。后来的法国存在主义，其实有一部分就把这一点通俗化地讲了出来。阳明是杀人的，杀人他是付代价的。他在赣南平叛时杀了一些逃税的农民，这些人可能现在看起来是无辜的，但他仍毫不手软，但是他知道他会付代价，我给一个玄学的解释，我觉得阳明的命不该这么短，这么短可能是杀业太重了。

严杭迪：我能不能提个问题。您刚才讲在斯宾诺莎那里，其实他反驳的那种目的论是那种有表现能力的目的论。但如果力量本身有能力、有欲求的话，那力量本身便有目的论的结构，要你努力，得实现自身。这个观点如果拓展到神的层面的话，就相当于神本身就有这样一个结构，它的动力因的这样一种线性的结构，把这样一个很大的那种圆圈拉成了一条直线。所以我感觉丁老师您讲的内容，反而就比较偏向于谢林，而且关键是斯宾诺莎的阐说好像也是有这种目的论跟动力因之间的张力的。

丁耘：斯宾诺莎的目的因解释确确实实是我们的研究者的解释，他自己肯定是拒绝的。而且在趋向自身保存这里，关键就是，自身意识是不是自身表象，这是非常关键的。你说的是如果是目的论，一定是基于存在一个表象。在斯宾诺莎那里不是这样。比如说动物下意识的自保，比如你睡着的时候蚊子咬你，你下意识拍一下你那里，哪有什么表象，但是你仍然是在自保。因为自保可以解释包括惯性在内的一切东西，你不能说直线运动是有一个量意义上的自身，它保持的就是运动状态，是自己。

我觉得在有阶次的理解上，你刚刚讲得对。我认为但凡讲得有阶次的，一定是把莱布尼茨跟谢林的东西引进了。但是我的意思就是说在引进力量阶次学术的同时，我不能偷运他们的意志结构跟目的转化。我在《导言》里讲的就是这个。

严杭迪：不能有那种比较高阶的意识。

丁耘：对，就是第一原理上不是有表象的目的，是这个意思。

刘光璞：我们最后一部分是一些零散的问题。首先是刚才老师也提到的斯宾诺莎从 conatus 去理解物理现象中的惯性问题。现代物理学将力理解为一种物质间的相互作用，那么力量哲学会不会与现代科学特别是物理学之间有一些冲突或者存在张力？或者说更宽泛地讲，新气论应该如何去处理现代自然科学的问题？

丁耘：这个问题不仅仅是新气论的问题，这是当代做哲学的人一定会问自己的问题——怎么处理哲学跟现代科学的关系。但凡遇到类似的问题，我的态度是比较谨慎的。我认为需要先把问题看清楚，先要问这个问题本身而不是顺着这个问题回答。当我们理解现代科学的时候，我们理解的是什么？我们说现代科学，伽利略是现代科学，爱因斯坦、海森堡、玻尔以后的也是现代科学，但是它内部的变化是非常剧烈的。从伽利略到杨振宁的历程中，我们看看哲学家发挥了多少作用？能不能把笛卡尔、莱布尼茨甚至是作为哲学家的牛顿，把他们作为哲学家的作用去掉？不可能。哲学史和科学史在大部分时间里是重合的。同时还要看我们怎么界定科学，这是非常麻烦的问题，因为所有这些概念都是很含糊的，哲学、科学、形而上学，你们提的这个问题其实是形而上学和自然科学的关系，因为宽泛的哲学是包含了自然科学的，但形而上学跟科学的关系就很复杂了。

首先我重申一个立场，在这一点上我完全赞成黑格尔的说法，一个民族有各个学科的学术、有各种哲学思想但是没有形而上学，就像有个神庙但神

庙里没有神。不过这样一讲就划到另一面了，即形而上学跟民族的关系非常
密切。这样就不像科学，有点像文学了。比如没有歌德，没有但丁或鲁迅，
这个民族的文学就不值一提，文学一定首先是民族性的，然后才是世界性
的。你不可能指望说我们中国人用英语写文学写得特别好，因此中国文学很
发达。但是哲学特别是形而上学的问题就很麻烦，因为形而上学在康德之后
想要成为科学。在康德看来，自然科学已经进步了，它是科学的，那么形而
上学能不能像自然科学那样也是科学的，这就开启了这个话题。后来黑格尔
也说他的哲学是科学：他的逻辑学其实就是逻辑科学，《大逻辑》的原名是
逻辑科学，而不是逻辑性的科学。胡塞尔也说自己的哲学是作为严格科学的
哲学，哲学是严格科学，自然科学叫精确科学。① 对于什么叫科学这个问题，
费希特体系其实就回答了这个问题，费希特的哲学被我们翻译成知识学，它
字面的意思就是科学学，它研究了科学的条件是什么这个问题：哲学家不能
像中世纪神学的婢女那样侍奉科学，而需要追问科学的条件。科学有很多的
条件，清华科学史系这方面做得很好，让人对科学就不会那么迷信，如果迷
信科学的话科学就变成了宗教，就不可能发生范式的变革，不可能有科学革
命。科学有认识论条件，有存在论条件，有逻辑学条件。法国当代也有学者
认为科学活动还有社会学条件。现代科学，比如说 20 世纪以后的物理学，其
内部有不同的学派的争论，比如哥本哈根学派跟其他的学派的争论，爱因斯
坦跟玻尔的争论，背后其实都是哲学争论。

爱因斯坦是斯宾诺莎主义者，他最喜欢的哲学家是斯宾诺莎，他认为上
帝是不会掷骰子的，这和斯宾诺莎的体系在否定随机性方面是契合的。测不
准原理是讲，例如位置与动量不能同时获得确定性，在他们看来这就不是斯
宾诺莎主义的，因为它是随机的。其实我也可以给出一个斯宾诺莎主义的解
释：如果测不准原理说的是某个时刻的客体的确定的物理量到底是位置还是
动量，那么这其实取决于观测者的意志。一个真正的斯宾诺莎主义者就会进
一步追问实验者的意志取决于什么。这就是斯宾诺莎的意思，实验者的念头
不可能是自己产生的，而是有另外的原因在推动着它，只不过是实验者自身
没有意识到。这个问题就很好玩了，看起来是人的意志的东西参与到客体的
物理量里去了。科学家团队不管出于什么机制，认为那个时候那次实验我们

① 〔德〕胡塞尔：《哲学作为严格的科学》，倪梁康译，商务印书馆，2010，第 1~3 页。

要测算位置，不测算动量，那就决定了那个时候客体客观上就是确定的位置而不是动量。这个问题没有哲学的解释说不通，科学不是结束在数学那里，这是现代科学对哲学的需要，这种需要会体现为康德以后形而上学被宣告为过去式，但是又不断地复活、不断地被批判。

秦一筹：我们可以看到，海德格尔、尼采，甚至再往前推到康德，很多人都说他们终结了形而上学，但也立马又被他后面的哲学家打成了最后一个形而上学家。

丁耘：这本身就说明形而上学终结不了。因为它不断地被宣判死刑，然后不断地复活，然而宣判对它执行死刑的学说是形而上学，这就是没死成。

形而上学之所以会春风吹又生，是有一个存在论条件的。当然形而上学无论在历史上还是地域上都是很复杂的，你们提问的其实是后现代主义思潮的问题。其实现在后现代主义也已经过去了，后现代主义是我 20 世纪 90 年代末做博士论文的时候比较盛行的，现在大概已经是后—后现代了。后现代主义讲的是在场性的或者是在场的形而上学被解构了。后现代主义认为形而上学是围绕在场的，但它不是用科学的方式结束了形而上学，是用形而上学的这些基本文本自身解构了自己。德里达的著作体现了两个核心内容，第一个是胡塞尔的内在时间意识，在场是现在的流逝；第二个是符号学的能指与所指的关系。

而反过来形而上学在英语国家其实是复活了，形势相比于分析哲学诞生的时候意气风发地希望通过语言分析消除形而上学的时代已经完全不同了，英语学界反而在某种程度上唤醒了形而上学，恢复了一些老套的问题，但运用了精细的新方法，可以叫"分析的形而上学"，用了一些未必是经过批判的形而上学术语或语言转向后流行的框架，比如"真""实体""属性"或者"语义""语句"等，实际上英语哲学里也复活了欧陆哲学史的一些有趣洞见。比如说泛心论（也许译为"泛灵魂论"更好）问题，有些支持泛心论，如莱布尼茨主义，而有些则批判泛心论，如斯宾诺莎主义。再比如目前流行的所谓"客体取向的哲学"。但似乎很少有人批判性地先从"客体""实体""属性"等范畴本身讨论。当前，在信息技术革命的时代，试图重新理解各种技术客体（包括信息技术客体）之本质与实存的形而上学的兴趣又重新活跃起来。之所以会出现这样的情况，最根本的问题还是像海德格尔的《形而上学是什么》里面所描绘的那样。这是海德格尔的教授资格演讲，也是被卡尔纳普骂得最狠的，卡尔纳普通过语言分析消除形而上学的靶子其实

就是海德格尔的《形而上学是什么》。而对卡尔纳普批评最激烈的是他自己的徒子徒孙，他自己恢复了分析的形而上学，但是他没有摸到海德格尔这篇演讲的门。

这篇演讲的主题是"Nichts"，也就是"无"。这个问题不是海德格尔提出的，而是康德提出的，在《纯粹理性批判》的先验分析论的最后，他讲了四种"无"的概念①，由此进一步可以推到莱布尼茨的文本。所以海德格尔那个演讲整体上是在解康德。但是海德格尔事实上推进了康德。康德的意思很简单，认为形而上学围绕的这些理念对于科学来说是有意义的，但只是范导性的，不是构成性的。海德格尔的意思则反过来了，形而上学冲动对科学来说是构成性的。这是他演讲里面特别微妙的地方，他就提了构成性一句，没有展开，因为它不是文章而是个演讲，受篇幅所限。海德格尔的意思是，所有的科学产生于形而上学冲动，这才从历史上、存在论上、逻辑学上都理顺了为什么形而上学和科学永远纠缠在一起这个问题。因为科学最简单的一个条件是怎么验证一个东西是真的还是假的。这个问题的前提是经验性，也就是海德格尔说的在世界之中。这是所有东西的前提，不是实践是检验真理的唯一标准，实践也是有前提的，实践的前提是活在这个世界上，不是在梦想的世界，不是在可能世界，就在这一个现实世界中。做实验的人和重复检验实验的人在一个世界里，行动的人和理论的人在同一个世界之中，因此才能说用实践去检验各种各样的理论。这一切的前提是共处在一个世界，而且这个世界是可能性中唯一的一个现实世界，这就是存在论条件。

这个问题海德格尔讲得最清楚。也正是由于这个存在论条件，才一定有超越的冲动，因为世界本身就是一个超越性的场。海德格尔在《形而上学是什么》里比在《存在与时间》里更进了一步，他把关键概念扣在超越性（Transzendenz）上，有超越性一定有形而上学，又想前进又没有前进的方向，这是不可能的，只有因为朝这个方向前进，你才会实实在在前进几步，前进的几步就是科学。

但是这并不意味着我们提出特定的形而上学体系，会引导现代科学。这是不切实际的。我们现在连谢林、黑格尔在19世纪做的工作都做不到，况且现在的科学细化到这个地步，如果将各个学科拢在一起，这个工作恐怕需要

①　见〔德〕康德《纯粹理性批判》，邓晓芒译，人民出版社，2017，第196页。

人保持健康的状态工作 300 年，或者设计一个大一统的系统，用程序试试看。但是这取决于程序员自己的哲学倾向。这是玩笑。不过话说回来，相应的科学技术出现会有一个相应的形而上学出现，这不是谁决定谁的问题，而是伴随的关系。福柯认为 19 世纪的学科状态以政治经济学为知识型。当时出来的马克思主义就是这个样子的，之后的时代也肯定会有相应的形态。

这是一个问题，是在西学内部形而上学跟科学的复杂关系的问题。在中国哲学中这个问题就会更加复杂，中国哲学本身对这两个东西都是很陌生的，"形而上"的说法中国哲学理论中本有，但是它是不是 metaphysics，这是有巨大分歧的。这就会牵扯到你们问的最后一个问题，就是中西怎么样对应的问题。

我现在的想法是气论可以作为形而上学，但是这个形而上学不是和 history 对立的。这个形而上学不是后自然学，它围绕自然学或者物理学，不是和 history 对立的。也就是说 metaphysics 也可以说是 metahistory（当然这不是作为一种史学理论的"元史学"），我把自己工作定位在时代领域是历史的总体。这在《纲要》里讲得很清楚。我们是从总体历史体现出来的心物关系、心身关系出发，去回应形而上学的最基本的问题，这是新气论后面要做的。但是它要担负形而上学，就要开辟自己的现象学和逻辑学，这个我是有一点考虑，但是还没有成熟。

秦一筹：老师刚才讲到爱因斯坦和上帝到底有没有掷骰子问题的时候，我想到我和奕飞听您在人大的讲座（系 2023 年 12 月 7 日丁耘教授于中国人民大学国学馆做的主题为"情感与力量——从贺麟与张祥龙的斯宾诺莎解释出发"的讲座）之后，清华的同学进一步产生的一个问题：以黑格尔为代表的德国古典哲学和以德勒兹为代表的法国哲学两系作为斯宾诺莎阐释的主要的两种方案，其区分方式是有无生产性，但为什么前者的解释就会被视作没有生产性或动力的？我猜测是因为理性，因为因果可以说是能被理性把握的，而动力学的阐释不一定可以用理性把握。包括我感觉您在《纲要》当中把斯宾诺莎和感应论结合起来，似乎也是想要在因果之外给出一个新的动力阐释。

丁耘：这个问题分好几个层面。第一是不能说黑格尔和德勒兹两系的解释一个用因果、一个用动力学的范式。我刚才也说了，实际上斯宾诺莎那里因果性的建立，就是依照动力而来的。也不好说就是黑格尔和德勒兹两种阐释，应该说是德法两系比较准确。因为德国除了黑格尔，谢林也是这么看斯

宾诺莎的，跟黑格尔大差不差，就是没有了生产性。那么德法阐释的区别在哪里？我宁愿用一个比较古典的范式来讲，就是莱布尼茨概括的两条逻辑定律：同一律和根据律。

在谢林看来，斯宾诺莎整个体系就是围绕同一律，谢林的同一哲学的最简单的表述就是 A 等于 B。A 为什么会等于 B？不是 A 与 B 自己相同，而是因为作为 A 的 X 作为 B 的 X 是一样的，它们的绝对主词是相同的一个。它们都是绝对主词的——就像张载说的——客形，是述谓，也就是客体。当然在谢林那里，可以让思维与存在或者自然与精神作为 A 和 B 同一起来。绝对主词就是同一个，述谓都在它之内。斯宾诺莎确实说过实体是内在因，所有东西都在它之内，这个是激进化的同一律，不仅仅是 A 等于 B，万物都是同一的、心物或者思维与广延也是同一的。同一律激进化用到大全上，得到的是本体。

还有一个是根据律，根据律是莱布尼茨郑重提出的（虽然之前当然有此思想）。谢林的哲学是把彻底运用（运用到大全上）的同一律与根据律结合，他自己认为他的贡献就是用这个方式糅合了斯、莱二氏。谢林认为，万物既是在实体之内的，又是一个神生产的。神既是内在因又是生产因。但是我们其实可以很清楚地看到，这个问题斯宾诺莎自己就全都讲了，他们的区别在于怎么理解同一律和根据律的关系。是一个产生了另一个，比如说根据律产生了同一律，那么归根结底就是一个根据律，还是反之，归根结底是一个大的同一律。

黑格尔把同一律和根据律放在范畴表里，在《逻辑学》里边进行了处理。但是在我看来黑格尔有一个根本依赖，他的实体其实就是激进化的同一律，主体就是激进化的根据律，他把这两个统一起来。海德格尔抓住了根据律，所以海德格尔解斯宾诺莎其实是不成功的，因为他对斯宾诺莎的看法其实跟谢林、黑格尔没什么区别，他抓住的是根据律，他非常喜欢莱布尼茨的根据律，他从根据律往上通，并认为费希特那样从 A＝A 开始，到我等于我的同一律太直线了，他不走这条路。海德格尔在讲课稿里对此有专门批评。所以海德格尔就抓根据律的路，还是把深渊等所有概念都从根据上阐释。

回到这个问题，德法两系的解释，实际上法国人更偏向海德格尔的根据律，他们无非反过来说斯宾诺莎本人是生产性的、差异的生产，这其实是基于根据律发挥的，这点在德勒兹和马舍雷的有关解读中可以看到。

还有一个比较重要的出发点是跟唯名论的关系。这也就是说斯宾诺莎的解释，是不是明确从个体的实存出发，这就是你刚刚说的是不是人类理性的界限。你提出这个问题可能是因为《伦理学》里讲了三种知识，① 斯宾诺莎说其中的理性只能是共同概念，共同概念是没有办法推出个别者实存的，这一点非常清楚。康德也是持这样的见地，他说概念认识都是可能的东西，个别实存是思维之外的直观才能认定的。但斯宾诺莎有另外一个理智的概念，这跟理性概念是不一样的，这是斯宾诺莎研究界大家的一个结论。

斯宾诺莎的理智是要问个体或个别者存在（包括本质与实存）的根据。不仅仅是直观，他要问个体存在的理由是什么，也即"这一个"存在的原因。这实际上是对唯名论立场的推进。个体存在的原因是可以被认识的，这和德勒兹认为的差异的东西是不能认识的、被给予的观点不一样。斯宾诺莎认为的可以认识不仅仅是归类，不是主谓判断，而是因果认识。这个东西在这里，它的根据就是个别性的东西，而不是种类、共相之类的东西。这个东西在这里，它存在的根据可能是另一个事情，这个事情又有存在的根据，一直往前推。在我看来这才是斯宾诺莎说的第三种认识要达到的东西。只要一推就会把"这一个"和全体实存联系在一起。其实斯宾诺莎和海德格尔的距离没有想象的那么远，他的出发点也是存在者的存在，不是共相思维的那个东西，那只是第二种认识。

刘光璞：还有最后一个问题，也是我自己比较关注的一个问题，因为我读西方哲学比较多，所以比较好奇也比较疑惑，中西哲学中的概念在多大程度上是可以互通的？在此基础上，我们要怎么理解中西哲学在一些概念和表述上存在的差异，并进行统合？

丁耘：其实这个问题非常自然，我们这辈人早就提过这个问题了。这是因为我们有一个共同的出发点——用中文研究西方哲学。我 30 岁之前就写过文章回应这种焦虑，后来我想清楚了，其实根本就不必焦虑。首先这个问题在我们的历史里有辉煌的先例，就是佛学。我们现在都把佛学术语当成中国话在用，没有任何疑惑。这个翻译中是没有那种实证科学的精确性的。今天甚至有佛学研究者受现代学术影响，去指责玄奘的翻译不准确，但玄奘的

---

① 即意见或想象、理性、直观知识三种。见〔荷〕斯宾诺莎《伦理学》，贺麟译，商务印书馆，1983，第 80 页。

翻译是达到了人类翻译的最高的确切对应性的。翻译一定是解释，一模一样的东西就没有必要翻译，也不是两种语言了，一模一样就意味着它不是两种语言，所以翻译一定是解释。在中文不同方言之间都有翻译、解释，这就是A等于B的关系，不是A等于A的关系。在这个过程中才有新的东西产生。A等于B的本质就是整合在一个更大的全体中，就是扩大解释。因此用中文去研究西方哲学是优点，无论是对于中国的思想还是西方的思想而言。我们这辈人在十多年前有个概括很好，叫"中国内部的西方"，把西方当做异质的东西，是以中国为本位的西方。

如果我们不是在这里学西学，就会认为我们的中文母语是一个负担。有一些留学生就是这种心态，到国外脑子一片空白，必须重新开始追赶。这就好比人家10岁学的东西，我20岁才开始学，就会充满了焦虑感觉永远赶不上。这是把自己中国人的背景当作负担，当成了负面的东西。这就是奴隶道德了，这样是永远赶不上别人的。而且这样做出来的成果，人家还说有中国味道，语言再对、语法上再怎么无可挑剔，还是说气味还是中国气味，那为什么追求这种方式？

中文是一个主体性的语言，中国人来翻译西学的典籍跟用英、德、法、意大利语翻译古希腊的典籍完全不一样，他们是不对等的。虽然维科说过拉丁语和意大利语有自己的语言，有和希腊人不一样的民族智慧，但这是他反过来强调而已。这肯定是不对等的，到现在他们还会指责拉丁文，比如海德格尔很喜欢指责用拉丁文翻译希腊语的有关概念。他们有个自身内部的统一的源头，即古希腊。我们中文是不一样的，用来翻译西语的汉语有很多谱系，古汉语是一层，佛经翻译是一层，古汉语自己也有个变化，白话文又是一层，这是撇不掉的。我们只能说意识到这个差异，这个就是诠释学问题，理解一定会有摆脱不了的先见，而我们能做的是自觉到这个先见，力图让自己对西语的解释不要有个人性的误解。客观的误解来自我们的民族精神，汉语带来的误解避免不了，而且应该欢迎它。这就是生产性的东西，这就是差异，差异才是生产性的。当然前提是自己要具备越多的西语知识越好。另外，对我们来说西方好像是个整体，这有时候是个优点。我们不区别英、德、法、意大利等，这有时候也是个优点。因为我们可以从整体上看，欧洲人和美国人自己会从差异性上看，但是我们会看到他们相同的一面、系统性的一面。在这个意义上，中文学界更有可能做出系统的研究和系统的判断。

虽然在学术上的精确性要求肯定总是有偏差的，黑格尔、海德格尔的哲学史解释可能看起来全是错的，但是这不妨碍它是他们的哲学推进的活力。而且刚才那个问题里已经包含了一种相应性，而不是僵硬的同一性。我不会在翻译上纠结这个词翻译得对不对，但我可以说比如张载跟斯宾诺莎系统上比较像，整体上大方向上有一两处特别相应，也可以说熊十力跟莱布尼茨有一两处特别契合。这并不是比较哲学。比较哲学是个不得已的、拙劣的学科概括。哪个哲学家不比较？黑格尔不比较？亚里士多德不比较吗？亚里士多德天天在比较前苏格拉底时代这个体系跟那个体系有什么区别。把比较拿出来命名没有太大的意义。哪个哲学家不分析？把分析拿出来单独命名，好像哲学只管分析，其他什么都不管，这也没有太大的意义。我们不是要做比较的工作，我们是做贯通融合的工作，这些都是我们的资源。

接下来就是说出自己的话，这不仅仅是学科内部的话，甚至不仅仅是中国人的话，而是针对人类正在面临的处境，作为以中文为母语的思想者，必须在形而上学这个层面上做出回应，这才是我们国家年轻的哲学研究者应该致力的方向。至于说这个回应为什么一定是体系性的，因为这个问题本身它就是整体性的，而不是主观上一定要弄一套东西出来。问题本身就是这样镶嵌的，是有整体性的，所以回答如果不想是片面的，就一定要有体系性的模样。

纪念梁启超先生诞辰150周年

从"国故"到"国学":"觉醒年代"的国学自觉概观

黄敦兵

（湖北经济学院 马克思主义学院暨湖北省大学生
思想政治教育评价中心）

摘　要： 一百多年前，新文化运动前后一段时期，是中国近代思想史上最为活跃的"觉醒年代"。在古今、中西、新旧、有用无用等的学术论争中，一股强劲的国学意识觉醒了，近代国学开始朝着"文学革命"的引发、"国学普及"的展开、"国故整理"的推进、"国魂重塑"的探索等方面展开重建。作为其中的核心议题，在"国故"反省、"国粹"批判中推进的"国学"重建成为一种日益自觉的思潮，重审近代国学重建中的"粹"化意识、"国故"观念，可以更好地深度诠释中国百年文化转进中民族文化的自觉与自信问题。

关键词： 国学　现代学术转型　国故　觉醒年代

"1840 年鸦片战争以后，中国逐步成为半殖民地半封建社会，国家蒙辱、人民蒙难、文明蒙尘"①，中华民族奋起反抗，呼唤新思想的引领，开启了

---

① 习近平：《在庆祝中国共产党成立 100 周年大会上的讲话》人民出版社，2021，第 2 页。

"伟大觉醒"。学界和大众普遍认为,中国近代以后便进入了"觉醒年代"。①
萧萐父先生主张确立文化主体,唤醒"青春中国"的民族魂,建构"对庞杂
的传统文化和外来文化进行选择、涵摄、消化的能动机制"。②李泽厚先生也
主张取得一种"清醒的自我觉识"、进行某种"转换性的创造"为当务之
急。③通过他们的研究,我们已经可以深切地感受到面对千年未有之"变
局",被中外文化所"化"的知识分子,将"焦虑"与"困境"转化为新生
的动力与契机,力创新局。④有鉴于此,本文拟从文化演变史的视角深入探
索中国近代以来"国学意识"的生成、扩展、转进的精神观念史,以期更真
切地感受近代知识分子的文化"觉醒",并对其挺立文化主体意识而创进不
已的贡献作一概观。

一 "国故"反省:从"荆棘"中走出

王国维说:"国家与学术为存亡,天而未厌中国也,必不亡其学术。"⑤
梁启超说:"凡一国之立于天地,必有其所以立之特质,欲自善其国者,不
可不于此特质焉,淬厉之而增长之。"⑥他们想通过弘扬本国文明,唤起同胞
之爱国心。可以说,文化反省是"觉醒年代"的一大主题。西方文明的强势
进攻,一方面使科学获得"无上尊严的地位",得到了"全国一致的崇

---

① 《探索与争鸣》2021年推出专刊《学术中的中国——庆祝中国共产党成立100周年》专
刊,以时代为经,以学术为纬,将百年中国学术史分为觉醒年代、革命年代、建设年代、
改革年代和新时代五个阶段。"觉醒年代"为第一阶段,准确定位了近代早期中华民族上
下求索的思想演变史。与此相应,2021年热播的国产电视剧《觉醒年代》,展示了一百
多年前从新文化运动到中国共产党建立这段波澜壮阔的历史。
② 萧萐父:《活水源头何处寻——关于传统文化与现代化之间历史接合点问题的思考》,载
氏著《吹沙集》(第1卷),东方出版社,2024,第61~77页。
③ 李泽厚:《启蒙与救亡的双重变奏》,载氏著《中国现代思想史论》,天津社会科学院出
版社,2003,第37页。
④ 胡适等人就是其中的重要代表。详参黄敦兵《国学意识勃兴视域下的现代学术转型》,
《广西大学学报》(哲学社会科学版)2021年第5期。
⑤ 王国维:《沈乙庵先生七十寿序》,谢维扬、房鑫亮主编《王国维全集》(第8卷),浙江
教育出版社,2009,第620页。
⑥ (清)梁启超:《论中国学术思想变迁之大势》,载梁启超著,汤志钧、汤仁泽编《梁启
超全集》(第三集),中国人民大学出版社,2018,第17页。

信"①；另一方面也"逼"出中华民族先进分子的文化自觉与民族自救的意识和行动。

在这一觉醒的过程中，近代知识分子在文化谱系中形成了独特的"观念丛"，产生了明确的国学自觉意识，在析论"国故"与"国粹"方面提出了更多的洞见。

（一）"国故"及其两重意涵

"国故"本是章太炎发明的语词。胡适说："自从章太炎著了一本《国故论衡》之后，这'国故'底名词于是成立。"② 章太炎的《国故论衡》一书，书名用"国故"，内容分小学、文学与诸子学三部分。从中可知，他的"国故"意涵主要有二：一指中国之旧学；二指中国之掌故，即中国之文献。

从语词语义分析角度看，"国故"本是个价值中立的语词，比单纯叫"国粹""国华"好。胡适说："'国故'二字为章太炎先生创出来的，比国粹、国华……等名词要好得多，因为他没有含得有褒贬的意义。"③ 所以，他将"国故"译为 national past，以为是个"中立的"名词。

但是，"国故"一词，自有其缺点，因为它"只能够代表研究的对象，而不能代表研究这种对象的学问，因此大家又想起用国故学的名称来代替它，最后又简化而称为国学"④。而且，在对"国故"进行初步整理与应时分类时还容易发生另外一些混乱，"如果讲是'国粹'，就有人讲是'国渣'。我们要明了现社会底情况，就得去研究国故。古人讲，知道过去才能知道现在"⑤。

1919 年初，北大学生傅斯年、罗家伦等人创办《新潮》。几乎同时，黄侃、刘师培等人成立国故社，并于 3 月创办了《国故》月刊，刊发文言文

---

① 胡适：《〈科学与人生观〉序》，载季羡林主编《胡适全集》（第 2 卷），安徽教育出版社，2003，第 196 页。
② 胡适：《"研究国故"的方法》，载季羡林主编《胡适全集》（第 13 卷），安徽教育出版社，2003，第 44 页。
③ 胡适：《再谈谈"整理国故"》，载季羡林主编《胡适全集》（第 13 卷），安徽教育出版社，2003，第 47 页。
④ 曹伯韩：《国学常识》，生活·读书·新知三联书店，2002，第 2 页。
⑤ 胡适：《"研究国故"的方法》，载季羡林主编《胡适全集》（第 13 卷），安徽教育出版社，2003，第 44 页。

章，不用新式标点。两刊一"新"一"故"，虽然办刊旨趣相异，但有"新故相资"之效。毛子水在《新潮》发表文章，认为"国故就是中国古代的学术思想和中国民族过去的历史"；他还批评那些近来研究国故的人，"多不知道国故的性质，亦没有科学的精神"，他们的国故研究，不过是抱残守缺，"国故"不仅不能够"发扬国光"，也能够"发扬国丑"。①《国故》月刊随即刊登张煊的驳论文章《驳〈新潮〉〈国故和科学的精神〉篇》②，毛子水接着对此文进行了反驳③。胡适撰《论国故学答毛子》，批评张煊研究国故是为了满足时势需要的见解，是完全不懂得国故学性质的通经治世的梦想；同时批评毛子水也有太偏颇之处，对待国故应当抛开狭隘的功利之见，应该持为真理而求真理的态度。

虽然由于各种原因《国故》仅出版 4 期，但是通过谈"新"论"故"，《国故》同《新潮》一起，在将"国故"的相关问题不断引向深入方面做了不少基础性工作。人们对国故的内涵的认识渐趋一致。像吴文祺说的"中国过去的一切文化历史，便是中国的国故"④ 便是这一共识的代表。

（二）从"国故"到"国故学"

人们对国故认识的深入，促进国故研究的系统化。随着胡适"整理国故"的新主张出台，一大批成果也被陆续推出来了。许啸天将部分成果编辑成《国故学讨论集》三大册，由群学社于 1927 年初出版。⑤

许啸天在《国故学讨论集·新序》中交代了"国故学"语词的来源。他说："这'国故学'三个字，还算是近来比较头脑清晰的人所发明的；有的称'国学'，有的称'旧学'，有的称'国粹学'。在从前老辈嘴里常常标榜的什么'经史之学'，'文献之学'，'汉学'，'宋学'；那班穷秀才，也要自附风雅，把那烂调的时文诗赋，也硬派在'国粹学'的门下。种种名目，搜罗起来，便成了今日所谓的'国故学'。"⑥ 但"国学"是什么，"国故学"

① 毛子水：《国故和科学的精神》，《新潮》第 1 卷第 5 号，1919 年。
② 张煊：《驳〈新潮〉〈国故和科学的精神〉篇》，《国故》第 3 期，1919 年。
③ 毛子水：《〈驳《新潮》《国故和科学的精神》篇〉订误》，《新潮》第 2 卷第 1 号，1919 年。
④ 吴文祺：《重新估定国学之价值》，载许啸天编著《国故学讨论集》，上海书店，1991，第 35 页。
⑤ 1991 年，上海书店将其作为"民国丛书"第三编之一影印出版。
⑥ 许啸天编著《国故学讨论集》，上海书店，1991，第 3~4 页。

是什么,仍然需要探究。他说:"'国故学'三个字,是一个极不澈底极无界线极浪漫极浑乱的假定名词;中国的有国故学,便足以证明中国人绝无学问,又足以证明中国人虽有学问而不能用。"① 他认为,在中国,"莫说没有一种有统系的学问,可怜,连那学问的名词也还不能成立!如今外面闹的什么国故学,国学,国粹学,这种不合逻辑的名词,还是等于没有名词……况且立国在世界上,谁没有一个国故?谁没有一个历史?便是谁没有一个所谓国故学?谁没有一个所谓经史之学?这国故经史,是不是算一种学问?……在我的见解,所谓学问者,须具有两种条件:一种,是有统系有理知的方法;一种,是拿这个方法可以实现在人生,或是解决人生的困难,或是增加人生的幸福"②。"科学界上的天文地理数理化力等学问,上至哲学文学,谁不是各有独立的名词?谁不是具有学术条件上两种的效果?"③ 然而,"从没像中国这样笼统而无方法的国故学,可以在学术界上独立一科的。倘然国故可以成功一种学术,那全地球上的各国,每一国都有他自己的国故;为什么却不听得有英国故学,法国故学,德国故学的名称传说呢?所以国故实在算不得是一种学问。我们中国的有国故学三字发见,正是宣告我们中国学术界程度的浅薄,智识的破产,而是一个毫无学问的国家"④。每一国都有自己的"国故"作为旧有的文化传统或文明类型,有"国故"这一点不足以作为对中国固有学术进行诟病的理由,研究"国故"的某些"国故学",自有其局限。

当然,许啸天主要辨析的是"国故学"能不能作为一种有效用的学问的名称。他还说:"翻过来说,中国的国故学,何尝不是学问?中国的国故学,不但是中国的真学问,而且是全世界的真学问。"⑤ 像六经子史,被视为哲学、文学的府库,里面就有最深、最高、最丰富的科学。他所说的国故学不是学问,是指"国故学不能成功一种学问的名词"⑥。其实,国故里面"自有他的真学问在"。梁启超说:"生此国,为此民,享此学术思想之恩泽,则

① 许啸天编著《国故学讨论集》,上海书店,1991,第3页。
② 许啸天编著《国故学讨论集》,上海书店,1991,第5页。
③ 许啸天编著《国故学讨论集》,上海书店,1991,第6页。
④ 许啸天编著《国故学讨论集》,上海书店,1991,第6页。
⑤ 许啸天编著《国故学讨论集》,上海书店,1991,第6页。
⑥ 许啸天编著《国故学讨论集》,上海书店,1991,第7页。

歌之舞之，发挥之光大之，继长而增高之，吾辈之责也。"① 不仅如此，对于"博大而深赜"的中国学术思想与"灿烂而蓬勃"的外国学术思想，都当"一一撷其实，咀其华，融会而贯通焉"②。如果后代学者"肯用一番苦功，加以整理，把一个囫囵的国故学，什么政治学，政治史，社会学，社会史，文学，文学史，哲学，哲学史，以及一切工业农业数理格物，一样一样的整理出来，再一样一样的归并在全世界的学术界里，把这虚无缥缈学术界上大耻辱的国故学名词取销"，这样一来，"不但中国的学术界上平添了无限的光荣，而且在全世界的学术上一定可以平添无上的助力"。③

马承堃在《国学摭谭》的序中指出："文以载道，非道无以化成。学为国华，非华无以见质。"④ 在许啸天看来，"国故"就如同一个有待整理的原料宝库。他说："那国故，是各种物质的原料；科学，是从国故原料里提出成分来制成的器皿。"⑤ 从前没能做好整理工夫，那真是中国学者的一种罪过。中国学者不能自甘于如此窘局，"希望把中国的学术扶持出来，和世界的学术见面，非但见面，还要和世界的学术合并，使中国老前辈留下丰富而伟大的学术，使世界学术界得到一种伟大的帮助"⑥。要下大工夫，努力将原有学术进行"精当而统系"的整理，并使其能"适于人生实用"。他编著的《国故学讨论集》，虽不是自己直接参与学术讨论的观点陈述，但却是扶持国故学，"从旧的国故学里面研究发明出新的科学"的第一步。⑦

二 "国粹"分化：从"保存国粹"到鲁迅的"国粹"批判

近代中国的"国粹"一词，有时也叫"国故"，它们在内涵上与中国传统文化几乎重合，在外延上常可从物质、制度、观念诸层面进行区分。实际

---

① 梁启超：《论中国学术思想变迁之大势》，载汤志钧、汤仁泽编《梁启超全集》（第三集），中国人民大学出版社，2018，第16页。
② 梁启超：《论中国学术思想变迁之大势》，载汤志钧、汤仁泽编《梁启超全集》（第三集），中国人民大学出版社，2018，第16页。
③ 许啸天编著《国故学讨论集》，上海书店，1991，第7页。
④ 马承堃：《国学摭谭》，《学衡》第1期，1922年。按，标点由引者所加。另，凡所引文，大都类此，不另出注。
⑤ 许啸天编著《国故学讨论集》，上海书店，1991，第8页。
⑥ 许啸天编著《国故学讨论集》，上海书店，1991，第9页。
⑦ 许啸天编著《国故学讨论集》，上海书店，1991，第10页。

上,"觉醒年代"的知识分子的"国粹"观已经开始出现分化,人们常说的"保存国粹"已负载着多重意涵。

(一)"保存国粹"

在鲁迅看来,清末说"保存国粹"的人,除了爱国志士外,便是出洋游历的大官,"他们在这题目的背后,各各藏着别的意思":志士说"保存国粹",不过是"光复旧物"之意;大官说"保存国粹",却是叫留学生不要去剪辫子。[①]

清末时人所谈的"国粹",多指需要光复的"旧物",或"不应去掉"的"辫子"。章太炎主张保存国粹、光复旧物。他说:"吾辈但当保存国故,作秦代之伏生耳。"[②] 章太炎曾说:"民族革命,光复旧物之义,自船山、晚村以来,彰彰在人耳目。"[③] 由这两句话,可以分别看出章太炎在学术与政治两方面对国故所持的态度与立场,显然与吴稚晖有着根本的不同。

吴稚晖认为,张之洞讲国粹,曾国藩则讲吏治。然而,章太炎认为"张之洞以前,达官之讲国粹者多矣。张之洞提倡国粹,亦非甚力。但今之大吏,半起白徒,故名独归于张之洞耳"[④]。吴稚晖的看法不过是"门外语",与那些"半起于白徒"的不读书的"大吏"的见识一样低陋,之所以持此说,不过是"利人之愚"而"掩己之失"罢了。

章太炎以"国粹在我"的气概提倡"国性",确实感染、影响了许多人。鲁迅亦受其影响,但其对此也有隐忧。鲁迅说:"太炎先生忽然在教育改进社年会的讲坛上'劝治史学'以'保存国性',真是慨乎言之。但他漏举了一条益处,就是一治史学,就可以知道许多'古已有之'的事。"[⑤] 但"古已有之"的,记载或失真,或干脆已佚。以眼睛形状而论,"宋的《析骨分

---

① 鲁迅:《随感录 三十五》,载王世家、止庵编《鲁迅著译编年全集》(第3卷),人民出版社,2009,第86页。

② 章太炎:《与黄侃(二十五通)》之二十,载马勇整理《章太炎全集·书信集》,上海人民出版社,2017,第293页。

③ 章太炎:《与吴稚晖(三通)》之二,载马勇整理《章太炎全集·书信集》,上海人民出版社,2017,第311页。

④ 章太炎:《与吴稚晖(三通)》之一,载马勇整理《章太炎全集·书信集》,上海人民出版社,2017,第310页。

⑤ 鲁迅:《又是"古已有之"》,载王世家、止庵编《鲁迅著译编年全集》(第5卷),人民出版社,2009,第286页。

经》，相传也据目验，《说郛》中有之，我曾看过它，多是胡说，大约是假的"①。一些所谓的国粹学家，不辨真假，他们所迷信的中医中，不乏荒谬之处，其中便有鲁迅所指出的，"月经精液可以延年，毛发爪甲可以补血，大小便可以医许多病，臂膊上的肉可以养亲"②。

鲁迅认为，人们所谈的"保存国粹"意义已模糊。所谓"国粹"，若照字面来看，"必是一国独有，他国所无的事物了"③。但是，"特别未必定是好，何以应该保存"？这就像一个人，"脸上长了个瘤，额上肿出一颗疮，的确是与众不同，显出他特别的样子，可以算他的'粹'。然而据我看来，还不如将这'粹'割去了，同别人一样的好"④。若中国的国粹真是"特别而且好"，何以现在"糟到如此情形"，使"新派摇头，旧派也叹气"呢？⑤ 彼时的"大恐惧"，许多人认为是"中国人"的"名目"要被消灭，鲁迅却认为是"'中国人'要从'世界人'中挤出"⑥。1922 年 4 月，周作人在《晨报》副刊上发表《思想界的倾向》，批评"国粹主义"，担心其会走向全面复古。这一担心，绝非可笑的杞人之忧。

（二）鲁迅的"国粹"批判

鲁迅还从更广泛的意义上对"国粹"主张及其影响进行了剖析。

从文化心态上看，过去中国有着自大、顽固的倾向，近代以来，又朝向自卑一落而下。鲁迅说："我想，我们中国本不是发生新主义的地方，也没有容纳新主义的处所，即使偶然有些外来思想，也立刻变了颜色，而且许多

---

① 鲁迅：《论照相之类》，载王世家、止庵编《鲁迅著译编年全集》（第5卷），人民出版社，2009，第378页。

② 鲁迅：《论照相之类》，载王世家、止庵编《鲁迅著译编年全集》（第5卷），人民出版社，2009，第378页。

③ 鲁迅：《随感录 三十五》，载王世家、止庵编《鲁迅著译编年全集》（第3卷），人民出版社，2009，第86页。

④ 鲁迅：《随感录 三十五》，载王世家、止庵编《鲁迅著译编年全集》（第3卷），人民出版社，2009，第86页。

⑤ 鲁迅：《随感录 三十五》，载王世家、止庵编《鲁迅著译编年全集》（第3卷），人民出版社，2009，第86~87页。

⑥ 鲁迅：《随感录 三十六》，载王世家、止庵编《鲁迅著译编年全集》（第3卷），人民出版社，2009，第87页。

论者反要以此自豪。"① 鲁迅以为，"不能革新的人种，也不能保古的"②。在"协同生长"的世界，要费心费力地靠"相当的进步的智识、道德、品格、思想"才能站稳脚跟，而"'国粹'多的国民，尤为劳力费心，因为他的'粹'太多"③，"粹"太多即太"特别"，"太特别，便难与种种人协同生长，挣得地位"④。

鲁迅说："现在也的确常常有人说，中国的文化好得很，应该保存。那证据，是外国人也常在赞美。"⑤ 但是外国人赞美中国文化，并非真正尊重中国文化，不过是利用中国文化的一种花招。中国的文化，像外国人常说的礼仪、肴馔等，究竟"和现在的民众有甚么关系、甚么益处呢"？"中国的文化，都是侍奉主子的文化，是用很多人的痛苦换来的。无论中国人，外国人，凡是称赞中国文化的，都只是以主子自居的一部份。"而"保存旧文化，是要中国人永远做侍奉主子的材料，苦下去，苦下去"。⑥

这样看来，由自尊自大到自卑自弃，形成了中国近代文化观上的两种偏颇。鲁迅深刻地指出："中国既以自尊大昭闻天下，善诋諆者，或谓之顽固；且将抱守残阙，以底于灭亡。近世人士，稍稍耳新学之语，则亦引以为愧，翻然思变，言非同西方之理弗道，事非合西方之术弗行，掊击旧物，惟恐不力，曰将以革前缪而图富强也。"⑦ 依周作人之见，"中国向来有点自大"，只是这种自大是"合群的爱国的自大"，所以在"文化竞争失败"之后，不能再见"振拔改进"。⑧ 20 世纪的中国，"内密既发，四邻竞集而迫拶，情状

① 鲁迅：《随感录 五十九》，载王世家、止庵编《鲁迅著译编年全集》（第 3 卷），人民出版社，2009，第 181 页。
② 鲁迅：《忽然想到（六）》，载王世家、止庵编《鲁迅著译编年全集》（第 6 卷），第 170 页。
③ 鲁迅：《随感录 三十六》，载王世家、止庵编《鲁迅著译编年全集》（第 3 卷），人民出版社，2009，第 87 页。
④ 鲁迅：《随感录 三十六》，载王世家、止庵编《鲁迅著译编年全集》（第 3 卷），人民出版社，2009，第 88 页。
⑤ 鲁迅：《老调子已经唱完》，载王世家、止庵编《鲁迅著译编年全集》（第 8 卷），人民出版社，2009，第 96 页。
⑥ 鲁迅：《老调子已经唱完》，载王世家、止庵编《鲁迅著译编年全集》（第 8 卷），人民出版社，2009，第 97 页。
⑦ 鲁迅：《文化偏至论》，载王世家、止庵编《鲁迅著译编年全集》（第 1 卷），人民出版社，2009，第 286 页。
⑧ 鲁迅：《随感录 三十八》，载王世家、止庵编《鲁迅著译编年全集》（第 3 卷），人民出版社，2009，第 95 页。

自不能无所变迁",但如何变呢?"夫安弱守雌,笃于旧习,固无以争存于天下。第所以匡救之者,缪而失正,则虽日易故常,哭泣叫号之不已,于忧患又何补矣"①?既不能因循旧习,徘徊不前,便只能直面问题,积极应对。所以,"明哲之士"必须能"洞达世界之大势,权衡校量,去其偏颇,得其神明,施之国中,翕合无间。外之既不后于世界之思潮,内之仍弗失固有之血脉,取今复古,别立新宗",然后才能兴起"国人之自觉",使国家"雄厉无前,屹然独见于天下"。②

中国所缺的,是"对庸众宣战"的"独异"的"个人的自大"。只有具备这种自大才能形成新思想,发展出政治上、宗教上、道德上的改革。然而,"先觉的人,历来总被阴险的小人昏庸的群众迫压排挤倾陷放逐杀戮"③。那些"合群的自大""爱国的自大",只是"党同伐异","是对少数的天才宣战","他们自己毫无特别才能,可以夸示于人,所以把这国拿来做个影子;他们把国里的习惯制度抬得很高,赞美的了不得","蹲在影子里张目摇舌",生出复古、尊王、扶清灭洋的举动。④鲁迅将这种"爱国自大家"的意见分为完全自负、消极反抗及"以自己的丑恶骄人"等共计五种。前面四种虽然荒谬,因有说大话、寻人破绽以自嘲的特点而显得可笑,但总还有一种"好胜心"在,可觉其"情有可原"。第五种意见,乃是"以自己的丑恶骄人",此类人"精神上掉了鼻子","居心可怕",令人"寒心"。因为"民族根性造成之后,无论好坏,改变都不容易"⑤,这种由昏乱思想而遗传的祸害,是一种需要医治的"思想上的病"。鲁迅提出的"疗救方法"是"从现代起,立意改变","扫除了昏乱的心思,和助成昏乱的物事(儒道两派的文书),再用了对症的药,即使不能立刻奏效,也可把那病毒略略羼淡",几代

① 鲁迅:《文化偏至论》,载王世家、止庵编《鲁迅著译编年全集》(第1卷),人民出版社,2009,第295页。
② 鲁迅:《文化偏至论》,载王世家、止庵编《鲁迅著译编年全集》(第1卷),人民出版社,2009,第295页。
③ 鲁迅:《寸铁》,载王世家、止庵编《鲁迅著译编年全集》(第3卷),人民出版社,2009,第219页。
④ 鲁迅:《随感录 三十八》,载王世家、止庵编《鲁迅著译编年全集》(第3卷),人民出版社,2009,第95页。
⑤ 鲁迅:《随感录 三十八》,载王世家、止庵编《鲁迅著译编年全集》(第3卷),人民出版社,2009,第96页。

之后,便会出现"转机"。① 要看到,"喜欢暗夜的妖怪多,虽然能教暂时黯淡一点,光明却总要来。有如天亮,遮掩不住。想遮掩白费气力的"②。

1918 年鲁迅致信钱玄同,指斥"中国国粹"等于"放屁",批评欲编"国粹丛编"的复古者是"一群坏种""老小昏虫"。鲁迅在信中说:"中国国粹,虽然等于放屁,而一群坏种,要刊丛编,却也毫不足怪。该坏种等,不过还想吃人,而竟奉卖过人肉的侦心探龙做祭酒,大有自觉之意。"③ 此时距《狂人日记》发表不足三月,鲁迅于信中再申不满于极端复古派的"吃人"文化心理。同年 8 月,鲁迅和好友许寿裳说:"《狂人日记》实为拙作……后以偶阅《通鉴》,乃悟中国人尚是食人民族,因成此篇。此种发见,关系亦甚大,而知者尚寥寥也。"④

鲁迅尖锐地批判传统文化,斥责"二十四孝都是孝的极端",想通过打击保守派,唤醒国人,完成思想启蒙。比如他对"学衡派"的犀利讽刺,话虽说重了些,但不如此是打不下他们反对新文化的嚣张气焰的。正如鲁迅《拿来主义》一文所说,我们既不能做盲目排外、故步自封的"孱头",也不能做畏缩不前、犹豫彷徨的"懦夫",更不能做将西方精华与糟粕毫不客气地照单全收的"废物",而是要开动脑筋,自己来占有、去挑选。

三 国学自觉:从讲会到概论

"觉醒年代"的国学自觉,从"国故"反省、"国粹"批判中走出,并进一步表现在学术社群开展讲会活动的实践方面,以及结集出版相关专论性著述上。学术活动的开展、学术成果的积淀,都是将"国故"最终引向真正的"粹"化的保证。

---

① 鲁迅:《随感录 三十八》,载王世家、止庵编《鲁迅著译编年全集》(第 3 卷),人民出版社,2009,第 97 页。

② 鲁迅:《寸铁》,载王世家、止庵编《鲁迅著译编年全集》(第 3 卷),人民出版社,2009,第 219 页。

③ 鲁迅:《致钱玄同》,载王世家、止庵编《鲁迅著译编年全集》(第 3 卷),人民出版社,2009,第 48 页。引者按:标点略改。

④ 鲁迅:《致许寿裳》,载王世家、止庵编《鲁迅著译编年全集》(第 3 卷),人民出版社,2009,第 67 页。

（一）"国学讲习"与学术社群的形成与发展

学术社群的形成与发展，显然离不开讲会的灵魂人物。"五四"以前的传统学术研究，有两大最具代表性的人物：一个是康有为，另一个是章太炎。如果说康有为代表今文经学研究的新阶段，那么，章太炎则代表正统考证学派即古文派的新高度。限于篇幅，本次着重概述章太炎的国学讲会情形。

章太炎一生中多次讲国学，其中影响最大的有四次。

第一次是1906年的东京讲学，主要成果由他自己编撰成《国学讲习会略说》。在"苏报案"获释后，章太炎东渡日本，主持《民报》，并在《民报》第七号布告上发起"国学讲习会"。他以国学振起社社长的名义，在《民报》第八号上发布广告曰："本社为振起国学，发扬国光而设，间月发行讲义，全年六册。其内容共分六种：（一）诸子学，（二）文史学，（三）制度学，（四）内典学，（五）宋明理学，（六）中国历史。"① 从其所出版的《国学讲习会略说》的内容来看，除了序言之外，只有"论语言文字之学""文学论略""诸子学论略"三章，《国学讲习会略说》可能是讲习会前期的讲义。

国学讲习会定期讲授，前后持续了四年，塑造了章太炎国学观的基本框架，形成了章太炎国学讲演最核心的内容。对于章太炎的东京讲学的情形，黄侃后来回忆说："其授人以国学也，以谓国不幸衰亡，学术不绝，民犹有所观感，庶几收硕果之效，有复阳之望。故勤勤恳恳，不惮其劳。"② 其间，章太炎论国学现状说："皇甫持正有言：'书字未识偏旁，高谈稷、契；读书未知句度，下视服、郑。'今之言国粹者，多类是矣。"③ 他还说："百年以前，学者惟患琐碎，今则不然，正患曼衍，不患微言大义之不明也。"④ 他认为，读郑樵的《通志》、章学诚的《文史通义》等史论著述，当注重"明真

① 章炳麟：《国学振起社广告》，载马勇整理《章太炎全集·太炎文录补编》，上海人民出版社，2017，第256页。
② 黄侃：《太炎先生行事记》，《制言》第41期，1937年。
③ 章太炎：《与人论国学（二通）》之一，载马勇整理《章太炎全集·书信集》，上海人民出版社，2017，第304页。
④ 章太炎：《与人论国学（二通）》之一，载马勇整理《章太炎全集·书信集》，上海人民出版社，2017，第306页。

伪""识条理"。

关于国学研究的重点与方法,章太炎亦有清楚的表述,并且上升到"国性"层面。他在一封信中指出,"历史舆地"是"怀旧之具",然而"光复旧物"非"旦暮之事",当"董理方言,令民葆爱旧贯,无忘故常,国虽苓落,必有与立",方可"使国性不醨,后人收其效"。① 他认为司马迁、班固以降、唐代以前,"文章之雅驯,制度之明察,人物之高亮,诵之令人感慕无已";周秦诸子,"趣以张皇幽眇,明效物情,民德所以振起,国性所以高尚"。② 为通解古籍,深达国学大旨,章太炎主张以《说文解字》《尔雅》为"根极"。所以,他说:"故仆国学以《说文》《尔雅》为根极,音均不通,则假借无由明。"③ 由此而进,"若乃随俗雅化,期使人粗知国学,则王氏《困学纪闻》(翁笺),顾氏《日知录》,陈氏《东塾读书记》,典章学术,皆已粗陈梗概,其于戎狄乱华,尤致意焉(王氏言此最痛切)。是则普教士民之术也"④。

第二次是1912年的北京讲学。1912年马裕藻、钱玄同等成立国学会,邀章太炎任会长。

第三次是1922年的上海讲学。1922年4月至6月在上海应江苏教育会之约讲授国学。主要成果由曹聚仁记录整理,即闻名学界的《国学概论》⑤。

第四次是晚年在苏州的讲学。1932年章氏多次来苏州讲学。1933年3月14日在无锡国专讲《国学之统宗》。1934年,67岁的章太炎,目睹日寇入侵,在苏州创办"章氏国学讲习会",1935年创办《制言》半月刊,多年间均坚持讲学。

总之,章太炎在东京、上海、北京、杭州、苏州等地从事国学讲习活动长达四十年,整理的成果,除前述二种外,还有《章氏星期讲演会记录》

---

① 章太炎:《与钟正楙(二通)》之二,载马勇整理《章太炎全集·书信集》,上海人民出版社,2017,第302页。
② 章太炎:《与钟正楙(二通)》之二,载马勇整理《章太炎全集·书信集》,上海人民出版社,2017,第302页。
③ 章太炎:《与钟正楙(二通)》之二,载马勇整理《章太炎全集·书信集》,上海人民出版社,2017,第302页。
④ 章太炎:《与钟正楙(二通)》之二,载马勇整理《章太炎全集·书信集》,上海人民出版社,2017,第303页。
⑤ 由曹聚仁记录,取名《国学概论》,1929年由上海泰东图书局出版,今收《章太炎全集》之《演讲集》分册。章太炎一开头提到曾在东京和北京各讲演过一次国学,1922年的这次是他第三次讲国学。

《章氏同学讲习会讲演记录》《国故论衡》等。其中,《国故论衡》与《国学讲习会略说》有重复。章氏的国学讲演与国学著述影响了一大批人,很多人后来也成为卓然有成的学人。

(二)"国故""粹"化

对国故的反省与研究,始于国学自觉,又必然会在新的学术生态中向前推进。1919 年,胡适撰成《新思潮的意义》,认为"现在有许多人自己不懂得国粹是什么东西,却偏要高谈'保存国粹'",言下之意是,如果要谈国粹,必须有一个新方向。他的主张是,用"评判的态度""科学的精神"对"旧有的学术思想"下"积极"的"整理国故的工夫"。这样才能分清哪些是"国粹",哪些是"国渣"。① 对于"国故",即使像"旧物""故纸堆"等,也需要经过艰难的整理、细密的排查和科学的研究,才能让其负载的文化内涵彰显出来。

既然"国故专讲国家过去的文化"②,而"国故"有"国粹"和"国渣"之分,那就需要有新的学术视野来对"国故"重新进行审视和判别。这种学问,胡适把它叫做"国故学",并缩写或省称为"国学"。胡适说:"'国故'这个名词,最为妥当;因为他是一个中立的名词,不含褒贬的意义。'国故'包含'国粹';但它又包含'国渣'。我们若不了解'国渣',如何懂得'国粹'?"③ 随着国故、国学研究的深入,其必然会进到"粹"化阶段。

在近代知识分子的国学意识中,既有事实陈述的成分,也有价值判断的因素。顾名思义,"国故"指中国固有的文化、思想、学术,它是一个历史事实;"国粹"的本义,似带有价值判断、文化选择的意味。也可以说,"国粹"有甄别义,而与"国渣"相对,似乎可以视为"国学"最宜采取的立场;"国故"为古旧混杂的一般义。但在今天,这些词尚需要先进行新诠,而后再行运用。诚如曹伯韩说:"国粹两个字,似乎有点夸大中国学术乃完全精粹物的意思,又似乎有点选择精粹部分而抛弃其他部分的意思,所以人

---

① 胡适:《新思潮的意义》,载季羡林主编《胡适全集》(第 1 卷),安徽教育出版社,2003,第 699 页。
② 胡适:《"研究国故"的方法》,载季羡林主编《胡适全集》(第 13 卷),安徽教育出版社,2003,第 44 页。
③ 胡适:《〈国学季刊〉发刊宣言》,载季羡林主编《胡适全集》(第 2 卷),安徽教育出版社,2003,第 7 页。

们觉得不甚妥当，改称国故。国故，就是本国文献的意思。不论精粹不精粹，过去的文献总是宝贵的史料，都可包括在国故范围里面去，这样看起来，国故这个名词总算是公平而完备了。"① 学界使用"国学"多是因袭的结果，"为了依从习惯，并且因为中国各科学术还没有整理清楚，和世界学术融合为一的缘故，只得仍旧采用国学这个名称"②。曹伯韩反对将国学与西学或科学对立起来，而是希望通过"采用世界学术上的新方法新工具来研究国学，并且也利用外国的材料"，提倡国学研究的世界眼光。实际上，如仍从"国故"的角度理解国学，将国学视为亟待整理的"一堆杂乱混合的历史材料"，那便并未充分认识国学一词的多义性、国学研究的多维性、国学演变的系统化等。

从文义生成上看，早期"国粹"的词义曾被解释为"民族性"，或"民族精髓"。据郑师渠的《晚清国粹派》一书的考证，"国粹"一词的中文文本最早出于梁启超的《中国史叙论》。不过，梁文著于1901年。1976年，美国康奈尔大学的 Martin Bernal 教授撰成长文《刘师培与国粹运动》，指出"国粹"一词早在1887年就开始在日本普遍使用了。日本还出现了以维护国粹为职志的团体，国粹斗士首推三宅雪岭和志贺重昂，后者以为大和民族已有"自己独立的国粹（nationality）"，而"从孕育、出世、成长到发扬，经过不断地传承与琢磨，它已经成为大和民族命脉相系的传国之宝"。③ 这表明他们已经将"国粹"解释为特有的民族性了。

从语源学上看，似乎是日本人最早用"国粹"来形容本国文化特色。然而，"国粹"一词传入中国后，因为发生了词义变化，能不能再用来指称中国的无形或有形的精神，学界是有不同看法的。刘梦溪说："如果把这样的解释移用到中国，我认为会发生困难。"④ 因为中国或者中华民族的精神，无法用最简洁的话语来加以概括。以前人们习惯用的"地大物博、人口众多、吃苦耐劳""天行健，君子自强不息""中庸为大""和而不同""天人合一"等，都不能代表中国的"国粹"。另外，从民族和文化的变迁来看，各朝代

---

① 曹伯韩：《国学常识》，生活·读书·新知三联书店，2002，第1页。
② 曹伯韩：《国学常识》，生活·读书·新知三联书店，2002，第2页。
③ 转引自刘梦溪《国学概念的再检讨》，载氏著《大师与传统：中国文化与传统40小讲》，中国青年出版社，2007，第13~14页。
④ 刘梦溪：《国学概念的再检讨》，载氏著《大师与传统：中国文化与传统40小讲》，中国青年出版社，2007，第17页。

的精神面貌不一，原来如"家族本位、家国一体""儒家思想是中国传统社会的核心价值""三纲六纪是中国文化抽象理想的通性"等说法，都面临新的质疑。"三纲五伦"在现代社会似已不能"发用"，作为我民族骄傲、荣誉、文化经典之源的孔、孟、荀等伟大思想家，既是中国的也是整个人类的，"如果仅仅视为自己的'国粹'，不是太小气了吗"?① 正是基于以上原因，刘梦溪便主张用"国故"替代"国粹"。

然而，究竟该怎样概括中华民族精神呢？要回答这一问题，必须首先经历一个艰苦的探寻过程。许地山所著《国粹与国学》一书，就是探索国学"粹"化的代表作。他认为，"粹"非特有的事物，亦不必是久远时代的遗风流俗，即使一个民族认为美丽的事物也不一定是"粹"。首先，"一个民族所特有的事物不必是国粹"，无论是生理上、心理上或地理上的为某民族所特有的，该民族"说不定连自己也不欢喜它"。② 其次，那些从久远时代所留下的遗风流俗，其实也经历过千变万化，"当我们说某种风俗是从远古时代祖先已是如此做到如今底时候，我们只是在感情上觉得是如此，并非理智上真能证明其为必然，我们对于古代事物底爱护并不一定是为'保存国粹'，乃是为知识，为知道自己的过去，和激发我们对于民族底爱情。我们所知与所爱底不必是'粹'，有时甚且是'渣'"③。所以，"国粹"的标准应该很高，必须得在特别、久远与美丽之上再加上其他的要素。他假定说："一个民族在物质上、精神上与思想上对于人类，最少是本民族，有过重要的贡献，而这种贡献是继续有功用，继续在发展底，才可以被称为国粹。"④ 他强调区分"粹"和"渣"，再把"粹"与"学"区别开来。用不雅驯的"渣"与"粹"相应，实际上同胡适"如果讲是'国粹'，就有人讲是'国渣'"⑤ 之论的逻辑相同，与后来的拿同样不雅驯的"糟粕"与"精华"相应的分析思路相比也没有太大的不同。

"粹"的标准如此之高，难免会有"国粹有限"之叹。许地山说："我们底国粹是很有限的，除了古人底书画与雕刻、丝织品、纸、筷子、豆腐乃

① 刘梦溪：《国学概念的再检讨》，中国青年出版社，2007，第17~18页。
② 许地山：《国粹与国学》，上海古籍出版社，2013，第104页。
③ 许地山：《国粹与国学》，上海古籍出版社，2013，第105页。
④ 许地山：《国粹与国学》，上海古籍出版社，2013，第106页。
⑤ 胡适：《"研究国故"的方法》，载季羡林主编《胡适全集》（第13卷），安徽教育出版社，2003，第44页。

至精神上所寄托底神主等,恐怕不能再数出什么来。但是在这些中间已有几种是功用渐次丧失底了。像神主与丝织品是在趋向到没落底时期,我们是没法保存底。"① 张君劢好几次谈起国粹问题,曾感叹中国人只会写字作画而已。对此,许地山说:"张先生是政论家,他是太息政治人才底缺乏,士大夫都以清谈雅集相尚,好像大人物必得是大艺术家,以为这就是发扬国光,保存国粹。"② 他还想到《国粹学报》所揭橥的是经典训注或诗文字画评论,乃至墓志铭这些东西,"好像所萃底只是这些"。他敏锐地感觉到问题所在,即未能将"粹"与"学"弄清楚,把"国粹"当作"国学"。这班保存国粹与发扬国光的文学家及艺术家们,"不想在既有的成就上继续努力,只会做做假骨董",不过是欺己欺人。③ 他因此主张,"我们应当规定'国粹'该是怎样才能够辨认那样应当保存,那样应当改进或放弃。凡无进步与失功用底带'国'字头底事物,我们都要下工夫做澄清底工作,把渣滓淘汰掉,才能见得到'粹'"④。许地山还说:"要清除文化的渣滓不能以感情或意气用事,须要用冷静的头脑去仔细评量我们民族底文化遗产。"⑤ 不应避讳文化的陈腐,径言所有的一切都是优越的,好的固然要留,不好的就应当改进。

像许地山多言"国字头"事物一样,胡适曾有一关于"国戏"的戏言。胡适说:"英国的'国戏'是 Cricket,美国的国戏是 Baseball,日本的国戏是角抵。中国呢? 中国的国戏是麻将。"⑥ 麻将在传入欧美时,早先几年还出现过"麻将热"。有一个时期,麻将竟成了西洋社会里最时髦的一种游戏,甚至成为"东方文明征服西洋的先锋队"。⑦ 关于麻将之害,胡适说:"从前的革新家说中国有三害:鸦片,八股,小脚。鸦片虽然没有禁绝,总算是犯法的了。虽然还有做'洋八股'与更时髦的'党八股'的,但八股的四书文是过去的了。小脚也差不多没有了。只有这第四害,麻将,还是日兴月盛,没有一点衰歇的样子,没有人说它是可以亡国的大害。新近麻将先生居然大摇

① 许地山:《国粹与国学》,上海古籍出版社,2013,第 106 页。
② 许地山:《国粹与国学》,上海古籍出版社,2013,第 106 页。
③ 许地山:《国粹与国学》,上海古籍出版社,2013,第 107 页。
④ 许地山:《国粹与国学》,上海古籍出版社,2013,第 107 页。
⑤ 许地山:《国粹与国学》,上海古籍出版社,2013,第 108 页。
⑥ 胡适:《漫游的感想》,载季羡林主编《胡适全集》(第 3 卷),安徽教育出版社,2003,第 47 页。
⑦ 胡适:《漫游的感想》,载季羡林主编《胡适全集》(第 3 卷),安徽教育出版社,2003,第 46 页。

大摆地跑到西洋去招摇一次，几乎做了鸦片与杨梅疮的还敬礼物。但如今它仍旧缩回来了，仍旧回来做东方精神文明的国家的国粹，国戏！"① 麻将在胡适眼中已经成了中国特有的第四害。

关于国学研究的范围，胡适认为不宜过窄。他主张用"历史的眼光"来扩大国学研究的范围，"只是要我们大家认清国学是国故学，而国故学包括一切过去的文化历史。历史是多方面的……过去种种，上自思想学术之大，下至一个字、一支山歌之细，都是历史，都属于国学研究的范围"②。范围过窄，学术研究格局狭陋，这是"三百年古学"研究成绩有限的主要原因。在打破经学狭隘固陋的门户之见后，还原各时代、人物、典籍等的"本来面目"，力图做到"不诬古人"，再对他们的义理是非进行评判，力争达到"不误今人"。胡适从国学的使命、方法、目的、方向等方面，建构起宏阔的国学观。他说："国学的使命是要使大家懂得中国过去的文化史；国学的方法是要用历史的眼光来整理一切过去文化的历史。国学的目的是要做成中国文化史。国学的系统的研究，要以此为归宿。"③ 宏博的国学研究规定了研究的"大方向"，即"整统一切材料"，"容纳一切努力"，"破除一切门户畛域"。

国学的典籍众多，有较大空间尚待发掘。有时不免会从"人弃我取"的选择中实现国学研究的重大突破。对此有独到认识的代表者是谢国桢。谢老垂暮之年，以"瓜蒂庵"命名书斋，自言："惟以资力有限，而知识浅薄，孤陋寡闻，所谓黄钟大吕、宝簠康瓠以及佳椠秘拓之本，皆为有力者所获。余所得者，皆人弃我取之物，如拾秋后之瓜蒂，偿余嗜痂之癖；足吾所好而已，因以'瓜蒂庵'名其书斋。"④ 谢老虽属晚近的代表人物，但他的研究方法，却系接续前人学脉开辟出来的。由他的方法，可以更好地理解20世纪前期的国学自觉。

---

① 胡适：《漫游的感想》，载季羡林主编《胡适全集》（第3卷），安徽教育出版社，2003，第48页。
② 胡适：《〈国学季刊〉发刊宣言》，载季羡林主编《胡适全集》（第2卷），安徽教育出版社，2003，第9页。
③ 胡适：《〈国学季刊〉发刊宣言》，载季羡林主编《胡适全集》（第3卷），安徽教育出版社，2003，第13页。
④ 谢国桢：《瓜蒂庵藏书题记》，载谢国桢著，谢小彬、杨璐主编《谢国桢全集》第五册，北京出版社，2013，第751页。

结　语

综上可知，一百多年前的新文化运动前后的一段时期，是中国近代思想史上最为活跃的"觉醒年代"。在古今、中西、新旧、有用无用等的学术论争中，一股强烈的国学意识觉醒了，近代国学开始朝着"文学革命"的引发、"国学普及"的展开、"国故整理"的推进、"国魂重塑"的探索等方面展开重建。① 作为其中的核心议题，在"国故"反省、"国粹"批判中推进的"国学"重建成为一种日益自觉的思潮。

章太炎在表达自己的"国故"概念时，其意似乎并不在于褒贬。然而，随着近代知识分子国学意识中价值判断的意味越来越浓重，"粹"化意识、"国故"观念，不断被后代学人附加新的时代意义，饱含弘扬民族精神的深情，促成其后各个历史阶段的"文化热""国学热"等局面。

总之，近代的国学自觉，主要体现在"觉醒年代"知识分子对"国"字头课题的探讨，包括"国性"追问、"国故"反省、"国粹"批判与"国学"重建等方面。这些研究成果，都一再提醒我们要审视以下重大问题："国故"究竟是被广义地用来指称一种文化传统呢，还是仅被解释为传统的学术、固有的民族精神、旧的学问；如何看待20世纪初期的国故论争；等等。重新思考这些问题，对于我们今天深度诠释中国百年文化转进中民族文化的自觉与自信问题，确立国学复兴的重要议题，重建中国古典学等，有不可忽视的作用。

---

① 参见黄敦兵《变局与自觉：国学意识的近代勃兴研究》，（台湾）花木兰文化事业有限公司，2022。

梁启超《孔子》观点商榷*

王 丽

（五邑大学文学院）

摘 要：梁启超撰写的《孔子》一书，对孔子身世表述不妥、对孔子门生评价不确、对当时隐士看法失之偏颇。通过考证，我们赞同孔子出身宗室的看法，认为孔子门下除了颜回、子路外，子贡、子夏等人也是非常杰出的人才，而《论语》中的隐士应当是避世主义者，并非梁启超所认为的主张极端的厌世主义者。

关键词：梁启超 《孔子》 《史记》

1920 年，梁启超撰写的《孔子》一书，主要由孔子事迹及时代、研究孔子学说所根据之资料、孔子提纲、孔子之哲理论与《易》、孔子之政治论与《春秋》和结论共六个部分构成。梁启超首先提纲挈领概括了孔子的一生及其所处的环境，然后明确告知我们应当将"六经"、《论语》、《礼记》、《春秋》三传、《孟子》、《荀子》等其他先秦阐述儒家思想的著作和《史记》等历史著作作为研究孔子的可信材料。梁启超以提纲的形式梳理了孔子的思想体系，并专门就《易》与《春秋》来探讨孔子的哲学思想与政治思想，最后提出自己的结论。李志松等认为："梁启超作为中国学术由古代走向近现代

---

* 本文为 2024 年度江门市社会科学规划课题"梁启超《孔子》观点商榷"（批准号：JM2024C104）、五邑大学 2021 年度校级课程思政示范项目课程思政示范课堂"《古代汉语》绪论"立项项目（批准号：SZ2021015）的阶段性研究成果。

的开拓者之一，他晚年的孔子研究具有承先启后的重要历史意义。"① 由此可见梁启超晚年孔子研究的重要性。李志松等还认为："梁启超在研究孔子时较多地采用了现代科学的研究方法，因而研究结论较能令人信服。"② 然而，我们在认真阅读梁启超撰写的《孔子》一书时，却发现梁启超的一些观点有失公允，具体表现为：对孔子身世表述不妥、对孔子门生评价不确、对当时隐士看法失之偏颇。下面我们分别加以考证。

一　对孔子身世表述不妥

梁启超以表格的形式对孔子的一生做了一个介绍，随后提出应注意的几点，其中第一条："孔子出身甚微，不过一羁旅之臣，并非世族，而且是庶孽。"③ "《史记》为古代独一无二的史书。司马迁又是宗法孔子的人，他的话自然比较的可信。"④

梁启超认同《史记》的真实性，我们便以《史记》所载来加以考证，同时辅以其他史料进行补充。《史记·孔子世家》："孔子生鲁昌平乡陬邑。其先宋人也，曰孔防叔。防叔生伯夏，伯夏生叔梁纥。纥与颜氏女野合而生孔子。"⑤《史记》记载并未明确交代孔子先祖的身世，但是提到了其先祖孔防叔。《春秋左传正义》卷五："《世本》云，华父督，宋戴公之孙，好父说之子。孔父嘉生木金父，木金父生祈父，其子奔鲁为防叔；防叔生伯夏，伯夏生叔梁纥，叔梁纥生仲尼。是孔父嘉为孔子六世祖。"⑥《春秋穀梁传注疏》卷三杨士勋疏亦引《世本》云："孔父嘉生木金父，木金父生祈父，其子奔鲁为防叔，生伯夏，伯夏生叔梁纥，叔梁纥生仲尼。是孔父嘉为孔子六世祖。"⑦ 由此可知，孔防叔是孔父嘉曾孙。《史记·宋微子世家》亦载："大

---

① 李志松、陈国庆：《浅论梁启超晚年对孔子的研究》，《成都理工大学学报》（社会科学版）2007年第4期，第33页。

② 李志松、陈国庆：《浅论梁启超晚年对孔子的研究》，《成都理工大学学报》（社会科学版）2007年第4期，第32页。

③ 梁启超：《梁启超全集·孔子》，北京出版社，1999，第3123页。

④ 梁启超：《梁启超全集·孔子》，北京出版社，1999，第3123页。

⑤ 《史记》，中华书局，2014，第2309页。

⑥ （清）阮元校刻《十三经注疏》，中华书局，1980，第1740页。

⑦ （清）阮元校刻《十三经注疏》，中华书局，1980，第2373页。

司马孔父嘉妻好，出，道遇太宰华督。"① 可见孔父嘉官至大司马，当是贵族。《史记》虽未明确提到孔父嘉与孔子之关系，但明确记载防叔乃孔子之曾祖，由此类推，可知孔子的先祖是宋国贵族。《史记·孔子世家》亦载："鲁大夫孟釐病且死，诫其嗣懿子曰：'孔丘，圣人之后，灭于宋。其祖弗父何始有宋而嗣让厉公。'"② 综上可知，孔子并非"出身甚微"，而是家世较为显赫。《毛诗正义》卷二十载："郑笺：'正考甫，孔子之先也。其祖弗父何，以有宋而授厉公。'孔颖达疏：'微子名启，纣庶兄。周武王封之于宋为殷后，正考父，音甫，本亦作甫。宋湣公之曾孙，孔子七世祖。'"③ 通过以上文献记载，我们基本可以得出结论：孔子的祖上是宋国贵族。

对于孔子身世，前人亦有研究。杨伯峻认为："孔子的先祖孔父嘉是宋国宗室，因为距离宋国始祖已经超过五代，便改为孔氏。"④ 石超则很明确地说："众所周之，孔子乃为殷商王朝王族之后。"⑤ 此外，石超以陕西扶风出土的属于微氏家族的大量礼器之上的铭文为第一手资料，通过研究得出结论："孔子的先祖'微氏家族'世袭这一官职，即所谓'以五十颂（容）处'。如此一来，孔子作为'微氏家族'的直系后代，势必掌握这套'家学'的一切便利。"⑥《史记》唐代司马贞索隐："《家语》云：'孔子，宋微子之后。宋襄公生弗父何，以让弟厉公。弗父何生宋父周，周生世子胜，胜生正考父，考父生孔父嘉，五世亲尽，别为公族，姓孔氏。孔父生子木金父，金父生睪夷。睪夷生防叔，畏华氏之逼而奔鲁，故孔氏为鲁人也。'"⑦ 由此看来，孔子的先祖当为宋国宗室。

既然如此，梁启超何以认为孔子出身甚微呢？《史记·孔子世家》："丘生而叔梁纥死。"⑧ 亦载："孔子贫且贱。"⑨ 正是因为其父叔梁纥过早去世，

---

① 《史记》，中华书局，2014，第 1960 页。
② 《史记》，中华书局，2014，第 2312 页。
③ （清）阮元校刻《十三经注疏》，中华书局，1980，第 620 页。
④ 杨伯峻：《论语译注》，中华书局，1980，第 1 页。
⑤ 石超：《继殷与从周：威仪修养视域下的孔子身世与心路》，《西南大学学报》（社会科学版）2019 年第 5 期，第 43 页。
⑥ 石超：《继殷与从周：威仪修养视域下的孔子身世与心路》，《西南大学学报》（社会科学版）2019 年第 5 期，第 43 页。
⑦ 《史记》，中华书局，2014，第 2310 页。
⑧ 《史记》，中华书局，2014，第 2311 页。
⑨ 《史记》，中华书局，2014，第 2314 页。

孔子孤儿寡母，家境贫寒。而孔子自己也说："吾少也贱，故多能鄙事。"①也许梁启超便是以此为据而得出"孔子出身甚微"的结论。但是《史记·孔子世家》亦载："孔子为儿嬉戏，常陈俎豆，设礼容。"② 试想一个出身贫寒且低贱之人，如果没有家学渊源，没有环境影响，何以会模仿大人去玩一些礼仪方面的游戏？因此笔者比较认同石超所言："若非'微氏家族'的后代，便断然无从获悉其代代相传的私家之学。"③ 通过以上论证，我们可以断定孔子并非梁启超所言"出身甚微""并非世族"，而应该是出身宗室。

梁说孔子为"庶孽"，即妃妾所生之子，不是嫡妻所生，犹树有孽生。如《公羊传·襄公二十七年》："执铁锧，从君东西南北，则是臣仆庶孽之事也。"何休注："庶孽，众贱子，犹树之有孽生。"④《史记·商君列传》："商君者，卫之诸庶孽公子也。"⑤ 孔子是庶子没错，但"庶孽"一词很难让人接受，其前因后果需要辨明。

自从司马迁说"纥与颜氏女野合而生孔子"之后，对"野合"一词的解释便有多种，或说孔子是遗腹子，或说是私生子，这个认知含有轻蔑侮辱意味。细读《史记》注疏，索隐和正义都不这么解释。

野，是不合礼。孔父娶颜徵在时，年龄已过六十四岁。二人婚配不合当时礼仪，所以《史记》称"野合"。唐代学者已解说明确。司马贞索隐："《家语》云'梁纥娶鲁之施氏，生九女。其妾生孟皮，孟皮病足，乃求婚于颜氏，徵在从父命为婚'。其文甚明。今此云'野合'者，盖谓梁纥老而徵在少，非当壮室初笄之礼，故云野合，谓不合礼仪。故《论语》云'野哉，由也'，又'先进于礼乐，野人也'，皆言野者是不合礼耳。"⑥ 张守节正义："男八月生齿，八岁毁齿，二八十六阳道通，八八六十四阳道绝。女七月生齿，七岁毁齿，二七十四阴道通，七七四十九阴道绝。婚姻过此者，皆为野合。故《家语》云'梁纥娶鲁施氏女，生九女，乃求婚于颜氏，颜氏有三

① （清）阮元校刻《十三经注疏》，中华书局，1980，第2490页。

② 《史记》，中华书局，2014，第2311页。

③ 石超：《继殷与从周：威仪修养视域下的孔子身世与心路》，《西南大学学报》（社会科学版）2019年第5期，第44页。

④ （清）阮元校刻《十三经注疏》，中华书局，1980，第2312页。

⑤ 《史记》，中华书局，2014，第2707页。

⑥ 《史记》，中华书局，2014，第2310页。

女，小女徵在'。据此，婚过六十四矣。"① 索隐："《家语》云：'生三岁而梁纥死。葬于防山。'"② 正义："《括地志》云：'防山在兖州曲阜县东二十五里。'《礼记》云'孔子母合葬于防也'。"③《史记》载："防山在鲁东，由是孔子疑其父墓处，母讳之也。"④

据司马贞索隐、张守节正义，可知如下信息。男子 16 岁阳道通，64 岁阳道绝（绝精）。16~64 岁是生育的年龄。女子 14 岁阴道通，49 岁阴道绝（绝经）。14~49 岁是生育的年龄。男子 8 岁换牙，8 岁为一个发育阶段；女子 7 岁换牙，7 岁为一个发育阶段。孔子父亲叔梁纥娶鲁之施氏，生九女；其妾生孟皮，孟皮病足；求婚颜氏徵在时已过了 64 岁。孔子 3 岁那年，正是公元前 549 年，叔梁纥卒年。父子年龄，符合孔父年老娶妻的事实。司马贞索隐又举出两条书证。《论语·子路》："野哉，由也。"《论语·先进》："先进于礼乐，野人也。"先进，指先学习礼乐而后再做官的人。野人，即粗鲁人、乡野人。两条书证，都说野者不合礼制。孔子三岁，父亲死了。孔子长大后想知道哪个是父亲的坟墓，母亲不愿给孔子说，也是因为父母婚配不合当时礼仪，孔母颜徵在于丈夫出殡时被赶出送殡行列。总之，孔丘"野合而生"，是指父母婚配不合礼制，孔子并不是遗腹子，也不是私生子。《史记·孔子世家》载："太史公曰：'《诗》有之："高山仰止，景行行止。"虽不能至，然心乡往之。余读孔氏书，想见其为人。'"⑤ 司马迁崇敬孔子，书中记载孔子"野合而生"一事，不会有轻蔑侮辱的意味。三家对《史记》"野合而生"的解说已很详细具体。至于《礼记》记载的当时风俗和统治者的规定，似与叔梁纥婚配之事不相符合。其他非正史的零星记载，内容与三家注不合者，视为杂音，不予取信。

二　对孔子门生评价不确

梁启超说："孔子虽然如此伟大，他门下弟子却没有很出类拔萃的人物，

---

① 《史记》，中华书局，2014，第 2310 页。
② 《史记》，中华书局，2014，第 2311 页。
③ 《史记》，中华书局，2014，第 2311 页。
④ 《史记》，中华书局，2014，第 2311 页。
⑤ 《史记》，中华书局，2014，第 2356 页。

或者为孔子所掩，也未可知。颜渊、子路两位，想是很了不得，但可惜都早死了。有若年齿最尊，算是孔门长老。"①

梁启超肯定了颜渊和子路的成就，可是却没有提及孔门中一位影响力亦很深远，成就应该说是超过颜渊和子路，甚至被人认为超过了自己的老师——孔子的人，那就是子贡。对于这样一位出类拔萃之人，梁启超却没有任何提及，这似乎是对子贡的不公。根据杨伯峻的《论语译注》附录《论语词典》的统计，《论语》中孔子的大弟子子路出现次数最多，一共是 76 次。其以不同名称出现情况依次是"子路"出现 47 次②，"由"出现 22 次③，"季路"出现 4 次④，"仲由"出现 3 次⑤，一共出现 76 次。而"子贡"出现 44 次⑥，"赐"出现 13 次⑦，一共出现 57 次。而孔子最喜欢的弟子颜回总共也就出现了 32 次⑧，子贡出现次数仅次于子路，可见子贡在孔门弟子中的重要地位。司马迁在《孔子世家》和《货殖列传》中对子贡也多有叙述，而在《仲尼弟子列传》中则不吝笔墨，对子贡进行了详细的记叙。可见，在司马迁的眼中，子贡无疑是孔门弟子中最杰出、最有成就的一位。《货殖列传》记载："子贡结驷连骑，束帛之币以聘享诸侯，所至，国君无不分庭与之抗礼。夫使孔子名布扬于天下者，子贡先后之也。"⑨ 由此可知子贡当时作为外交使节经常出入各国，而且国君对其都非常礼遇，可见子贡当时的社会地位非常高。司马迁对子贡非常欣赏，甚至认为孔子学说之所以能传扬天下，应当归功于子贡，此评价倒不为过。《论语·子张》："叔孙武叔语大夫于朝曰：'子贡贤于仲尼。'"⑩ "陈子禽谓子贡曰：'子为恭也，仲尼岂贤于子乎？'"⑪ 可见，当时与孔子同时代的一些大夫都认为子贡的成就超过了孔子。子贡做过鲁国、卫国宰相，有着卓越的口才和经商才能，而且也是一名

---

① 梁启超：《梁启超全集·孔子》，北京出版社，1999，第 3154 页。
② 杨伯峻：《论语译注》，中华书局，1980，第 218 页。
③ 杨伯峻：《论语译注》，中华书局，1980，第 232 页。
④ 杨伯峻：《论语译注》，中华书局，1980，第 251 页。
⑤ 杨伯峻：《论语译注》，中华书局，1980，第 233 页。
⑥ 杨伯峻：《论语译注》，中华书局，1980，第 218 页。
⑦ 杨伯峻：《论语译注》，中华书局，1980，第 303 页。
⑧ 杨伯峻：《论语译注》，中华书局，1980，第 234、311 页。
⑨ 《史记》，中华书局，2014，第 3955 页。
⑩ （清）阮元校刻《十三经注疏》，中华书局，1980，第 2532 页。
⑪ （清）阮元校刻《十三经注疏》，中华书局，1980，第 2533 页。

出色的纵横家。《史记·仲尼弟子列传》："故子贡一出，存鲁，乱齐，破吴，强晋而霸越。子贡一出，使势相破，十年之中，五国各有变。"① 可见司马迁对子贡的评价之高。

通过以上论证，我们可以了解到在孔门弟子中子贡成就相对来讲比较高，对孔子的帮助最大。对于这样一位功绩卓著的弟子，梁启超竟然没有将其列为孔门弟子中出类拔萃的人物，并且没有提及只言片语，似乎有失公允。因此，我们引用有关史料，对梁启超有关子贡评价的失误予以补正。

此外，孔子晚期弟子子夏也是一位成就杰出之人。之所以这样认为，理由如下。

1. 依据其在《论语》中出现的次数来判定。

据杨伯峻的《论语译注》附录《论语词典》的统计，《论语》提及"子夏"23 次②，提及"商"4 次③，一共 27 次，由此看来，子夏在孔门弟子中也绝对不可以忽视。

2. 依据先秦两汉载录子夏之文献来判定。

先秦两汉文献中，载录子夏事迹的文献涉及经、史、子三部，有《论语》、《乐记》、《孟子》、《荀子》、《韩非子》、《吕氏春秋》、《淮南子》、《韩诗外传》、董仲舒的《春秋繁露》、司马迁的《史记》、戴德的《大戴礼记》、刘向的《说苑》《新序》、扬雄的《法言》、班固的《汉书》《白虎通德论》、王充的《论衡》、应邵的《风俗通义》、《孔丛子》、《孔子家语》④ 等，涉及文献非常多，由此可见子夏在中国文化史上的重要地位。子夏若是籍籍无名，诸多文献自然不会收录其生平事迹。

3. 依据古代文献对子夏门徒的记载来判定。

子夏曾经收徒授学，所收弟子达到三百人。《吕氏春秋》对子夏事迹的记载见于《察贤》："魏文侯师卜子夏，友田子方，礼段干木，国治身逸。"⑤《举难》："白圭对曰：'文侯师子夏，友田子方，敬段干木，此名之所以过桓

① 《史记》，中华书局，2014，第 2674 页。
② 杨伯峻：《论语译注》，中华书局，1980，第 217 页。
③ 杨伯峻：《论语译注》，中华书局，1980，第 273 页。
④ 龙文玲：《先秦两汉载录子夏事迹之文献考索》，《南宁师范大学学报》（哲学社会科学版）2020 年第 5 期，第 13~22 页。
⑤ 《四部备要·吕氏春秋》，中华书局，1989，第 160 页。

公也.'"① 《当染》:"段干木学于子夏."② 《尊师》:"段干木，晋国之大驵也，学于子夏."③ 可见子夏做过魏文侯和段干木的老师。魏文侯作为一国之君，能请子夏做老师，可见子夏必定不是等闲之辈。《淮南子·氾论训》记载:"段干木，晋国之大驵也，而为文侯师."④ 段干木曾求学于子夏，后来又成为魏文侯的老师，这从侧面进一步说明子夏学识渊博。

汉代典籍《韩诗外传》:"魏成子食禄千钟，什一在内，九在外，以聘约天下之士，是以东得卜子夏、田子方、段干木。此三人，君皆师友之."⑤ 《史记·仲尼弟子列传》:"孔子既没，子夏居西河教授，为魏文侯师."⑥ 《史记·儒林列传》:"自孔子卒后……子夏居西河，子贡终于齐。如田子方、段干木、吴起、禽滑厘之属，皆受业于子夏之伦，为王者师."⑦ 这些记载进一步说明子夏曾是魏文侯、段干木等人的老师。

汉代以后的典籍唐代《通典》:"昔周之衰，孔子作《春秋》，左丘明、子夏造膝亲受，孔子没，丘明撰其所闻，为之《传》，微辞妙旨，无不精究。公羊高亲受子夏，立于汉朝，多可采用."⑧ 孙诒让《墨子间诂》曰:"《史记索隐》引《别录》云:'今按墨子书有文子，文子即子夏之弟子，问于墨子。如此则墨子在七十子之后也.'案:今本无文子，或在佚篇中."⑨ 《新唐书》:"左氏与孔子同时，以《鲁史》附《春秋》作《传》，而公羊高、穀梁赤皆出子夏门人."⑩ 《春秋穀梁传注疏》:"公羊子名高，齐人，受经于子夏……穀梁子名淑，字元始，鲁人，一名赤，受经于子夏，为经作传，故曰《穀梁传》."⑪

通过以上文献记载可知，子夏门人不仅众多，而且其中多为名人，如段干木、公羊高、穀梁赤等，还有像魏文侯这样的国君。可见，子夏学识卓越，故其门下贤才会聚。

---

① 《四部备要·吕氏春秋》，中华书局，1989，第 147 页。
② 《四部备要·吕氏春秋》，中华书局，1989，第 19 页。
③ 《四部备要·吕氏春秋》，中华书局，1989，第 29 页。
④ 《四部备要·淮南子》，中华书局，1989，第 118 页。
⑤ （汉）韩婴撰，许维遹校释《韩诗外传集释》，中华书局，1980，第 87 页。
⑥ 《史记》，中华书局，2014，第 2677 页。
⑦ 《史记》，中华书局，2014，第 3786 页。
⑧ （唐）杜佑:《通典》，中华书局，2016，第 1455 页。
⑨ （清）孙诒让撰，孙启治点校《墨子间诂》，中华书局，2001，第 428 页。
⑩ 《新唐书》，中华书局，2000，第 4374 页。
⑪ （清）阮元校刻《十三经注疏》，中华书局，1980，第 2358 页。

4. 依据古代文献对子夏贡献的历史评价来判定。

清朱彝尊《经义考》引汉代《论语谶》："子夏六十四人共撰仲尼微言。"① "郑康成曰：'《论语》，仲弓、子游、子夏等所撰定。'"② 东汉班固的《汉书·艺文志》："又有毛公之学，自谓子夏所传，而河间献王好之，未得立。"③《尔雅注疏》："孔子作《书序》，子夏作《诗序》，故郭氏亦谓之序。"④《尚书正义》："但《易》有序卦，子夏作《诗序》，孔子亦作《尚书序》，故孔君因此作序名也。"⑤ 北宋黎靖德的《朱子语类》："子升问：'《仪礼》传记是谁作？'曰：'传是子夏作，记是子夏以后人作。'"⑥ 清皮锡瑞的《经学历史》："《丧服传》，子夏作。"⑦《宋史》："《易传》十卷题卜子夏传。"⑧《隋书》："周文王作卦辞，谓之《周易》。周公又作爻辞，孔子为《彖》《象》《系辞》《文言》《序卦》《说卦》《杂卦》，而子夏为之传。"⑨《尔雅注疏》："今俗所传三篇《尔雅》，或言孔子所增，或言子夏所益。"⑩《史记·孔子世家》："至于为《春秋》，笔则笔，削则削，子夏之徒不能赞一辞。"⑪ 南宋的洪迈在《容斋随笔·续笔》卷十四记载："孔子弟子惟子夏于诸经独有书。虽传记杂言未可尽信，然要为与他人不同矣。于《易》则有《传》，于《诗》则有《序》。而《毛诗》之学，一云，子夏授高行子，四传而至小毛公；一云，子夏传曾申，五传而至大毛公。于《礼》则有《仪礼·丧服》一篇，马融、王肃诸儒多为之训说。于《春秋》，所云'不能赞一辞'，盖亦尝从事于斯矣。公羊高实受之于子夏。穀梁赤者，《风俗通》亦云子夏门人。于《论语》，则郑康成以为仲弓、子夏所撰定也。后汉徐防上疏曰：'《诗》《书》《礼》《乐》，定自孔子，发明章句，始于子夏。'斯其证云。"⑫ 尽管洪迈所言虽不可尽信，但通过以上诸多文献对子夏的记载，亦可

---

① 《四部备要·经义考》，中华书局，1989，第 1083 页。
② 《四部备要·经义考》，中华书局，1989，第 1083 页。
③ 《汉书·艺文志》，中华书局，2000，第 1356 页。
④ 《汉书·艺文志》，中华书局，2000，第 2567 页。
⑤ 《汉书·艺文志》，中华书局，2000，第 113 页。
⑥ （宋）黎靖德编《朱子语类》，中华书局，2020，第 2344 页。
⑦ （清）皮锡瑞：《经学历史》，中华书局，1959，第 67 页。
⑧ 《宋史》，中华书局，2000，第 3367 页。
⑨ 《隋书》，中华书局，2000，第 619 页。
⑩ （清）阮元校刻《十三经注疏》，中华书局，1980，第 2567 页。
⑪ 《史记》，中华书局，2014，第 2353 页。
⑫ （宋）洪迈：《容斋随笔》，上海古籍出版社，1978，第 390 页。

知子夏兼通六经，撰《论语》，传毛公之学，作《诗序》《仪礼传》《丧服传》《易传》，益《尔雅》，习《春秋》，在传播和整理古籍方面做出了巨大贡献，同时对弘扬孔子学说起到了关键性的作用。

子夏学识渊博，因此国君会就治国问题向其请教。《韩诗外传》卷五："哀公问于子夏曰：'必学然后可以安国保民乎？'子夏曰：'不学而能安国保民者，未之有也。'"① 子夏是孔门出类拔萃的弟子，不仅自身学养深厚，而且颇具外交才能，因此才会成为孔子委派出使他国的首选。《礼记·檀弓上》："昔者夫子失鲁司寇，将之荆，盖先之以子夏，又申之以冉有，以斯知不欲速贫也。"② 此即其证。

5. 依据当代学者对子夏所做的研究来判定。

我们于知网搜索以"子夏"为主题词的文章，发现有 1625 条结果。如果子夏是一个无名之辈，后人不会这么耗费精力地去研究他。当代学者李启谦在其《孔门弟子研究》一书中这样评价子夏："他对后世的实际思想影响，超过了孔门弟子中任何人，就是颜回、子贡等人也要比他差一等。"③ 这则是把子夏推到孔门弟子中至高无上的地位。徐鸿修认为："从文化发展的角度看，子夏整理古代文献的贡献是仅次于孔子的，而他的经学对传播孔子学术的贡献又是孔子其他弟子所无法比拟的。"④ 郑晓华等则认为："如果没有子夏传播儒家经典的功劳，就不可能有影响中国几千年的儒家文化的立世，更不可能造就整个中华民族如此强大的精神文明根基。"⑤ 由此可见当代学者对子夏的评价之高。

通过以上五个方面的考证梳理，我们可以说子夏是孔门弟子中有着深远影响的重要人物。对于这么重要的人物，梁启超在其对孔门弟子的评价中却未提及，可以说是有失公允。除颜渊、子路、子贡、子夏外，孔子门下也有其他杰出人物。《史记·仲尼弟子列传》："孔子曰：'受业身通者七十有七人。'皆异能之士也。德行，颜渊、闵子骞、冉伯牛、仲弓；言语，宰我、

---

① （汉）韩婴撰，许维遹校释《韩诗外传集释》，中华书局，1980，第 195 页。
② （清）阮元校刻《十三经注疏》，中华书局，1980，第 1290 页。
③ 李启谦：《孔门弟子研究》，齐鲁书社，1987，第 121 页。
④ 徐鸿修：《孔子高足 学术大师——谈子夏的历史贡献》，《孔子研究》2001 年第 1 期，第 60 页。
⑤ 郑晓华、步如飞：《试论子夏对儒学的贡献》，《管子学刊》2012 年第 1 期，第 45 页。

子贡；政事，冉有、子路；文学，子游、子夏。"① 孔子认为，自己门下有七十七人是有着特殊才能的人，而其中又以"孔门十哲"最为杰出。由此看来，并非梁氏所说"孔门弟子中没有很出类拔萃的人"。即使有，也并非只有"颜回、子路"等人。因此，我们对此提出商榷并加以考证。

三　对当时隐士看法失之偏颇

梁启超说："《论语》里头许多隐姓埋名的人，如荷蒉者、晨门、楚狂接舆、丈人、长沮、桀溺等辈，主张极端的厌世主义。"②

《汉语大词典》对"厌世"一词的解释："悲观消极，厌恶尘世。"③ 厌世之人，对生活充满了悲观情绪，失去了生活的勇气。因为厌世而大多采取自杀行为乞求得到解脱，妄想能离开自己所认为的苦海，追求极乐世界，正如《庄子·天地》篇所言："千岁厌世，去而上仙。"④ "避世"一词则解释为："逃避尘世，逃避乱世。"⑤ 并引《庄子·刻意》："就薮泽，处闲旷，钓鱼闲处，无为而已矣。此江海之士，避世之人，闲暇者之所好也。"⑥ "江海之士"即是隐士。当时社会政治黑暗，世道污浊，隐士们为了保持自身的节操，不愿与世俗同流合污，于是便躲避尘世，独善其身。

《论语》中所提到的隐士，主要有两类人。一类是前朝遗民，有七位著名的逸民，如伯夷、叔齐、虞仲、夷逸、朱张、柳下惠、少连。还有为前朝君主服务的乐师，如太师挚、亚饭干、三饭缭、四饭缺、鼓方叔、播鼗武、少师阳、击磬襄等。对于后八位，孔子没有过多的评价，只是说明在周朝败亡后他们各自的去向。而对于前七位，孔子则给予了一定的评价，其中最为称道的则是伯夷和叔齐。《论语·微子》："逸民：伯夷、叔齐、虞仲、夷逸、朱张、柳下惠、少连。子曰：'不降其志，不辱其身，伯夷、叔齐与！'谓柳下惠、少连，'降志辱身矣，言中伦，行中虑，其斯而已矣'。谓虞仲、夷

① 《史记》，中华书局，2014，第2657页。
② 梁启超：《梁启超全集·孔子》，北京出版社，1999，第3124页。
③ 罗竹风主编《汉语大词典》，汉语大词典出版社，1988，第942页。
④ 《四部备要·庄子》，中华书局，1989，第52页。
⑤ 罗竹风主编《汉语大词典》，汉语大词典出版社，1988，第15235页。
⑥ 《四部备要·庄子》，中华书局，1989，第65页。

逸，'隐居放言，身中清，废中权。我则异于是，无可无不可'。"① 何晏注：
"逸民者，节行超逸也。包曰：'此七人者皆逸民之贤者。'"② 伯夷叔齐不
动摇自己的意志，不辱没自己的身份，是境界最高的隐士，受到孔子的多次
赞许。柳下惠和少连虽降志辱身，但是言语行为合乎法度。对于虞仲和夷
逸，孔子则称赞他们敢于直言，行为廉洁。我们从孔子的评价可知，这些隐
士都有着高洁的品质和气节，为了保持自身的节操，他们宁肯过着清贫的生
活，也不愿被世俗所玷污。《论语·宪问》："子曰：'贤者辟世，其次辟地，
其次辟色，其次辟言。'子曰：'作者七人矣！'"③ 孔子此处明确指出这七
位逸民皆是根据不同情况而"避"，而非"厌"，或避世，或避地，或避色，
或避言。

　　另一类则是当世的隐者，即梁启超所提到的荷蒉者、晨门等人，这些人
是否是梁启超所说的极端的厌世主义者，我们一一加以分析。《论语·宪
问》："子路宿于石门。晨门曰：'奚自？'子路曰：'自孔氏。'曰：'是知其
不可而为之者与？'"④ 从晨门对孔子的评价，也难见其厌世情绪，但可以看
出孔子对救世思想的执着，反映了孔子心系天下的强烈的社会责任感。

　　《论语·微子》："楚狂接舆歌而过孔子曰：'凤兮！凤兮！何德之衰？往
者不可谏，来者犹可追。已而！已而！今之从政者殆而！'"⑤ 楚狂接舆将孔
子比作凤凰，可见对孔子的敬仰和尊重。但又给孔子明确指出当今从政者是
比较危险的，暗指世道昏暗，统治者忠奸不辨，如果去从政，耿介之士可能
会招致杀身之祸。并且说："往者不可谏，来者犹可追。"

　　除了接舆，荷蒉者、长沮、桀溺也都给孔子提出了善意的提醒和建议。
《论语·宪问》："子击磬于卫，有荷蒉而过孔氏之门者，曰：'有心哉，击磬
乎！'既而曰：'鄙哉，硁硁乎！莫己知也，斯己而已矣。深则厉，浅则揭。'
子曰：'果哉！末之难矣。'"⑥ 荷蒉者从孔子的击磬声中感受到了孔子处处
碰壁，无法施展政治抱负的深深的失落感，从而建议孔子索性放弃从政的理

---

① （清）阮元校刻《十三经注疏》，中华书局，1980，第2529页。
② （清）阮元校刻《十三经注疏》，中华书局，1980，第2529页。
③ （清）阮元校刻《十三经注疏》，中华书局，1980，第1513页。
④ （清）阮元校刻《十三经注疏》，中华书局，1980，第1513页。
⑤ （清）阮元校刻《十三经注疏》，中华书局，1980，第2529页。
⑥ （清）阮元校刻《十三经注疏》，中华书局，1980，第1513页。

想，并引用《诗经·卫风·匏有苦叶》中的两句诗"深则厉，浅则揭"来劝谏孔子做一个与世沉浮、善于变通之人。此劝导之意还比较隐晦，长沮、桀溺则明确指出："滔滔者，天下皆是也，而谁以易之？且而与其从辟人之士也，岂若从辟世之士哉？"① 可见各位隐士实际是同情孔子的遭遇，于是极力劝谏孔子归隐山林，避开黑暗的社会，不与统治者同流合污。其主张皆是避世，故其恐非厌世之人。

梁启超所谓隐士中，唯一明确对孔子提出批评和嘲讽的是丈人。《论语·微子》："丈人曰：'四体不勤，五谷不分，孰为夫子？'"② 丈人嘲讽孔子脱离劳动人民，却"止子路宿，杀鸡为黍而食之，见其二子焉"③。又可见其对读书人的尊重。孔子周游列国期间，这些隐士或有不解、不屑的表现，甚至持嘲讽的态度，可是孔子仍称其为贤者，甚至亲自或派弟子去拜会这些隐士。尽管没能如愿，但依然表现出对这些隐士们的尊重与敬仰，足见孔子的君子风范。

综上，《论语》所载逸民和隐士，皆主张避世，而非梁启超所说的主张极端的厌世主义。

---

① （清）阮元校刻《十三经注疏》，中华书局，1980，第 2529 页。
② （清）阮元校刻《十三经注疏》，中华书局，1980，第 2529 页。
③ （清）阮元校刻《十三经注疏》，中华书局，1980，第 2529 页。

汉宋之争与清代学术

汉宋递嬗与乾隆帝的经学观

王安琪

（广东外语外贸大学阐释学研究院）

摘　要： 清代学术史上的"汉宋之争"不仅仅是考证与义理的学问之争，也是帝王经学参与并影响学术发展的历史经验。在思想和政治之外的视野中，清中期还存在大量对乾嘉汉学抱持异见的文人，他们也是这场论证的参与者之一。这意味着"汉宋之争"是一场儒学思想、儒臣和帝王政治统治多方的相互"利用"和"角力"。从乾隆朝的科举、经筵材料看，乾隆帝的经学观有着从尊宋崇汉到崇汉抑朱的变化。随着帝王经学思想的变化，科举的风向、应考的读书人也相应地改变了知识方向，这为汉学、宋学知识群体带来不同的发展空间。从长时段来看，在制度与思想的张力之间，汉宋之争是对明中晚期思想的反叛，同时也开启了晚清学者对义理的重新反思。

关键词： 汉宋之争　乾隆帝　帝王经学

一　问题界说：汉学、宋学与乾隆帝的经学观

"汉宋之争"是清代中叶学术思想史上的重要议题。一般认为，乾嘉时期的学术界存在着"汉学"和"宋学"两派的对峙，集中体现在江藩的

《汉学师承记》《宋学渊源记》和方东树的《汉学商兑》上。① 不仅当时的儒者已持"汉学""宋学"之论，代表官方立场的《四库全书总目》也揭橥历代经学的递嬗"不过汉学、宋学，两家互有胜负"的观点②，从而建构了"汉宋对峙"为经学流变发展的学术史观。流风所及，清末民初几位对清代学术研究有开创之功的学人，亦无不借汉、宋的观念展开论述，所异者集中于汉、宋之定义与二者之关系。③ 当代学者接续其论，开拓出政治与思想、学术与思想两条主要研究路径。前者，基于"经济—社会—思想"的理论基础，从帝王权术的角度指出汉、宋二学均是清廷提倡的，以二者之对立形成文化"开明"的假象，冲淡民族压迫的仇恨。④ 后者从思想本身将宋至清的儒学发展简化为"道问学"与"尊德性"两个传统的此起彼伏。这就意味着，清代学术思想递嬗之实质就是在"汉宋之争"表象之下的"考证与义理之争"。

针对这两种路径，近四十年来学界又有不同程度的增补和质疑。⑤ 不仅

① 也有学者持不同意见，认为江藩和方东树的论争已经展现出汉宋融合、汉宋兼采的意味。参见黄爱平《〈汉学师承记〉与〈汉学商兑〉——兼论清代中叶的汉宋之争》，《中国文化研究》，北京语言文化大学出版社，1996，第48~49页；暴鸿昌《清代汉学与宋学家关系辨析》，《史学集刊》1997年第2期，第67~68页；尚小明《门户之争，还是汉宋兼采？——析方东树〈汉学商兑〉之立意》，《思想战线》2001年第1期，第139~140页；王汎森《方东树与汉学的衰退》，《中国近代思想与学术系谱》，河北出版社，2001，第13~24页。

② （清）永瑢等编《四库全书总目》卷1，中华书局，2003，第1页。

③ 集中在章太炎、刘师培、邓实、梁启超、胡适、钱穆等学者，大抵可概括为：章太炎、刘师培、邓实认为"汉宋之争"实则是汉学家（经儒）与桐城派文士之间的矛盾，属于儒学内部的门户之见；梁、胡总体上将清学视为对宋明理学的反动，甚至认为整个清学史可被理解为"汉（清学）宋（理学）之争"的历史；钱穆指出"理学本包孕经学"，清学（考据经学）亦理学应有之一节目，清代的"汉宋之争"是理学内部的自我调整。参见丘为君《清代思想史"研究典范"的形成、特质与义涵》，（新竹）《清华学报》1994年第24卷第2期，第451~491页；罗志田《章太炎、刘师培与清代学术史研究》，《近代读书人的思想世界与治学取向》，北京大学出版社，2009，第223~247页；李帆《章太炎、刘师培、梁启超清学史著述之研究》，商务印书馆，2006，第39~139页；张循《道术将为天下裂：清中叶"汉宋之争"的一个思想史研究》，广西师范大学出版社，2017，第3~12页。

④ 侯外庐：《中国思想通史》（第五卷），人民出版社，1956，第410~426页。

⑤ 针对侯外庐指出的清廷文化政策中的政治手腕问题，朱维铮对其不能自洽的"开明"说做出了修正，认为"汉宋之争"的原因在于清廷从康熙到乾隆越来越烈的以汉制汉政策，即统治者刻意在思想领域制造分裂，以达到以汉制汉的目的。参见朱维铮《十八世纪的汉学与西学》，《走出中世纪》，上海人民出版社，1987，第169页；朱维铮《中国经学的近代行程》，《中国经学史十讲》，复旦大学出版社，2002，第56、60页。张寿安率先发现了考证学的思想性和理论意义，提出汉宋之争的实质是清代汉学发展出来的新义理与宋明理学的旧义理之间的冲突，即以礼代理思潮的兴起。参见张寿安《以礼代理——凌廷堪与清中叶儒学思想的转变》，河北教育出版社，2001，第8~9、117页。但"新义理"的概念似乎也并未被学界广泛接受。参见杨念群《清代考据学的科学解释与现代想象》，《史学史研究》2019年第2期，第47~60页。

研究的群体扩大、研究文本范围扩大，"汉""宋"之学的内涵也获得更细致的分辨。① 但是无论哪种研究路径，学术界在讨论"汉宋之争"时的一个焦点问题始终不变，就是"汉宋之争"的实质是什么。这就需要回答所谓"汉宋之争"的主导者、参与者是谁，争论的是什么内容，争论的意义又是什么。毋庸置疑，帝王作为政策的决断者，一定参与其中。但帝制时代的文教政策对儒学的推崇不应只是一种自上而下的"愚民"统治权术，同时也是儒家秩序对统治者的感召。② 在这个前提下，研究乾隆帝对待经学的态度和观

---

① 与"汉宋之争"一样，清代考据学兴起的原因也是清代学术思想史上的一个重要议题，因此汉学的群体和内涵是相对清晰的，大约以惠栋、戴震各自为首的学术阵营为主要群体。但宋学一派，则相对复杂。一般认为"宋学"学者即程朱理学家，梁启超提出"宋学"一派以桐城派为主要核心，其后以诗文为文本的研究者如龚鹏程、蔡长林则主张"宋学"即当时的文士，或专指以朱子学为核心的"官学"。对此，罗志田指出："道咸以后复兴的宋学与乾嘉诸儒所反对的宋学其实不必是一个宋学。"参见龚鹏程《乾隆年间的文人说经》，《六经皆文——经学史/文学史》，台湾学生书局，2008，第329~371页；蔡长林《导言》，《文章自可观风色：文人说经与清代学术》，台湾大学出版中心，2019，第15~17页；罗志田《章太炎、刘师培与清代学术史研究》，《近代读书人的思想世界与治学取向》，北京大学出版社，2009，第238页。

② 儒学、帝王与帝制政权统治三者之间的关系，是中外学界长盛不衰的一个辨题。自20世纪60年代以来，中外学界似乎有种默契或共识，认为理学官学化以后，是帝王专制统治的工具，儒臣则中和了儒家理想与专制统治之间的张力。除了前述侯外庐、朱维铮等学者对"汉宋之争"的解释，狄百瑞（Wm. Theodore De Bary）的研究也描绘了儒臣不遗余力宣扬理学心法，明初两位帝王又各自"盗用"宋明理学的情形。参见 Wm. Theodore De Bary, *The Trouble with Confucianism* (Cambridge, Mass.; London：Harvard University Press), 1991, pp. 62-63。W. T. de Bary, *Neo-Confucian Orthodoxy and the Learning of the Mind-and-Heart*, pp. 81-123。戴彼得（Peter B. Ditmanson）、包弼德（Peter K. Bol）则将儒学与政治权威视作二元对立关系，重在审视"道学"从独立的社会运动发展为政治附属品的过程，见 Peter B. Ditmanson, "The Yongle Reign and the Transformation of Daoxue," *Ming Studies* 39 (1998), pp. 7-31; Peter B. Ditmanson, *Contesting Authority: Intellectual Lineages and the Chinese Imperial Court from Twelfth to the Fifteenth Centuries* (Ph. D. Dissertation, Harvard University, 1999); Peter K. Bol., *Neo-Confucianism in History* (Cambridge, Mass.: Harvard University Press, 2008)。但无论是专制暴政的视角，还是道学与政治的关系，一旦深入历史的具体情况，就会发现不一样的情况。譬如朱鸿林有关明太祖思想的研究显示，太祖热心儒家经史的讲论，尤其对《书经》非常熟悉和重视，其治国理念和施政原则也深受此影响。朱鸿林：《明太祖的孔子崇拜》，《"中研院"历史语言研究所集刊》1999年第2期，第483~530页；朱鸿林：《明太祖的经史讲论情形》，《中国文化研究所学报》2005年第45期，第141~172页；朱鸿林：《明太祖对〈书经〉的征引及其政治理想和治国理念》，《明太祖的治国理念及其实践》，香港中文大学出版社，2010，第19~61页。

点在汉宋递嬗过程中扮演了什么样的角色，就有了一定的合理性和必要性。①

官修书籍在相当程度上反映了帝王意志和统治者的思想，是官方意识形态的重要组成部分，有清一代，自顺治帝始，历康熙、雍正、乾隆三朝，清廷相继颁布刊刻十余种官修儒家经典，由此建构了一个自成一系的官方经学体系。② 直到《四库全书》的编修，长期在江南一带发展的"汉学"获得了官方公开的认可。③ 可以说，《四库全书总目》对"汉""宋"之分野的强调，是清中叶学术发生汉宋递嬗的一个重要标志。此书的编纂和颁行是官方政治理念调整与在野士林学风变化共同作用的结果。④

此外，近来学界已经意识到，在"思想"之外的视野中，在清中期还存在大量对乾嘉汉学抱持异见的文人，他们的声音也不应被忽视。⑤ 有时候，汉宋之争也未必与严格的"学术思想"相关涉。⑥ 汪士铎（1802～1889）曾感慨其时为学有五难："好学难，聚书难，身心闲暇难，无汉宋之意见难，

---

① 王达敏、陈祖武、夏长朴都对乾隆帝的崇汉抑宋的态度转变有所关注，所异者乃三学者依据的材料不同、所呈现的转变时间不同。王达敏以乾隆朝的文教政策变化为据，认为乾隆十四年（1749）乾隆帝对宋学的热情明显冷却，而具体实践似乎从其亲政初年便已开始。陈祖武则以乾隆朝的经筵为依据，提出乾隆二十一年（1756）乾隆帝的经筵讲论第一次对朱子的《四书章句集注》提出了质疑，此后逐渐崇汉抑宋。夏长朴则依据乾隆的诗文，指出乾隆帝于乾隆三十八年（1773）之后直至退位都是持崇汉抑宋的态度，并且此态度影响了《四库全书》的学术倾向。参见王达敏《从尊宋到崇汉——论姚鼐建立桐城派时清廷学术宗尚的潜移》，《中国文化》第 19、20 期，第 279～293 页；陈祖武《从经筵讲论看乾隆朝的朱子学》，《清代学术源流》，北京师范大学出版社，2012，第 194～199 页；夏长朴《乾隆皇帝与汉宋之学》，彭林《清代经学与文化》，北京大学出版社，2005，第 156～192 页；夏长朴《乾隆皇帝的经学思想及其发展》，《经学文献研究集刊》第 19 辑，上海书店，2018，第 163～198 页。
② 黄爱平：《清前期官修经解与官方经学探析》，《清史研究》2021 年第 5 期，第 1～10 页。
③ 陈祖武：《江南中心城市与乾隆初叶的古学复兴》，《中国史研究》2010 年第 2 期。
④ 其中还蕴含一个官方的政治理念如何落实的问题，林存阳以朱筠为例，揭示了儒臣在汉宋学风转向中的推动作用。参见林存阳《朱筠与清中叶学术变迁》，《中国史研究》2011 年第 1 期，第 169～180 页。
⑤ 蔡长林云："许多人对于汉宋之争的'印象'，定格在江藩《汉学师承记》与方东树《汉学商兑》的狭窄视域中。""乾嘉时期所谓的汉宋之争，在相当大的程度上，也可以理解成经生与具有程朱情怀的文士在学术观念上的碰撞。"见蔡长林"导言"，《文章自可观风色：文人说经与清代学术》，台湾大学出版中心，2019，第 13、17 页。
⑥ 张循即关注清中期普通儒者体现出来的儒学的普遍状态，指出当时的汉宋之争并非只是发生在少数专业学人书斋里的一个严肃学术问题，同时也是广泛流播于读书人阶层的一个时髦话题。参见张循《不读汉宋书，也争汉宋学：清代汉宋之争"风气"的形成》，《道术将为天下裂：清中叶"汉宋之争"的一个思想史研究》，广西师范大学出版社，2017，第 20～66 页。

求友难。"① 这透露出一个信息，即如何处理"汉宋之意见"几乎是当时的求学之士皆须面对的难题，而不是已经学有所成的汉学家或宋学家才争论的问题。郑珍（1806~1864）也表达过类似的观点："吾见宗宋学者交攻汉学，问其尝见汉儒书几家，而不能举；见有宗汉学者交攻宋学，问其曾读宋儒书几种，而不能言也。"② 即那些参与汉宋争论的人未必对"汉学"或"宋学"有深切的研究。③ 基于这种现象，似乎可以追问一个问题，这些普通读书人参与"汉宋之争"的潜在动力是什么？又或者说，他们获得汉学、宋学知识的渠道和来源是什么？其实答案也是呼之欲出的，就是科举。普通士人希望在科举中拔得头筹，就会对时髦之学趋之若鹜；而儒臣根据自己的学术宗尚对学风的改造，也是通过科举有意为之。

要之，在清代中期的思想界，甚至普通读书人似乎都面临着一个"站队"的问题，即学界长久以来所讨论的"汉宋之争"。从当前所搜集的资料来看，这个现象或局面是乾隆朝之学术发生了汉宋递嬗的后果，其根源在于清代前期"汉学"群体逐渐发展扩大，自下而向上感召帝王，其主张又被化约为新的政治理念，从而引起的"思想混乱"。导致这场思想论争的关键性参与者有乾隆帝、乾隆朝的儒臣，以及汉学、宋学学者（二者也有重叠）。这也就意味着"汉宋之争"的本质还是儒学思想、儒臣和帝王政治统治三者的相互"利用"和"角力"，尽管知识界已经开始统合思想和政治来阐释"汉宋之争"，但乾隆帝经学观与政治理念的脉络、内涵及其在实践层面的落实和影响，思想上的汉宋更迭与政治的关系都还有可以诠释的空间。由此，在前贤研究的基础上，有必要重新理解清中期的汉宋递嬗问题及其与帝王统治之间的关系。

二　乾隆帝崇经抑宋的转变

近些年，一些学者也开始认同帝制时代的君王政治统治并非全无思想性

---

① （清）汪士铎：《汪梅村先生集》卷 10《答甘建侯书》，《续修四库全书》第 1531 册，上海古籍出版社，2002，第 691 页。

② （清）陈澧：《东塾杂俎》卷 11《国朝》，载黄国声主编《陈澧集》（第二册），上海古籍出版社，2008，第 671 页。

③ 何佑森指出，其时有人不读宋五子书而批评宋学，有人不读《学海堂经解》而批评汉学。参见何佑森《清代汉宋之争平议》，《文史哲学报》1978 年第 27 期，第 97 页。

可言，相关的讨论多集中在明太祖和明成祖。① 清代的帝王则由于其民族属性，被夷夏之防的刻板印象所限制，常常忽视儒家秩序对其产生的召唤性。杨念群则认为，清朝帝王并非被迫"汉化"，或者被动接受儒家思想，他们通过一系列思想文化建构，逐渐掌控了阐释儒家经典的主动权，以建构具有鲜明帝王特色的经学解释体系，并将此作为指导士林历史观的统一指南。② 乾隆帝继位后并未遵从其祖父崇宋尊朱的文教政策，而是逐渐崇奖经学，进一步引导民间汉学继续发展。

众所周知，康熙帝极为尊崇宋学，其在位时以程朱之学为"正学"，提升朱熹在孔庙的地位，刊刻宋学之书，重用理学名臣，影响所及，天下无不宗宋学③。乾隆帝自幼年起就浸润在宋学的氛围中，深受其影响。他早年的诗文多讨论宋学之作，在义理上也认同宋儒之言。雍正八年（1730），还是皇子的乾隆帝整理自己的习作旧稿，精心挑选其中的一部分，辑为《乐善堂文钞》14 卷，并请同窗、师友传阅作序。乾隆二年（1737）正式刊行为《乐善堂全集》，这显示了乾隆帝作为皇子时的理想、抱负。和硕庄亲王允禄为《乐善堂全集》所作《序》云："其义理五经四子，而折衷于宋儒之言。"④

乾隆帝即位初期，依然一以贯之地倾心宋学，其《御制文初集》卷 1、卷 2 所收录的《经筵御论》，几乎全为心性道德之学。最具代表性的言论是乾隆五年（1740）的上谕，乾隆帝此时推崇的"先儒"，是宋代周、程、张、朱诸儒。他盛赞五子不仅得孔、孟之心传，于"理欲、公私、义利之界，辨之至明"，"有裨于化民成俗、修己治人之要"，对个人而言是修身入圣之阶梯，对

---

① 除了前述朱鸿林的研究成果，肖俏波基于《御注道德经》来阐述明太祖的"道治天下"的本体论、工夫论意义。参见肖俏波《"道治天下"：明太祖〈御注道德经〉治道思想》，《政治思想史》2021 年第 2 期，第 1~13 页。还有朱冶对明成祖《圣学心法》对君主理论与儒家伦理的融合的研究。参见朱冶《〈圣学心法〉与明成祖治国理念的表达》，《江西社会科学》2018 年第 1 期，第 129~137 页；朱冶《元明朱子学的递嬗：〈四书五经性理大全〉研究》，人民出版社，2019，第 120~147 页。

② 杨念群：《"天命"如何转移：清朝"大一统"观的形成与实践》，上海人民出版社，2022，第 131 页。

③ 有关康熙帝对理学的尊崇，参考陈祖武《清初学术思辨录》，中国社会科学出版社，1992，第 37~43 页。

④ （清）爱新觉罗·允禄：《乐善堂全集（庚戌年）原序》，载《清高宗御制诗文全集》，中国人民大学出版社，1993，第 1 页。

天下而言是化民成俗、求道为学之途辙。乾隆帝因此对每日进呈的经史讲义内容表现出不满，斥责他们以己见衍说经史，并未与宋之先儒相表里，感叹究心学理学的学人，较之考证经史、辞章之学者要少许多。他固然也不否认典章制度须由汉唐诸儒传疏考据，但认为"经术之精微，必得宋儒参考而阐发之"①。

乾隆帝的上谕虽然表达了他对宋学的推崇，但是实际上并没有收到明显的成效，其背后隐藏的事实是"究心理学盖鲜"的学林现状②。这样的局面，与雍正朝以来程朱理学在庙堂降温、乾隆帝即位以后褒奖"潜心经学"的各项文教政策不无关系。雍正帝在位时已经一改康熙帝至尊程朱的政策，转为尊奉孔子。雍正元年（1723），雍正帝命乡、会两试的二场由《孝经》出题，舍弃程朱性理之作。尽管朱子在《〈孝经〉勘误》中早否认《孝经》是孔子所作，但雍正帝弃置不理，不仅认定《孝经》为圣人亲作，并在童生复试时，以《孝经》取代朱子所著《小学》③。

乾隆元年（1736）举博学鸿词，御史吴元安将这次遴选的标准说得很清楚："原期得湛深经术、敦崇实学之儒，诗赋虽取兼长，经史尤为根柢。若徒骈缀俪偶，推敲声律，纵有文藻可观，终觉名实未称。"④ 较康熙朝"己未词科"注重文藻瑰丽、文辞卓越的词臣⑤，丙辰词科诗赋的地位有所下降，更加重视经史根柢，因此在考试内容上也加试一场——"经、史、论各一"。乾隆二年（1737）补试甚至将"经解一篇，史论一篇"放在首场考试中，以示重视⑥。乾隆帝亦亲作《黄钟为万世根本论》考证黄钟之形制，梳理历代其他度量衡的标准，以论述黄钟成为标准的原因。从结果上看，这次词科颇具文名的袁枚落选，而精通经史的杭世骏、齐召南、程恂中选，这

---

① 《清高宗实录》卷128，中华书局，1986，第875~876页。

② 陈祖武认为，乾隆帝承袭了康熙帝"纳理学入经学"的遗志，顺应了康熙中叶以后兴复古学的学术趋势，从而确立了崇奖经学的文化格局。陈祖武：《清代学术源流》，北京师范大学出版社，2012，第204页。

③ 参见王达敏《从尊宋到崇汉——论姚鼐建立桐城派时清廷学术宗尚的潜移》，《中国文化》第19、20期，第280~281页。

④ 《钦定皇朝文献通考》卷50《选举考》，《景印文渊阁四库全书》第633册，台湾商务印书馆，1986，第262~263页。

⑤ 胡琦：《己未词科与清初"文""学"之辨》，《北京大学学报》（哲学社会科学版）2014年第5期，第78页。

⑥ （清）吴元安：《请定试博学鸿词之例疏》，《皇清奏议》卷33，《续修四库全书》第473册，上海古籍出版社，2002，第280页。

是这次词科偏重经史的确证①。这次词科的影响力还在于持续影响设置科考题目。譬如乾隆十年（1745）殿试考："五、六、七、九、十一、十三之经，其名何昉？其分何代？其藏何人？其出何地？其献何时？传之者有几家？"②与丙辰词科经论考题之"九经、十一经、十三经之名，分于何代？秦焰虽烈，而不能掩其光者，藏于何人？所藏何书？其后出于何地？献于何朝？颁于何世？各经授受，源流何所依据？"③几乎如出一辙。

此外，经学特科的召开是乾隆帝早年在尊宋与崇经之间的分水岭。乾隆十四年（1749）十一月四日，乾隆颁谕，声称"崇尚经术，良有关于世道人心"，令内外大臣"不拘进士、举人、诸生以及退休闲废人员"荐举"潜心经学者"。乾隆帝将士林学人追求辞章之学的风气，归因于自己"每试以诗赋"，鲜有"究经训之间奥者"。他一改从前注重阐发经术之精微的态度，提出穷经不如敦行，倡导躬行和实践，举蔡世远（1682～1733）、任启运（1670～1744）、沈德潜（1673～1769）为典型④，命九卿大臣、外省督抚不拘出身荐举潜心经学、纯朴淹通的人才⑤。由以上三人作为典范，可推知在乾隆帝的心目中，学宗朱子而又精审考核，尤其能以礼学见长，才符合"潜心经术"的标准。诏令即出，九卿大臣立即踊跃推举。于是同年十二月十七

---

① 杨青华：《乾隆朝制科、科举与乾嘉经史考据学的兴起》，《安徽大学学报》（哲学社会科学版）2022 年第 2 期，第 38~48 页。

② 《清高宗实录》卷 239，中华书局，1986，第 82 页。

③ （清）李富孙：《鹤征后录》，收录于周骏富辑《清代传记丛刊》第 13 册，（台北）明文书局，1985，第 585 页。

④ 蔡世远，字闻之，福建漳浦人，康熙四十八年（1709）进士。生于书香世家，是宋初经学家蔡元鼎的后裔，祖父蔡而煜从学黄道周（1585~1646）。蔡氏从小接受家训，宗程朱之学，又广泛学习各种经书，讲求经世之学，以南宋真德秀（1178~1235，字景希）的学问、北宋范仲淹（889~1052，字希文）的事功自期，所以用"二希"为堂号。雍正元年（1723），因经术德性兼备，特召入都，授编修，侍皇子讲读，后官至礼部侍郎。任启运，字翼圣，江苏宜兴人。雍正十一年（1733）中进士，因精通礼学，遂特授翰林院检讨，在阿哥书房行走。乾隆八年（1743），充三礼馆府总裁官，"论必本天道，酌人情，务求合朱子遗意"。任氏深惜朱子未能对三《礼》作注解，遂作《肆献裸馈食礼》3 卷。又有《宫室考》13 卷，考据颇为精核。又仿郑玄序《仪礼》例，编次《礼记章句》10 卷。外有《周易洗心》9 卷、《四书约指》19 卷、《孟子时事考》、《竹书纪年考》、《逸书补》、《清芬楼文集》等书。从任启运的论著来看，他虽学宗朱子，但在学问上更注重朱子"道问学"的方法。《清儒学案》论其："著书皆存古义，通训诂、考制度、阐义理。"沈德潜，字确士，号归愚，江苏长洲人。乾隆元年（1736），荐举博学鸿词，乾隆四年（1739）中进士，授翰林院编修，历任侍读、内阁学士、上书房行走，乾隆十四年（1749），升礼部侍郎。但是乾隆帝对沈氏的赏识，是怜其晚遇，用意在鼓励老成绩学之士。

⑤ 《清高宗实录》卷 352，中华书局，1986，第 860 页。

日，乾隆颁谕，专论保举经学之士考试事。《清高宗实录》乾隆十四年十二月庚寅条记载：

> 谕：大学士、九卿议，保举经学人员，如何分别考试，以觇实学。请敕下礼部定议之处，所议尚未周协。若交礼部定议，则必指定如何出题考试，人人皆得豫为揣摩，转启弊窦。且仍不出举场应考习套，何能觇其实学？此番大学士、九卿所举，为数亦觉过多，果有如许淹通经学之士，一时应选，则亦无烦特诏旁求矣。各省督抚所举，尚未奏到，应俟到齐之日，合内外所举人员，大学士、九卿再行公同核定，无采虚名，以昭慎重。核定后，请旨调取来京引见，朕亲加临试，庶得实学宿儒，光兹盛典。①

对九卿大臣踊跃保举的经学人员，乾隆帝并未立即征用，而是推托要待地方督抚所举奏到，再一并公开考核。这说明乾隆皇帝此次征召，并非如圣祖举"博学鸿词"时那般需要广征人才。他所谓"为数亦觉过多""慎重"等，亦反映出乾隆帝对时人习经学者审慎的态度。因此，与朝内大臣的热情不同，地方督抚于此迟迟不予积极响应，而以观望的态度，揣摩圣意。如河南巡抚鄂容就上奏"屡经访问"而不得，"不敢滥举"，对此，乾隆帝回应各省多有充数博誉者②。

乾隆十六年（1751）闰五月十六日，就荐举经学事，乾隆再次强调"尚经学，求真才"的标准，只将陈祖范（1675~1754）、吴鼎（生卒年不详）、梁锡玙（1697~1774）、顾栋高（1679~1759）四人著述送阅，抄录吴鼎、梁锡玙经学著述，授以二人国子监司业。八月，又追授陈祖范、顾栋高国子监司业衔以为绩学之劝③。应荐经学未成的程廷祚（1691~1767）致书大学士陈世倌（1680~1758），深表愤慨。他说：

> 昔圣祖仁皇帝肇开鸿博之科，被荐者七十余人，而录用者五十余人。年代渐深而再举，被荐者二百余人，而录用者才十余人。经学之科，皇上肇开于重熙累洽之后，天下所举仅四十人，而实被擢用才两人

---

① 《清高宗实录》卷355，中华书局，1986，第899页。
② 《清高宗实录》卷363，中华书局，1986，第1004页。
③ 陈祖武、朱彤窗：《乾嘉学术编年》，河北人民出版社，2005，第100~104页。

尔。我朝列圣相承，诗书礼义之泽渐被八荒，宜乎人材蔚起，远轶汉、唐，就之而拔其尤，犹挹水于河而取火于燧也。今以二科所取之数合并以观，是历年愈久，而人才愈不逮于往日。国体所关，曾未有大于是者乎！即使今日之才诚有不逮，而大科已开，其人已列名而上，则国家之渐仁摩义可思也，圣主之崇儒重道可念也，岂不宜加重顾恤而畀以光华！我皇上齐圣广渊，睿虑周详，而朝端不闻一言之建白，能令天下释然于其故乎！……当词科之再举也，宇内之士欣欣然动其好学稽古之心，已而见其如彼，则士气为之一不振矣。①

即便此次"经学特科"的结果并未满足士人期望，但是应经学特科人数众多，民间经学之风气已然形成。民间稽古的经学已经有相当规模，士人注解《诗经》《易经》等经典的著作层出不穷。这样的局面和形势显然超乎了乾隆帝的预料，他才反复强调要"尚经学，求真才"，而不敢贸然广泛纳才。这也缘于乾隆初期乾隆对士人借经史而隐讽干预时事的不满。② 经学特科的设置，至少可以说明乾隆帝对经学、理学的态度已经有了转变，尤其此次"经学特科"召开时，树立了"潜心经术"的学术典型——蔡世远、任启运，使沉潜于辞章之学的士人渐渐闻风而变；于礼学、经学已有建树的学官，则开始努力以朝廷功令来引领时风。乾隆十七年（1752），清廷准江苏学政雷铉奏，商议在生童考试中加入经解的事宜③。科举向来是学问思潮的风向标，在童试中加入经解，释放出清廷重视经学的信号。同时，这次九卿大臣、地方呈报学人应召"经学特科"的热情，也让乾隆帝真切看到学林之风尚。不久之后，乾隆十九年（1754）殿试，乾隆帝直言："国家设科取士，首重制

<hr />

① （清）程廷祚：《南归留上海宁陈相国书》，（清）程廷祚撰，宋效永点校《青溪集》卷9，黄山书社，2004，第203页。

② 乾隆七年上谕："朕令翰林科道轮进经史讲解，原以阐发经义，考订史学也。而年来诸臣所进，往往借经史以牵引时事，或进献诗赋，与经史本题无涉，甚失朕降旨之本意。"乾隆九年又谕："朕令翰林科道轮进讲章者，原以讲明义理，裨益学问也。若臣工有欲行陈奏之事，自应明白直陈于君上之前。何得借讲书之名，以巧用其术？""朕若不亟为整理，不但士习日颓，无所底止。即伊等将来亦不免清流之祸。朕心不忍，是以法在必行，以挽救之。黄明懿身为翰林，若欲建白谏诤，即当据实敷陈。今当借进讲经书，隐讽时事，甚属奸险诈伪，着交部严察议处。"详见《清高宗实录》卷180，中华书局，1986，第324~325页；《清高宗实录》卷234，中华书局，1986，第888~889页。

③ 陈祖武、朱彤窗：《乾嘉学术编年》，河北人民出版社，2005，第109页。

义，即古者经疑、经义之意也。文章本乎六经，解经即所以载道。"① 从而倡导整饬文风、学风，以明经术而端士习。这象征着经学在科举中的地位已经渐渐超越纯粹辨析"性命理气"的理学，理学的独尊地位发生了动摇。

到乾隆三十八年（1773）四库馆开，乾隆帝尊经崇汉的态度彻底公开化。学者指出，所谓"汉宋之争"，正是《四库全书·经部总叙》将历代经学概括为"要其归宿，则不过汉学、宋学，两家互有胜负"之后，所具体呈现的学术现象。乾隆本人正是主导《四库全书总目》经学思想的关键人物，而"纪昀的确切角色应是乾隆意志的实际执行者，透过他的认真撰述与通盘修订，才真正贯彻落实了乾隆的经学观点"②。乾隆帝在乾隆三十七年（1772）下诏编辑《四库全书》时提出要求：汉、宋兼采，并且以心性之学、有关治道人心者优先，有裨实用的发挥传注、考核典章者则备为甄择。这表示"阐明心性之学、有关治道人心的宋学著作作为重点，应优先购觅；其次才是发挥传注、考核典章的汉学专著以及诸子百家之言"③，而四库馆臣在遴选书目时实际执行的标准却是"考证精核、论辨明确"。这两点正是清代汉学家治学的衡量标准，"由文字、声音、训诂而得义理之真"，是汉学家们治经的基本信念。"在这种原则下，许多宋学著作能否通过检验列入著录，已是再明显不过的事情。"④ 乾隆帝对《四库全书》遴选要求和实际执行标准之矛盾的默许，是其既要继承祖制而又要建立新的政治理念的结果。乾隆帝即位以后对经学的不断崇奖呼应了士林经史考证学术风潮，儒臣对乾隆帝崇经的经学政治理念的响应也进一步促成了乾隆帝崇经抑宋态度的公开化。

三 朝野之间与学术递嬗

从乾隆帝的治经的态度和方法中，已经可以发现，乾隆皇帝接受也实践了汉学家的治经方法。因此才会有明显的态度转变。只不过，问题的争论点在

---

① 陈祖武、朱彤窗：《乾嘉学术编年》，河北人民出版社，2005，第122页。

② 夏长朴：《序》，《四库全书总目发微》，中华书局，2020，第3页。

③ 夏长朴：《〈四库全书总目〉与汉宋之学的关系》，《四库全书总目发微》，中华书局，2020，第211~212页。

④ 夏长朴：《〈四库全书总目〉与汉宋之学的关系》，《四库全书总目发微》，中华书局，2020，第217页。

于，这个时间是什么时候，以及乾隆帝为什么能自觉地采用汉学家的治学方法。陈祖武先生认为，这可以从乾隆五年颁谕提倡读宋儒书、研精理学却未见成效，又发现无论治朱子学的方苞，还是治陆王学的李绂，皆言不顾行，从而对理学失望得见端倪。一方面是理学的不振和对理学诸臣的失望，另一方面是经学稽古之风方兴未艾，二者交互作用，乾隆帝遂专意崇奖经学。①

乾嘉时期的松江府知府王芑孙（1755~1817）的话也颇具启发性。他在《中庸通故自序》里感慨道：

> 义理之学，至程朱极矣。《中庸》其尤粹者。元明用其书取士，士之有立于世，未始不辉然也。用之久，而庸众骛散者出乎其间，或专固而不通于古，或谫陋而弗达于时，其甚者盘辟雅拜以取厌憎，而濂洛关闽之说为世所不乐闻。自近数十年，一二聪明英杰奋然追寻郑许贾孔之说，旁稽湮坠、搜猎残剩，而汉学遂盛行于世。②

从这里可以看到，宋学因为在科举考试中"用之久"而"取厌憎"，这正是汉学得以兴起而与之形成对立之势的大背景。李兆洛（1769~1841）也表示：

> 汉宋纷纭，亦事势相激使然。明代以八股取士，学士低首束缚于《集注》之日久，久则厌而思遁。……汉学兴，于是乎以注攻注，以为得计，其实非为解经，为八股耳。③

清人类似的言论尚不少，现代学者如钱穆、徐复观等早已留意到了。他们从汉学的"出现"或"兴起"的角度来理解清人的这些言论。比如徐复观指出，清代汉学的出现，有两个重大因素，其中一个因素是士人对科举的虚伪知识、陈腐内容有一种深刻的厌恶，因而想在这种虚伪而陈腐的东西以

---

① 陈祖武：《清代学术源流》，北京师范大学出版社，2012，第200~204页。
② （清）王芑孙：《惕甫未定稿》卷二，《续修四库全书》第1480册，上海古籍出版社，2002，第645页下。
③ 李兆洛：《与方东树书》，转引自钱穆《中国近三百年学术史》，商务印书馆，2021，第154页。

外，发现新的研究对象。这便走上了"古学""汉学"的道路。清代汉学之所以能成为风气，缘于科举八股。①

从清人及当代学者的言论可以发现，清代汉学的兴起或许可以用"制度与灵性运动"的关系解释。沃格林（Eric Voegelin）认为，对于创立一种社会制度的社会力量，需要时时注意，使其稳定。任何制度都不可能尽善尽美，总会有些团体与个人不满于此一历史时刻的制度安排，随着时间流逝、环境变迁，新的不满因素也会浮现。若把文明区分为表层和底层两个层面，那么作为公共制度的表层就会受到底层针对制度的反叛运动的冲击。② 如果把官学化以后的理学作为一种制度来看待，可以说理学自宋代以后一直就处于这种维护自身稳定的运动之中。这种制度与灵性运动之间的张力，在明代以后变得更为清晰。

宋儒对"四书""五经"之解释，首由明成祖类聚并以"四书五经大全"及"性理大全"命名，《四书五经大全》《性理大全》遂被作为科举之定本。此后，两种"大全"便供乡试与会试首场四书五经命题之用。清虽承明制，但随着政权的稳定，很快也颁布《性理精义》（1718），以之为正统道德学说之概要，快速从晚明阳明后学泛滥、三教合一的流弊中重新确立了理学的正统地位。事实上，明中期以后阳明学的兴起，很大程度上也是一种底层精神运动对表层制度化的理学的反叛，有关明代科举的研究成果已经显示出，明正德（1506~1521）、嘉靖（1522~1566）以后，科举制义中批判程朱已经是常态。③

① 徐复观：《"清代汉学"衡论》，《中国思想史论集续编》，上海书店出版社，2004，第358页。钱穆：《中国近三百年学术史》，商务印书馆，2021，第154~156页。
② 〔美〕埃里克·沃格林（Eric Voegelin）著，孔新峰译《上帝的子民》，《政治观念史稿·卷四：文艺复兴与宗教改革》，华东师范大学出版社，2018，第172~173页。
③ 方苞对明代四书文的分期及特点概述如下："明人制义，体凡屡变。自洪永至化治百余年中，皆恪遵传注，体会语气，谨守绳墨，尺寸不逾。至正嘉作者，始能以古文为时文，融液经史，使题之义蕴隐曲畅，为明文之极盛。隆万间，兼讲机法，务为灵变，虽巧密有加而体气苶然矣！至启祯诸家，则穷思毕精，务为奇特，包络载籍，刻雕物情，凡胸中所欲言者，皆借题以发。就其善者，可兴可观，光气自不可泯。"（清）方苞：《钦定四书文·凡例》，《景印文渊阁四库全书》第1451册，台湾商务印书馆，1986，第3页。方苞对明代制义的分期可以反映出，至少在明代前期科举制义是严格尊朱注的。实际上，科举独尊程朱后，士子只顾记诵章句、揣摩时文，进而造成了科场上歪曲的文风。因此朝野屡屡有程朱学者匡救时文之弊。参见张献忠《道统与文统——明中后期科举考试中主流意识形态的分化》，《学术研究》（广州）2013年第9期，第98~105页；朱彤、张献忠《成化、弘治年间科举指导思想的衍变——以丘濬的举业思想为中心》，《海南大学学报》（人文社会科学版）2022年第2期，第76~83页。

明末艾南英指出自隆庆二年（1568）担任会试主考官的李春芳在其《论语程义》中首次引用阳明语类后，"科举文字大半剽窃王氏门人之言，阴诋程朱"。[1] 仅就清代的情况而言，经学在乾隆朝获得官方的公开认可的线索，或许可以从清前期五经在科举中地位的上升窥得一二。

清代乡试与会试反映出官学施行之教育。首场考生为文三篇，以四书文句为本，另据五经之一为文四篇。次场根据一段《孝经》写论一篇，并答复判语及诏诰表题。末场考生须对公共政策、历史或经学的五道实际问题作答。表1列出乡试与会试中此类题之安排。自明洪武十七年（1384）起，首场即重四书，轻五经。此外，考生须回答四书之题，但可就五经中择一专经，仅对该经之文句阐论。

表1　清早期（1646~1756）科举试题形式

场次	试题形式		
第一场	四书	3 段	
	五经	4 段	
第二场	论	1 段	
	诏诰表	3 段	
第三场	经史事务策	5 题	

资料来源：《高宗纯皇帝实录》，《清实录》，中华书局，2008。

为了平衡"四书""五经"的地位，顺治二年，清廷举行第一次科举就实行"五经中式"的制度，但因在具体实践中弊病层出，因此在乾隆朝被废除。乾隆二十二年（1757），乡试与会试均有重大改革，首场虽仍考四书中三段文句，但是五经文句被移到第二场，成为第二场核心。[2] 此即体现乾隆帝提倡经学之意。乾隆帝言："今士子论、表、判、策，不过雷同剿说。而阅卷者亦止以书艺为重，即经文已不甚留意。衡文取士谓之何？此甚无谓也。三场试以书艺、经文，足觇素养。继之五策，更可考其抱负之深浅，又何庸连篇累牍为耶。"[3] 此后形成首场"四书"文、二场"五经"文，三场

---

① （明）艾南英：《历科四书程墨选序》，《天傭子集》道光十六年家塾藏本。顾炎武也引述过此话，并认为这件事对其后五十年的文风士习产生了直接影响。（清）顾炎武著，黄汝成集释，栾保群校注《日知录集释》，浙江古籍出版社，2013，第1070页。

② 艾尔曼：《清代科举与经学的关系》，《故宫博物院院刊》1996年第4期，第1~12页。

③ 《高宗纯皇帝实录》卷526，《清实录》第15册，中华书局，2008，第625页。

时务策的基本格局。并且为一改清初以来"五经"文专经中试的弊端，乾隆六十年科举开始，轮试"五经"，使士子不能投机取巧而只钻营一经，须博通"五经"。可以说乾隆朝的科举改革鲜明地体现了乾隆帝重视经史实学之意。① 科举对五经的重视，是官方重视汉学的体现，实际在底层民间，这种重经史的风气产生得更早。

以徽州为例，该地有大量坊间翻刻、传抄的塾师自己编写的蒙学教材，其内容除了有日用百科式的杂字书，如《五刻徽州郡释义经书士民便用通考杂字》还有如《精校音释入门定类启蒙全书》之类的精校音类的启蒙书，其中歙县西乡黄莲坡宗义（大约生活在 17 世纪末至 18 世纪中叶）所作《古歙乡音集证》颇具特点，此书分列 18 个门类（天文、地理、时令、人物、宫室、服饰、器用、饮食、身体、性情、疾病、杂作、草木、禽兽、通用、语声、叠声、谚句），收录歙县西乡方言 929 条，就其历史传承、音转讹变、四方称谓等给予必要的解释。书中引文多达 569 处，征引文献兼涉经史子集。引用最多的是《说文解字》，高达 100 次，其次是《六书故》（37 次）、《尔雅》（31 次）、《正字通》（26 次）。该书已经展现出考证学重视音义、考核经史的特点。

当时徽州应举的读书人，会结社而质以学问。戴震少时与郑牧、张元泮即有这样的经历。他们一起学习明末江西派的时文，即方以详、徐日久、章世纯、艾南英等人之作。他们的时文以经史古文为根柢纠正时风，尊经复古，以实学衡量古文。再者，徽州还古书院、紫阳书院在清代已经被纳入官学体系之中，清初汪星溪、杨瑞、施璜等人廓清讲坛，洗除正嘉以来"致良知"之宗旨，重新以朱子为法。但不久，就又被稽古考证的学者所取代。乾隆十四年（1749），雍正三年（1725）丙午科进士何达善以翰林守徽州，每月邀请名人宿学讲论经义于怀古堂，江永便是座上宾。乾隆十五年（1750）毛奇龄之门人方粲如执教紫阳书院后，大力倡导古文。一时间，是邦尊经好古的风气为之一振。

以上诸多情况，均出现在乾隆帝通过《四库全书》倡导汉学之前，具有汉学特征的时文制义已经在民间有所发展，这并非官方引导的潮流，甚至可

① 杨青华：《乾隆朝制科、科举与乾嘉经史考据学的兴起》，《安徽大学学报》（哲学社会科学版）2022 年第 2 期，第 38~48 页。

以被认为是底层潜流对表层制度的一种反叛。通过乾隆帝即位之初的一系列尊经措施可以看到，儒臣也试图通过科举风向，化约民间重视经史的思潮。如表2所示。

表2　乾隆朝初年的尊经措施

时间	措施
乾隆二年（1737）	江南贡生王文震，以精于《礼记》应召入三《礼》馆供职。
乾隆三年（1738）	乾隆帝颁谕，督促士子"究心经学"。
乾隆四年（1739）	乾隆帝准陕西学政奏，提倡童生习经学。
	乾隆帝准山东学政奏，以"通经致用"奖掖士子。
	乾隆帝准大学士张廷玉等奏，殿试策文，推重经史。
	金坛贡生蒋振生，手书十三经正文，为清廷奖掖，给国子监正职衔。
乾隆九年（1744）	清廷再度提倡科举士子讲求经学。
乾隆十二年（1747）	清廷重刻《十三经注疏》《二十一史》，乾隆帝撰序，号召学人，"笃志研经，敦崇实学"。
乾隆十三年（1748）	乾隆帝策试天下贡士，告诫不可"事词章而略经术"。

资料来源：陈祖武、朱彤窗《乾嘉学术编年》，河北人民出版社，2005。

可以看到，地方学政多次奏请提倡、奖励经学，推重经史，这些行动显示乾隆帝接受民间兴起的汉学，并给予官方的认可。在某种意义上，这也与制度与灵性运动关系中，以程朱理学为内核的科举制度对来自民间的具有汉学特质的运动进行接纳和化约相宜，以避免导致更大的冲突。

结　语

本文在总结前人对汉宋之争研究成果的基础上，尝试以官方对科举的改制、民间的科举习得来解释清中期汉宋学术递嬗与乾隆帝经学思想之间的关系。可以明确的是，清中期的汉宋之争，实当肇始于清初，于雍正、乾隆时期积淀发展，在乾隆帝的"推波助澜"下汉学达到鼎盛，以至于嘉庆、道光年间争议加剧。前贤们研究汉宋之争的发展脉络，着眼于学术史上的名人宿儒，从毛奇龄治经力辟宋人旧说，表彰汉儒说经，到全祖望尊汉儒修经之功、惠栋、戴震扬起汉学之旗帜，再到乾嘉汉学如日中天，乃至盛极而衰。

近年越来越多的学者强调对清代中叶学术的探讨，不能忽视除了"戴、段、钱、王"四大家之外的官方学术态度。这些学者尽管成就傲人，是学界敬仰的典范，但论起在政治、社会中，甚至在学术界的实际影响力，实难与独揽天下大权的乾隆帝相比拟。① 不过研究民间之汉学对帝王的影响还需要更多的案例和材料，以便做详细说明。仅科举一类材料也并不足以完全说明复杂的思想史问题。因此，本文仅挑起一个端绪，以待更深入探索。

---

① 夏长朴：《乾隆皇帝的经学思想及其发展》，《四库全书总目发微》，中华书局，2020，第489页。

"汉宋之争"下朱子学"儒释之辨"的展开

——以夏炘《述朱质疑》为核心的考察

何明阳

（清华大学哲学系）

摘　要：本文聚焦于"汉宋之争"背景下，朱子学在"儒释之辨"议题中的深化与拓展，以清代学者夏炘的《述朱质疑》为核心分析对象。夏炘以考据方法"述朱"，对乾嘉汉学提出批判，捍卫朱子学正统地位。他详细辨析儒释在心性修养工夫及本体论上的根本差异，强调朱子早年"出入佛老"实为格物致知之过程，非受二氏思想影响。夏炘还考证朱子"师人遵道"之说仅为谦辞，对朱子"尽弃异学"的时间进行了详细讨论。本文试图全面展现夏炘在"汉宋之争"中的学术立场及其对朱子学"儒释之辨"的深入思考。

关键词：清代朱子学　夏炘　《述朱质疑》　汉宋之辩　儒释之辩

夏炘（1789~1871），字心伯，清咸同时期儒者，颇显名于当世。① 他早年师从汉学名家，后来改宗程朱，但在音韵、训诂、考据上亦有成就，总体上表现出"兼采汉宋"的特点。其著述涉及朱子学、诗学、礼学多个领域。

---

① 曾国藩称赞其"研经耽道，学有本原"。［（清）曾国藩：《复夏炘》，载《曾国藩全集》，岳麓书社，2012，第729页。］桐城方宗诚以夏炘为"皖以南硕儒"。［（清）方宗诚：《柏堂集后编》，《清代诗文集汇编》编纂委员会编《清代诗文集汇编》第672册，上海古籍出版社，2010，第458页。］《清史列传》称其"《檀弓辨诬》三卷，有功孔子，《述朱质疑》十六卷，有功朱子。《三纲制服尊尊述义》三卷，有所发明"。（《心伯学案》，《清史列传》卷一，中华书局，2008，第6024页。）

《清儒学案》认为夏氏"兼综汉、宋，长《诗》《礼》二经，而尤深于朱子之书。义理训诂，名物制度，《说文》小学，皆能博考精研，深造自得。其所撰著，以辅翼世教为心"①，可谓得其宗旨。

其著述中，讨论最为深入，最能展现其朱子学思想宗旨的，则首推《述朱质疑》一书。所谓"述朱"者，本为祖述朱子之意，黄宗羲用"此亦一述朱，彼亦一述朱"②批评明代姚江之前学者不知反己，只知祖述朱子。而夏炘反用其意，以"述朱"为正途，以考据朱子成学经历为主线，详述朱子进退始末，旁及朱子同时学者，又兼与异学相辩论，全方位地展现了他对于朱子、朱子学的理解。在历史上种种千差万别的"述朱"之学当中，夏炘的朱子学思想也可称为"考据以述朱"的一个典范。

然"考据以述朱"亦非夏炘之专利，而可一直上溯到明代的"朱陆异同之争"中。"考据以述朱"者，前有明人陈建之《学蔀通辨》，后清儒王懋竑《朱子年谱》、朱泽沄《朱子圣学考略》等，均站在朱子学立场上，以考据方法发明朱子学思想。但与他们相比，夏炘"述朱"时的问题意识与论辩对象发生了明显的变化。事实上，在陈、王、朱那里，陆王心学都是主要的论辩对象，"儒释之辨"则用于区分朱陆，确立儒学正宗。而夏炘所处之时，乾嘉汉学在大兴之后仍然呈现笼罩之势，学术转向尚未完成。所以，乾嘉汉学作为宋明理学的新批判者，无疑取代了陆王心学，成为夏炘"述朱"的主要辩论对手。《述朱质疑》也明确讲"金溪、姚江之焰今时已息，而《孟子字义疏证》又复恣其诋毁"③，是夏炘有意识地将论辩矛头指向乾嘉汉学，以此为卫道的首要任务。

不难想见，"汉宋之争"带来的问题意识深刻影响到夏炘思想的各个方面，传统朱子学中的"儒释之辨""朱陆之辨"等问题都被重新审视，并以不同于过去的方式得到表达。他的"述朱"之学，可以说代表了一种思想转向时期的理学形态，或可由此一窥钱穆所论道咸之际宋学转向说的意蕴。④故本文选择从"儒释之辨"入手，围绕《述朱质疑》中的有关讨论，在义

① 徐世昌等编《清儒学案》，中华书局，2008，第6024页。

② （清）黄宗羲：《姚江学案》，载《明儒学案》卷十，中华书局，2008，第178页。

③ （清）夏炘：《与定海王薇香明经论论语后案书》，《述朱质疑》卷十，咸丰二年景紫山房藏本。

④ 钱穆在《近三百年学术史·引论》中就提出："道咸以下，则汉宋兼采之说渐盛，抑且多尊宋贬汉，对乾嘉为平反者。"（钱穆：《中国近三百年学术史》，中华书局，1984，第1页。）

理、考据、考据之意图等不同层次上，对夏炘"述朱"之学的思想特点展开研究。

一 儒释义理之辨

在历史上，"儒释之辨"一直是宋明理学的核心议题。从北宋道学奠基之初在气化宇宙论上的努力，到"天即理""性即理"本体论命题的提出，都以批判佛老虚无哲学观为首要的努力方向。而朱子在吸收消化北宋五子思想基础上构建起庞大的理论体系，更是实现了对于佛老哲学从本体论、宇宙论到认识论、人生论等各个层次的综合批判，并对谢良佐等程门后学及陆九渊心学一派思想掺杂佛老处进行了尖锐的批评。此即朱子之"儒释之辨"思想，亦在后来的朱子学学者那里，展开为朱子学的"儒释义理之辨"。

朱子学的"儒释义理之辨"为夏炘"述朱"中辩儒释的第一个方面。首先在工夫上，他认为程朱之学作为儒学正宗的心性工夫以"敬"为主，包括静时涵养和动时省察。相对的，佛老功夫论的弊病在于对"静坐"的偏好：

> 自达摩入中国之后，佛变为禅，禅之为言静也，以三藏为筌蹄，以面壁静坐、体自空寂为宗旨，儒者靡然成风，种种病窦莫不自寂静而入。①

> 冥心静坐禁绝思虑，久则忽然开明者，浮屠氏之学也。②

按此理解，禅学以"面壁静坐""冥心静坐"为核心工夫，通过静坐平息思虑，在心不起思虑的"空寂"状态中进行体悟，最终在长期的静坐之后达至某种顿悟的神秘体验。同时，言"以三藏为筌蹄"，也隐含对禅学不读书格物的批评。

除偏"静"工夫外，夏炘在评述张栻和湖湘之学时提出："至张南轩栻，又以为先察识而后涵养……其所谓'先察识'者，求免于静之一偏，而专于

---

① （清）夏炘：《朱子以静为本说》（下），《述朱质疑》卷五，咸丰二年景紫山房藏本。

② （清）夏炘：《附录论延平诸说》，《述朱质疑》卷二，咸丰二年景紫山房藏本。

动处求之，近于释氏'明心见性'之旨，而无从容涵泳、极深研几之乐。"①
此处言"动"时"明心见性"，大概指佛教认为日常思维念虑迁流不息，而
在此之上有一超越之永恒"真心"，要从日常一念中逆觉"真心"的法门。
"先察识"之说则讲通过心的运动（用、已发），来认识到在此之上不变的性
之本体（未发）。夏炘认为此说与"明心见性"之说都把运动不止的思维念
虑作为心性工夫的起点和根本，缺乏静中对于心性本体直接的涵泳工夫和深
入体会，有别于程朱。

由此，夏炘对佛老工夫中或偏于静、或偏于动的特点进行了揭示，并批
评了南宋以来儒家所受到佛老思想的影响。他讲"大抵宋南渡以后，儒者之
学或偏于静，或偏于动，多流于异氏之归，差之毫厘，缪以千里"②，实则是
通过"儒释之辨"来确立程朱理学居敬涵养工夫的正宗性。

其次在所见本体上，夏炘认为佛老以"真宰""真空"为本体，可以形
容为"空妙之域""清虚寂灭"。他讲："老释之真宰、真空，指虚无寂灭而
言。程朱所谓理，指真实无妄而言。"③ 也就是说，佛老所见否定了自然和人
事当中具体的规定性，是以"虚无寂灭"为本的思想。与之相对，"理"是
有内容的、真实无妄的"实理"，必须呈现在具体事物当中。在根源上，这
种本体论差别被归结于对于"理-气"的不同认识，在评述朱子丙戌《答罗
参议书》"原来此事与禅家十分相似，所争毫末耳，然此毫末却甚占地位"④
一句时，夏炘讲：

> 云"所争毫末"者，谓一理一气，所争者只此些子耳；云"此毫末
> 甚占地位"者，谓此些子之理占地位甚多，此地位一失，即《大易》所
> 谓差之毫厘，缪以千里也。⑤

---

① （清）夏炘：《汪圣锡先有见于张南轩先察识动静不同说》，《述朱质疑》卷四，咸丰二年
景紫山房藏本。

② （清）夏炘：《汪圣锡先有见于张南轩先察识动静不同说》，《述朱质疑》卷四，咸丰二年
景紫山房藏本。

③ （清）夏炘：《与友人论〈孟子字义疏证〉书》，《述朱质疑》卷十，咸丰二年景紫山房藏本。

④ （宋）朱熹：《与罗参议书》，《晦庵先生朱文公续集》卷五，《朱子全书》第 25 册，上海
古籍出版社、安徽教育出版社，2002，第 4748 页。

⑤ （清）夏炘：《朱子中和旧说约在乙酉丙戌之间考》，《述朱质疑》卷三，咸丰二年景紫山
房藏本。

也就是说，佛老之学没能认识到"气"的变化无端背后有恒常的"理"，因此从这种无常、无规定性出发，推导出一个"虚无"的本体，因此"差之毫厘，谬以千里"。

总体上看，夏炘对义理上的"儒释之辨"的认识基本上还是在复述朱子的见解，这其实意味着义理之"儒释之辨"并不是他推进思想的重心。也就是说，佛老的义理挑战并没有刺激到他朱子学思想的展开，这也符合其论学交友情况和道咸之际的思想环境。

二　儒释考据之辨

朱子与佛老之异同为《述朱质疑》讨论"儒释之辨"的另一个方向，这一论辩与朱子生平学术考据直接相关。而之所以有此异同之辨，根本原因在于朱子早年的确受到过佛老思想影响，他也不曾讳言"出入佛老"之事。因此，后来的朱子学者在研究朱子时，就势必要面对朱子曾"出入佛老"的经历。尤其在"朱陆异同之辨"的"早同晚异"说中，这些出入佛老的经历很大程度上正是"朱陆早同"说的根据——在朱子学者看来，陆学一派是理学中杂禅的典型。

但到了夏炘这里，朱子与佛老之异同就不再只是宋明理学内部"朱陆异同"论的一个部分，还被赋予回应清代汉学的使命。他的问题意识与戴震《孟子字义疏证》有紧密的关系，戴震讲：

> 宋儒出入于老释，【程叔子撰《明道先生行状》云：……吕与叔撰《横渠先生行状》云：……《朱子语类》廖德明《录癸巳所闻》："先生言：二三年前见得此事尚鹘突，为他佛说得相似，近年来方看得分晓。"考朱子慕禅学在十五六时，年二十四，见李愿中，教以看圣贤言语，而其后复入于释氏。至癸巳，年四十四矣。】故杂乎老释之言以为言。①

在戴震看来，程颢、张载、朱子出入佛老的经历见于行状、《朱子语类》，确凿无疑，由此可直接证明宋代儒学均受到了佛老的影响，而非儒学

---

① （清）戴震：《孟子字义疏证》卷上，中华书局，1982，第9页。

正统。而小注认为朱子直到四十四岁才摆脱佛老之学，此种叙述与陈建《学蔀通辨》所论几乎一致。① 毫无疑问，夏炘无法接受这种说法，但在此问题上，他也并未在朱子学义理上反驳戴震，而是试图从事实考据出发，"实事求是"地证明朱子学的儒家正统性。由于要回到"实事"，所以，他的朱子早年成学考，就不仅要应对从程篁墩、王守仁一直到李绂、戴震等朱子学反对者的批评，还必须廓清陈建、王懋竑等朱子学学者在朱子生平考据上不尽如人意的地方。②

（一）"出入佛老"即"格物之功"

具体来看，夏炘首先讨论了如何理解朱子出入佛老经历的问题。他反对戴震等人以此为朱子学杂禅之证明，也反对陈建认为朱子早年"捐书绝学而苦觅心"③ 的观点，甚至不认可王懋竑以朱子早年学禅是"从心地做工夫"、读书与学禅"内外两进"的看法。④ 在《述朱质疑》中，他依据《朱子语类》包扬所录"某旧时亦要无所不学，禅、道、文章、《楚辞》、诗、兵法，事事要学"⑤ 一条，认为：

> 其实考朱子幼年之学，求之最切至者无如《学》、《庸》、《语》、《孟》、程蔡诸书，至于禅道二氏不过与文章、楚词、诗、兵法同在无所

---

① 《学蔀通辨》卷上亦引用了《语类》廖德明所论"先生言二三年前"一条，并认为"言二三年前，正是四十岁前，而今年看得分明，正是四十岁后，尤可证也"。正是认为朱子四十之后才真正摆脱了禅学的影响。[（明）陈建：《学蔀通辨》，《陈建著作两种》，上海古籍出版社，2015，第87页。]

② 夏炘很明确地统计出，正是因为陈建、王懋竑这样的朱子学者未能在考据上揭示朱子真正的成学经历，才导致了后来清儒反对朱子学的种种说法，其在《述朱质疑》中讲："自《通辨》谓朱子四十以前与象山未会而同，于是李临川并有朱子晚年无一不合陆子之论，戴东原遂有老、庄、杨、墨、陆、朱合一之说，未必非《通辨》之言予之以口实也。"见（清）夏炘《与胡琡卿茂才论学蔀通辨及三鱼堂集答秦定叟书书》，《述朱质疑》卷五，咸丰二年景紫山房藏本。

③ （明）陈建：《学蔀通辨》，《陈建著作两种》，上海古籍出版社，2015，第89页。

④ 《年谱考异》认为："朱子少即有志为己之学，其学禅正是从心地做工夫，而于《语》《孟》、经、史，及周、程、张诸家之说，考订贯彻，盖无一日不用其功，内外两进，自幼已然。"这其实已经否定了陈建"捐书绝学而苦觅心"的观点，但也没有彻底否定朱子少时真正从事且在"心地"上有得于佛老之学。[（清）王懋竑：《朱熹年谱》，中华书局，1998，第298页。]

⑤ （宋）黎靖德编《朱子语类》，中华书局，1986，第2620页。

不好之中，究不如理学诸书之笃。①

他认为"出入佛老"与"文章、楚词、诗、兵法"等并无区别，属于"无所不好"一类，而与理学的学习区分开来。既然我们并不会将"文章、楚词、诗、兵法"等当作一种修身、为己的功夫，当佛老之学与上述诸事并列，自然也就不会被当作一种为己功夫了。

在否认"出入佛老"有益于朱子身心修养的基础上，夏炘进一步认为朱子早年"出入佛老"只是一种"格致功夫"，其云：

> 格致之学，自身心性命以至天地之高深、鬼神之幽隐、一草一木之琐细，皆所当格，而况释老之学？溺之者以为空灵元眇，迥出吾儒之上；辟之者以为虚无寂灭，大异吾儒之教。苟不读其书，不究其说，则所谓空灵元眇与夫虚无寂灭者又乌足以知之？②

这里，夏炘引述了《大学或问》对于格物对象的讨论，认为从事格致之学本该无所不格，故佛老之学亦是可格致的对象，同时也是为"辟异端"而不得不格之对象。如果"出入佛老"被理解作格物工夫，那么朱子"读其书""究其说"是"格致之功不遗二氏之学"③，所学、所格的对象属于异端，得到的是对其错误本质（空灵元眇、虚无寂灭）的认识，而非陷溺高明、驰心禅学，真正信奉异端思想。

经由"出入佛老"的格物工夫最终认识到佛道思想的错误本质，被夏炘进一步理解为"辟异端"的前提条件。他提出："使不读其书而徒深斥其学，近于道听途说，不惟无以服释老之心，即返之吾心亦有大不安者，故曰此即朱子格致之功也。"④并且，其在《朱子出入二氏论》中还进一步列举了濂溪、明道、横渠"泛滥佛老"的经历与朱子"不曾看佛书，所以看他不破"⑤的说法，以此证明理学卫道之坚，可以折服释老之心，正是由于对佛

---

① （清）夏炘：《读朱子答汪尚书书第二书》，《述朱质疑》卷一，咸丰二年景紫山房藏本。

② （清）夏炘：《朱子出入二氏论》（上），《述朱质疑》卷一，咸丰二年景紫山房藏本。

③ （清）夏炘：《朱子出入二氏论》（下），《述朱质疑》卷一，咸丰二年景紫山房藏本。

④ （清）夏炘：《朱子出入二氏论》（上），《述朱质疑》卷一，咸丰二年景紫山房藏本。

⑤ （宋）黎靖德编《朱子语类》，中华书局，1986，第2973页。

老之学有足够的了解。他甚至将《论语》"吾尝终日不食，终夜不寝，以思"一句，理解为圣人自述"驰心于空眇之域"的经历。据此，他认为"圣人于异端之学必身亲其地，足履其庭，实知其无益之弊，以求其心之所安"①。在此意义上，朱子之"出入佛老"恰如孔子之"不食不寝"，圣人亦必出入异端之学方能辟之。可以说，正是由于引入了"格致之功"和"辟异端"的讨论，夏炘对理学家之"出入佛老"做出了与戴震截然相反的理解。

（二）"师人遵道"辩

通过对于"格致"和"辟异端"的讨论，夏炘认为"朱子少时之学只是格致功夫"，且是"辟异端"所必要的积累，无所谓受到"佛老之学"影响的问题。不过，这种关于朱子"出入佛老"经历的理解毕竟不能直接成立，否则就会与朱子自述"出入佛老"经历的许多文字直接抵牾，尤其是朱子有明确说"师其人，尊其道"②的时候。

"师人尊道"说原本见于朱子《答王尚书书》（别纸示及），朱子自述"出入佛老"经历云："某于释氏之说，盖尝师其人，尊其道，求之亦切至矣，然未能有得。"③在夏炘之前，王懋竑已经关注到了此封书信，并将之系于癸未。《朱熹年谱》认为其中所述即是朱子"早年进学之序"，并与《答江元适书》《薛士龙书》《陈正己书》《中和旧说序》相互印证。④但夏炘却反对这一观点，认为"师人尊道"只是朱子谦辞，而非纪实之言。他在《读朱子答汪尚书第二书》一文中提出：

> 汪尚书圣锡与吕居仁、张子韶皆从僧宗杲游，又劝焦援登径山见宗杲，其于释氏之学真所谓"师其人，尊其道"也。圣锡长朱子十二岁，不惟缔交延平，兼与韦斋为友，十八岁以进士第一人及第，历官中外已数十年，气节文章为一时之望，朱子以后生晚学与之辩论，势不能不委

① （清）夏炘：《朱子出入二氏论》（下），《述朱质疑》卷一，咸丰二年景紫山房藏本。
② （宋）朱熹：《答汪尚书》（别纸示及），《晦庵先生朱文公文集》，《朱子全书》第21册，上海古籍出版社、安徽教育出版社，2002，第1295页。
③ （宋）朱熹：《答汪尚书》（别纸示及），《晦庵先生朱文公文集》，《朱子全书》第21册，上海古籍出版社、安徽教育出版社，2002，第1295页。
④ （清）王懋竑：《朱熹年谱》，中华书局，1998，第298页。

婉曲折以寓纳约自牖之意，必欲据迹以求之，是刻舟而求剑也。①

通过对汪圣锡生平的考据，夏炘认为汪尚书地位、名望皆盛，且其与李延平、朱松有过交往的经历，因此朱子只能作为"后生晚学"与之对话。但即使辈分如此，由于汪尚书笃信佛老，"与吕居仁、张子韶皆从僧宗杲游，又劝焦援登径山见宗杲"，有"师其人，尊其道"之实，朱子仍要予以劝谏，"势不能不委婉曲折以寓纳约自牖之意"。② 也就是说，"师其人，尊其道"只是朱子委婉进言、施行劝谏的言语策略。

夏炘此种"师人尊道"说的提出，实际目的在于消解前述"出入佛老为格物之功"说与朱子自述间的冲突。但此说极曲折，按照目前的看法，他的说法虽在人情上有一定道理，但其断言朱子无"师人尊道"之实则并无切实的证据，甚至存在直接的反例。陈来先生就对之提出批评云："朱子必不会无中生有，且李侗与罗博文书明言'渠（朱子）初从谦开善处下功夫来'（《年谱》），故'师其人，尊其道'确有其事。"③ 陈来先生的理解显然更为可靠。但考虑到戴震等人基于理学家"出入佛老"之事实对程朱理学提出的激烈批评，夏炘做出这样曲折的解释也是情有可原的。

（三）"尽弃异学"辩

其次，除了如何理解朱子"出入佛老"经历的问题外，夏炘朱子早年成学考中的另一个核心问题在于：朱子究竟何时彻底摆脱佛老影响。在本文的开头，我们其实已经对这一问题的辩论背景进行了讨论，可进一步梳理为：

王守仁和陈建可代表明儒观点之两极。《朱子晚年定论》持"朱陆晚同"之说，此说在朱子学者看来无异于言朱子晚年学禅，陈建即批评说："好事者乃欲移朱子之早年以为晚，是诬朱子终身为禅而不反也。"④

陈建《学蔀通辨》则以朱子四十岁左右为节点，认为朱子在此之前

---

① （清）夏炘：《读朱子答汪尚书书第二书》，《述朱质疑》卷一，咸丰二年景紫山房藏本。
② （清）夏炘：《读朱子答汪尚书书第二书》，《述朱质疑》卷一，咸丰二年景紫山房藏本。
③ 陈来：《朱子哲学研究》，生活·读书·新知三联书店，2010，第34页。
④ 参（明）陈建：《学蔀通辨》，《陈建著作两种》，上海古籍出版社，2015，第89页。

"学务求心"，陷溺于禅学，"驰心二十余年"，至中年才"能觉其非而亟反之"。①

清儒所论，李绂《晚年全论》仍以"朱陆晚同"为说；戴震《字义疏证》则以朱子四十之前出入佛老，与陈建所论相合，但以此批评宋儒无不杂禅；王懋竑《朱子年谱》考据极精详，认为朱子"同安归后，再见延平，尽弃异学"②，系在绍兴三十年庚辰（1160），即朱子三十一岁时。

较之陈建，王懋竑的说法已经大大提前了朱子"尽齐异学"的时间节点，但夏炘并不认同这一论断，因此对于《朱熹年谱》所援引材料逐条提出了异议，兹分述如下。

在王懋竑之前，李、洪本《年谱》均以朱子"年二十四，见延平，洞明道要，顿悟异学之非"，并系"始受学于延平李先生之门"③ 于二十三年癸酉之下。王懋竑则认为赵师夏《延平问答跋》的说法更为可靠：

> 文公幼孤，从屏山刘公问学。及壮，以父执事延平而已。至于论学，盖未之契；而文公每诵其所闻，延平亦莫之许也。文公领簿同安，反复延平之言若有所得，于是尽弃所学而师事焉。④

依跋文所云，则朱子二十四岁初见延平时未有"师事"之事，亦未"尽弃异学"，这两件事同时发生，且均在朱子领簿同安之后。据此，王懋竑否定了旧本《年谱》的癸酉"师事""尽弃异学"说，并根据朱子对李延平的称呼转变⑤，认为朱子庚辰（同安归后）往见延平时方才"尽弃所学而师事焉"。

与此说可相互印证的还有《朱子语类》辅广所录一条：

---

① 参（明）陈建：《学蔀通辨》，《陈建著作两种》，上海古籍出版社，2015，第89页。
② （清）王懋竑：《朱熹年谱》，中华书局，1998，第298页。
③ （清）王懋竑：《朱熹年谱》，中华书局，1998，第293页。
④ （宋）赵师夏：《宋嘉定姑苏刻本〈延平答问跋〉》，载《朱子全书》第13册，上海古籍出版社、安徽教育出版社，2002，第354~355页。
⑤ 王氏论证见《年谱考异》［（清）王懋竑：《朱熹年谱》，中华书局，1998，第292页。］，陈来先生对于王氏似是而非之说已经明确反驳（见陈来《朱子哲学研究》，生活·读书·新知三联书店，2010，第46~47页。），但这一论证并没有特别引起夏炘的注意。

后赴同安任，时年二十四五矣，始见李先生。与他说，李先生只说不是。某却倒疑李先生理会此未得，再三质问。李先生为人简重，却是不甚会说，只教看圣贤言语。某遂将那禅来权倚阁起。意中道，禅亦自在，且将圣人书来读。读来读去，一日复一日，觉得圣贤言语渐渐有味。却回头看释氏之说，渐渐破绽，罅漏百出！①

在《白田草堂存稿》中，王懋竑遂将此条涉及的几个时间节点与赵师夏跋文一一对应起来，他认为：

其云"倒疑李先生理会此未得"者，则癸酉（1153）见李先生之后也。其云"将禅权倚阁起，且将圣人之书来读"，则戊寅（1158）再见之后也。其云"回头看释氏之说，渐渐罅漏百出"者，则庚辰（1160）受学之后也。②

照此理解，朱子"师事延平"并"尽弃异学"是见延平后七年间思想变化的最终结果，其时间节点在绍兴三十年庚辰（1160）。

夏炘并不认可庚辰受学"尽弃异学"之说，他从朱子自述从学延平的时限入手，试图回到《年谱》旧本的说法。所据有朱子《祭延平文》"从游十年，诱掖谆至"③，《挽延平诗》"一言资善诱，十载笑徒劳"④，两例皆言受学延平十年之久，而就延平去世时间（1163）推之，则癸酉受学不为无据。同时，夏炘注意到《延平行状》"某蒙被教育，不为不久"⑤ 的说法，依此对跋文和《年谱》提出批评："若如师夏所跋，则师事者仅五年，如白田所考，则师事者仅三年，可得谓之久乎？"⑥

为进一步论证上述观点，他结合《语类》包扬所录之言对辅广所录之言

① （宋）黎靖德编《朱子语类》，中华书局，1986，第 2620 页。
② （清）王懋竑：《朱子答江元适书薛士龙书考》，《白田杂著》（卷七），清文渊阁四库全书本。
③ （宋）朱熹：《祭延平李先生文》，《晦庵先生朱文公文集》卷八十七，《朱子全书》第 24 册，上海古籍出版社、安徽教育出版社，2002，第 4065 页。
④ （宋）朱熹：《挽延平李先生三首》，《晦庵先生朱文公文集》卷二，《朱子全书》第 20 册，上海古籍出版社、安徽教育出版社，2002，第 308 页。
⑤ （宋）朱熹：《延平行状》，《朱子全书》第 13 册，上海古籍出版社、安徽教育出版社，2002，第 352 页。
⑥ （清）夏炘：《书赵师夏延平答问跋后》，《述朱质疑》卷二，咸丰二年景紫山房藏本。

做出了新的解读：

> 包扬录：旧尝参究后，颇疑其不是。及见李先生之言，初亦信未及，亦且背一壁放，且理会学问看如何。后年岁间渐见其非。①

> 云"倒疑李先生理会此未得"者，疑延平未读释氏之书也；云"只教看圣贤"不语者，不告以释学而告以圣经也；云"遂将那禅来倚阁起"者，当下便受延平之教也；云"意中道，禅亦自在，具将圣贤书来读"者，虽犹有禅之见在，且专意于圣贤之书，以奉延平之训也；云"读来读去，日复一日，圣贤之书渐觉有味"，"释氏之说破绽百出"者，为时未久，年岁间已觉其非也。②

即认为李朱初见之时，朱子虽然对延平之学怀有疑问即所谓"初亦信未及"，但是仍然听从了他的教导，开始"专意于圣贤之书"，但这一过程并没有持续很长时间，按包扬所录"后年岁间渐见其非"，则朱子"尽弃异学"只在癸酉之后一年，即甲戌年内。按夏炘所考，辅广所录一条对应的时间段已从庚辰说的七年压缩到一年，朱子"癸酉甲戌之间已了然于儒释之辨，而无所惑矣"③。且甲戌时朱子在同安任上，因此也符合赵师夏跋"同安官余，以延平之言反复思之，始知其不我欺矣"的说法。

此外，夏炘甲戌"尽弃异学"说的旁证另有朱子《答江元适》"孤陋晚生""出入于释老者十余年"的说法。④ 他认为朱子之"出入佛老"始于十五岁时"在病翁所会一僧"⑤，此后二十四岁见延平，赴同安次年尽弃异学，时二十五岁，恰好十年有余，⑥ 因此可为甲戌"尽弃异学"一证。然此"出入于释老者十余年"的说法，又似与《答薛士龙》"熹窃伏穷山"中"某自

---

① （宋）黎靖德编《朱子语类》，中华书局，1986，第3040页。
② （清）夏炘：《朱子答江元适薛士龙书考》，《述朱质疑》卷一，咸丰二年景紫山房藏本。
③ （清）夏炘：《朱子见延平先生以后学术考》，《述朱质疑》卷二，咸丰二年景紫山房藏本。
④ （宋）朱熹：《答江元适书》，《晦庵先生朱文公文集》卷三十八，《朱子全书》第22册，上海古籍出版社、安徽教育出版社，2002，第1700页。
⑤ （宋）黎靖德编《朱子语类》，中华书局，1986，第2620页。
⑥ 盖此处夏炘是以"十年有余"释"十余年"，以论证其甲戌"尽弃异学"之说。详见（清）夏炘《朱子出入释老十余年考》，《述朱质疑》卷一，咸丰二年景紫山房藏本。

少愚钝，事事不能及人，顾尝侧闻先生君子之余教，粗知有志于学，而求之不得其术。舍近求远，处下窥高，驰心空妙者二十余年"①相冲突。在夏炘之前，陈建以朱子中年"尽弃异学"，系此书于庚寅（时朱子四十一岁）②，明显是以《答薛士龙》所述"先生君子之余教"为延平之教，以"驰心空妙者二十余年"为"出入佛老"之事。而王懋竑则反对这一说法，系《答薛士龙》书于壬辰（时朱子四十三岁），认为所述"二十余年"所指不是泛滥佛老，而是说朱子见延平后二十年内没能领会李延平的学问宗旨。③事实上，《年谱》之说已颇为完备，然夏炘欲迁就其"十余年"说，强辩书中"先生君子"之"生"字、"二十余年"之"二"字均为衍文，遂以"余教"归于朱松（朱子之"先君子"），而计朱子十四岁失怙至二十五岁（甲戌）正好十年有余。因此，夏炘遂认为"答江薛二书相为表里"，均证明了朱子出入释老只有十余年之久，并以"尽弃异学"为甲戌之事。④

总体上看，夏炘的朱子"尽弃异学"考有不小的贡献。事实上，正是赵师夏《延平问答跋》区分"持通家子礼"与"师事延平"，将"尽弃异学"与"师事延平"联系在一起，遂有王懋竑以辅广所录与跋文一一对应之说。夏炘批评云："王氏懋竑遂谓癸酉初见戊寅再见俱未受学，直至庚辰始师事之，皆为此跋所误也。"⑤不为无理。而《述朱质疑》区别"师事延平"与"尽弃异学"两事，分别系在癸酉、甲申，则较王懋竑更为精密。但事实上，"师事延平"其实也未必在"尽弃异学"之先，夏炘彻底否定赵师夏跋文，也持论太过。⑥至断然以《答薛士龙》"生""二"字为衍文，与《答江元适》强行凑泊，以证明甲戌"尽弃异学"的说法，则已涉乎穿凿，恐是结论在先而以考据附会的结果。

---

① （宋）朱熹：《答薛士龙》（熹窃伏穷山），《晦庵先生朱文公文集》卷三十八，《朱子全书》第 22 册，上海古籍出版社，安徽教育出版社，2002，第 1695 页。
② （明）陈建：《学蔀通辨》，《陈建著作二种》，上海古籍出版社，2015，第 86 页。
③ （清）王懋竑：《朱子答江元适书薛士龙书考》，《白田杂著》（卷七），清文渊阁四库全书本。
④ （清）夏炘：《与胡琭卿论白田草堂集著书》，《述朱质疑》卷五，咸丰二年景紫山房藏本。
⑤ （清）夏炘：《跋延平答问》（二条），《述朱质疑》卷七，咸丰二年景紫山房藏本。
⑥ "师事延平"与"尽弃异学"之先后陈来先生已辩之甚详，详见陈来《朱子哲学研究》，生活·读书·新知三联书店，2010，第 45~47 页。

余　论

至此，我们对于《述朱质疑》中涉及"儒释之辨"的义理和考据内容进行了梳理，并着重讨论了"汉宋之争"对其朱子早年成学考产生的影响。总体来看，就对朱子学研究的推进而言，夏炘的考据工作是卓有成效的，钱穆认为"其所获有足正清澜、白田之失者"①不为无理。这种细密的考据工夫以及对于"实事求是""言之有据"的追求，无疑表现了他吸收乾嘉学术方法和精神的一个方面。不过，"实事求是"的追求未必不会与"汉宋之争"中的朱子学立场相冲突。事实上，当夏炘决定以朱子早年成学考来回应戴震的批评时，早已预先把朱子推到了圣人地位上——朱子的一言一行必须纯粹，否则都不足以彻底否定戴震的批评。此时，辩论中的立场压倒了对事实的追求，考据的方法亦失去实证的光环，而沦为辩论的语言，甚至遭到滥用。这在《述朱质疑》中都是有所体现的。同样的问题亦见于义理对考据之意图的迁就，例如夏炘以"格致之功"说赋予朱子"出入佛老"的合理性，但完全没有进一步考虑将"格异端之学"作为工夫所必然带来的效验、限度以及工夫次第的问题，则"格异端之学"的工夫终究难以纳入整个朱子学义理的系统之中，此亦是义理方法之滥用。结合上述两方面的分析，不难看到夏炘朱子学在"自汉返宋"上的不彻底性，这种不彻底性集中体现在他的"儒释之辨"和朱子早年学术考当中。

---

① 钱穆：《清儒学案序》，《中国学术思想史论丛》（八），九州出版社，2011，第 432 页。

"中叶"与"中兴"之际

——19 世纪中国的一个政治逻辑

孙　明

（北京大学政府管理学院、公共治理研究所）

摘　要：基于经学和历史认识，在清人的政治观念中，"中叶"是一个中衰亦可"中兴"的政治发展阶段概念。嘉、道时期的君臣由此反思自省，同、光时代也据以判断王朝气运。从"中叶"到"中兴"，是传统中国政治思想中的内在逻辑，广为时人所接受，"中叶"的积弊也延伸到"中兴"时代，内外挑战共同导致了清朝迎来一末世。这是从内在逻辑理解 19 世纪中国政治发展的一条线索。

关键词：同治中兴　同光中兴

"同治中兴"或"同光中兴"是中国近代史研究中一个常见的阶段指称。芮玛丽认为"同治中兴"是存在的事实："中华帝国在 1870 年后的痛苦历史非但没有证明'所谓的同治中兴从未出现'，反而映衬出中兴十年间的巨大成功。"同时，她将"中兴阶段"置于"朝代循环中"加以讨论，从清朝以及历代中兴不过是暂时延缓"不可避免的衰落过程"这一历史结果判定"中兴的概念是一个晚期繁盛的概念""旧的王朝在有限时间里恢复了它原有的地位"，官员对"中兴"的宣称也不过是"官样文章"。"同治时期是一幕悲剧，在胜利的时刻已经预示了崇高希望和巨大努力的最终失败。该时代的伟大人物在长长的阴影中目睹了胜利，而这便是他们所谓的中兴事业。"① 杨联陞参考了芮玛丽的研究，也表达了同样的"黯淡"之感。张荣华的文章则放大了杨联陞文中已提及的"对朝不保夕的残存局面，宣传家也要号称是中兴"② 这一现象，以隋唐以前的"中兴"之"定义"为严格标准，认为同治朝"中兴"名实不副，从而论"'同治中兴'命名之非"。③凡此都是在"事实"层面讨论晚清的"中兴"是否及以何种状态存在，没有讨论"同治中兴"这个说法所植根的思想和观念逻辑。即便是谀君颂词，亦自有其成立的观念与话语背景。即如前揭张荣华文所指"清人撰曾氏传记的套语不外乎'天生圣相'开'中兴景运'，但曾氏本人何尝以中兴名臣自居"，意在否定曾国藩心中存有"中兴"的企盼或认同，实则曾国藩自述"起兵亦有激而成"时，确曾喟然曰："如捻贼得灭，朝廷中兴，犹为不负此举。不然，何足道耶?"④ 高波对"同治"作为政治话语的意义及其流变的研究，便可增进对其时政治思想与观念之于时局影响的认识。⑤

　　本文的关注重点并非"中兴"之成立，而是如何在 19 世纪从嘉、道到同、光这一个相对长的不乏起伏的时间段中观察体认时人对政治形势与趋势的理解和判断，探问这一判断的思想资源为何，亦即是何种政治思想与观念支撑了 19 世纪中国王朝政治的反思与延续。嘉道时期，形成了一些时局判断的总体性的认识。一个是"积弊"⑥，是对基本政治局面及其原因的判断；另一个是"中叶"，是对所处政治阶段的总体判断。嘉、道时以洪亮吉、龚自珍、魏源为代表的"忧患意识"与"自改革"主张，曾作为近代中国变革思想的前奏而受到关注，但具有政治思想与观念意涵的"中叶"概念尚未引起学界关注。⑦"中叶"是嘉道以降在士大夫的公私政论中常见的词语。它不是一个简单的时间概念，而是一个带有政治观察与时局世风判断意味的政治时

① 〔美〕芮玛丽：《同治中兴：中国保守主义的最后抵抗（1862—1874）》，房德邻等译，中国社会科学出版社，2002。
② 杨联陞：《国史诸朝兴衰刍论》，《国史探微》，新星出版社，2005，第 16~17 页。
③ 张荣华：《"中兴"之义及"同治中兴"命名之非》，澎湃新闻，2020 年 9 月 14 日，http://www.thepaper.cn。
④ 樊昕整理《赵烈文日记》第 3 册，中华书局，2020，第 1508 页。
⑤ 高波：《晚清京师政治中"同治"话语的形成与变异》，《清史研究》2018 年第 4 期。
⑥ 参见孙明《从"法立弊生"到"回归法意"——制度哲学视野下的嘉道"积弊"论说再认识》，《中国哲学史》2020 年第 3 期。
⑦ 参见王聿均《清代中叶士大夫之忧患意识》，《"中研院"近代史研究所集刊》1982 年总第 11 期；朱维铮《导读：晚清的"自改革"与维新梦》，《维新旧梦录：戊戌前百年中国的"自改革"运动》，生活·读书·新知三联书店，2000，第 22 页。

间观念。其时清朝尚未走入历史，何以时人便有"中叶"的判断？是因为士大夫心中存有与时局状况对应的王朝发展阶段定位的思想认识。与定鼎肇造的奋发、末世亡国的凄惶不同，"中叶"传达着一种承平日久、政象渐颓而又存有希望的惶恐、忧郁和激愤。只有将"中叶"和"中兴"合而观之，厘清思想世界里从"中叶"到"中兴"的内在转化机制，才能理解"同治中兴"的共识与张力，接近时人的政治发展阶段论，认知其时政治变革的观念与实践逻辑。

一　清代经学与史学构筑的"中叶"概念

芮玛丽以周宣王为中兴政治史的开端，清人却从殷朝史讲起。光绪元年，陈弢编《同治中兴京外奏议》，在《叙》中，便将同治中兴与殷高宗（武丁）以后中兴相比，写入中兴的历史："粤稽三代以上，中兴令辟，若殷之高宗、周之宣王尚已。迄今读《尚书·说命》诸篇至傅岩爰立、甘盘旧学，恍然见殷宗纳诲之切、念典之勤，用能格皇天而缵汤绪。"穆宗毅皇帝的"中兴事业甄殷陶周，盛矣哉！"①

"中兴"的理解与"中叶"相伴随。从殷朝史讲中叶、中兴，源于《诗》学。《诗》通过对三代政治史的记载与艺术化呈现提供了"中叶"概念的原型，《诗》《易》《尚书》等的经学研究诠释与丰富了"中叶"概念的内涵，使其作为政治思想与观念的意涵比较丰满，汉、唐、宋、明的政治史进一步证明，经学义理也在一定程度上使其在现实镜鉴中调适而凝定，部分意涵相对得到彰显。

"中叶"见诸中国政治史的经典记述，在《诗·商颂·长发》："昔在中叶，有震且业。允也天子，降予卿士。"毛《传》："叶，世也。业，危也。"郑玄《笺》："中世，谓相土也。震犹威也。相土始有征伐之威，以为子孙讨恶之业，汤遵而兴之。信也天命而子之，下予之卿士，谓生贤佐也。《春秋传》曰：'畏君之震，师徒挠败。'"②

毛《传》与郑《笺》共同指向汤之兴起。《长发》通过"大禘"祭礼讲述了殷商兴起的历史，从始祖到成汤已十四世："从比较可靠的历史资料来

① （清）陈弢：《叙》，《同治中兴京外奏议约编》，沈云龙主编《近代中国史料丛刊》（第128册），（台北）文海出版社，1967，第1页。
② 朱杰人、李慧玲整理《毛诗注疏》，上海古籍出版社，2013，第2149页。

看，商人在灭夏以前，早已有了他们的轰轰烈烈的历史，即所谓先公先王的时代。《商颂·长发》：'玄王恒拨，受小国是达，受大国是达……相土烈烈，海外有截。'《史记》等记载里有名字的先公先王共十四世。"① "中叶"是殷商兴起至成汤有天下的政治史的中间部分。这是相对于"初叶"与"末世"的"中"，而非绝对的"中"。殷之事业由始创经此走向大兴，王祚保持了生命力。郑玄《诗谱序》中对周之"中叶"亦有同样的表述："陶唐之末，中叶公刘，亦世修其业，以明民共财。"孔颖达疏："中叶，谓中世。后稷至于大王，公刘居其中。《商颂》云'昔在中叶'，亦谓自契至汤之中也。"② 这个意义上的殷、周"中叶"，都是兴起之阶段。并且，"中叶"之后可以一再兴起，即有所谓"中兴"。如郑玄《商颂谱》所云："（成汤、中宗大戊、高宗武丁）此三王有受命中兴之功，时有作诗颂之者。"孔颖达认为三王都有"殷衰而复兴"的功德："受命，谓成汤也。中兴，谓中宗、高宗也。《商颂》五篇，唯有此三王之诗，故郑历言其功德也。"③

同时，在从"中叶"到"中兴"的政治逻辑上，《传》《笺》实有不同。如孔颖达所揭：

> 毛以为既言成汤伐桀，又上本未兴之时，及得臣之助。云昔在中间之世，谓成汤之前，商为诸侯之国，有震惧而且危怖矣。至于成汤，乃有圣德。信实也，上天子而爱之，下大贤之人予之，使为卿士。④

> 郑以为昔在中世，谓相土之时，有征伐之威，且为子孙讨恶之业，故成汤亦遵用其道，皇天子而爱之。⑤

表现为对"有震且业"之"震""业"的训诂不同：

> 《传》以业为危，则汤未兴之前，国弱而危惧也。《笺》易之者，以

---

① 张光直：《中国青铜时代》，联经出版公司，2021，第34页。
② 朱杰人、李慧玲整理《毛诗注疏》，第4页。
③ 朱杰人、李慧玲整理《毛诗注疏》，第2107页。
④ 朱杰人、李慧玲整理《毛诗注疏》，第2150页。
⑤ 朱杰人、李慧玲整理《毛诗注疏》，第2150页。

此篇上述玄王、相土，言至汤而齐于天心。则是自契以来，作渐盛之势，不应于此方言上世衰弱，故易《传》也。以上言相土烈烈，威服海外，是相土有征伐之威，为子孙讨恶之业也。所引《春秋传》者，成二年《左传》文。引之者，证震得为威之义。①

《传》《笺》之异，在于如何看殷代政治的发展脉络，"中叶"是衰而待兴之阶段，还是向"渐盛"之阶段，这是两种"中叶观"。

后世以至清代的经学中，对于"叶"为"世"义，并无疑议，汤或其前后之君王身值殷自契以降之王朝"中世"，故有"中叶"之说。不同的理解在于"有震且业"。从毛《传》与郑《笺》中引出不同的解释，而非毛诗与三家诗或古文、今文之异。② 如何解释"中叶"在殷商政治发展史中的具体状态和阶段意涵，成为《诗》学中颇具政治思想意涵的一个聚讼之点。本文只讨论清代经学中的表现。

"此谓殷中衰时。"③ 第一种理解宗毛《传》，强调商之"中叶"是殷自身陷入中衰的政治状态。虽然对中叶的具体时间归属有不同理解，但历史结果都是衰而复兴，指向汤及"三宗迭兴"④。

一说以中叶在汤之前，意谓中叶是汤前衰弱时期。严虞惇采信毛《传》对汤之"中叶"的解释，以孔疏为据："孔疏昔在中间之世，成汤之前，商国尝震动而危怖矣，至于成汤，乃有圣德，信也上天子而爱之。"⑤ 陈奂疏云："震，动也。业犹业业。《云汉》传：'业业，危也。'义与此同。"据"汤以七十里"这一经史习说推断此前中衰：

中世，汤之前世也。《殷武》正义云："《孟子》云：'汤以七十里。'契为上公，当为大国，过百里。汤之前世，有君衰弱，土地减削，

---

① 朱杰人、李慧玲整理《毛诗注疏》，第 2150 页。

② 这从王先谦《诗三家义集疏》中，集《毛诗传笺》与陈奂《诗毛氏传疏》之义疏《长发》，而无他义，可见一斑。（吴格点校《诗三家义集疏》，中华书局，1987，第 1115 页）

③ （清）刘始兴：《诗益》卷8，《续修四库全书》（第 63 册），上海古籍出版社，2002，第 164 页。

④ （宋）朱熹：《诗集传》卷 20，中华书局，2011，第 324 页。

⑤ （清）严虞惇：《读诗质疑》卷 31，《景印文渊阁四库全书》（第 87 册），台湾商务印书馆，1986，第 703 页。

故至于汤时止有七十里耳。"案：此即中世震危之义也。①

胡承珙《毛诗后笺》与陈奂《诗毛氏传疏》同为舍郑《笺》而疏毛《传》的宗毛注疏，《商颂》系由陈奂续补，故引陈奂之作，并强调："《笺》异义。"② 林伯桐则从作诗之手法否定郑《笺》：

> 《传》曰：业，危也。谓汤之前，商犹为诸侯，中间有震惧而且危急之时也。允也天子以下，乃言汤之兴也。《笺》云相土始有征伐之威，以为子孙讨恶之业，汤遵而兴之。郑以中叶指相土，以震为威，以业为功业。既与毛异，且不见诗人抑扬之精神矣。③

因为有"相土烈烈，海外有截"的兴盛在前，此说中，多具体以相土与汤之间为"中叶"衰落阶段。贺贻孙《诗触》："震，惧也。业，危也。谓相土之后，成汤之先，中衰之世。当国家震业之际，而汤以圣敬日跻，允为兴王之天子。"④ 朱鹤龄也认为："中叶，谓相土以后、汤未兴之前。"从殷史故事，更具体地推断为上甲微复国前后：

> 业，危也。何楷曰：《竹书》夏帝泄十二年，殷侯子亥宾于有易，有易杀而放之。至十六年，其子上甲微伐有易，杀其君绵臣，此汤之先世尝中衰之一证。不然何仅以七十里兴乎？⑤

钱澄之承朱熹《诗集传》之说："业，危也。朱注：'承上文而言，昔在，则前乎此矣。岂谓汤之前代中衰时与？'按：殷侯振为有易所杀，上甲微复国未久，复返商丘，皆'震且业'也。不然，何至汤仅有七十里乎？"⑥

---

① 滕志贤整理《诗毛氏传疏》卷30，凤凰出版社，2018，第1127页。

② （清）胡承珙：《毛诗后笺》卷30，（清）王先谦编《清经解续编》卷477，《清经解·清经解续编》（第9册），上海书店出版社，2014，第1116页。

③ （清）林伯桐：《毛诗通考》卷30，《续修四库全书》（第68册），第330~331页。

④ （清）贺贻孙：《诗触》卷6，《续修四库全书》（第61册），第698页。

⑤ （清）朱鹤龄：《诗经通义》卷12，《景印文渊阁四库全书》（第85册），台湾商务印书馆，1986，第324页。

⑥ 朱一清校点《田间诗学》，黄山书社，2005，第982页。

顾镇认为，圣君不作是相土与汤之间"中衰"之要义。"述自契至汤，而末云'昔在中叶'，《集传》谓汤之前代中衰时是也。"此"中衰"及孔疏所云之"昔在中间之世，成汤之前，商国尝震动而危悚"，皆在于无贤圣之君：

> 商自相土后，惟《祭法》称冥勤其官而水死，《鲁语》称上甲微能师契，而皆不歌于诗。上甲微后又六世而至汤，皆无闻焉。其为中衰震业，事所应有。不然以海外有截之规模，何至汤而以七十里起耶？①

另一说，以汤后之太甲一朝为"中叶"所指，太甲不守汤之典范而中衰，伊尹匡之复兴。杨椿认为："《长发》卒章之'中叶'盖言太甲其惓惓于阿衡。"② 胡文英详论太甲为此中衰时期："中叶，太甲也。有震且业，颠覆汤之典型，势动摇也。允信也天子，汤也。降，贻留也。"③ 太宗太甲曾废弃汤之德业，汤之遗臣伊尹匡正之，殷室中兴。崔述也以太甲为中叶："夫曰'中叶'，即太甲世也；曰'有震且业'，即太甲居桐宫事也。"④ 郝懿行笺释"昔在中叶"一句："君奭云'在太甲时，则有若保衡'，是也。言昔在中世，有震动危惧，谓嗣王颠覆典刑也。及祖桐悔过，信也天子之尊，降下其礼以予卿士，尊为阿衡，实左右辅导商王，故今禘祭配享焉。伊尹先相汤，不言者，文省尔。"⑤

这就将"中叶"嵌入汤以后"贤圣之君六七作"，特别是太宗、中宗与高宗"三宗迭兴"的不断"中兴"的殷朝史。沿此逻辑，亦有以盘庚没后、高宗武丁之前为中叶之论，"盖商自中叶衰微，戎狄交侵，荆楚之梗化尤甚，高宗奋伐有截，勋莫隆焉"。将傅说之相业比于伊尹。⑥

第二种理解将商之中叶与夏之季世置于一局，"震""业"的危惧意涵从

---

① （清）顾镇：《虞东学诗》卷12，《景印文渊阁四库全书》（第89册），第769页。
② （清）杨椿：《商颂论一》，《孟邻堂文钞》卷8，《清代诗文集汇编》（第238册），上海古籍出版社，2010，第103页。
③ 胡文英：《诗经逢原》卷10，《四库未收书辑刊》（第2辑第6册），北京出版社，2000，第577页。
④ （清）崔述：《商考信录》卷1，顾颉刚编订《崔东壁遗书》（上册），上海古籍出版社，2013，第144页。
⑤ （清）郝懿行：《诗问》卷7，《郝懿行集》（第1册），齐鲁书社，2010，第947页。
⑥ （清）马骕：《绎史》卷17，《景印文渊阁四库全书》（第365册），第206页。

而指向夏桀的暴政与末路。与毛《传》之强调殷自身政治中衰不同，殷虽作为此暴政的对象而危惧，但重在讨恶伐暴而有天下。

此说以汤为中叶，中叶之危机来自作为中央王朝的夏的暴政威胁，汤从此威胁中兴起而有天下。"'中叶'指商，言汤未更天命时。'震、业'不是中衰，乃桀行暴虐，虑身及不免危惧。'允也'句是天深信汤不是夏臣确，是天以此与一良佐。"① 陆奎勋《陆堂诗学》、姜炳璋《诗序补义》皆持此说，如陆氏所言："'昔在中叶'，继契而言，则汤为中叶矣；'有震且业'，即《㐉诰》之'小大战战，罔不惧于非辜'。"②

李光地认为此句"备言汤与伊尹伐暴救民之功。中叶，夏之季世也"③。姚鼐将相土得而复失、殷之中叶衰弱置于与夏竞争的格局中："商自相土已取夏王畿地，惟所迁徙，及其中叶有震且业，相土之地削焉。未知夏复取之与？抑据于他诸侯与？然汤以七十里起，卒奄有禹畿而居之。"并认为这与夏灭唐虞的历史规律一致："夫陶唐有虞之国在河东，逮夏中世，而唐虞皆丧国。"④ 于殷之"中叶"而论"夏中世"，可见其以为"中叶"不仅"有震且业"，更是重要的兴起阶段，毕竟汤也处于契以降整个殷室基业的"中世"。

顾栋高综合了两种解释："苏《传》曰：自契至汤，中间盖有微弱震动之忧。陆平湖曰：中叶即汤也，继契而言则汤为中叶矣，'有震且业'即《㐉诰》之'大小战战，罔不惧于非辜'也。"认为皆归于汤之受命开国：

> 开商基业者契，而开兴王之基者相土也。……"汤降不迟"，郑氏训"降"为降下之降，谓汤之下士尊贤甚疾，迂拙可笑，不知后来何故诸家俱从之。朱子训作"应期而降，适当其时"，正上文所谓"汤齐"也。严氏谓"王业至此而成，天命至此而集，所谓天人适相符合也"⑤。

纯以郑《笺》为宗，认为"震""业"乃"威""大"的兴盛之义者并

① （清）查继佐：《敬修堂讲录》，《续修四库全书》（第172册），第20页。
② （清）陆奎勋：《陆堂诗学》卷12，《续修四库全书》（第62册），第393页。
③ （清）李光地：《诗所》卷8，《榕村全书》（第2册），福建人民出版社，2013，第432页。
④ （清）姚鼐：《尚书说二·汤誓说》，《惜抱轩九经说》卷4，《续修四库全书》（第172册），第620页。
⑤ （清）顾栋高：《毛诗订诂》卷8，《四库未收书辑刊》（第1辑第4册），第775页。

不多。典型如马瑞辰调和《传》《笺》："承上言之，则中叶宜指汤时。盖自殷有天下言，则汤为开创之君；自玄王立国言，则汤为中叶矣。《笺》以中叶指相土言，失之。"但从郑《笺》之义，强调"中叶"的武功威大：

> "有震且业。"《传》："业，危也。"《笺》："震，犹威也。相土始有征伐之威，以为子孙讨恶之业。"瑞辰按：以中叶指汤言，"震"亦可从《笺》训"威"。至《笺》以业为"子孙讨恶之业"，则非。《尔雅释诂》："业，大也。""有震且业"即言其有威且大耳。①

虽然在具体的经学研究中存在若干分歧，但从其大端来看，从中叶到中兴的政治逻辑是交集。"中叶"从殷商史乃至殷周史中抽象出来，泛指王朝中衰之时："国有震且业，中叶时见。"② 同时，中叶并非季世、末世，是蕴涵着中兴的可能的。中兴与中叶可以说是一体的，这是古代中国关于政治发展周期的一个重要思想。《传》《笺》的共同点是指出殷、周长时期的兴盛，中叶是这个过程中的一个阶段。李黼平《毛诗紬义》引"中叶衰而上甲微复兴，故殷人报焉"，但意在强调殷"其德浸大，至于汤而当天心"的经说，从相土至汤的发展过程中，冥、上甲微皆是"能渐大"的例证。③ 姜炳璋于殷高宗有"中兴功高""正中兴之本""是中兴之盛"等语。④ 商汤及三宗中兴（"迭兴"），都属于"其德浸大、渐大"的基业发达过程。周代"中叶公刘"的表述亦将中叶置于兴起的路线上。沿此思路，姚鼐笔下，"当秦之中叶，孝公即位，得商鞅任之"，亦秦富强数世之论。⑤

理解"中叶"概念的另一进路是历史，从历史中总结政治发展规律。清初以降，士林与庙堂对亡明的政治教训进行了比较充分的反思，"中叶"是其中的关键词。在总结胜朝历史教训的语境中，"中叶"完全地负面化了，单向地成为末世的通道。顾炎武咏山海关，对比国初与中叶政治气象之别：

---

① （清）马瑞辰：《毛诗传笺通释》卷32，陈金生点校，中华书局，1989，第1182页。

② （清）严首昇：《书刘某卷》，《濑园诗文集》卷14，顺治十四年刻增修本，第8页。

③ （清）李黼平：《毛诗紬义》，（清）阮元编《清经解》卷1354，《清经解·清经解续编》（第7册），第662页。

④ （清）姜炳璋：《诗序补义》卷24，《景印文渊阁四库全书》（第89册），第368页。

⑤ （清）姚鼐：《李斯论》，《惜抱轩诗文集》，刘季高标校，上海古籍出版社，1992，第5页。

"缅思开创初,设险制东索。中叶狃康娱,小有干王略。"① 这种判断日益巩固,王鸣盛亦感慨:"始知明中叶,秕政日以滋。"② 赵翼阅《明史》,以诗状写了中叶的另一番残酷景象:"累朝中叶有诛锄,天为人多要汰除。孙万斩来尘满野,刘千斤起血流渠。疮深诸老犹言癣,箧后残黎转忆梳。也是阎浮提一劫,纵横白骨莽郊墟。"③ "中叶"成为政治衰颓的时间阶段代名词,中叶衰颓表现在各个方面。

中叶问题聚焦在政风与吏治上。彭维新认为:"胜国中叶,文恬武嬉,几于官不事事。"④《明史·循吏传序》对比国初,总结中叶的吏治衰败,相关言论也被赵翼写入《廿二史札记》:

> 《循吏传序》云,洪武以来,吏治澄清者百余年,当英宗、武宗之际,内外多故,而民心无土崩之虞,由吏鲜贪残故也。嘉、隆以后,吏部考察之法徒为具文,而人皆不自顾惜,抚按之权太重,举劾惟贿是视,而人皆贪墨以奉上司,于是吏治日偷,民生日蹙,而国亦遂以亡矣。后人徒见中叶以来,官方隳裂,吏治窳敝,动谓衰朝秕政,而岂知其先崇尚循良,小廉大法,几有两汉之遗风,且驾唐、宋而上哉。⑤

史家于是感慨:"明中叶以后,士大夫趋权附势,久已相习成风,黠者献媚,次亦迫于避祸,而不敢独立崖岸,此亦可以观风会也。"⑥ 显著者,如朋党,君主与君子、小人困入一局:

> 朋党之说,盖中叶以后,主威微替,士习渐乖,举措失中,公论湮郁。于是,贤人君子各从其类,相为引重,期于翼正直、扶纲维;小人

---

① (清)顾炎武:《山海关》,《顾亭林诗文集》,中华书局,1983,第339页。

② (清)王鸣盛:《游万泉庄》,《西沚居士集》卷4,《嘉定王鸣盛全集》(第11册),中华书局,2010,第57页。

③ (清)赵翼:《阅明史有感于流贼事》,《瓯北集》卷39,上海古籍出版社,1997,第928页。

④ (清)彭维新:《廖东雩先生三关志序》,《墨香阁文集》卷2,《清代诗文集汇编》(第798册),第475页。

⑤ (清)赵翼著,王树民校证《廿二史札记校证》(订补本)卷33,中华书局,1984,第760页。

⑥ (清)赵翼著,王树民校证《廿二史札记校证》(订补本)卷35,第803页。

不悦，遂指为党。原其初起，尚微探主心，不敢树敌，亡何人主不察，遽以为附下罔上，臣之大患，一切过为之防，而防闲小人之心反缘此多渗漏焉。①

制度积弊于中叶显现，民生因赋役而困顿。任源祥认为明代赋役制度积弊亦自中叶始："明初编审税粮，则以地为经、丁为纬；编审银力差徭，则以丁为经、地为纬，二者相为经纬，法至善也。但银差、力差有数，杂汛差无数，中叶以降，官吏得以上下其手，而供亿无艾，里长率至破家。"② 顾炎武深感明中叶的贡赋积弊有甚于往代："使陆贽、白居易、李翱之流而生今日，其咨嗟太息，必有甚于唐之中叶者矣。"③ 钱大昕认为赋役问题消耗了气运："（明）中叶以降，民疲于供应，元气日以耗矣。"④

对人才以及文风、学风的反思更具整体性。吏治与官场风气相鼓荡，影响人才进退与名节："中叶风厉道寖衰，莫将行谊当朝荐。"⑤ 魏禧论明代选官，从"三途并用""不专以科目取士，故得人为盛"，痛感："中叶以来，至于末造，士非科目不进。科举之文，益迂疏浮滥不足用，伪人并售，祸及国家。"⑥ 俞长城梳理了神宗时朝政与程墨俱衰的发展史。结论是"穆、神二宗，有明之中叶也，其于文也亦然"。为文"法备而色丽"，正是盛极而衰、文胜于质的中叶之态："夫法备则所朴为巧，色丽则变质为华，盛极而衰，固其势也。"这是对政治、世势的反映："岂文运为之欤？抑别有致之者耶？"⑦ 学风大坏，尤为人心风俗的深层次基础问题："明之中叶，喜新立论，诋讥前儒，渐趋诡僻，士习由是多歧。"从此反程朱理学而通往末世衰变："说者谓其端肇于南宋之季，朱子彼时曾痛切言之，谓此事实关世变。明之

① （清）胡承诺：《绎志》卷7《朋党篇第二十一》，商务印书馆，1936，第125页。
② （清）任源祥：《问条编征收之法》，贺长龄辑《清朝经世文编》卷29，《清朝经世文正续编》（第1册），广陵书社，2011，第296页。
③ （清）顾炎武：《钱粮论下》，《顾亭林诗文集》，第20页。
④ （清）钱大昕：《凤阳县志序》，《潜研堂文集》卷24，《嘉定钱大昕全集》（第9册），江苏古籍出版社，1997，第392页。
⑤ （清）李光地：《王孝子诗》，《榕村全集》卷36，《榕村全书》（第9册），第332页。
⑥ （清）魏禧：《洪武四年会试录记》，《魏叔子文集》，中华书局，2003，第757页。
⑦ （清）俞长城：《先正程墨中集小引》，《俞宁世文集》卷4，《四库未收书辑刊》（第9辑第21册），第99页。

末造，得无类是乎？"① 章学诚认为"明中叶人"的风气是"不读书而好奇"，对于明人书中断本朝史自嘉靖二十九年为"中兴"，认为"实亦不得其解"。② 钱大昕认为"自明中叶，古文之法不讲，题衔多以意更易，由是学士大夫之著述，转不若吏胥文移之可信"③。

在清初君臣由"前代之是非，往事之成败"总结"邦国兴替之由"时，"明朝兴亡本末"尤其具有重要的"法戒"意义。对比"国之兴也，创业开基之君"与"其亡也，必末季之主"，认为崇祯帝失天下"非末世亡国之君可同日而语"，但"仁明锐治之主不幸而丁中叶陵替之后，起弊扶衰，万难措手"，关键正在于"中叶"。④

对明中叶的反思成为清人的常见话题，表征明中叶风俗衰颓的鬼神祭祀之事也常见于清人记述之中。王会汾写《上方山诗》述明中叶兴起之原因："或云洪武初，祸师亲醮祷。血食许恣窃，謷说久相剿。得非中叶后，士气竞嫖姚。政颇苛慝作，人馁淫昏饱。"明中叶的淫颓气象由此生动可见。⑤ 乾隆时人罗有高则从"明中叶有袁子者作《立命说》"讲起，认为"世之悖天地、鬼神也久矣。明之中叶，纪纲紊、政刑弛，国法不足为威劝，而有人焉，取威劝于天，取威劝于鬼神，其有省身涤恶之意矣"⑥。与兴淫祠的逻辑相似，都是中叶之人应对世势颓风的举措。实则怪力乱神的应对之道本身也是"中叶"的一部分，清朝的善治振刷了明中叶风俗，但融入社会生活、转化为通俗信仰与仪式的"中叶"留在了历史记忆之中。

殷、周、汉自中叶而中兴的逻辑仍常见于历史论说，并形诸歌咏。殷有六七贤圣之君，"大戊兴中叶，盘庚续盛年"。⑦ "周室龙飞孟津水，丰镐谟

① （清）李清馥：《闽中理学渊源考》卷47，凤凰出版社，2011，第559页。
② （清）章学诚：《书滦志后》，《文史通义校注》卷10，《章学诚遗书》，文物出版社，1985，第133页。
③ （清）钱大昕：《与友人书》，《潜研堂文集》卷33，《嘉定钱大昕全集》（第9册），第578页。
④ （清）金之俊：《明崇祯帝陵碑》，《清朝文献通考》卷120《群庙考二》，商务印书馆，1936，第5894页。
⑤ （清）王会汾：《上方山诗》，张应昌编《清诗铎》卷24，中华书局，2022，第884页。
⑥ （清）罗有高：《书〈立命说〉辩后》，（清）贺长龄辑《清朝经世文编》卷4，《清朝经世文正续编》（第1册），第48页。
⑦ （清）桑调元：《殷六七贤圣君故都》，《弢甫集》之《弢甫五岳集恒山集》卷2，《清代诗文集汇编》（第277册），第657页。

烈恢弘纲。中叶声灵振先绪，宣王玉帛朝明堂。"① "煌煌汉中叶，英明启宣帝。"② "赤帝中叶震且业，侯王厥角炎微茫。英英光武起白水，瓦飞潢溢鏖昆阳。"③ 袁学谟咏东汉严光事迹："逐鹿中兴帝汉东，潜龙在下定雌雄。" "中叶龙飞位正东，凭凌帝座客星雄。"④ 王夫之还在论南唐的正统性时，以中叶而中兴为合"道"，与"理势之固然"相比较："揆之以道，则固不然。若使天下而为李氏所固有，则先祖所授，中叶而失之，因可收复之机，乘之以完故土，虽劳民以求得，弗能恤也，世守重也。非然，则争天下而殄瘁其民，仁人之所恶矣。"⑤

但是，明史的反思在清代得到续，受明代"中叶"教训的影响，反思更多的是对历代"中叶"衰颓及其与败亡关系的总结，这成为政治思想与历史镜鉴的常见议题。王夫之对比唐、宋之中叶君臣："唐之中叶，祸乱屡作，而武、宣之世，犹自振起，御外侮，修内政，有可兴之几焉。宋则南渡以后，孝宗欲有为而不克，嗣是日羸日荼，以抵于亡。非其主之狂惑如唐僖、懿比也，唯其当国大臣擅执魁柄者，以奸相倾而还以相嗣。"⑥ 清初，李世熊论租庸调法之"必弊"，其时便在中叶："故亩整齐画一百年无改，虽造化不能，此法之必弊者也。于是中叶以后，丁口转死，田亩换易，贫富升降，向所输庸调者皆无田之人矣。"⑦ 孔广森认为元武宗"不幸中叶震业，大宝陆沉"。⑧ 更多地被界定为"周之中叶"的是衰落的东周而非崛起的公刘。李塨认为："周之中叶近二百年，苟安虚名于上者，皆桓、文之功也。"⑨ 胡承诺论"赏功之典难于允当，而中叶以后，此事尤难"，认为中叶朝局难有作为："二《雅》所载方叔、召虎皆中叶功臣。圣人独举以垂训，盖深知其难

① （清）张廷瓒：《石鼓歌》，《传恭堂诗集》卷5，《四库未收书辑刊》（第7辑第29册），第100页。

② （清）王士祯：《分赋得魏相赠环溪先生》，《带经堂集》卷32《渔洋续诗十》，《清代诗文集汇编》（第134册），第236页。

③ （清）任启运：《清芬楼遗稿》卷2，嘉庆二十二年刻本，第90页。

④ （清）袁学谟：《富春怀古十六律》，《居易堂浙中新集》卷1，《清代诗文集汇编》（第224册），第304页。

⑤ （清）王夫之：《读通鉴论》卷30，中华书局，2013，第939页。

⑥ （清）王夫之：《宋论》卷13，中华书局，1964，第235页。

⑦ （清）李世熊：《田亩》，《寒支集》初集卷4，《清代诗文集汇编》（第17册），第591页。

⑧ （清）孔广森：《元武宗论》，《骈俪文》卷3，《清代诗文集汇编》（第431册），第207页。

⑨ （清）李塨：《春秋传注》卷2，《李塨集》（上册），人民出版社，2014，第538页。

也。中叶之时,人主行陈未亲,大臣意见多歧,中朝沮抑实繁,幕府夸张太甚,有此四弊,故书勋最难。"① 礼意亦于中叶失落。"礼者,社稷之基,治安之本,晏子对景公是也。中叶之君亡礼于微,害成于著;亡礼于身,害结于后嗣。至其一旦,固不可救矣。"② "周之中叶,朝觐礼废,论者谓礼教不明,上下之等不肃,冠履皆易位矣;刑罚不一,轻重出入行私,民生日狭隘矣;道德不同,言伪行辟得志,人心皆陷溺矣。亲民之官不近天子之光,险诐淫放潜滋默长渐不可芟治,皆由觐礼废也。"③

基于既往历史经验,抽绎出一般的政治规律,但实有明朝教训的影子。王夫之总结道:"制之有法而慎于始,且不能持于其后,祖宗之法,未可恃也。中叶之主能不惑者,未见其人也,天下所以鲜有道之长也。"④ 顾炎武发现:"自古国家中叶,多有妖人阑入宫禁之事,固气运之疵,亦是法纪废弛所致。"⑤ 孙光祀对比国政之"初晚",对中叶积弊而易养安、难改革的阐述更为具体形象:

> 古名哲良佐,裴迪匡时,初晚殊遭,风裁各著。然中叶之余,易于养安。凡因革损益诸大政,兼总条贯,规模毕具。保治者重于变法,而建议者亦重于立言。第使标持雅节,无动为大,已足以扬鸿声、敦茂寔,庙堂之间雍雍而已。惟是时当肇造,百务俱兴,宿弊犹存,新猷未备,必借洞观今古之识,深思卓计,为国家创业垂统之谋。故从来开辟之主立于上,而一时之贤人君子皆得感风云之遇,各携所长以自表见。经始之际,修举为多,天纵之资,听闻斯异。夫是以响答互发,謇谔相先,当代有可记之书,后世有必传之论也。⑥

在规律性认识中,清人亦于对《易》《尚书》等经典的研究中,借助关

---

① (清) 胡承诺:《绎志》卷7《功载篇第十八》,第117页。
② (清) 胡承诺:《绎志》卷18《广征篇第六十》,第378页。
③ (清) 胡承诺:《绎志》卷16《兼采篇第五十八》,第333页。
④ (清) 王夫之:《读通鉴论》卷14,第385页。
⑤ (清) 顾炎武著,(清) 黄汝成集释《日知录集释》卷30《妖人阑入宫禁》,上海古籍出版社,2006,第1686页。
⑥ (清) 孙光祀:《任海眉馆卿奏议序》,《胆馀轩集》,《清代诗文集汇编》(第49册),第325页。

于政治生命力、变化等方面的思想深化对"中叶"政治状态的哲学思考。

对于"六二，黄离，元吉"，王夫之认为，"'元吉'，吉于始也。水之相承，源险而流平。火之相继，始盛而终烬。故坎道盛于五，离道盛于二。人之有明，待后念之觉者；牿亡之余，仅存之夜气，终不可恃也"。这与人离天道日远、"私意"日盛的发展大势有关："若昭质之未亏者，一念初发，中道灿然于中，自能虚以受天下之善，而不蔽于固陋；殆其已知，更求察焉，则感于情伪而利害生、私意起，其所明者非其明矣。故愚尝有言：庸人后念贤于前念，君子初几明于后几。"虽然"天理在人心之中，一丽乎正，而天下之大美全体存焉"，但此"天理"难明，人间治理亦难以长盛不衰：

> 其在治天下之理，则开创之始，天子居中而丽乎刚明之贤，以尽其才，则政教修明而中和建极。若中叶以后，更求明焉，虽虚己任贤，论治极详，且有如宋神宗之只以召乱者。①

返本重始，才是此卦之真义："此六二之吉，所为吉以元也。占者得此，当以始念之虚明为正。"② 但并没有指出克服"中叶"的明路。

萧光远作《周易属辞》，以阴阳盛衰消息解释上古以迄三代之变迁，特别是殷周鼎革之事，以"中叶"指殷商之盛极而衰，而非成汤大兴之势：

> 天地生物，阳气自下而上，极乎上而又反乎下，循环不已。自古帝王之兴，如《系传》所称伏羲、神农、黄帝、尧、舜皆自下而起，汤武革命亦然。如汤由侯而王，贤圣六七作，此商家阳德方亨之时也。中叶以后，阳气渐极乎上，而太王、王季、文王又培周家八百年之元气。故屯必以初为主爻而后合卦之名义。③

历史反思与哲学总结，亦是为了寻找"中叶"的应对之道。"中叶"的困境感虽然在胜朝教训的背景下加重，但既有"中兴"的历史经验与政治思想在前，从"中叶"而"中兴"，便仍是"中叶"反思的题中之义。

---

① （清）王夫之：《周易内传》卷2下，《船山全书》（第1册），岳麓书社，2011，第270页。

② （清）王夫之：《周易内传》卷2下，《船山全书》（第1册），2011，第270页。

③ （清）萧光远：《周易属辞》卷2，《续修四库全书》（第32册），第129~130页。

胡承诺认为有"四治",即"有初定之治,有盛大之治,有中叶之治,有衰乱之治"。所谓"中叶之治",即"中叶以后,官分南北之司,民有兵农之别;赏虽具而下弗慕,罚虽施而人莫惩;髋髀之家格有司法令,壅蔽之官塞君上聪明;深宫荒晏倦勤,而好大喜功,犹复不载;大臣处外,章奏批驳,动须复请"①。

之所以有"中叶",是因为秦以后的治道与治德渐衰,以致"基命浅"。决定"四治"分期的,首先是天运、气数:"以天运言之,天道五年一变,五行相胜以五成也;十有三年一变,岁星一周也;三十年一变,天道小成也。存亡之数,不过三纪,岁星三周也。"② 更为重要的是,天运、气数本与人间治道盛衰相伴,中叶是总体上的政治衰退所致。天下之治赖人主"仁智之令教",仁义礼乐乃"帝王相传而不易之道法","自三代至春秋,虽流为十二,其法犹存也"。但"自秦以后,帝王之兴,虽有懿轨,终不及尧、舜、禹、汤之盛。是故中叶以降,政教陵替,天之所亡,不必尽如纣、桀也"。中叶之时,积弊为敝:"始以简质为治者,简质积而朴茂生,朴茂积而劲悍生,末流之弊,至于不安在上。始以文饰为治者,文饰久而枝叶生,枝叶久而奸巧生,末流之弊,至于不安在下。"制度都失灵甚至走向反面了,于是便积重难返而走向末世:"积渐既久,陵夷之理已具,倘非命世雄姿,再造区夏,其他中才以下,虽有片长小善,同归祸败,不必幽、厉之衅,而有赧、献之灾矣。"归其原因,是"基命"浮浅,远非二帝三王令教所积功德之盛,不足以抵挡政治衰退:"何也?其基命者浅也。"③

但中叶可挽回,基命在于人事:"圣人教人,凡天下国家之务,未尝听诸造化,必以人事斡旋其间。惟静可胜动,惟常可胜变,惟仁可胜暴,惟诚可胜伪。""凡天下事,其合乎道而可久者,皆礼节也,皆王制也。"所谓"人事",即是君主合道而有为。君主为圣人,方可规复天道,深化"基命":"天地之化,人君之德,皆以藏于密微为深,著于迹象为浅,发于观听为浮,格于性情为至。致其深至,去其浮薄,天地与圣人一道也。""圣王为治,政教宽平,规模宏远,无赫赫之誉。生其时者,从容暇豫,无急遽苟且之情。子孙承之,莫不忧深思远,民间风俗,亦皆质朴坚强,不惮勤苦治生,劳瘁

---

① (清)胡承诺:《绎志》卷5《至治篇第十一》,第74页。
② (清)胡承诺:《绎志》卷5《至治篇第十一》,第74页。
③ (清)胡承诺:《绎志》卷10《兴亡篇第三十八》,第220页。

事上。"以此承担抗御"中叶消磨":"即至中叶以后，伤政治之衰，而不忍疾怨其君；思圣明之泽，而无叛弃之念：以其初载之治，湛然深厚，而藏用者密也。凡天下之理，可大莫如和，和则发生，发生则可大矣；可久莫如乐，乐则安固，安固则可久矣。"这是祖宗积德以防中叶，也是身值中叶的应对之方，是一以贯之的可大可久之道："知前此之不善，改更于彰施之际，不如潜消于密勿之中；虑后此之难久，申而警之使人无忘，不若默而行之使己无荒。《诗》曰：'夙夜基命宥密。'此之谓也。"① 具体而言，要"通乎上下而使无间"，做到"四要"即"行义、去奸、忘私、持正"。而使君主成为居中驭外之首脑："于斯时也，不惮改悔之诚，则前此之患可除；旁求补救之方，则后此之治可久。要使天下之柄常在君子，不在小人；常在政府，不在旁侧，则可数世无患，此中叶以后之治也。""莫尊于君至无上矣而尚贤，莫贵于君至无虞矣而畏民。"②

在清人的政治认知中，中叶积弊的问题虽然严重，但仍可通过圣贤之君积德而挽回："上古民朴，当殷之中叶，所谓惟货其吉、爵以贿成之风尚未见端，况汤王以不殖货利之主检身率下，虽始衰于雍己，继衰于河亶甲，三衰于阳甲，特不过德衰而诸侯莫朝耳，然贤圣之君六七作，孟子所谓流风善政犹有存者。"③ 刘逢禄从周史也认为君王懿德可以"保世滋大"，中叶只是渐兴之阶段："周自后稷，中叶不窋、公刘及太王、王季世序其德，至于武王昭前之光明，嗣文考式在位，恤民之隐以除其害，载干戈、櫜弓矢，保世滋大，惟懿德是求。"④ 从《易》可见，"中叶"之后的政治问题是可以预防的："终日戒慎，不敢侈肆焉。昔禹恶衣服，文王卑服，汉文帝身衣弋绨，唐文宗衣三澣，安于俭也。人主当中叶之后，而节约自救，庶乎知思患而预防矣。"⑤ 虽然戒慎、节俭等个人道德未必有效践行，却是时人心中的君主絜矩之本，那些失败的中叶君主只是未能合格而已。

殷室是政治体也是氏族，除国家之外，"中叶"也广泛被作为家族等组织发展的阶段指称。衰而再兴的"中叶"，成为国与家之世运同构的呼应，

---

① （清）胡承诺：《绎志》卷15《杂说篇第五十七》，第314页。

② （清）胡承诺：《绎志》卷5《至治篇第十一》，第75页。

③ （清）朱霈：《经学质疑》卷2《尚书质疑》，《四库未收书辑刊》（第4辑第9册），第402页。

④ （清）刘逢禄：《刘礼部集》卷6《书序述闻》，《续修四库全书》（第1301册），第113页。

⑤ （清）何志高：《易经本意》卷2，《续修四库全书》（第33册），第636页。

通俗常用,入于社会生活。如教训子弟:"尔曾祖旧租千亩,多隐德,儿其振起中叶乎!"①"姑归而遭家中叶。"②"中叶有聚散,故庐今尚存。"③ 是言都有中衰之意,但家业于此中兴,乃有表彰之文。"今思齐崛起于中叶之后,而有以慰夫文肃未遂之志。"④"吾家遭中叶,门祚衰不昌。""苦心终不负,斯事信彼苍。""读书报罔极,砥行规方将。陈请达帝阍,旌门荷天章。咏歌士大夫,投赠纷琳琅。"⑤ 中心意思是以德持家。如妇人之德,"德出之以闲,才矿之以静,斯百年永固而寿以征焉"。正是主妇有德,才能挺过"迨乎中叶,家渐弗振"的岁月,保障家主人"得以有余,周旋于贤士大夫之间,而青缃黄卷不稍辍于晦明风雨",渡过政治关隘,"膺民社之寄""以贤守令奏最""作东南屏壁",人丁兴旺,家业发达,"若女若孙济济雍雍"。⑥ 其他组织、事业皆然,如寺院,"迨中叶寖衰,山荒殿圮"。⑦

李光地、萧光远等三代中叶"此伏彼起"的兴衰交替视野,提示今人"中叶"本是夏、商、周政治集团重叠平行发展的历史的反映,但从后代政治思考来看,"贤圣之君六七作""三宗迭兴"的世德绵延,胜过盛极而衰的单一曲线发展史,给衰而中兴提供了可能和期待。三代以下,汉、唐、宋的历史仍在一定程度上验证了中叶而中兴的可能,明代的历史则提供了教训。

在清人对政治生命周期的规律性认识中,总体看来,"中叶"衰而中兴之义趋于稳定,胜过了持续兴盛发达的解释。"中叶"首先意味着衰退的政治状态,本身总体上变成一个负面的政治时间的概念。"往往中叶衰。"⑧ "夫云'先君文王',固明在文王之后,至言'其后在位不恤元元,税赋繁

① (清)王铎:《洪川张公传》,《拟山园选集》卷45,《清代诗文集汇编》(第7册),第187页。

② (清)严书开:《范垔生近篇后序》,《严逸山先生文集》卷1,清初宁德堂刻本,第37页。

③ (清)张开东:《三月按谱至栗柴港》,《白莼诗集》卷1,《清代诗文集汇编》(第333册),第380页。

④ (清)余集:《冯农部母李夫人寿序》,《秋室学古录》卷5,《清代诗文集汇编》(第395册),第52页。

⑤ (清)吴寿昌:《叔母来太孺人节孝诗》,《虚白斋存稿》卷1,《清代诗文集汇编》(第397册),第9~10页。

⑥ (清)魏宪:《寿郑孺人序》,《枕江堂集》卷11,《四库未收书辑刊》(第8辑第16册),第611页。

⑦ (清)王岱:《府君山云罩寺碑记》,《了庵文集》卷7。

⑧ (清)李澄中:《齐讴行》,《乡园忆旧录》卷5,《续修四库全书》(第1180册),第680页。

数’，则并在周室中叶以后，非成、康诗矣。”① 同时，“中叶”只是中衰，并非已至政治生命的终点。历史经验和哲学思考都存在从中叶到中兴的路径，积累德业、复兴基业成为一个重要的政治发展逻辑。

二　清人的本朝“中叶”感

在对政治周期的观念形成共识的背景下，“中叶”成为清人脑海中一个基本的政治局势概念。虽然中叶可以复兴，但毕竟首先意味着陵替，特别是明代中叶的镜鉴在前。清人期望可以摆脱王朝“中叶”的魔咒。乾隆时，国势稳定已久，便不免与“中叶”相较。平定准噶尔时，刘墉便以胜于中叶的英武气象来称颂这一伟绩：

> 夫承平日久，将相恬嬉，徒闻练卒之勤，不试杀敌之事，遇有征行，常虞蹉跌，此前代中叶以后所由弱也。今者调发劲旅自东徂西，远历山川，深探窟穴。大帅以下，或阀阅世臣，生长华腴，未习劳勚，俾得置身朔漠之区，经心军旅之务；下逮行伍之士，振厉而往，鼓舞而归，忘于役之忧，识从军之乐，以视终老牖下不逢旗鼓者，勇怯强弱之形，岂可同日语哉！②

由此认为君王神圣、国运永昌：“臣愚于此知我国家景福无疆、天心纯佑，亿万年有道之基于兹益固，而我皇上神圣文武、迈迹羲轩、中外一家、同申颂祷。”③

帝王尤为关注胜朝殷鉴。乾隆四十三年乾隆帝诣盛京谒祖陵后，谕旨以明代中叶教训警省子孙：

> 即如胜国，洪武草昧初开，未尝不得之艰苦，而中叶以后罔念厥祖……数君惟知蒙业而安，于国是懵然罔觉，虽未及身而丧，不数传而

① （清）魏源：《诗古微》中编之一《召南答问》，《魏源全集》（第 1 册），岳麓书社，2004，第 346 页。
② （清）刘墉：《平定准噶尔诗（谨序）》，《皇清文颖续编》卷 70，嘉庆武英殿刻本。
③ （清）刘墉：《平定准噶尔诗（谨序）》，《皇清文颖续编》卷 70，嘉庆武英殿刻本。

驯致灭亡。使有能奋然振兴，追念洪武之旧图，励精求治，未必不可挽回于末造，而宴安耽毒，终于不可救药，自覆厥宗。殷鉴甚近，尤足为炯戒耳。①

返本追始，从祖宗典型中吸取力量、兢惕自身，是能够想到的克服中叶颓态的良方，决定每三年派皇子二三人恭谒祖陵。

这一期望延伸到嘉庆、道光时代，二帝有居于中叶的定位，有守成的惶恐，也有中兴的憧憬。

嘉庆九年三月，嘉庆帝谒明长陵。谕内阁，以明史自警而感慨"守成不易"："益钦圣德之高深，弥凛守成之不易。殷鉴不远，天命靡常，惟日孜孜，犹恐有失。勤政实为君之大本，怠荒实亡国之病源，可不慎其几与！"认为明代中叶的主要问题在于君王不勤政："夫明代诸君，洪武、永乐皆大有为之主。中叶以后，荒淫失德者鲜，亦无暴虐放恣诸敝□大，然其大病，则在于不勤政、耽宴安。"详为阐发由"不勤"而"天罚民背"的逻辑："夫不勤则上不敬天、下不爱民。人君为天之子，不敬则不孝，不孝之子，天必降罚。人君为民之父，不爱则不慈，不慈之父，民必背之。天罚民背，国事尚有为乎？"宦官问题由此而来，外廷则壅蔽不通："前明亡于宦官，固不待言。然深信宦官之故，亦由于怠惰偷安、不亲朝政，使此辈乘机弄权。而外廷臣工，君门万里，抱忠者徒上弹章，憸壬者竞图富贵。上下不交，遂成倾否不可救药矣。"明亡于是，而一切归结于中叶之君心："呜呼！明之亡，不亡于崇祯之失德，而亡于神宗之怠惰、天启之愚骏。虽系流贼作乱，而亡于宦寺之蒙蔽。蒙蔽之来，总由于君心不正。"以勤政无逸为守成之要："敬怠之几，系于治乱；勤惰之别，验于安危。兹谒明陵，思及明亡之由，由于君心之怠忽，以致群小乘机，内外蒙蔽，遂沦于败。予敬守慈训，曷敢稍忽，万几之繁，宵旰治理，庶几常承天眷，永保天命，以巩固我大清亿万年丕丕基。时以怠忽之戒为戒，勤敬之心为心，则政无阙失，民隐上达，予深信此理之不爽。书之自警，永绥我皇祚，可期郅隆之世、无疆之麻，敢不勉诸！"② 与前揭《崇祯帝陵碑》结合起来看，可见对明中叶的政治教训的

---

① 《清朝文献通考》卷154《王礼考》，第6197页。
② 《清仁宗实录》卷127，嘉庆九年三月壬寅，《清实录》（第29册），中华书局，1986，第713页。

判断和提防，清室一以贯之。

嘉庆十八年紫禁城林清之变后，嘉庆帝御制并颁发《致变之源说》《原教》《行实政论》。后两者都谈及中叶积弊问题。①《原教》坦承"朕遇斯时。大不幸也"。本朝"承平日久，生齿日繁，物价腾贵，游手之民，不遑谋食。加之以官多疲玩，兵尽怠惰，文不能办事，武不能操戈，顽钝无耻，名节有亏"。"中外已成痼疾，自不知教，焉能教民？而邪教从此而起矣。"②《行实政论》自责"如此逆谋已三年之久，朕竟不能知，实深惭愧，实切痛心"。批评中叶风气酿成大祸："总由泄沓成风，苟且从事，悠忽度日，怠玩居心，视国事漠不相关，积陋习牢不可破。"

嘉庆帝希望从君主修德做起，以上率下，养之教之以正风俗："实朕德之不修，教之不正。君不正，臣亦多偏，无怪乎邪教接踵而起，皆朕不正群臣之咎，而内外臣工亦各有不能正己之处，焉能去邪黜伪乎？……诚能实心治民，先养后教，庶民具有良心，断无不改悔之理。"前提是"以实心行实政"，自责"总因予之德薄才疏，心存姑息，水懦民玩，予之咎也"。要求以振刷吏治应对中叶积习：

> 欲起废策颓，非共奋精神，大加振作，不可问矣。内外臣工勿慕虚荣而贻实祸，勿保一时之爵禄而遗万古之臭名，尽心致敬，实政力行，激天下忠良之气，挽向来玩愒之风。勿以习俗为不足忧，勿以廉耻为不足惜。民风之淳薄，轨物之废兴，实关系于吏治之勤惰也。礼教既弛于平日，人心久溺于非几，忠孝廉节，斥为腐谈，诈伪习顽，习为秘计。修礼明教，秉正抑邪，此实今日刻不可缓之急务也。

尤寄望于八旗上下"佐朕中兴之治，俱为盛世之忠良。补今时之重咎，垂奕代之勋名"③。

喜不抵忧，中叶积弊的困顿感日益加重。道光八年，命绘平定回疆剿擒逆裔功臣四十人像于紫光阁。御制序以中叶衰弱自警："历观史册，凡开创

① 张瑞龙在《天理教事件与清中叶的政治、学术语社会》（中华书局，2014）中对天理教事件引发的吏治整顿、政策转变、学术转向等进行了研究，但并未论及"中叶"。
② 《清仁宗实录》卷281，嘉庆十八年十二月丁巳，《清实录》（第31册），第841页。
③ 《清仁宗实录》卷281，嘉庆十八年十二月丁巳，《清实录》（第31册），第843页。

之初，无不兵强将勇；中叶以后，享承平而尚安逸，率以偃武为辞，不加练习。设遇不逞之徒，将何以御之？渐形衰弱，职此之由也。"①

在由中叶而中兴的政治逻辑中，对守成君主，即以"中兴"为期。咸丰帝便赞颂乃父"中兴"为大：

> 微特汉之本始、唐之大中、明之宣德，不足以媲毓万一。即车攻吉日，作为诗歌，号曰"中兴"，方兹蔑矣。继自今世世万子孙，丕显丕承，视此方策。非天下之至圣，非天下之至神，其孰能与于斯，其孰能与于斯。②

但是，清初以降对明朝教训的反思，诸帝对"中叶"的警惕之心与预防之策，并不能阻挡清朝中叶积弊局势的到来。从嘉庆、道光的自警中已可读出清朝的"中叶"感，其时士林亦已有对身处"中叶""中世"的共识。盛世与"中兴"之间，是王朝的"中叶"。在"民力物力之盛衰，人材风俗进退消息之本末"中，洪亮吉、龚自珍、魏源和同时代的有识者穷形尽相地勾勒了"中叶"的衰靡气象，分析与批评其成因，进行更深刻的思想总结和规律认识，深化了对政治积弊与"中叶"这一政治阶段的关联的认识。

第一个严正发出中叶警报的是洪亮吉，其认为士风吏治在乾隆朝中期就已经变化了：

> 往吾未成童，侍大父及父时，见里中有为守令者，咸友慰勉之，必代为之虑曰：此缺繁，此缺简，此缺号不易治。未闻及其他也。及弱冠之后，未入仕之前，二三十年之中，风俗趋向顿改，见里中有为守令者，咸友慰勉之，亦必代为虑曰：此缺出息若干，此缺应酬若干，此缺一岁之可入己者若干。而所谓民生吏治者，不复挂之齿颊矣。③

---

① 《清宣宗实录》卷136，道光八年五月丁巳，《清实录》（第35册），第89页。
② 《清宣宗实录》卷476，道光三十年正月丁未，《清实录》（第39册），第1002页。
③ （清）洪亮吉：《意言·守令篇》，《洪亮吉集》（第1册），中华书局，2001，第24页。

　　洪亮吉"弱冠"之年，即乾隆三十年，可见乾隆中叶的转折。①

　　乾隆"中叶"，指向权臣和珅误国。洪亮吉看到前代诤臣杨继盛的名印，"却忆明中叶，权奸盗国章。几人关气运，此石阅沧桑"。② "权奸"似即影射和珅。"关气运"的，有奸臣，也有忠臣。杨忠愍成为明中叶忠臣抗争的象征符号，亦为本朝中叶振奋的寄托，对前朝中叶忠臣烈士的怀念于此彰显。后来翁心存拜祠时也有诗感慨："有明当中叶，王道方陵迟。将相互勾结，中外皆恬嬉。维公奋忠义，拜疏两击之。"③ 对杨继盛的崇拜延至清末。

　　"自乾隆五十五年以后，八年之中，权私蒙蔽，事之不得其平者，又不知凡几矣。""至于利弊之不讲，又非一日。"④ 嘉庆、道光两朝，中叶颓象已尽然显现。黄爵滋认为两位守文的君王无悖祖宗、皆能仁政：

　　　　我朝圣圣相承，二百年来，典章至为周密，法令至为详备。我仁宗睿皇帝，训谕百官，时时以因循为戒，故化泽之敷布益广，元气之培植益深。皇上出理万几，入懔燕训，宵旰忧劳，未尝稍息。比者京畿内外，望泽孔殷，皇上一念诚感，甘澍立沛，民气遂苏，百谷用成，虽尧舜之用心，无以加此。⑤

但中叶颓势还是形成了：

　　　　惟是天下至大、民生至众，皇上以整顿之权托之大吏，大吏以整顿之事督之群有司。今论者有曰：邪教可虑也，会匪可忧也，灾黎可悯也，荒岁可惧也，兵弁多无用也，海洋多莫测也，外之鲜爱民之官，而

----

① 昭梿亦言和珅当权之弊："乾隆中，自和相秉政后，河防日见疏懈。其任河帅者，皆出其私门，先以巨万纳其帑库，然后许之任视事，故曾利水患充斥，借以侵蚀国帑。而朝中诸费要，无不视河帅为外府，至竭天下府库之力，尚不足充其用。"［（清）昭梿：《啸亭杂录》，中华书局，1980，第214页］

② （清）洪亮吉：《颜大令崇榘寄示明杨忠愍公名印敬赋二律》，《洪亮吉集》（第3册），第1264页。

③ （清）翁心存：《杨忠愍公祠》，《知止斋诗集》卷5，《清代诗文集汇编》（第571册），第482页。

④ （清）洪亮吉：《乞假将归留别成亲王极言时政启》，《洪亮吉集》（第1册），第224页。

⑤ （清）黄爵滋：《综核名实疏》，（清）盛康辑《清朝经世文续编》卷13，《清朝经世文正续编》（第3册），第142页。

内之鲜敬事之吏也。①

现实的中叶颓象，强化了中叶就是中衰之世的经学理路。"至汤仅以七十里起，则国尝中微"，魏源虽偏好今文经学，但于此则肯定毛《传》对"中叶削弱"的解释，否定郑《笺》：

> 相土何以东迁商邱？《笺》言其入为王官，出长侯国，殆因此改封畿内。然《诗》言"昔在中叶，有震且业"，《毛传》训业为危，正谓中叶削弱之事。②

即便是看待汉代的长期兴盛，也不无伤感与遗憾："汉家中叶庆连绵，元狩元封国祚延。天上岁星来执戟，如何天子不长年。"③

清人返观政治史，基于历代政治的教训而比较同异，总结规律，思考本朝"中叶"的机理与成因。嘉庆三年，洪亮吉认为，自汉至明的民间宗教起事，"皆起于中叶以后，政治略弛之时"。④ 中叶之政"弛"，华而不实："汉唐宋中叶诸盛辟，得其一事，无不加尊号，膺玉册，铺张鸿名，增益盛算。"称颂而寓希望："皇上独一切勿事，惟民生治术为兢兢，盖于于焉，翼翼焉，又将超其识于八代之上，藐然而继五位三纪之盛轨也。"⑤ 魏源依据历史规律总结叶衰颓不振：

> 尝观周、汉、唐、宋、金、元、明之中叶矣，瞻其阙，夫岂无悬令？询其廷，夫岂无充位？人见其令雷行于九服，而不知其令未出阶闼也；人见其材云布乎九列十二牧，而不知其橚伏于灌莽也。无一政能申军法，则佚民玩；无一材堪充军吏，则教民狂；无一事非耗军实，则四民皆荒。佚民玩则画棰不能令一羊，教民狂则蛰雷不能破一墙，四民皆

① （清）黄爵滋：《综核名实疏》，（清）盛康辑《清朝经世文续编》卷13，《清朝经世文正续编》（第3册），第142页。
② （清）魏源：《书古微》卷6《汤誓序发微》，《魏源全集》（第2册），第160页。
③ （清）洪亮吉：《读史六十四首》，《洪亮吉集》（第3册），第1395页。
④ （清）洪亮吉：《征邪教疏（戊午二月廿七大考题）》，《洪亮吉集》（第1册），第206页。
⑤ （清）洪亮吉：《万寿无疆颂（并序）》，《洪亮吉集》（第1册），第279页。

荒。然且今日揖于堂，明日觞于隍，后日胾于藏，以节制轻桓、文，以富强归管、商，以火烈金肃议成汤，奚必更问其胜负于疆场矣。①

明朝中衰的切近教训再度受到格外的重视。"徒见明中叶气运不振，以为衰世无足留意"，已是"俗士耳食"的普遍认知。尽管龚自珍要为江左渊雅一辩，②但同样认为："明自中叶以还，洎乎屡亡，华质凋丧，蛙吠庙堂，螬及四方，纤儿仄竖，争相怒顽。"③"有明中叶，嘉靖及万历之世，朝政不纲"，乃"倥偬拮据，朝野骚然之世。"④

在今文经学"通三统"的家法启发下，将元、明、清三朝贯通观照，看其共通的要素，是以魏源为代表的思想家开启的"中叶"认知新理路。"以三代之盛，而殷因于夏礼，周因于殷礼，是以《论语》'监二代'，荀卿'法后王'，而王者必敬前代二王之后，岂非以法制因革损益，固前事之师哉！"⑤在此思想格局中，魏源尤为重视总结明代教训："我朝之胜国曰明代，凡中外官制、律例、赋额、兵额，大都因明制而损益之，故其流极、变迁、得失、切劘之故，莫近于明。"从明代祖宗制度分析其中叶之困："乌乎！治有余之证易于治不足之证，明中叶以前之证，其尚有余乎？有下而无上，厥象水；有上而无下，厥象火；明中叶以后之证，其犹水欤？"⑥又作《元史新编》，依据"开国、世祖、中叶、元末"分期，将清中叶的困境投注在元代政治与历史分期中。元亡于用人"不公则肝胆楚越"，然并非初年如此，"惟是中叶以后，台省官长，多其国人"⑦。元兵制盛衰，既如殷之成汤"中叶以后，吞金平宋，一统中外，为从来所未有"，复于得天下后遭遇中叶废弛："及中叶以后，增设怯薛日多，皆纨绮子弟，觊希恩泽，岁赐钞帛，以亿万计，非复太祖旧制矣。""中叶以后，承平日久，解纽弛防，将骄卒惰，加以中朝抚驭失宜，藩镇哄于北，流贼炽于南，天下势遂不可为，岂祖制之不善

① （清）魏源：《圣武记叙》，《魏源集》（上册），中华书局，2018，第165页。
② （清）龚自珍：《江左小辨序》，《龚自珍全集》，上海古籍出版社，1975，第200页。
③ （清）龚自珍：《徐尚书代言集序》，《龚自珍全集》，第191页。
④ （清）龚自珍：《江左小辨序》，《龚自珍全集》，第200页。
⑤ （清）魏源：《明代食兵二政录叙》，《魏源集》（上册），第160页。
⑥ （清）魏源：《明代食兵二政录叙》，《魏源集》（上册），第160页。
⑦ （清）魏源：《拟进呈元史新编序》，《魏源集》（上册），第203页。

哉。"希望"综其大概","一代武备得失之林,可为殷鉴也"。①

魏源批评"中叶"表现于人祸的典型是"鄙夫":"历代亡天下之患有七:暴君、强藩、女主、外戚、宦寺、权奸、鄙夫也。暴君无论矣,强藩、女主、外戚、宦寺、奸相,皆必乘乱世暗君而始得肆其毒,人人得而知之,人人得而攻之。惟鄙夫则不然。""鄙夫之害治也,犹乡愿之害德也","以宴安鸩毒为培元气,以养痈贻患为守旧章,以缄默固宠为保明哲,人主被其熏陶渐摩,亦潜化于痿痹不仁而莫之觉。岂知久之又久,无职不旷,无事不蛊,其害且在强藩、女祸、外戚、宦寺、权奸之上;其人则方托老成文学,光辅升平,攻之无可攻,刺之无可刺,使天下阴受其害而己不与其责焉。"②

龚自珍也以"鄙夫"称中叶的暗昧祸国之人,但更归因于开国君主英武专制,守文之君难以为继:

> 昔者霸天下之氏,称祖之庙,其力强,其志武,其聪明上,其财多,未尝不仇天下之士,去人之廉,以快号令,去人之耻,以嵩高其身;一人为刚,万夫为柔,以大便其有力强武;而胤孙乃不可长,乃诽,乃怨,乃责问,其臣乃辱。

> 霸天下之孙,中叶之主,其力弱,其志文,其聪明下,其财少,未尝不周求礼义廉耻之士,厚其貌,姁其言,则或求之而应,则或求之而不应,则必视祖之号令以差。

霸道暴戾的政治不能养士,摧折气节,而与士气同归就暮:

> 荣之亢,辱之始也;辨之亢,诽之始也;使之便,任法之便,责问之始也。气者,耻之外也;耻者,气之内也。温而文,王者之言也;惕而让,王者之行也;言文而行让,王者之所以养人气也。籀其府焉,徘徊其钟簴焉,大都积百年之力,以震荡摧锄天下之廉耻;既殄、既狄、

---

① （清）魏源:《元史新编》卷90,《魏源全集》（第11册）,第2407页。魏光焘于光绪三十一年所作《叙》亦云:"中叶正朔,不逾金山,萧墙内阅,盛衰攸关。"可见魏源"中叶"写史的影响,及"中叶"观念在晚清的一脉相承。（《魏源全集》第8册,第1页）

② （清）魏源:《默觚下·治篇十一》,《魏源集》（上册）,第71页。

既夷，顾乃席虎视之余荫，一旦责有气于臣，不亦暮乎！①

其意在于，“鄙夫”之暮气正源自君主之钳制。

应对“中叶”困局而图求“中兴”，是一代士人共同究心之处。与洪亮吉等人直写中叶之困不同，姚椿倒过来着笔，论“治世中兴”之难而寄望于“保世滋大”。“中兴者，有乱世之中兴，有治世之中兴。”所谓“乱世之中兴”，即“继乱世”能“扫除而作新之”，“其道因而兼创，有若夏之少康、周之宣王、汉之光武”；“治世之中兴”，即“继治世”能“怠则整齐而严肃之，猛则休养而生息之”，“其道亦因而兼创，有若商之太甲、周之成王、汉之昭帝”。他意在论说的，当然是后者：“人知继乱世之难，而不知继治世之难为尤甚焉者也。”汉昭帝、唐宪宗、唐武宗、宋仁宗、宋孝宗、明孝宗，虽功烈或“不克终”，或“未有丰功伟业可以大过人者”，但都足称继治世而中兴：“夫所谓中兴者，非功名武勇之为难，而保世滋大之为贵。”②

对于中叶成因的规律，黄爵滋认为名实不副的因循废弛是主要表现：

开创之初，罔不振作，由振作而周详。承平既久，渐即因循而废弛，驯至官府皆同传舍，诰诫总属具文，而吏治不可问矣，人心不可知矣。夫圣道法天，天心爱民，天有四时，圣有四德，气感于虚，事征于实，有名无实者，天下之大患也。③

这是治理层面的形而下总结，魏源依循盛极而衰的周期律习见，从盈虚消息角度思考乱机之萌：

《蟋蟀》之诗三曰“无已太康”“好乐无荒”。荒者乱之萌也，乱不生于乱而生于太康之时。堂陛玩愒，其一荒；政令丛琐，其二荒；物力耗匮，其三荒；人才嵬茶，其四荒；谣俗浇酗，其五荒；边埸弛警，其

① （清）龚自珍：《古史钩沉论一》，《龚自珍全集》，第20页。

② （清）姚椿：《中兴论》，《桐城派名家文集》第2册《姚椿集》，安徽教育出版社，2014，第4页。

③ （清）黄爵滋：《综核名实疏》，（清）盛康辑《清朝经世文续编》卷13，《清朝经世文正续编》（第3册），第142页。

六荒；大荒之萌未有不由此六荒者也。去草昧愈远，人心愈溺，其朝野上下莫不玩细娱而苟近安，安其危而利其菑，职思其居者容有之矣，畴则职思其忧者乎？畴则职思其外者乎？以持禄养骄为镇静，以深虑远计为狂愚，以繁文缛节为足黼太平，以科条律例为足剔奸蠹，甚至圜熟为才，模棱为德，画饼为文，养痈为武，头会箕敛为富。①

这正是由盛转衰的中叶时刻，安乐庸颓看似在臻于"泰之极"，实已气数和人事并转向"否"：

"出话不然，为犹不远"，举物力、人材、风俗尽销铄于泯泯之中，方以为泰之极也。《泰》之九五曰："无平不陂，无往不复。"霜未冰，月几望，气数与人事合并，沉溺而不可救，奈之何哉！②

除去这些普遍的规律性认识，"中叶"之为"中世"，还有"世"之时间刻度的特定规律，尤其是社会政治发展的特定的历史阶段规律，亦即"世运"。

龚自珍欲"探世变"，受《春秋》公羊学"三世"说的影响，提出了"三世""三时"的论说。"中叶"感使得定庵"三世"说的重点在于"别为一等"的"衰世"："吾闻深于《春秋》者，其论史也，曰：书契以降，世有三等，三等之世，皆观其才；才之差，治世为一等，乱世为一等，衰世别为一等。"具体而言：

衰世者，文类治世，名类治世，声音笑貌类治世。黑白杂而五色可废也，似治世之太素；宫羽淆而五声可铄也，似治世之希声；道路荒而畔岸隳也，似治世之荡荡便便；人心混混而无口过也，似治世之不议。左无才相，右无才史，阃无才将，庠序无才士，陇无才民，廛无才工，衢无才商，抑巷无才偷，市无才驵，薮泽无才盗，则非但鲜君子也，抑小人甚鲜。

---

① （清）魏源：《默觚下·治篇十一》，《魏源集》（上册），第70页。
② （清）魏源：《默觚下·治篇十一》，《魏源集》（上册），第70页。

形似延续"治世"而实则通往"乱世",正是盛极而衰的"中叶"的阶段性特点。其时在"治"与"乱"之间,如果"求治而不得",便"乱亦竟不远",但本身尚非"乱世",其对一世才智勇力的束缚和摧残,也不是"乱世"那样直接的、痛快的:

> 当彼其世也,而才士与才民出,则百不才督之、缚之,以至于戮之。戮之非刀、非锯、非水火;文亦戮之,名亦戮之,声音笑貌亦戮之。戮之权不告于君,不告于大夫,不宣于司市,君大夫亦不任受。其法亦不及要领,徒戮其心,戮其能忧心、能愤心、能思虑心、能作为心、能有廉耻心、能无渣滓心。又非一日而戮之,乃以渐,或三岁而戮之,十年而戮之,百年而戮之。①

与"三世"的发展阶段论匹配,龚自珍又以一岁、一日之自然时间为喻,提出"三时"说:"岁有三时:一曰发时,二曰怒时,三曰威时;日有三时,一曰早时,二曰午时,三曰昏时。""君子所大者生也,所大乎其生者时也。"君子生于"日之亭午"过后的"日之将夕",一身所遭遇的,与"衰世"同态,正折射了中叶景象:

> 悲风骤至,人思灯烛,惨惨目光,吸饮莫气,与梦为邻,未即于床,丁此也以有国,而君子适生之……如京师,京师弗受也,非但不受,又裂而磔之。丑类臃否,诈伪不材,是辇是任,是以为生资,则百宝咸怨,怨则反其野矣。②

值得注意的是,龚自珍提出了对于作为发展阶段的"世""时"的规律性认识,这是一种对"中叶"之"势"的规律性认识。但"三世""三时"何以如是,他没有进行更深一层的阐说。循着自陈渊源,既往学界多关注他的"三段论"与公羊学"三世说"的关系:"传统公羊家的三世义,代表一种历史的进化观,定庵则以'治世''乱世''衰世'为三世,赋予三世以

---

① (清)龚自珍:《乙丙之际箸议第九》,《龚自珍全集》,第6页。
② (清)龚自珍:《尊隐》,《龚自珍全集》,第87页。

新义，而成为解释现实历史的概念架构。"① 但这只是对思想资源的追溯。

"三世"递嬗背后的义理，魏源于时人中抉发最为深透。以"得于先王维持之道有厚薄"为依据，认为三代上下政治气运长短不同，总体上是退化的，在元前后再次分野：

> 三皇以后，秦以前，一气运焉；汉以后，元以前，一气运焉。其历年有远近，即其得于先王维持之道有厚薄。故汉、唐、宋女祸、夷狄、乱臣、贼子迭出而不至遽亡，民生其间，得少休息十余世，披其牒，考其享祚历年之久近，而其所得于道之分数可知也。②

可见元、明、清三代已属于气运的第三阶段，得维持之道更薄，故其遭逢中叶便不如前代般国祚绵长。自清朝向上通元、明之三统，不仅是一般意义上的"通三统"，还是在气运之第三阶段内探求该阶段之规律。

但是，人事并非完全被动无可作为，"忠质文皆递以救弊，而弊极则将复返其初"，可以再造气运，扭转"气化递嬗"。其要义在于"无为"，通过"上古无为"返本。魏源认为，随着"世运日新"而有"太古""中世/中古""末世"三种状态的无为。与"混沌初开之无为"不同，"尧称无名，舜称无为，夫子以仲弓居敬行简可使南面，其赞《易》惟以《乾》《坤》易简为言，此中世之无为也"③。但是，太古无为是超越世运的治道，可以用于后世。"返斯世于太古淳朴"："孰谓末世与太古如梦觉不相入乎？今夫赤子乳哺时，知识未开，呵禁无用，此太古之无为也；逮长，天真未漓，则无窦以嗜欲，无芽其机智，此中古之无为也；及有过而渐喻之，感悟之，无迫束以决裂，此末世之无为也。时不同，无为亦不同；而太古心未尝一日废。"④ "天下之生久矣，一治一乱。"救乱求治之道，是超越世运的。"惟至人能因而应之，与民宜之。"汉初文景之治，就实现了"气运再造"，"不啻重睹太古焉，此黄、老无为可治天下"，达到"养复其元"。东汉以降的历史证明

---

① （清）韦政通：《中国十九世纪思想史》（上册），（台北）东大图书公司，1991，第167页。
② （清）魏源：《默觚下·治篇三》，《魏源集》（上册），第47页。
③ （清）魏源：《老子本义序》，《魏源集》（上册），第257页。
④ （清）魏源：《论老子二》，《魏源集》（上册），第262页。

"古无为之治，非不可用于世明矣"。①

扭转气运的原动力在于帝王。"其道而纯阳。与其生也，与日月合其明。其殁也，其气发扬于上为昭明。""一阴一阳者天之道，而圣人常扶阳以抑阴；一治一乱者天之道，而圣人必拨乱以反正。"② 拨乱反治，逆转中叶颓势以达中兴，在乎君主一人。于元、明、清三统的格局中，皆以中叶为气运之要。从中叶到中兴，帝王可以逆气运而反治：

> 六经其皆圣人忧患之书乎！'天下之生久矣，一治一乱'；治久习安，安生乐，乐生乱；乱久习患，患生忧，忧生治。……故真人之养生，圣人之养性，帝王之祈天永命，皆忧惧以为本焉。真人逆精以反气，圣人逆情以复性，帝王逆气运以拨乱反治。逆则生，顺则夭矣；逆则圣，顺则狂矣。③

寄望于君主警惧，尽人事："诚欲倾否而保泰，必自堂陛之不太康始。《诗》曰：'民莫不逸，我独不敢休。''无已太康'之谓哉！"④ 将逆气运寄望于君主，是因为王纲为王道枢轴。君主逆气运，责望于主德。"人主修德之难也，倍于士庶乎！""天下之责望主德也，亦倍于士庶乎！""履天位之君子，非性与天合，德足配天，即不足主百神而纲四方也。知此而不战战兢兢于上者，非人情也。"⑤ 这与洪亮吉对嘉庆帝的批评如出一辙。

扭转气运，实现中兴，对君主有特定的要求。太古之无为固然是超越的，但在不同的治理处境和国势下要有相应的具体展开，魏源认为在中叶困境之中，不能"清静以治"，而是要"励精图治以使民无事"，即君主大有为而不扰民：

> 秦汤方燠，九州为炉，故汉初曹参、盖公沐之清风而清静以治。若乃席丰履豫，泰久包荒，万几丛脞于上，百愿养痈于下，乃不励精图治以使民无事，而但以清谈清静为无事，有不转多事者乎？

① （清）魏源：《老子本义序》，《魏源集》（上册），第257页。
② （清）魏源：《默觚上·学篇四》，《魏源集》（上册），第12页。
③ （清）魏源：《默觚下·治篇二》，《魏源集》（上册），第42页。
④ （清）魏源：《默觚下·治篇十一》，《魏源集》（第2册），第71页。
⑤ （清）魏源：《默觚下·治篇二》，《魏源集》（上册），第43页。

气化演进，复古是行不通的，只有君主在上图治，才能逆转气运而中兴：

> 皇春帝夏，王秋伯冬，气化日禅，虽牺、黄复生，不能返于太古之淳。是以尧步、舜趋、禹驰、汤骤，世愈降则愈劳。况欲以过门不入、日昃不食之世，反诸标枝野鹿，其不为西晋者几希？《诗》曰："民莫不逸，我独不敢休！"是以夙夜匪懈，山甫之佐中兴；夙兴夜寐，卫武之相王室。

"宣王中兴而《沔水》《鹤鸣》《庭燎》《祈父》《白驹》《黄鸟》，刺诗半于变《雅》。何诗人之责备贤辟若此哉？"魏源认为就是要警醒君主忧惧中叶盈虚之变，振作中兴：

> 汉武建元之盛，未闻其再建元也，唐玄开元之盛，未闻其再开元也。《乾》六爻不言吉而悔亢，《泰》六爻不言泰而忧陂，《丰》之象曰："勿忧宜日中。"盈虚消息，天地四时鬼神不能违，而况于人乎？

并以汉帝持盈忧盛的故事说明此乃《诗》之真谛：

> 汉文帝日谨一日以考终为幸，光武日谨一日以十年为远，三代既往，圣贤兢业之心，惟二君有焉。文帝拊髀、牧，而以李广、周亚夫贻之景、武；光武闭关拒质，甘以西域付之荒外。二君岂真不能戡匈奴者哉，岂真无雄才大略者哉？功业之心，不胜其爱民之心也；才智自雄之心，不胜其持盈忧盛之心也。《颂》声寝于康王，《二雅》变于宣王，其道德之终，而功业才智之竭乎！故不明四始、五际之义，不可以读《诗》。[①]

---

① （清）魏源：《默觚下·治篇二》，《魏源集》（上册），第 44 页。魏源论治道，有不同的历史情势依据，本段所述是在"中叶"的具体情境中展开的，亦有在"三代上下"的大历史阶段视角下展开的，如："君子之为治也，无三代以上之心则必俗，不知三代以下之情势则必迁。"（《默觚下·治篇五》，《魏源集》，第 53 页）共同点是他都注重将不变的"道""心"与变化的"气化""世""情势"相统一。关于魏源的政治思想，参见刘广京《魏源之哲学与经世思想》，《经世思想与新兴企业》，联经出版公司，1990，第 25 页。

这是以汉文帝、光武帝为例证，阐明《诗》中由"中叶"而"中兴"的帝王道德之义理。

而身值中叶的君主何以能拨乱反治，还要靠王朝历代德业积累，赢得人心拥戴。"德"是耐受中叶积弊的政治生命能量。在中叶的政治哲学思考上，身值清朝中叶的魏源与国初之胡承诺遥相呼应。在"此卷皆辑古"的《诗外传演上》中，魏源摘录胡承诺《绎志》对"基命"与"中叶"诸论说以表赞成。① 长时期的德业积累，方能从中叶而中兴。对于禹功业、明德垂于万世，然而夏启之后，"并无贤圣六七作之君，亦无卜世七百年之祚，反不若商、周者何"。魏源从唐、虞、夏与殷、周德业积累长短不同的角度论证："唐、虞均一世尚不能下逮，何况世德作求？天之报圣人者或不在是。抑或契至成汤十四世而后王，稷至太王千余岁，数十世而周始兴，兴愈迟者祚愈久。天道不可得闻，姑存其说而已。"② 积德深厚方能国祚延绵。当世之士所见略同，王培荀认为后世与三代相较，虽人心浇漓，但大一统亦使仁泽遍于天下，安定胜于三代封建之强凌弱、大侵小，"三代时君之德所及有限，而后世无人不被君之仁，即无人不戴天之仁也"。在这个进化视野中，清朝教养人心后来居上："然亦惟我朝圣圣相承，德泽沦于骨髓，民间五六世不被兵。"尽管"汉、唐、明中叶，民亦难免祸乱，特不若末运之酷耳"，然清朝积德深广，似可跳出"中叶"困境的一般规律。③

黄爵滋乐观地认为："及今而综核之，犹易易耳。"④ "清之兴二百年。"⑤ 魏源对清代的祖德积累也有信心："矧我圣清皡皡二百载，由治平、升平而进于太平，元气长于汉，经术盛于唐，兵力、物力、幅员雄于宋，列圣御制诗文集、康熙《图书》、乾隆《四库》官书尤富轹万古。生其间者，其气昌明，其声宫喤，其见闻瑰轶而混芒。"⑥ 祖德的重要表征之一是"通儒辈出"，文化昌明，学风与士习醇正："清有天下百余年，奖崇六艺之科，表章明经之儒，招徕献书之路，摩厉大江南北言游文学之区，刮湔明季虚诬乡壁

① （清）魏源：《诗古微》下编之二《诗外传演》上，《魏源全集》（第1册），第690页。
② （清）魏源：《书古微》卷6《甘誓篇发微》，《魏源全集》（第2册），第155页。
③ （清）王培荀：《气数论》，《管见举隅》，道光二十八年刻本。
④ （清）黄爵滋：《综核名实疏》，盛康辑《清朝经世文续编》卷13，《清朝经世文正续编》（第3册），第142页。
⑤ （清）魏源：《刘礼部遗书序》，《魏源集》（上册），第244页。
⑥ （清）魏源：《国朝古文类钞叙（代陶中丞作）》，《魏源集》（上册），第229页。

虚造之习。"① 德泽厚于前朝,面对积弊与积习弥漫的中叶颓象,更有中兴而保世滋大的可能,由清室祖德,魏源仍抱有中兴的期待:"《记》曰:'物耻足以振之,国耻足以兴之。'故昔帝王处蒙业久安之世,当涣汗大号之日,必虩然以军令饬天下之人心,皇然以军食延天下之人才。"这就是"战胜于庙堂。"希望效法祖宗,赓续祖宗功烈:"是以后圣师前圣,后王师前王,师前圣前王,莫近于我烈祖神宗矣。"② 道光十五年,天子御书"印心石屋"赐予两江总督陶澍,魏源立即将"中兴之佐"的境遇与"方宋中叶,仁宗之世"相比,一是同处中叶,政治境况相似,国家从"创造之初,人心思治"的情况进入"修养日久,生齿炽而机变滋,人心日趋于利"的情境中,积弊日久,除弊者亦被"中饱不便之人辄群起而哗之","豁群哗之难,难于豁积弊,任事者遂动色相戒,以改作为多事,以因仍为持重";二是陶澍革三大政之弊,因"国家承平二百年,视宋庆历时过倍"而积弊愈重、南北交哗,但"每一哗,则公持之愈力,上任之愈专""公之所以获上,与上之所以知公,勿贰勿疑,视韩、富、范、杜之在庆历中,亦不可同年而语"。这不是一般情况下的"圣主贤臣""君臣遇合"之景象,而正是中叶语境中的应对之道与时代话语。③

《啸亭杂录》记林清变后,"上乘马入都,夹路士卒欲拜,上抚御士卒,缓辔入宫,即下罪己诏"。今人高阳由此感慨清朝的祖德:"观乎'夹路士卒欲拜'之语,民心并未涣散,国运虽已由盛而衰,但由衰而亡,尚有一段时期,此即所谓'深仁厚泽'。如民心积怨已深,则一遇此种情况,危亡立见。"④ 正是对王朝德泽维系国运的生动说明。

三 同、光两朝的中兴憧憬与中叶羁绊

同治、光绪时期,中叶与中兴的形势和观感交织并进,成为一个时代的底色和基调。

咸丰一朝,处于中叶仍是时人对局势的判断。对"汉唐与宋中衰之世"

---

① (清)魏源:《武进庄少宗伯遗书序》,《魏源集》(上册),第238页。
② (清)魏源:《圣武记叙》,《魏源集》(上册),第166页。
③ (清)魏源:《御书印心石屋诗文录叙》,《魏源集》(上册),第245页。
④ 高阳:《清朝的皇帝》之三《盛衰之际》,上海文艺出版社,2013,第194页。

进行历史总结与现实反思，是中叶延伸与危机日迫背景下的重要议题。① 这已经成为非常日常化的意象和议题。张文虎五十岁时（1857 年）和长自己十岁的友人小田都"中年"有疾，问候时说到"中年以往体就衰，那得飞扬比强盛。护持犹虑元气薄，斫削何堪外邪并。已令罗服冒人参，又向粗工托性命"。身体和医生都难以对抗疾病，这让他想到历代中叶亦是如此，实指嘉、道以后的清廷：

> 有如唐、宋在中叶，根本已虚无善政。宦官煽惑方镇骄，盗贼群飞敌国横。庸奴泄沓效模棱，奸慝纷更窃魁柄。斯时谁为医国手，材德庶几纲与晟。内安鸩毒外听谗，用舍乖方终不竞。

时虽不堪，战事的转机仍让诗人抱有中兴的期望，产生自己和友人之身与国同趋郅治的感应：

> 近传贼势渐解携，武汉同收楚氛净。长围两载城郭空，巽二威神施号令。何当吹入江左右，猛士长驱大风劲。沉疴一起百痛消，我汗涊然君亦轻。②

朝野存望中兴，随着与太平军作战形势对比的变化，对中兴的期盼也越来越强烈。咸丰十一年八月初一，赵烈文看到"日月合璧，五星连珠"，即以为中兴之兆：

> 三辰之瑞，吾在沪已闻之。合璧在卯初，吾起卯末，已不见连珠，四星皆在高度，不能了了。惟金星照耀明朗，此在古昔为异瑞，近则道光初与今凡两见矣。三国张𫖮曰："祥瑞之兴，皆在事前。"国家卜年已及二百，夫岂中兴之兆邪？

---

① （清）戴槃：《求治》，《清朝经世文续编》卷 8，（清）盛康辑《清朝经世文正续编》（第 3 册），第 86 页。

② （清）张文虎：《问小田疾》，《舒艺室诗存》三，朝华出版社，2018，第 169~170 页。

"傍晚得信,皖城于昨日三鼓克复。"① 战争形势似乎证实了卯时所见的天象,一并写入当日日记。当月初八日,听说咸丰帝升遐,太后听政,他回想起日前的"异瑞",中兴有望胜过了"新遭大故,民惧国疑"的忧虑:"八月朔,三辰布瑞,或以兆新皇光复邪? 草莽小民,喜涕并至。"寄望"皇太后英明异常,旋乾转坤","拭目以俟新政"。② 各方面的形势与政策也让人感到中兴可期,赵烈文致万篪轩书论奉旨各地方官多设收养处所:"仰见圣主轸念灾黎,勤勤垂护,中兴气象,莫此为最。"③

从道、咸到同治,从中叶到中兴,情绪的转变可见于王柏心的几首诗。先是中叶之忧与激愤:"君王拊髀顾当朝,诏发材官促郡轺。中叶岂无周猣狁,成功须倚汉嫖姚。"④ 读北魏历史,感慨"浸淫逮中叶,衰兆萌履霜。六镇一倡乱,所在为战场。"也担心"妖贼纵殄灭,强臣遂鸱张。追寻孝明世,实始溃厥防"⑤。基于历史经验,他对从中叶而中兴抱有期待,咏殷中叶史:"中叶共球九域虔,汤孙最数武丁贤。若非奋发歌殷武,谁戴声灵六百年。"⑥形势转好,中兴可望,同治改元,他赋诗赞新气象:"元年元日光华启,中叶中兴瑞应归。齐庆千龄新凤历,遥瞻万国拜龙旗。周成复继卷阿盛,殷武能张景亳威,海宇自今销战伐,潜郎甘老钓鱼矶。"⑦ 已将"中兴"与"中叶"并举,可见对从中叶到中兴的信心。

同治元年,中央政府也非常积极地鼓舞和响应士大夫的"中兴"憧憬。咸丰驾崩后,咸丰十一年七月二十八日以星变诏求直言。同治元年,蒋琦龄上《中兴十二策》,显是以"中兴"呼应"直言"。⑧ 同年六月,谕内阁:"前任顺天府府尹蒋琦龄本年三月间呈进中兴十二策,特抒所见,颇资采择。

---

① 《赵烈文日记》第 2 册,咸丰十一年八月朔日(1861 年 9 月 5 日),第 634 页。

② 《赵烈文日记》第 2 册,咸丰十一年八月初八日(1861 年 9 月 12 日),第 637 页。

③ 《赵烈文日记》第 3 册,同治三年三月初六日(1864 年 4 月 11 日),第 1107 页。

④ (清)王柏心:《秋怀四首》,《百柱堂全集》卷 1,《清代诗文集汇编》(第 603 册),第 149 页。

⑤ (清)王柏心:《读史》,《百柱堂全集》卷 14,第 247 页。

⑥ (清)王柏心:《咏古放言得绝句十九首》,《百柱堂全集》卷 21,《清代诗文集汇编》(第 603 册),第 333 页。

⑦ (清)王柏心:《元日喜晴(同治壬戌)》,《百柱堂全集》卷 21,《清代诗文集汇编》(第 603 册),第 340 页。

⑧ 蒋琦龄:《应诏上中兴十二策疏》,(清)盛康辑《清朝经世文续编》卷 13,《清朝经世文正续编》(第 3 册),第 145 页。

现在任用需人，蒋琦龄著即来京听候简用。"① "中兴"不仅是政治号召，而且成为施政标准，影响人事进退。从同年八月上谕可见，四川布政使刘蓉请川督骆秉章代奏，自责"到任六月，于民生吏治挽救毫无。因见蒋琦龄所陈中兴十二策，中有慎名器一条，益为愧悚，请立赐罢黜"。②

魏源认为受命开国在天，中叶反治则以人事为重。曾国藩的论说与魏源相似：

> 开国之际，若汉唐之初，异才畸士，丰功伟烈，飚举云兴，盖全系乎天运，而人事不得与其间。至中叶以后，君子欲有所建树以济世而康屯，则天事居其半、人事居其半。以人事与天争衡，莫大乎"忠、勤"二字。③

"忠、勤"正是振作中叶衰颓风俗的对症之药，依此二字崛起的人事，迥异于嘉、道思想家笔下的"鄙夫"。

对于金安清的论断："嘉道之间，国与民皆患贫，奸伪日滋，祸患相继，士习益漓，民心益竞，其由来也甚渐，其消息也甚微，综核名实，返朴归真，此固非一手一足所能致力也。"张培仁认为，"言'嘉道以来，国与民俱患贫'，此言是矣，然其端不起于嘉道间也"，而乾隆中叶以后"极盛不无少衰"，表现为中叶的景象："习尚愈侈，酬应愈广，粉饰亦愈巧"，小民之脂膏、国家之元气尽入福康安、和珅之私家，朝廷虽有整顿，"而此等习气未能尽除，正所谓其来甚渐也。譬之一身，少壮气盛之时不知爱惜精神，恣意声色，初自不觉其惫，四十、五十时则百病丛生矣"。但大乱过后，适逢中兴的时机，习气可以扭转，风俗可以日上："今者大乱初平，圣明在上，事事悉归公议，但能持久不变，美意中自生良法，延访内必有异才，风俗蒸蒸日上。当纲纪肃清之际，必无窃权如和珅辈者，日慎一日，风俗蒸蒸日上矣。"④

---

① 《清穆宗实录》卷31，同治元年六月壬戌，《清实录》（第45册），第828页。
② 《清穆宗实录》卷37，同治元年六月壬戌，《清实录》（第45册），第988页。
③ （清）曾国藩：《笔记十二则》，葛士浚辑《清朝经世文续编》卷56，沈云龙主编《近代中国史料丛刊》（第741册），（台北）文海出版公司，1967，第1453页。
④ （清）张培仁：《近日善政》，《静娱亭笔记》卷1，《续修四库全书》（第1181册），第616页。

在转圜向好的局势中,"中叶"而能持续兴盛之意有所凸显。胜保题壁诗云:"敢拼直谏扶中叶,愧播虚名动九州。"① 乃自表于中叶而赞襄中兴之功。左宗棠奏折中有言:"祖宗龙兴东北、平定中原,中叶以来,平准回、靖朔漠,神武震铄,跨越古今。"② 文辞虽有溢美之嫌,但以开疆拓土的功绩为清朝中叶增添亮色,并非全属谀词。到同治八年,马新贻认为,"中兴气象"已经是列国可以"目睹"的。③

"圣明在上"成为中兴的支柱,振起王纲是中兴事业的枢轴。在成书于同治十年的《诗经原始》中,方玉润于中叶而中兴之义多所阐发,叙殷高宗"首章称高宗伐楚为中兴显烈,二章则述戒楚之词,三章诸侯来朝,四章所受命中兴之故,五章极言其盛,六章乃作庙以安其灵,然则此固高宗百世不迁之庙耳"④。光绪十年,王先谦于续《东华录》之序中称颂同治皇帝中兴伟业胜过往昔:

> 穆宗皇帝禀两宫懿训,再造区宇,一人垂拱于上,百尔奔走于下,中土既平,苗回并戢。自古中叶多故,若晋室之隆,卒保江东;唐平安史,遂阶藩镇跋扈之患,皆以域中寇乱一蹶不振。惟帝耆定伟烈为方策冠,将锡海内臣民以永永安集之福,早弃天下,弗究厥施,至于今日,哀慕之声未已,故庙为清穆宗。⑤

杨国强曾论光绪朝清流"尊王攘夷"⑥,在王纲为中兴逻辑的前提条件、从中叶到中兴的背景下,尤能理解时人重视王纲与君主的用心。守文之主乃有中叶之困,振刷中叶端赖君主刚明,较之"一人垂拱于上,百尔奔走于下",皮锡瑞更加突出君主地位:"凡国家至中叶以后,君多柔暗,精锐之气渐消,因而亦以柔弱取人,大臣皆容身固位之辈。于是国势不振,纲纪不

---

① (清)金武祥:《粟香三笔》卷2,《续修四库全书》(第1183册),第528页。

② (清)左宗棠:《筹拟购练马队折》,《左宗棠全集·奏稿三》,岳麓书社,2009,第343页。

③ 两江总督马新贻折,同治八年正月十四日,《筹办夷务始末(同治朝)》卷64,《续修四库全书》(第420册),第553页。

④ (清)方玉润:《诗经原始》卷18,中华书局,1986,第654页。

⑤ (清)王先谦:《东华录序》,《东华录》,《续修四库全书》(第369册),第3页。

⑥ 参见杨国强《晚清的清流与名士》,《史林》2006年第4期。

立，奄奄以至于亡。汉、唐以来皆若此，故乾德首重乎刚。"① 这里的"君"是中央政府、王纲之谓，不必视为皇帝个人。

中兴气运以明君为转移，亦须良臣居间主持，君臣明良相遇相得是理想的政治结构。李元度认为"天下有大变则大才生""所生之才之小大，一视其时变之小大以为程，无古今一也"。"圣清受命二百余年，安且治矣。越咸丰初，……乃有洪秀全、杨秀清之乱，而淮北奸民应之曰捻匪，其变殆甚于唐、宋、明中叶。天既笃生曾文正昆仲，及伯相李公、左公，削平群丑，弼我丕丕基。"② 引用明人郝敬之说："荆楚之国，天下有道则首善焉，文王之《二南》是也；无道则首叛焉，商、周之中叶是也。继世之王，有能中兴者，则天下视此为向背焉。高宗之《殷武》、周宣之《采芑》是也。"与湘军中兴之功相表里。③ "数年之间，区宇奠定如故，独非人事邪！《传》曰：'得人者昌。'岂不信哉！"④ 人才、士风蔚然兴起，政治生命力焕发，成为中兴气象的标识。在薛福成的《中兴叙略》中明白表出：

> 承平既久，人即晏安，贤才日以衰息，当事者既莫之能倡，才稍稍出，而又莫之能用故也。若夫鼓召俊雄，参会智能，以光辅中兴之业，则惟今相国曾公实倡于始，实挈其成。⑤

曾国藩亦言士大夫以上率下成风成俗的重要性：

> 风气无常，随人事而变迁，有一二人好学，则数辈皆思力追先哲；有一二人好仁，则数辈皆思康济斯民。倡者启其绪，和者衍其波；倡者可传诸同志，和者又可植诸无穷；倡者如有本之泉放乎川渎，和者如支

---

① （清）皮锡瑞：《读通鉴论札记》卷 4，《皮锡瑞全集》（第 8 册），中华书局，2015，第296 页。

② （清）李元度：《黄昌岐军门六十寿序》，《天岳山馆文钞》卷 33，朝华出版社，2018，第2001 页。

③ （清）方玉润：《诗经原始》卷 18，第 654 页。

④ （清）薛福成：《中兴叙略上》，《桐城派名家文集》第 10 册《薛福成集》，安徽教育出版社，2014，第 32 页。

⑤ （清）薛福成：《中兴叙略下》，《桐城派名家文集》第 10 册《薛福成集》，第 32 页。

河沟治交汇旁流。先觉后觉，互相劝诱，譬之大水小水，互相灌注。①

"圣清受命二百余年，安且治矣。"圣君贤相造就中兴，归于本朝祖德运数的逻辑，从魏源到曾国藩、李元度一以贯之。同治八年三月，曾国藩将康熙帝积德与周文王相比拟，认为："雍、乾、嘉、道，累叶之才，虽谓皆圣祖教育而成，谁曰不然！今上皇帝嗣位，大统中兴，虽去康熙时益远矣，而将帅之乘运会，立勋名者，多出一时章句之儒，则亦未始非圣祖余泽陶冶于无穷也。"②

中叶而能中兴的逻辑，鼓舞了湘淮将帅，奋迹中叶而得中兴，成为他们的义理标榜与历史坐标。郭嵩焘论《忠义录》的体例而言湖南一省匡扶中叶：

> 一则表章湖南人物，为后代史氏之征也。募兵讨贼，肇始孙坚。南宋有两河义旅，而李显忠之流起为将帅，功绩所被，无足甄者。中叶多故，以一省之人才物力经营数千里，支柱天下，实今日创举，求之史册，盖所未闻。著录是编，存其梗概，用备国史采择，亦使湖南忠义之风流被天下，传示无穷。③

又论自古至今安徽救济中叶之传统：

> 国家敦庞博大，义安无外，必有元功硕辅，恢张门阀，为国屏翰。汉之平、韦，唐之裴、苏，奋迹中叶，比响联声，蔚为名族，功施烂然。至国朝而昆山徐氏、太仓王氏、桐城张氏之门望辉映一时，际昌熙之运，赴功名之会，弛张趋舍，希世宏务。顾未有挺不朽之业，树非常之功，文武兼资，匡时斡运，若今合肥之盛者。④

---

① （清）曾国藩：《劝学篇示直隶士子》，《曾国藩全集》（第14册），岳麓书社，2011，第487~488页。
② （清）曾国藩：《序》，《国朝先正事略》，岳麓书社，2008，第2页。
③ （清）郭嵩焘：《致吴敏树》，《郭嵩焘书信》，梁小进主编《郭嵩焘全集》（第13册），岳麓书社，2018，第66~67页。
④ （清）郭嵩焘：《李筱荃尚书六十寿序》，《郭嵩焘文集》卷10，梁小进主编《郭嵩焘全集》（第14册），第422~423页。

中兴成为社会共识，朝廷命名"中兴名臣"，如李鸿章"辅佐中兴，削平大难"①、宋庆"与中兴诸将，同建殊勋"②。"中兴"的功烈包括同、光时期的文武名臣，也包括没立过军功，但通过各种政务参与中兴事业者。如山西杜鹤田：

> 夫天下之生久矣，开国之始，得贤辅臣翼赞之而天下以治。迨物炽而丰，蘖芽跧伏，剧盗起而辄之，则天下之治又将视乎其人。……二百余年间，三晋之名卿硕辅，若蔚州，若泽州，若沁州、阳城，开国名世之英也；若太原，若寿阳，中叶贤宰辅也。公生际中兴景运，宣力疆圻，从此调泰鸿，干元化，劢相我国家，尤足绵无疆之绪而弼我丕丕基也。③

亦如祝寿曲中"维岳崧高，降英灵笃生元老，佐中兴盛治光昭"之句④，以及其自述：

> 念微臣遭际中兴，竭驽骀难期报称，愿天家雨露绝塞遥承。从此梯航万国，格被三苗，寰海清如镜。男耕和女织庆丰亨，夜月花村吠不惊。波涛息，烽烟靖，算隆平总是天排定，同把盏乐贤圣。⑤

"中兴"成为同治、光绪两朝的政治基调。"功报中兴"，同治帝的中兴地位得到朝廷认定。⑥ 光绪时期继续以"中兴"为政治号召。直至清末十年新政，也以中兴为鹄的，希望延续同治中兴的事业。光绪二十七年，照博学鸿词科例开经济特科，希望"使中兴人才之盛。再见于今"。⑦ 光绪也被认定继承了同治的中兴事业："觏光扬烈，缵十三载中兴耆定之麻；创制显庸，

① 《清德宗实录》卷488，光绪二十七年十月乙未，《清实录》（第58册），第449页。
② 《清德宗实录》卷493，光绪二十八年正月癸酉，《清实录》（第58册），第519页。
③ （清）李元度：《杜鹤田中丞五十寿序》，《天岳山馆文钞》卷33，第2032页。
④ （清）顾家相：《潘铧园中丞（霨）七十寿辰制曲恭祝》，《全清散曲》，齐鲁书社，2006，第1792页。
⑤ 顾家相：《壬辰（1892）三月长男迪光自乐平就婚归喜赋一曲》，《全清散曲》，第1793页。
⑥ 《清德宗实录》卷91，光绪五年闰三月乙亥，《清实录》（第53册），第365页。
⑦ 《清德宗实录》卷482，光绪二十七年四月壬子，《清实录》（第58册），第365页。

开亿万禩宪政文明之局。"①

虽有中兴的振作,中叶积弊的困境和政治逻辑一直延续到"中兴"时代,是晚清挥之不去、贯穿始终的形势基调。同治六年,赵烈文说曾国藩:"师历年辛苦,与贼战者不过十之三四,与世俗文法战者不啻十之五六。"②总结中兴因果,薛福成认为太平军起乃是缘于清廷中叶积弊:"廷臣黼黻右文,鲜遑远略,各行省大府迨郡县吏,瞀于利弊,恪守文法,以就模式,不爽铢寸。泰极否生,兆于承平。"③中兴时代保留着中叶的记忆。同治八年,左宗棠为道光时御史徐法绩作神道碑铭,徐氏所处之世正是:"昔在中叶维庆光,日中月盈时太康。文恬武嬉乐已荒,孰饬簠簋陈纪纲?"具体而言:"时天下无事,中外晏安,言官多计资待擢,稀言时政得失……河工官吏务侵牟,所领巨帑先实私囊,习为豪靡。馈赠甚丰,公一无所受。东河总督尝从容为公言:'此俗例耳,拒之无以顺人情。'"④

战争与人事的剧变涤荡了积弊,中叶困境虽因此而舒缓,政治有所改观,但积弊的政治病和制度病并未解决,且在世变中更加复杂。⑤李宗羲进言:"成中兴之郅治,廓无外之宏规,此诚千载一时之盛事也。然就今日之时势论之,若遽以为已治已安,臣窃以为未可。"⑥园工一项尚属表面,积弊是综合的"时弊"。"吏治讲求不可急,今世服官之为糊口,乃人所习闻。"⑦曾国藩论整顿吏治之难:"如要去尽属员饭碗,我亦不依,须知天下人饭碗万不能无,汝去他一饭碗,他别寻一饭碗,于公事无益,不过百姓吃亏而已。"⑧若无万全之策,反腐励廉只会被积弊的机制扭向反面。赵烈文亦言陋规归公将转增百姓负担:"今查明陋规,抵充廉项,久必更将此钱充度支,

---

① 《清德宗实录》卷1,同治十三年十二月庚午,《清实录》(第52册),第72~73页。
② 《赵烈文日记》第3册,同治六年六月二十三日(1867年7月24日),第1484页。
③ (清)薛福成:《中兴叙略上》,《桐城派名家文集》第10册《薛福成集》,第31页。
④ (清)左宗棠:《太常寺少卿徐公神道碑铭并序》,《左宗棠全集·文集》,第294~295页。
⑤ 参见杨国强《庚申与甲午之间的中国社会(上、下)》,《上海行政学院学报》2008年第1、2期。
⑥ (清)李宗羲:《时势可虑请停园工疏》(同治十一年),王延熙、王树敏辑《皇清道咸同光奏议》卷2,沈云龙主编《近代中国史料丛刊》(第331册),(台北)文海出版社,1967,第187页。
⑦ 《赵烈文日记》第3册,同治六年九月初十(1867年10月7日),第1526页。
⑧ 《赵烈文日记》第3册,同治六年九月初七(1867年10月4日),第1522页。

而官无所得，又必巧取于民。夫天下之弊无穷，欲澄清之者，适足厉民而已。"① 面对吏治之问，赵烈文指出："江苏官场习气已固结而不可解，愿徐理其梦，毋轻斩断以重政体。且服官专为衣食，若辈已童而习之，一旦操切，近于不教之诛，宜树廉良以为之劝。至吏胥则父子祖孙盘踞一窟，不可化诲，绳之以法，不为过也。"请教者也"推手称叹"。②

积弊仍在，表征着中兴与中叶的"运会"交缠。光绪二十一年，郑藻如为同宗郑观应的《盛世危言》作序，将中兴与忧危并呈："方今运会中兴，圣明在上，镜外以治中，准今而合古，必能容长沙之忠直，采《治安》之说论。若能由此书引绪而伸之，触类而长之，人事既工，天心弥眷，安见此日忧危之语，非即后日喜起之先声?"③ 甲午战败，"中叶"的困顿感再次彰显。盛氏主持续纂经世文献，再次强调"治乱循环"的运会义理："《易》曰：无平不陂，无往不复。运会之数，天人之理，有可知，有不可知。故治乱若循环，而事变无穷极。"本朝曲为之制，预防有道："伊古以来，因革递嬗，强宗、外戚、藩镇、宦妾、权奸、边塞之祸，覆辙相寻，变本加厉。我朝鉴于往代，照灼荡涤，法制相维，又复谟烈显承，以祈天永命。史策所纪，未有盛于斯者也。"但运会仍不可逆，乃有中叶之危机：

> 然数极则还，理穷必变。运会所值，天与人方迭起以相胜。而已然之迹，无衅可乘。于是日辟其机，以创千古未有之局。特治安既久，又形势隔阂，非浸渍无以尽变，故中叶以后，萌蘖于川陕之乱，决裂于虎门之役，犹未已也。……盖自七十七年来，变故迭乘，始成积重难返之势。迨至东溟一蹶，危逼群争，天乎人乎，则诚有不可知者矣。④

立足当下而思，仍在"中叶"一局之中：

> 综计中外全局，实系乎道光一朝：前此为极盛之天下，虽鞑觇犹可

<hr />

① 《赵烈文日记》第 2 册，同治元年六月初三（1862 年 6 月 29 日），第 848 页。
② 《赵烈文日记》第 3 册，同治六年八月二十三日（1867 年 9 月 20 日），第 1511 页。
③ （清）郑藻如：《盛世危言序》，《盛世危言》，中华书局，2013，第 7 页。
④ （清）盛宣怀：《书后》，（清）盛康辑《清朝经世文续编》卷首，《清朝经世文正续编》（第 3 册），第 12 页。

相安；后此为多事之天下，且惩惩而未有艾。

面对中兴未能尽祛的中叶困境，只能再诉诸人事："数十年艰难共济，犹足昭垂天壤而光启中兴。冀睹是编者信人定可以胜天，而益厉转弱为强之志也。"①

基于"大抵立法必有弊，未有无弊之法，其要只在得人"，朱熹曾有"法弊""时弊"之分："今世有二弊：法弊，时弊。法弊但一切更改之，却甚易；时弊则皆在人，人皆以私心为之，如何变得！嘉祐间法可谓弊矣，王荆公未几尽变之，又别起得许多弊，以人难变故也。"② 此论的思想根基是"有治人无治法"，对纯任制度的警惕，是儒家制度论的逻辑起点。"时弊"即是人心积习，是比"法弊"更深层次的积弊，此弊不去，变法只会适得其反。故魏源曾对比"变法"与"去弊"，虽认为中叶的应对之道在于"更革"以"矫其弊"，但强调系就去弊而非变法而言："君子不轻为变法之议，而惟去法外之弊，弊去而法仍复其初矣。不汲汲求立法，而惟求用法之人，得其人自能立法矣。"③ 这是不轻言变法，而从"治人"入手恢复"治法"活力的去弊思路。

人心胜于制度，法度的要义在于"其初"的精神，由来已久的政治改革思想是对中叶积弊及应对之道的认知逻辑，也对晚清影响甚深。如何改变现状求得真正的中兴，时人在"时弊"与"法弊"间逡巡选择。光绪初，礼部尚书恩承论盐法之弊也持同样的除弊而不变法的主张："兴利除弊务穷致弊之源，时弊则但理其时，法弊则全革其法，若好革而专务取盈，不恤民隐，必致救跛成瘘，展转增剧。"④

对中叶法弊并无疑议，但占主导地位的认知是从时弊、人弊入手方能彻底解决，继而时局变化又推动转向的变法为要。

戊戌变法时，仍在围绕去弊与变法的不同方向辩论与寻找出路，中叶仍是共认的背景和出发点，中兴是预设的政治目标。

---

① （清）盛宣怀：《书后》，（清）盛康辑《清朝经世文续编》卷首，《清朝经世文正续编》（第3册），第12页。
② 《朱子语类》卷108，中华书局，1986，第2680、2688页。
③ （清）魏源：《默觚下·治篇四》，《魏源集》（上册），第50页。
④ 《四川盐法志》卷14，《续修四库全书》（第842册），第278页。

　　叶德辉认为："今日之时局，法诚弊矣。"但自强新法适得其反："制造兴，则仕途多无数冗员；报馆成，则士林多一番浮议。学堂如林，仍蹈书院之积习；武备虽改，犹袭洋操之旧文。"为什么"凡泰西之善政，一入中国，则无不百病丛生"？就是因为积弊扭曲了制度更革："故鄙人素不言变法，而只言去弊，弊之既去，则法不变而自变矣。若谓去弊非易，则变法亦岂易乎？"① 这代表了颇为普遍的对积弊的感触，认为去弊是比"变法"更为根本之计。候选主事、举人孔昭莱论及此："中国之坏不在于立法不善而在于积弊太深，积弊之深不在于无治法而在于无治人。泄沓欺蒙，上下一辙，苟且竞进，贿赂公行。内外度支皆浮冒，大僚荐引半属私人。"这是总体性的政治问题，而非制度层面的问题，亦须政治改进，而非变法："朝廷多一新法，则臣僚多一利窟；国家多一举动，官吏多一钻营。"若变法而不去弊，"职恐十数年后难保不再重蹈前时之覆辙也"②。刑部主事冯镜濂指出："一法甫立，百弊丛生。变新法不变人心，变旧章不变积习，恐新政终托空言。"③ 他们都担心从"中兴"回到"中叶"。没有"治人"的"中兴"是虚假的。以此标准审视洋务运动和中兴事业，只是"裱糊"而已，这已被甲午战败所证实，"变法"不过是"重蹈覆辙"。

　　"彼方共遑新图，而我犹泥守成法。"④ 变法是战胜中叶困境的另一派主张。梁启超申论变法才能中兴。变法的背景是中叶势必积弊这一难逃的气运：

　　　　语曰：学者上达，不学下达。惟治亦然，委心任运，听其流变，则日趋于敝；振刷整顿，斟酌通变，则日趋于善。吾揆之于古，一姓受命，创法立制，数叶以后，其子孙之所奉行，必有以异于其祖、父矣，而彼君民上下，犹恟焉以为吾今日之法吾祖。前者以之治天下而治，荼然守之，因循不察，渐移渐变，百事废弛，卒至疲敝，不可收拾。

---

① （清）叶德辉：《答人书》，《叶德辉文集》，华东师范大学出版社，2010，第238页。
② 孔昭莱条陈，光绪二十四年八月初五日，军机处录副·补遗·戊戌变法项，3-168-9454-29。
③ 冯镜濂条陈，光绪二十四年八月初六日，军机处录副·补遗·戊戌变法项，3-168-9456-21。此条陈与孔昭莱条陈皆转引自茅海建：《戊戌变法期间司员士民上书研究》，《戊戌变法史事考》，生活·读书·新知三联书店，2005，第263、273页。
④ （清）盛宣怀：《书后》，第12页。

只有变法，才能作新王为中兴主，真正实现中兴：

> 代兴者审其敝而变之，斯为新王矣！苟其子孙达于此义，自审其敝而自变之，斯号中兴矣！汉、唐中兴，斯固然矣！①

对于变法的对立面，文廷式将之纳入中叶世家阻挠变法的规律抨击之：

> 沮变法者，惟世家为甚，其力既足以抗国家，其言尤足以动众庶，故中叶以后，因循不振，明知法弊而莫敢言变以至于亡者，恒必由之。盘庚临以威刑，质之鬼神，而后九世之乱倏然更始。②

随着在中西竞争中步步落败，变法终于被视为去弊的唯一出路。刘坤一、张之洞会奏整顿制度，论"破常格"，认为根源在于中叶积弊而难以致治：

> 从来国家开创之初，疏节阔目，上下情通，既能周悉民隐，亦能鼓舞贤才，故成功易。中叶以后，拘文牵义，上下否隔，民情多壅于上闻，人才亦难于自见，故致治难。

积弊又逢外患，世变非常，惟有变法才能除此新旧叠加之"时弊"：

> 今外患日迫，政权渐侵，迥非光绪初年之旧。时局已非常局，则政事岂可仍拘常格？伏读圣谕有云："积习相仍，因循粉饰，以致成此大衅。"洵为深中时弊之至论。积习莫甚于骄惰恶劳，因循莫甚于借口旧章，粉饰莫甚于实情不上闻。③

---

① 梁启超：《变法通议自序》（1896 年），《梁启超全集》第 1 册，中国人民大学出版社，2018，第 21 页。
② （清）文廷式：《纯常子枝语》卷 16，《续修四库全书》（第 1165 册），第 232 页。
③ （清）刘坤一、张之洞：《江楚会奏变法三折》，沈云龙主编《近代中国史料丛刊》（第 471 册），文海出版社，1974，第 50 页。

时虽已至"瓜分大祸，迫在眉睫"，中叶积弊仍延伸过来成为包裹在季世中的困顿，清末从而呈现出与以往王朝末年君主昏庸暴戾、社会动荡不同的衰世状态。只有在从中叶到中兴而积弊犹存的脉络中，才能理解中兴之窘迫与短暂，并理解时人的变法逻辑。

结语：作为政治时间的"中叶"

从事中国史研究的学者通常都同意：在朝代的兴衰更迭中，有一个周而复始的模式，他们称之为朝代循环（dynastic cycle）。无疑地，一个朝代可以经历过好几次衰落与复兴，然后才完成整个循环。对一个已知的循环加以详细的描绘——不但顾虑到该朝代整体的兴起与衰落，同时也考虑到其间的小起伏，我们就可以称之为朝代的形态。这种形态的研究，如果能够正确而公平地反映出一如既往的陈迹，那将会使我们对朝代循环的理解更加深入。①

但是，杨联陞先生的研究理路实是作为"后知后觉"的历史学家，基于"已知的循环"，对已经完成、已成客观的"陈迹"的形态与规律进行总结。然而，历史中人未必知道自己身处"好几次衰落与复兴"之中，他们只能凭借自己承受的思想与观念作出当时的主观判断。身值中叶，且能中兴，而非末世、季世的秩序崩解，时人未必认为是"循环"。我们观察历史，希望能找到时人心中的判断和动力，政治时间的观念与对世运的希望，就是他们心中的政治动力。"中叶"是一个非常辩证的，既有深刻危机感，也有转圜再造之希望的一个时间概念，落在士大夫心中，既是困境感，也是动力。它支撑了19世纪中国人对政治发展的信念。当进入历史之后，这样一个主观的理解和判断过程，又成为后人思考"朝代的形态"的重要组成部分。

殷代政治史发端于《诗》，"中叶"可谓一个"政治时间"的概念。"政治时间"并无既定的严格概念界定，本文认为，它是人们对于政治发展时刻、阶段、时长的认知，既是政治体生命节点的时间刻度和生命长度，也是由此而来的盛衰周期，以及渗透到诸如家族家庭等社会组织实体的生命周期

---

① 杨联陞：《国史诸朝兴衰刍论》，第14页。

的指称。围绕政治时间，形成了特定的思想和观念，是传统中国政治思想与观念的重要组成部分。"中叶"与王道息息相关，德薄乃有中微，积德则可拨乱反正，转移运会的机运系于君主一身。"中叶"成为对王朝国家生命周期及其中"中衰"阶段的规律性认知，指引着历史中人以彼时的逻辑范式考量"时弊"与"法弊"的轻重，严正对待"变法"等后人视为神圣的政治举动。

以经学与历史教训为基，"中叶"在清代成为一个常用的政治时间观念，对应着时局判断和纾解方略。中叶积弊既是压倒性的认识，也终于成为未能逃避扭转的现实厄运，由中叶而中兴仍是转圜希望，中叶又始终存在于中兴之侧，这是从嘉道到同光的基本政治背景和政治发展逻辑。把握住这条逻辑线索，我们能够看到在康乾盛世之后，19世纪中国的整体发展脉络，这正是中国最后一个王朝国家的中晚期政治发展轨迹。王朝兴衰的周期从而与近代中国的变迁套叠。由此，对"同光中兴"的起灭，对晚清与清中期政治史的内在关联，甚至对从清初到清中期、再到晚清的政治思想的递进与转型，都能多一分新的理解。

清代学风转移与理学发展概说

——兼论学术史的书写问题

黄　湛

（江苏大学文学院）

摘　要： 以往对于清代学术史的研究及清代学术发展脉络的叙述，多以考证学、"汉学"为核心。本文对这一局限予以反思，提出清代学术"理学主线"的研究途径。清代理学的发展轨迹可以概括为：清初道德性命、心性工夫的衰落；清中期以文章义理为主要形式的"宋学"；再到嘉道时期心性之学的复张。理学总体上是按照由尊德性到道问学、后期又回归尊德性（以道问学为辅）的理路发展。嘉道以降流行的"孔门四科论"（及"汉宋调和论"）标志着考据学、理学、文章学、经世学等专门分科的成立，各科之间既互相争鸣，又兼容并蓄。科举俗学和汉学独尊的现象受到集中批判，理学的兴起便是在这种儒学多元化的学风背景下发生的。前人对嘉道之际理学成就的评价普遍不高，但这一时期理学不是简单的复刻宋明及清初理学传统，而是在深入探讨义理问题的同时，与考据学、文章学、经世学、佛学互相影响、渗透。

关键词： 清代理学　清代学术史　汉宋之争　汉宋调和　桐城派

一　清代学术史的汉学主线叙事模式

清代学术研究自民国之初便已成为显学，章太炎、梁启超、钱穆、侯外庐等学者从不同角度勾勒清代学术发展脉络，奠定了日后清代学术史的几种叙述模式。近半个世纪以来的清代学术史研究，大致就是根植于前辈学者建立的论述框架续作讨论。整体而言，汉学考据一贯是清代学术史书写的主线，而汉宋学的消长、经今古文的分歧等内容，则是清代学术研究的核心议题。

章太炎是第一位系统整理清代学术史的近代学者。他在 1904 年撰写的《訄书·清儒》中，基于反满和民族主义的立场，强调清儒继承汉学传统及重考据、反义理的特点。此外，章太炎将汉宋之争理解为汉学家与桐城派，也就是经师与文士之间的矛盾。① 他对汉学的推崇以及对汉宋之争的关注，对后来清学史研究的开展多有启发。与章太炎属同一学术阵营的刘师培，所撰《近儒学术统系论》《清儒得失论》《近代汉学变迁论》等篇，亦以民族主义为基本论调，主要关注清代的考据朴学。② 清代学术以经学、汉学为主流学术，故清学史又常约同为清代经学史。皮锡瑞在《经学历史》中，将清代学术的发展划分为三个时期：清初汉学兴起，兼采宋学；乾隆以后汉学独尊，推崇东汉古文经学；晚清则以今文经学收场。③

继章、刘、皮氏之后，梁启超所作清学史诸书亦以汉学为主线，其叙述模式、所选清儒及相关评价，均成为日后清学研究的典范。梁启超早在 1904 年撰写《论中国学术思想变迁之大势》中"近世之学术"一节时，已将清代称为"古学复兴时代"，依时代先后划分为顺康、雍乾嘉、道咸同光三个时期。④ 清学的发展脉络大致为清初实学思潮兴起，到清中期进入考据全盛时代，思想日益消沉，最后以晚清今文经学的兴起收尾。后来在撰写《清代学术概论》《中国近三百年学术史》时，梁启超延续原先的思路，仍是以乾嘉汉学为中心，以考证学思潮为清代学术的特质。梁氏虽然也对清初及晚清朱子学颇有关注，但他以"理学反动"定位清初学术大势，加深了学界对于清

---

① 章炳麟著，徐复注《訄书详注·清儒》，上海古籍出版社，2017，第 132~175 页。

② 刘师培：《清儒得失论》，吉林人民出版社，2013。

③ （清）皮锡瑞著，周予同注释《经学历史》，中华书局，2004。

④ 梁启超：《论中国学术思想变迁之大势·近世之学术》，《饮冰室合集·文集之七》，中华书局，2015，第 77~103 页。

代学术一反宋学的"刻板印象"。①

张君劢认为宋明理学独辟蹊径，不与汉学争长短。汉宋之争肇始于清初，"明清之交，顾亭林辈反对王学之空谈心性，以阳明之学，比晋王夷甫之清谈。自是而后，有由王学而返于朱学者，是为程朱派；更有舍理学而专以'六经'为研究之对象者，是为汉学派"②。清初学人将明代灭亡归罪于阳明心学带来的空谈心性的流弊，学术上存在汉儒经学和程朱理学两条发展脉络。张氏继而指出，清中叶汉学考证极盛，宋学的典范地位被汉学所取代，直至道咸之际经由唐鉴、曾国藩等人的推动，才得以复兴，此即清代汉宋学消长的历史。

有清一代，无论是以著述成果、学说创新还是学人动态观之，汉学都占据着学术的主流地位。以考证学、经学、朴学概括清代学术，在清儒本身便已成惯例。其中最为人熟知者，当属江藩《汉学师承记》建构的以汉儒经学为圭臬的清代学术传承体系。龚自珍则以尊德性、道问学分别汉宋学术，清代学术则是以道问学为主。③

外在因素对于清代学术发展的影响，同样是以往研究的重心。侯外庐《中国思想通史》第五卷论述 17~19 世纪的中国社会和启蒙思潮，采用"经济—社会—思想"的思路，指出经济发展导致社会结构的变化，进而影响学术思想的走向。④ 20 世纪 70 年代，美国汉学家艾尔曼（Benjamin A. Elman）将乾嘉"江南学术共同体"比附为"文艺复兴"，强调清代考据学瓦解了传统理学思想，如同"文艺复兴"让欧洲走出中世纪（此说实源自梁启超）。他亦重视江南经济对于古籍整理、书籍出版传播的促进，以及职业化学人与

---

① 梁启超：《清代学术概论》，朱维铮校注《梁启超论清学史二种》，复旦大学出版社，1985。梁启超著，夏晓虹、陆胤校《中国近三百年学术史》（新校本），商务印书馆，2013。

② 张君劢：《中国学术史上汉宋两派之长短得失》，收入胡适等编《张菊生先生七十生日纪念论文集》，商务印书馆，2012，第 1~20 页。

③ 龚自珍谓："孔子没，儒者之宗孔氏治六经术，其术亦如循环。孔门之道，尊德性，道问学，二大端而已矣。二端之初，不相非而相用，薪同所归。识其初，又总其归，代不数人，或数代一人，其余则规世运为法。入我朝，儒术博矣，然其运实为道问学。"（清）龚自珍：《江子屏所著书序》，《龚自珍全集》，上海人民出版社，1975，第 193 页。

④ 侯外庐：《中国思想通史》第五卷，人民出版社，2022。

学术发展的密切关联。① 侯外庐、艾尔曼等学者的研究模式虽然侧重于社会、经济对于学术文化的影响，但各篇章的讨论也多以经学家、考据学者为中心，仍是以汉学为主线的清代学术史研究思路。

葛兆光曾针对清学史书写的范式特点做出概括。首先，研究对象大体上是刘师培、梁启超、钱穆所提出的清代学者，清初讲顾炎武、黄宗羲、王夫之等经世大儒，康熙时期讲阎若璩、胡渭等经学家，到乾隆朝的惠栋、戴震等考据学者，嘉庆朝的扬州学人（阮元、焦循、凌廷堪）及常州学派（庄存与、刘逢禄等），下接道光以后的经世学者和今文经师（如魏源、龚自珍等）。其次，学术史所谓的"学术"，其实是经学著作以及与经学有关的小学论著占据了中心（有时再加上钱大昕、王鸣盛、赵翼及章学诚的史学），其他知识较少出现在学术史叙述中。最后，很少涉及正统思想和主流学术之外的"异端"之学（如诸子学、佛老思想）。② 葛氏不仅对少数精英考据学者是否能对传统学术思想构成严重挑战持怀疑态度，还提出"朴学并非当时惟一的学术话语，考据只在部分学者看来是最大的学问，此外还有相当一批学人是以文章学为最高境界，如桐城派"③。这批从事文章学的文士，实际上正是汉宋之争中宋学阵营的主体（详见后文）。上述对于清学史书写传统的质疑，足以发人深省。

近世治清学者，能够跳出汉学主线而重视理学脉络的，莫过于钱穆。钱穆在《中国近三百年学术史》中，针对梁启超的"理学反动说"，强调清代学术与宋明理学的延续性，晚明遗老、乾嘉大儒"靡不寝馈于宋学"；乾嘉汉学家学问高下浅深，"亦往往视其所得于宋学之高下浅深以为判"；道咸以降宋学复兴，"故不识宋学，即无以识近代也"。④ 此说后来成为学界公认的另一清学研究典范，与梁氏界定清学一反宋明理学的观点分庭抗礼。钱穆《中国近三百年学术史》一书对清代学术的宋明理学渊源多有措意，但是对于清代理学家的关注仍显不足。他于20世纪40年代所撰《清儒学案》一

① （美）艾尔曼：《从理学到朴学——中华帝国晚期思想与社会面面观》，赵刚译，江苏人民出版社，1997。
② 葛兆光：《清代学术史与思想史的再认识》，《思想史研究课堂讲录续编》，生活·读书·新知三联书店，2012，第152~154页。
③ 葛兆光：《清代学术史与思想史的再认识》，《思想史研究课堂讲录续编》，生活·读书·新知三联书店，2012，第169~170页。
④ 钱穆：《中国近三百年学术史》，台湾商务印书馆，2019，第1页。

书，进一步以理学为中心论述清代学术的发展脉络，选择 64 名清代学者各立学案，实可谓一部"清代理学史"。① 钱氏介绍此书宗旨说："本编所录，一以讲究心性义理，沿续宋、明以来理学公案者为主，其他经籍考据，概不旁及。"② 循钱氏之意，清代考据学"主流"之外，潜存一条传衍宋学义理的学术轨迹。

继钱穆之后，也有一些学者从理学的角度考察清代学术。如张舜徽说："乾嘉诸师，特承其遗绪而恢宏之耳。"③ 傅斯年谓："后人反以理学为宋学（自注：其时清朝所谓理学是明朝的官学，即'大全'之学）、以宋学（自注：考订文籍、辨章器物，皆宋人造成之学）为汉学，直使人有'觚不觚'之叹。"④

传统清学史认为清代思想灰暗，鲜少创新，原因在于清廷采取高压政策，程朱理学沦为统治的工具以及束缚人心的道德教条。⑤ 似乎清代学者已彻底走向理学的对立面，完全钻入故纸堆中去做考据、文献的学问。一方面，清儒在治学途径上从尊德性转向道问学，自清初以降，心性工夫渐被冷落，取而代之的是经史文章之学；另一方面的变化体现在经学诠释中，明清之际辨伪学兴起，被奉为理学圭臬的经典（如《易》图、《古文尚书》等）或被证伪，或存在严重争议（如《大学》古文、改本之争），赖以建构理学学说的根基因之动摇。校雠、训诂、音韵等文献小学在清初百年间的积累之下，逐渐取代理学在经典诠释中的权威地位，解经过程中对于道德义理的追求亦随之消解。尽管乾嘉汉学鼎盛之时，一直贯穿着考据与义理间的汉宋之争，但毋庸置疑的是，考据学、汉学已然凌驾于义理之学之上，成为代表清代学术的新典范。

---

① 钱穆：《清儒学案序目·后跋》，《中国学术思想史论丛》（八），《钱宾四先生全集》第 22 册，联经出版事业公司，1998，第 619~621 页。
② 钱穆：《清儒学案序目》，《中国学术思想史论丛》（八），《钱宾四先生全集》第 22 册，联经出版事业公司，1998，第 594 页。
③ 张舜徽：《广校雠略》卷五"两宋诸儒实为清代朴学之先驱"条，华中师范大学出版社，2004，第 95 页。
④ 傅斯年：《中国古代文学史讲义》，《傅斯年全集》第二卷，湖南教育出版社，2003，第 118 页。
⑤ 例如章太炎"学隐"说，便是持论清儒之"争治汉学，锢天下智慧为无用"，即是清廷为了要"绝其恢谲异谋，使废则中权，出则朝隐"。不然若东原辈，"方承流奔命不给，何至槁项自縶缚汉学之拙哉"。章炳麟著，徐复注《訄书详注·学隐》，上海古籍出版社，2017，第 176、180 页。

张丽珠对乾嘉"新义理学"曾做出专门研究，指出"清代理学的'义理学典范'危机以及被取代'学术典范'地位，实是二事，应该区别看待"。"理学的'义理学典范'危机——纯粹从义理学角度看待理学的信仰危机、对理学的义理质疑，那便要聚焦于义理学范畴的思想体系殊异问题了。此时就不应与考据学对义理学的'学术典范'取代混为一谈了。"① 从学术典范的嬗变讲，清代考据学已取代理学，占据主流的学术地位。从义理思想的层面讲，理学在清代自有其内在的发展轨迹。理学虽然受到颜元、戴震、焦循、凌廷堪等的新兴思想学说的挑战，但是权威地位未曾动摇。理学既是官方意识形态和统治思想，在清代社会、政治、文化等方面仍存在深刻的影响，还是一般读书人的道德信条和持身标准。可惜由于汉学长期以来被视为清学成就的标志，清代学术思想中扮演重要角色的理学被严重忽略了。

二 理学视域下的"回归原典"与汉宋之争中的宋学

满族入关之后，便采取与汉族士大夫合作的态度，借着"尊朱"的旗号继承道统，推行"崇儒重道"的基本国策。康熙时，朱熹从祀孔庙的地位得以提升，从"东庑先贤"一跃提升为"大成殿十哲"。在此情形下，理学名臣李光地主持编纂《朱子全书》《性理精义》，俨然一代朱子学领袖；熊赐履、汤斌等理学家也纷纷获得重用，位极人臣。康熙帝更是亲自主持经筵日讲，阐发朱子学说；陆陇其则以"程朱嫡派""洙泗干城"护教程朱，从祀孔庙。理学不仅是巩固封建统治和伦理秩序的政治工具，还在科举选士中继续发挥着决定性的作用。清代延续明代的科举制度，以《四书五经大全》《性理大全》为开科取士的定本。功令所在，对于追求功名利禄的一般读书人而言，程朱理学范畴下的四书时文及五经经义，是其学术知识的主要来源。

清初朱子学的发展首先建立在明亡引起的王学清算运动上。象山、阳明及其后学为主的心学一系被排除在儒家道统传承谱系之外。明清易代之际，士人开始对宋明理学关注超验性理的形上世界，以及工夫上强调证体和道德自觉的为学路径进行反省，道德性命之学受到集中批判。此外，清廷对读书

---

① 张丽珠：《清代的义理学转型》，里仁书局，2006，第 11 页。

人参政议政活动进行打压，晚明兴盛的以理学为核心议题的聚众讲学模式开始没落。清代读书人也将明亡教训归咎于讲学，并将讲学和心学空疏的流弊联系起来。如顾炎武谓："处今之时，但当著书，不必讲学，此去名务实之论。"① 陈确亦批评讲学言："一人身上自有一人当为之事，看得要紧，便须各自寻头，急急为之。不为所当为，而徒呼朋讲学，空言过日，于本身绝无相干。"② 康雍间心学家李绂尝谓："学者苟有志于圣贤之学，躬行实践可矣，何必言心言性?"③ 读书人对于宋明理学偏重心性义理、形上思辨展开反思，一致认为为学空疏之流弊是导致社稷危殆的罪魁祸首。

明清之际的学者纷纷倡导实学经世，以"修己治人之实学"取代"明心见性之空言"。④ 在清初实学潮流下，不惟治训诂考据的经学家反对空疏之论，理学家、文士群体也都表现出崇实黜虚的学术倾向。在文章学方面，实学表现为对历代文学经典、先贤文章源流的知识性储备。在理学方面的变化，则表现为从超越的、普遍性的形上之道德价值取向，转入经验视域的形下之器的落实；从围绕道德性命的讲论思辨和澄思静虑、存养省察的心性工夫，转入日用人伦中的道德践履。黄宗羲讲"说经则宗汉儒，立身则宗宋学"；惠士奇红豆山房楹联则道："六经尊服郑，百行法程朱。"⑤ 其中，"立身""百行"皆侧重德行（道德践履）的意义。到了清中期汉宋学对立的语境下，德行时常用来指代"宋学""理学"。嘉道时期学者达三在为江藩《国朝宋学渊源记》作序时，即言："大经大法，奥义微言，具载六经，后之人果能于六经身体而力行之，以之修身则可悟前圣之心传，以之治世则可返唐虞之盛轨，内圣外王，体用兼尽，原非为托之空言已也。"⑥ 谢章铤则谓："立品端方、践履笃实即是宋学。天下通理盖即古今之绝学，非如穷经者必

---

① （清）顾炎武：《与友人论父在为母齐衰期书》，《顾亭林诗文集》卷 3，中华书局，1983，第 44 页。

② （清）陈确：《寄诸同志》"一人身上"，《陈确集》卷 16，中华书局，1979，第 379 页。

③ （清）李绂：《心体无善恶说》，《穆堂初稿》卷 18，《清代诗文集汇编》第 232 册，上海古籍出版社，2010，第 215 页。

④ （清）顾炎武撰，黄汝成集释《日知录集释》"夫子之言性与天道"条，上海古籍出版社，2013，第 402 页。

⑤ （清）江藩：《国朝汉学师承记》，中华书局，1983，第 127 页；附《国朝宋学渊源记》，第 154 页。

⑥ （清）达三：《国朝宋学渊源记序》，《国朝汉学师承记》，中华书局，1983，第 150~151 页。

斤斤奉一先生之说也。"① 宋学、理学无论是心性还是事功，均侧重践履实迹。

清初"回归原典运动"强调义理依归于经典文本，本质上也是理学家对于道德性命空疏弊病的补救。钱谦益即批判理学已堕落为科举时文和语录，从而提倡以经学为根柢的理学。他说："夫今世学者，师法之不古，盖已久矣。经义之敝，流而为帖括；道学之弊，流而为语录。是二者，源流不同，皆所谓俗学也。俗学之弊，能使人穷经而不知经，学古而不知古，穷老尽气，盘旋于章句占毕之中。此南宋以来之通弊也。"② 再如顾炎武谓："愚独以为理学之名，自宋人始有之，古之所谓理学，经学也，非数十年不能通也……今之所谓理学，禅学也，不取之五经而但资之语录，校诸帖括之文而尤易也。"③ 全祖望将顾氏此言总结为"经学即理学"，由此成为汉学家的"信条"。全祖望又转述顾氏语说："古今安得别有所谓理学者，经学即理学也。自有舍经学以言理学者，而邪说以起，不知舍经学，则其所谓理学者，禅学也。"④ 批评的是"舍经学以言理学"的倾向。

钱穆指出，清代经学走向考据是"理学进展中应有之一节目"，相较以往经学不过"益精益纯"而已⑤，认为回归经学原典本就是宋明理学内部发展的一个环节。清初学者对于经学的提倡，往往是在理学范畴内对心学空疏流弊的修正，以回归原典、重视读书纠正晚明束书不观、坐而论道的学术风气。此时讲经学者开始强调经学源流始末，重视汉儒训诂考据之学，以为当与宋儒义理并行，不可偏废。以清初理学名臣为例，李光地谓："解经在道理上明白融会，汉儒自不及朱子。至制度名物，到底汉去三代未远……毕竟还有些事实。不似后来礼坏乐崩，全无形似，学者各以其意杜撰，都是空言。此汉儒所以可贵。"⑥ 是以经义归于朱子，而承认汉儒经说去古未远，所

① （清）谢章铤：《书汉学师承记宋学渊源记后》，《赌棋山庄所著书》卷4，《续修四库全书》第1545册，上海古籍出版社，1995，第304页。
② （清）钱谦益：《赠别方子玄进士序》，《牧斋初学集》卷35，《钱牧斋全集》第2册，上海古籍出版社，2003，第992~993页。
③ （清）顾炎武：《与施愚山书》，《顾亭林诗文集》卷3，中华书局，1983，第58页。
④ （清）全祖望：《亭林先生神道表》，詹海云校注《全祖望鲒埼亭集校注》第2册，台北"国立"编译馆，2003，第283页。
⑤ 钱穆：《清儒学案序目》，《中国学术思想史论丛》（八），《钱宾四先生全集》第22册，联经出版事业公司，1998，第590页。
⑥ （清）李光地：《榕村语录》卷19，《榕村语录·榕村续语录》，中华书局，1995，第341页。

释训诂文字、礼仪制度更近事实。虽然汉唐注疏和考据方法在经学诠释中愈加受到重视，但明晓义理、入德求道仍是读经的根本目的。熊赐履认为训诂是"求古圣贤之微旨"的必要步骤，但他亦指出，读经若非"有近里体察之功以相证验"，则"立言浸多，去道益远"。① 魏象枢则曰："经之存亡，视乎人心。古学者三十而通六经，非泥经以求经也。即吾心以会圣人之经，能贯通一心于六经，统汇六经于一心。"②

经典是记载圣贤言行和治世之道的文献，切身体会圣人言行中的道理，是经学的第一义。训诂考据不过是发明经义的辅助工具。然而，训诂考据在清初表现出强劲的发展势态，到了清中期，基本取代了理学传统，成为新的学术典范。乾嘉汉学群体延续清初崇实黜虚的治学宗尚，在"道在六经"经学思想的指导下，以汉儒古义为凭据的经文训释，成为经学研究的首要任务。汉学家反对宋儒一改汉唐注疏旧例，空言性命，也不承认宋儒所言经义可以跨越两千年，直承孔孟之道。③ 汉学家口中所批判的宋儒经学，主要是陆王心学"六经注我"的解经理念，加之《四书五经大全》作为科举教材，儒家经典往往以高头讲章的形式出现，沦为科举的附庸。④

汉学群体对宋明经学末流进行批评，在义理思想方面仍是以宋学为圭臬。经过清初实学思潮的洗礼，清中期宋学家讲求的义理之学，主要是义理思想切于人事、有助世俗教化的面向，他们并不关心形上思辨和心性工夫等宋明理学更为核心的议题。⑤ 当戴震等学者立足汉儒经注阐发"新义理"思

① （清）熊赐履：《四书绪言序》，《经义斋集》卷3，《清代诗文集汇编》第139册，上海古籍出版社，2010，第77页。

② （清）魏象枢：《经学对》，《寒松堂全集》卷12，中华书局，1996，第613页。

③ 四库馆臣即言："自宋学大行，唐以前训诂之传，率遭掊击，其书亦日就散亡。沿及明人，说经者遂凭臆空谈，或荡轶于规矩之外。"（清）永瑢等撰，纪昀等纂《四库全书总目》卷33，"余萧客《古经解钩沉》提要"。

④ 四库馆臣说："当时程序，以'四书'义为重，故'五经'率皆庋阁，所研究者惟'四书'，所辨订者亦惟'四书'。后来'四书'讲章，浩如烟海，皆是编为之滥觞。盖由汉至宋之经术，于是始尽变矣。"（清）永瑢等撰，纪昀等纂《四库全书总目》卷36，"明永乐御纂《四书大全》提要"。

⑤ 传统观点认为，清儒不好义理思辨，阐发有异于官方意识形态的思想，是清代文化政策对文人思想钳制打压的结果。这一说法后来遭到质疑，比如戴震及其后学的"新义理学"便以公然批判程朱思想闻名，虽然这在当时汉学家中属于凤毛麟角，但对程朱理学提出异议绝非清代的政治禁忌，就连乾隆帝本身也多次在经筵日讲中批评朱子的经学诠释问题。陈祖武：《从经筵讲论看乾隆时期的朱子学》，《学步录》，中华书局，2021，第53~70页。

想，通过辨名析义、"由词通道"对理气、情欲、义利、仁智等儒学义理重加诠释，立异程朱时，只有一二友人、门生能予以同情之理解。[①] 就时人对戴震学说的认知程度而言，主要还是认为戴震反程朱理学，是要以训诂考据取代经学义理。

朱筠批评戴震的三条理由，可以代表时人对戴震学说的普遍看法。其一，"程、朱大贤，立身制行卓绝，其所立说，不得复有异同"。这是以程朱理学为道德伦理的信条，认为一切质疑者都是异端。其二，"经生贵有家法，汉学自汉，宋学自宋，今既详度数，精训故，乃不可复涉及性命之旨，反述所短，以掩所长"。将训诂考据归诸汉学，道德性命相关的义理学说归诸宋儒（专指程朱），所谓学有专长，治汉学者不应染指义理之学。其三，"儒生可勉而为，圣贤不可学而至"。宋明理学以圣贤人格为榜样，立志成圣，讲求成圣的工夫路径。但在汉学家看来，"闻道知德"只有孔孟程朱这样的圣贤才能参悟，一般读书人应做的是"抱残守缺"，遵循旧说，进而躬行践履。[②]

如若汉学群体仅对空疏的治学方式进行批判，自然不会引起后来宋学群体的激烈反应。然而，原本用以辅助经义发明的训诂考据，却取代义理之学成为解经的规范，这让拥护宋学者产生了强烈的危机感。他们指责汉学家以训诂考据为圣人之道的全部内容，如姚鼐说："今世天下相率为汉学者，搜求琐屑，征引猥杂，无寻求义理之味，多矜高自满之气，愚鄙窃不以为安。"[③] 方东树亦批评汉学家"以为古今圣人惟孔子，孔子之道在六经，六经之旨在训诂、名物、制度，学者第从事名物、训诂，自足通乎性与天道。"[④] 尊宋学者认为，汉学宗旨在于训诂考据、名物制度，这相对于通经求道而言不过是琐屑小道，宋儒讲求的义理之学关乎道德性命和经世致用，这才是孔孟之学的核心精神。

① 张丽珠则指出，"新义理学""已能撼动理学核心思想"，"足以和理学分庭抗礼"，因而"也才有了捍卫程朱义理的迫切"，"遂和具有哲学性格的戴震等人发生强烈的义理对峙。"张丽珠：《清代的义理学转型》，里仁书局，2006，第144页。

② （清）江藩：《国朝汉学师承记》，中华书局，1983，第100~101页。

③ （清）姚鼐：《复汪梦慈书》，《惜抱轩诗文集·文后集》，上海古籍出版社，1992，页295。

④ （清）方东树：《汉学商兑》，凤凰出版社，2016，第212页。

汉学家抱持"训诂明而后义理明"①的原则，在宋学派看来，训诂考据与义理之间并不构成必然的关联，反而是以考据、义理分属汉、宋门户，自清初以降渐成主流观点。就连攻诋汉学最力的桐城派，也不全然否认汉学的价值。如方东树赞扬汉学："考汉学诸人，于天文术算、训诂小学、考证舆地、名物制度，诚有足补前贤裨后学者。"②但另一方面，他指责汉学家"以言心、言性、言理为厉禁"，"蔑弃义理"，"反之身己心行，推之民人家国，了无益处，徒使人狂惑失守，不得所用"③。训诂考据只是经文的学问，与义理学、传道实为二事。管同在讨论朱子经学时说："朱子解经，于义理决无谬误。至于文辞、训诂、名物、典章，则朱子不甚留神，故其间亦不能无失。"④也是分训诂考据与义理为二，即使朱子在训诂考据上略有缺失，但丝毫不会影响其经义发明的正确性。

三　宋学派义理之学背后的文章学主张

清中期宋学多以汉学的对立面出现在清代学术史的书写中。学术界对"汉学"名目的诸多含义已有深入的考察，其实"宋学"（或谓"理学""道学"）在不同语境下亦有多种含义。广义的"宋学"与"理学"往往可以互相指代，但是很多时候却不能直接把"宋学"理解为"理学"。清中期已罕见发明义理、讲求心性工夫的理学家，理学对于一般读书人而言，主要只是作为持身的标准和道德规范。沈曾植描述清代士大夫理学时说："乾嘉以来朝贵负时望者，其衣钵有二途。上者正身洁己，操行清峻，以彭南畇《儒门法语》为宗；其次则谦抑清俭，与时消息，不蹈危机，以张文端《听训斋语》为法。百余年来汉官所称贤士大夫之风气在是矣。"⑤熊十力也认为清人

---

① 这是乾嘉汉学家普遍的经学信条。如戴震说："故训明则古经明，古经明则贤人、圣人之理义明。"（清）戴震：《题惠定宇先生授经图》，《戴震文集》卷11，中华书局，1980，第168页。王鸣盛说："正文字、辨音读、释训诂、通传注，则义理自见，而道在其中矣。"（清）王鸣盛：《十七史商榷·序》，《嘉定王鸣盛全集》第1册，中华书局，2010，第2页。
② （清）方东树：《汉学商兑》，凤凰出版社，2016，第211页。
③ （清）方东树：《汉学商兑》，凤凰出版社，2016，第3、61、159页。
④ （清）管同：《答陈编修书》，《因寄轩文集》卷1，严云绶、施立业、江小角主编《桐城派名家文集》第5册，安徽教育出版社，2014，第93页。
⑤ 许全胜编《沈曾植年谱长编》，中华书局，2007，第87页。

言及义理之学，多半只谓于身心修养有补，视之为训条或格言而已。① 王汎森考察唐鉴《国朝学案小识》收录的清中期理学家，指出其中多为在地型的、在本地社会产生重要影响的学者，理学作为"思想信条"，影响了他们的生活、心态以及在社会上的种种作为。②

理学作为一种思想，早已渗透于日常生活之中，对于经学和文章学的影响亦不可忽视。三者的关系错综复杂，是清代学术史叙述和研究中必须注意厘清的问题。考察汉宋之争中宋学阵营的主要人员，会发现其中多为精于辞章之学的文士。清学史研究者也多认为，清中期的汉宋之争是经生与文士间的矛盾。章太炎就早已提出"文士与经儒始交恶"的说法。其中"文士"主要指桐城派，桐城文章效法曾巩、归有光，"亦愿尸程朱为后世，谓之桐城义法"。③ 邓实也将经学考据学者与桐城文派视为汉宋各自阵营的代表。④ 近四十年，学界对这一问题做了更为深入的探讨。如王家俭言："将近一个世纪以内，汉学家虽然对宋学展开全面的攻击，可是除了桐城派的古文家，如姚鼐、方东树等尚路见不平、拔刀相助以外，在当时的理学家中，却很少有人提出系统而有力的答辩。"⑤ 暴鸿昌指出，责难汉学家的文字主要不是来自宋学家（理学家），而是来自文士（诗文家）。⑥ 蔡长林则进一步指出，这些文士长期以来浸润举业、攻文能诗。尽管经生与文士的矛盾不应被简单地等同于汉宋之争，但大致而言，"包括桐城派在内，坚持以程朱为式的举业之正当性，并且注重诗文创作的文章之士，大抵上多有反汉学考据之倾向"。即使是在学术价值观上亲近汉学考据的文章之士，"他们表现学问见解的载体，仍是以文章为主，经疏注解或学术札记则是居于辅助的地位"⑦。

文士群体在汉宋之争中选择站在宋学阵营，固然是因为他们作为科举士人，自幼便受到宋儒经注体系的熏陶，故能对宋学抱以同情。但是这无法解

① 熊十力：《答某生》，《十力语要》卷3，中华书局，1996，第248页。
② 王汎森：《思想是生活的一种方式：中国近代思想史的再思考》，联经出版事业公司，2017，第8~9页。
③ 章炳麟著，徐复注《訄书详注·清儒》，上海古籍出版社，2017，第151页。
④ 邓实：《国学新论》，徐亮工编校《中国近三百年学术史论》，上海古籍出版社，2006，第338~340页。
⑤ 王家俭：《清代"汉宋之争"的再检讨——试论汉学派的目的与局限》，《清史研究论薮》，文史哲出版社，1994，第78页。
⑥ 暴鸿昌：《清代汉学与宋学关系辨析》，《史学集刊》1997年第2期，第67页。
⑦ 蔡长林：《文章自可观风色：文人说经与清代学术》，台大出版中心，2019，第17页。

释，何以同样出身科举的汉学家却标榜训诂考据，与义理学分庭抗礼。文士群体讲求义理的更深一层原因，是文章学与义理学本身存在紧密关联。表面上，汉宋之争双方的论证焦点在于考据与义理的分歧，其背后却是经学与文章学的争鸣。有关这一问题，我们需要从文学史/文章发展脉络出发，梳理隋唐以降的科举及文章学两条线索，联系辞章与经学之争，文、道关系等因素考察。

科举制起于隋代，取代魏晋九品中正制，改设明经、进士二科取士。唐承隋制，明经科重经学，进士科考诗赋。迨至宋代，诗赋与经义之争愈发激烈。马端临《文献通考》载："熙宁四年始罢词赋，专用经义取士，凡十五年。至元祐元年复词赋，与经义并行。至绍圣元年复罢词赋，专用经义，凡三十五年。至建炎二年，又兼用经赋。盖熙宁、绍圣，则专用经而废赋；元祐、建炎，则虽复赋而未尝不兼经。"① 科举明经考试要求以策问文章的形式表彰经义，而非以汉唐注疏的形式表达经学见解。故而经义与诗赋在科举场域角力的同时，有逐渐文辞化的趋势。②

经义的发展与唐宋古文运动又存在着千丝万缕的联系。中唐时期韩愈、柳宗元发起古文运动，针对六朝以来的骈体和诗赋的旖旎文风，提倡文学应以传承儒学精神为目的以及维护社会伦常秩序的经世职责。韩、柳都强调文章对于传承圣贤之道的重要作用，主张道以文而明，文以道而著。③ 圣贤之道记载于六经，文章、经学也就因共同的传道目的纽系在一处。宋代欧阳修、苏轼等古文家继承唐代古文运动中的文、道思想，重视文章的经世教化意义，形成道德、政治、文化相统一的复古文学理想。④ 理学家则对古文家的文、道关系提出异议，主张"文以载道"，周敦颐提出："文所以载道，犹车所以载物。""不载物之车，不载道之文，虽美其饰，亦何为乎!"⑤ 认为

① （元）马端临：《选举考五》，《文献通考》卷32，中华书局，2011，第924页。

② 相关讨论，参见祝尚书《宋代进士科考试的诗赋经义之争》，《宋代科举与文学考论》，大象出版社，2006，第190~209页；龚鹏程《唐朝中叶的文人说经》，《六经皆文：经学史/文学史》，台湾学生书局，2008，第27~64页。

③ 如韩愈在《题哀辞后》中说："愈之为古文，岂独取其句读不类于今者邪？思古人而不得见，学古道则欲兼通其辞；通其辞者，本志乎古道者也。"（唐）韩愈撰，阎琦校注《韩昌黎文集注》，三秦出版社，2004，第458~459页。

④ 参见陈广宏《"古文辞"沿革的文化形态考察——以明嘉靖前唐宋文传统的建构及解构为中心》，《文学遗产》2012年第4期，第98~111页。

⑤ （宋）周敦颐：《通书·文辞》，《周敦颐集》，中华书局，1990，第35页。

文章单纯只是传道的工具和载体，从而使文章沦为道德和经术的附庸。程颐则把当时学术分为三类，以"儒者之学"为正学，而排斥"训诂之学"和"文章之学"。① 宋末吴渊论宋代文学转变经过，是从古文家的文章一变而为理学家的文章，"其弊至于志道忘艺，知有语录而无古今。始欲由精达粗，终焉本末俱舛"②。理学家因重道轻文，与古文家在文、道关系上存在分歧。周密谓："宋之文治虽盛，然诸老率崇性理，卑艺文。朱氏主程而抑苏，吕氏《文鉴》去取多朱意，故文字多遗落者，极可惜。水心叶氏云'洛学兴而文字坏'，至哉言乎！"③ 在此情形下，道学及其统配下的经义成为儒学的核心，与诗赋词章分别成为专门之业。

元代科举取士以四书文为首场（亦称时文、经义、制义、举子业、八股文等），第二、三场则考应用文和策论。明清沿袭元制，时文兼重理法和格律。④ 科举时文可以说是经学和辞章的结合体，从经学层面看，时文以程朱义理体系为圭臬；从辞章层面讲，时文在文体上讲究排偶，严格依照"八股"体式，摹拟圣贤语气。时文本源于宋人经义，其遣词造句的论理文体与理学家说经方式相近。明中期唐宋派文人唐顺之、归有光等人，尝试引古文之法入时文，则是针对文字摹拟导致内容空洞的弊病，把古文注重经史内涵的传统融合进来。方苞谓："自洪、永至化、治，百余年中，皆恪遵传注，体会语气，谨守绳墨，尺寸不逾。至正、嘉，作者始能以古文为时文，融液经史，使题之义蕴隐显曲畅，为明文之极盛。"⑤ 时文的特点在于"恪遵传注，体会语气"，与之相对的古文则体现为"融液经史"。唐宋派尊尚宋儒经学，主张"文以载道"，道的重要性高于文。唐顺之即谓"文与道非二"⑥。茅坤则说："世之文章家，当于六籍中求其吾心者之至，而深于其道，然后从而发之为文。"⑦ 又说："世之为古文者，必当本之六籍以求其至；而为举

---

① （宋）程颢、程颐：《二程集》卷18，中华书局，2004，第187页。
② （宋）吴渊：《鹤山集序》，祝尚书编《宋集序跋汇编》卷40，中华书局，2010，第1931页。
③ （宋）周密：《浩然斋雅谈》，中华书局，2010，第15页。
④ 关于时文特点，顾炎武《日知录》所论甚详。见（清）顾炎武撰，黄汝成集释《日知录集释》卷16，上海古籍出版社，2013，第951~953页。
⑤ （清）方苞：《进四书文选表》，《方苞集》卷2，上海古籍出版社，1983，第579~580页。
⑥ （明）唐顺之：《答廖东雩提学》，《唐顺之集》卷5，浙江古籍出版社，2014，第232页。
⑦ （明）茅坤：《复陈五岳方伯书》，《茅鹿门先生文集》卷8，《茅坤集》第2册，浙江古籍出版社，2012，第358页。

子业者，亦当由濂洛关闽以溯六籍，而务得乎圣人之精。"① 时文与古文的写作目的都是要对孔孟之道进行深切的阐明，令古文、时文皆具备明道、载道的功用。在此文学观的影响下，科举、文章、经学三者间形成牢固的联盟，后来继承唐宋派而起的桐城派，大致学术规模亦是如此。

清廷以"清真雅正"为官方衡文标准，桐城派文学观则代表了清代的文章正宗。② 时文规范本就是桐城派宗师方苞所拟定的，他在为乾隆帝编纂《钦定四书文》时就说："欲理之明，必溯源六经而切究乎宋元诸儒之说。欲辞之当，必贴合题义而取材于三代、两汉之书。欲气之昌，必以义理洒濯其心，而沉潜反复于周、秦、盛汉、唐、宋大家之古文。兼是三者，然后能清真古雅而言皆有物。"③ 此言阐明文章须兼具程朱义理、经史古义及唐宋古文范式，也反映了桐城文章的"义法"理念，即主张内容与形式应相统一：内容上尊奉宋儒义理，形式和内容依古文定法。"义"与"法"的关系，也就是"道"与"文"的关系。④

对于清中期的宋学群体加以考察，不难发现，标举宋学、精于举业、治古文辞的学者基本上就是同一批人。焦循对当时所谓的宋学群体有以下观察："今学究之谈义理者，起于为八股时文，而中于科第爵禄之见。其童而习者，惟知有讲章，讲章之所引据，则采摘于宋儒语录，故为是学者，舍宋人一二剩语，遂更无所主，不自知其量，犹沾沾焉假义理之说以自饰其浅陋。"⑤ 又说："学究之以时文教人也，动曰理法……执时文之理与法，遂以为即圣贤修己治人、齐家治国之理与法，然乎哉！"⑥ 焦循身处的乾嘉之际，

① （明）茅坤：《复王进士书》，《茅鹿门先生文集》卷6，《茅坤集》第2册，浙江古籍出版社，2012，第318页。

② 根据道光朝纂修的《钦定国史文苑传》，古文家入正传者共计8人，清初学者有汪琬、计东、叶燮。汪、计二人均以古文名世。乾嘉学人有赵青藜、沈廷芳、刘大櫆、朱仕琇和姚鼐，均可以直接或间接与桐城派建立联系。参见戚学民《桐城传人与文苑列传》，《社会科学战线》2017年第4期，第80~89页。

③ （清）方苞：《方苞集》卷2，上海古籍出版社，1983，第581页。

④ 所谓"义法"，方苞谓："《春秋》之制义法，自太史公发之，而后之深于文者亦具焉。义即《易》之所谓'言有物'也，法即《易》之所谓'言有序'也。义以为经而法纬之，然后为成体之文。"（清）方苞：《又书货殖传后》，《方苞集》卷2，上海古籍出版社，1983，第58页。

⑤ （清）焦循：《王处士纂周易解序》，《焦循诗文集》卷15，广陵书社，2009，第276页。

⑥ （清）焦循：《时文说（三）》，《焦循诗文集》卷10，广陵书社，2009，第187页。

谈宋学者多为讲章时文家。陈澧也批评标榜尊朱的科举士人实际上多未读朱子书。① 根据张循的研究，科举士子和文章家之所以合流为反汉学的势力，一个重要原因就是："广大埋首'宋学'的科举士子被排斥在注疏之学以外，这使得他们名正言顺地成了'宋儒'的同盟，以'宋学'的身份卷入汉宋之争中。"② 因此，清中期的汉宋之争固然存在汉宋经说之分、考据义理方法论之分、经学与理学之分等不同面向，但若就汉宋阵营所从事的学术及其背后的心理来讲，清中期的汉宋之争实际上更应理解为经生与文士之争。宋学派遵从的义理之学，也应放在文章学的视域下，结合科举时文和古文传统加以理解。后世或有以程朱理学标准衡量桐城学术者③，未能深究宋学派文士反汉学的根本出发点，并非理学强调的心性工夫或道德践履。

四 四科之分及心性之学的复张

"晚清理学复兴"是针对汉学独尊后理学潮流的重现而谈的。换言之，如若没有清初道德性命、心性工夫之学的"退场"，也就没有后来所谓的"复兴"运动。因此，对晚清理学的讨论，需要结合清代前期的理学一并考察，由此才能了解晚清理学的学术渊源，以及理学与经学、文章学、经世学之间错综复杂的关系。

嘉道之际经世思潮兴起，时人鉴于世风日下、道德沦丧的社会现实，从学术上提出各种应对策略。按照儒家传统德治教化和经世致用的理念，社会风气和人心道德的败坏，归根结底是学术上出现了问题。潘德舆谓："欲救人事恃人才，欲救人才恃人心，欲救人心则必恃学术。"④ 吴廷栋亦曰："世运之转移在人材，而人材之奋兴关乎风俗，风俗之盛衰系乎人心，人心之邪

---

① （清）陈澧：《东塾读书记》卷21，《陈澧集》第2册，上海古籍出版社，2008，第325页。

② 张循：《道术将为天下裂：清中叶"汉宋之争"的一个思想史研究》，广西师范大学出版社，2017，第34页。

③ 如章太炎说："桐城诸家，本未得程朱要领，徒援引肤末，大言自壮，故尤被轻蔑。"章炳麟著，徐复注《訄书详注·清儒》，上海古籍出版社，2017，第151页。

④ （清）潘德舆：《与鲁通甫书》，《养一斋集》卷22，朱德慈辑校《潘德舆全集》第1册，人民文学出版社，2016，第464页。

正由于学术。此学不明，固无望人心之兴起，而天心之来复也。"① 嘉道以降，举业和汉学成为众矢之的。学者普遍认为，读书人群趋举业以及汉学独尊的流弊，是造成学术人心乃至社会问题的根本原因。在讨伐举业和汉学的同时，儒学开始朝着多元化的方向发展。训诂考据、今文经学、心性工夫、诗古文辞、经世学等学术相互争鸣，理学的复兴便是建立在这一学术背景之上。

首先，举业作为一般读书人追求功名利禄的途径，即使是在清中期汉学极盛之时，举业讲章一贯是相较汉、宋学著作更为畅销的书籍。② 嘉道之际，读书人"束书不观，拾坊间余唾，掇科取第"③，"率皆以工词章、掇科第为急务。""每得一第，忻忻然自足。"理学家罗泽南便抱怨说，与这些科举士人"言圣贤之法"，他们的反应竟然是"多从而疑之迂之"。④ 方潜在教馆时曾采取"借举业导之读书，因读书诱之躬行"的教学策略，依托举业传授理学修身之法。在举业的号召下，"书院颇有兴起之意，来谒请业者纷纷"⑤。然而，当他以为诸生已步入正学，以义理之学取代举业时，结果却是"阶前草几深三尺矣"⑥。一般士人对于理学并无兴趣，他们读《四书章句集注》、默诵义理教条，不过是为了应试作文。置身于嗜名逐利的风气下，志学之士将矛头对准举业，大声疾呼，试图把读书人从功利之学的泥沼中拯救出来，让他们回归真正的孔孟之道。

在清中期汉宋之争的语境下，理学与举业常被统一视为"宋学"的代名词。⑦ 嘉道之际，理学家尤其注意将理学与举业区分开来。刘廷诏自述为学历程，就强调自己早年所习举业，不过"记诵词章之末尔"，后来读朱子书，

---

① （清）吴廷栋：《复洪琴西孝廉书》，《拙修集》卷9，《清代诗文集汇编》第583册，上海古籍出版社，2010，第473页。

② 张循：《道术将为天下裂：清中叶"汉宋之争"的一个思想史研究》，广西师范大学出版社，2017，第38~50页。

③ （清）邓显鹤：《许莲舫先生史评赘序》，《南村草堂文钞》卷4，岳麓书社，2008，第85页。

④ （清）罗泽南：《祝易筠亭先生七十寿序》，《罗泽南集》卷4，岳麓书社，2010，第60页。

⑤ （清）方潜：《寄存之书》，《辨心性书》，《毋不敬斋全书》卷2，国家图书馆藏光绪十五年刻本，第58a页。

⑥ （清）方潜：《复吴隽士书》，《顾庸集》，《毋不敬斋全书》卷21，国家图书馆藏光绪十五年刻本，第8b页。

⑦ 张循：《道术将为天下裂：清中叶"汉宋之争"的一个思想史研究》，广西师范大学出版社，2017，第31页。

认为讲求经史及性理之学，才是真正圣贤学问。① 陆心源则感慨世俗好讲"宗朱"，然而不仅不能领会朱子学的真谛，"甚至占毕之贱儒稗贩《语录》，巧宦之乡愿掇拾《大全》，亦自号宗朱而诡托于《中庸》"②。他批评世俗的朱子学不过是以《四书五经大全》为主的举业或者对朱子只言片语的摘抄，若不能回归朱子著述，切实体察，便不能视为真正的朱子学。以《述朱质疑》闻名的夏炘也有类似的体会，他指出自明中叶以降，科举士人往往名为尊朱，但若"问以朱子平生，学术之早晚，著述之异同，师友之渊原，出处之节目，茫然如坐云雾之中"。士人讲诵朱子学，大多不过是为应试之用，以至"究之书自书，而我自我"③。看似人人皆讲朱子学，实则朱子学已晦暗不传久矣。

举业之外，汉学也开始受到各方学者的批判。乾隆朝汉学独尊，汉学家标榜汉儒去古未远，学有师法，解经近乎圣义；同时又崇尚无征不信的考据方法，批判宋学义理空疏无用。嘉道以降，汉学无论是从方法论还是实用性上都遭到质疑。如许宗彦批判汉学家专务训诂名物，只讲文辞而不求圣人之志。当时风气率以汉学为实学，但在许氏看来，见道于身心家国方可谓之"实"，而不应以纸上文字为评判依据。④ 又如治汉学出身的夏炘后转入理学，因为他发现训诂考据实际上对求道而言无关紧要，"学之有用无用，在能讲明义理否耳"⑤。夏炘又批评近百年来兴盛的汉学"不特丝毫不适于用，且破坏碎裂，转为贼经"⑥。汉学只是用来作诗文、考经史的工具，于义理经济毫无裨益。

学术史一般将嘉道以降描述为考据学走向衰落的时代，将对于汉学的批评解释为"反汉学"的学术主张。但是结合当时语境来看，大部分批评汉学

① 王钟翰点校《清史列传·刘廷诏》，中华书局，1987，第5426页。
② （清）陆心源：《上倭艮峰相国书》，郑晓霞辑校《仪顾堂集辑校》卷4，广陵书社，2015，第59页。
③ （清）夏炘：《述朱质疑叙》，《景紫堂文集》卷6，《清代诗文集汇编》第565册，上海古籍出版社，2010，第598页。
④ （清）许宗彦：《原学》，《鉴止水斋集》卷16，《续修四库全书》第1492册，上海古籍出版社，1995，第461页。
⑤ （清）夏炘：《学术有用无用辨》，《夏仲子集》卷1，天津图书馆藏清咸丰五年刻本，第15a页。
⑥ （清）夏炘：《乾隆以后诸君学术论》，《夏仲子集》卷1，天津图书馆藏清咸丰五年刻本，第11a页。

的声音其实只是反对汉学独尊的现状，并不意味着从方法论上排斥考据学，或是抱持一种尊宋抑汉的态度。与"反汉学"主张恰恰相反的是，嘉道学者开始跳出汉宋二元对立的思维模式，普遍反对门户偏见。而汉宋之争不再是学术论争的焦点，取而代之的是"孔门四科"论的流行。孔门四科的说法出于《论语·先进》，包括德行、言语、政事、文学四科。四科名目在不同学者处略有出入，如汪士铎说学问四途为汉学、宋学、词章、经济。① 李元度、曾国藩亦将儒学划分为考据、义理、词章、经济四科。② 潘德舆认为程朱之学"学圣人而思得其全体，所谓德行、言语、政事、文学，殆无一不取而则效之③。他指出，程朱之学包含四科，有体有用，不应仅仅对应义理、道学科。陈澧则称四科为经史、道学、辞章、干济，并指出"孔门四科"都是圣人之学，学者应根据自己的性情，学有专门，而非互相攻伐，"使为专门之学者谓人人皆当如我"④。"孔门四科"论的集中阐发，说明嘉道学者倾向于儒学多元化的发展，反对囿于门户偏见的狭隘学术观。而他们对于汉学独尊的批评，亦应置于这一学术风气下加以理解。

在南宋以前，儒学分科多遵循《论语》孔门四科的说法，如《世说新语》、高崇、刘献之、范仲淹、司马光均作此分类。⑤ 理学的兴起使程颐的三科论变成了更为主流的观点，他说："古之学者一，今之学者三，异端不与焉。一曰文章之学，二曰训诂之学，三曰儒者之学。欲趋于道，舍儒者之学不可。"⑥ 训诂、文章与道学（"儒者之学"）三科中又以道学为正学。随着清代考据学的兴起，儒学分类已有不同的声音出现。如王鸣盛主张义理、考据、经济、词章四科"皆天下之所不可少"，但又认为义理和考据是为学根

① （清）汪士铎：《答罗雨田书》，《汪梅村先生集》卷10，《清代诗文集汇编》第612册，上海古籍出版社，2010，第546页。
② （清）李元度：《送黄奎垣训导常德序》，《天岳山馆文钞》卷31，岳麓书社，2009，第644页。（清）曾国藩：《曾国藩日记》"咸丰元年七月八日"，《曾国藩全集》第16册，岳麓书社，2012，第236页。
③ （清）潘德舆：《任东涧先生集序》，《养一斋集》卷18，朱德慈辑校《潘德舆全集》第1册，人民文学出版社，2016，第411页。
④ （清）陈澧：《东塾读书记》卷2，《陈澧集》第2册，上海古籍出版社，2008，第23页；黄国声选录《东塾读书论学札记》，《陈澧集》第2册，上海古籍出版社，2008，第337页。
⑤ 参见（清）陈澧《东塾读书记》卷2，《陈澧集》第2册，上海古籍出版社，2008，第24~25页。
⑥ （宋）程颢、程颐：《二程集》卷18，中华书局，2004，第187页。

本，经济与词章不过是"学之绪余"。① 戴震早年按照传统的说法，将古今学术分为理义、制数、文章三途；后期则明确反对"歧故训、义理为二"，提倡"故训明则古经明，古经明则贤人圣人之理义明，而我心之所同然者，乃因之而明"的通经求道唯一途径。② 姚鼐虽然也认为义理、考证、文章"异趋而同为不可废"③，但他在论及义理、考证的优劣时，每以文辞高下加以评定，是以文章学统摄义理、考证。④ 由此可见，清中期学人更为关注的是讨论文章、训诂、义理的本末主次关系，这与嘉道之际孔门四科论强调学术持平、重视专门之学的精神意趣相迥异。

晚清学人热议的"汉宋调和"其实也是嘉道之际学术多元化趋势之下的一种论调。所谓"调和"或者"兼采"，并不是说把汉学、宋学归并融合为一种学说，或者同一种解经、求道的途径，而是肯定汉学（考据）与宋学（义理）各自独立的学术价值和治学规范。⑤ 汉宋调和本质上就是针对清中期汉宋之争而做的修正，它与孔门四科论都是秉持一种学术持平、反对门户偏见的学术精神。嘉道之际学者普遍相信，任何一种专门的学术形式都不足以代表儒学，不仅汉学如此，文章学、经世学、理学同样都只是儒学的一个分支。

五　余论：嘉道时期心性学的复张

在清中期以降学者普遍持有四科观念的背景下，理学具备与汉学（考据）、辞章、经世之学区别开来的专门含义。从学术渊源上讲，嘉庆、道光年间，理学重新回归主流学术视野，此时学者热衷讲论的理学/宋学，相对

---

① （清）王鸣盛：《王憨斯先生文集序》，《西庄始存稿》卷 25，《续修四库全书》第 1434 册，上海古籍出版社，1995，第 326~327 页。

② （清）戴震：《与方希原书》，《戴震文集》卷 9，中华书局，1980，第 144 页；《题惠定宇先生授经图》，《戴震文集》卷 11，中华书局，1980，第 168 页。

③ （清）姚鼐：《复秦小岘书》，《惜抱轩诗文集》卷 6，上海古籍出版社，1992，第 104 页。

④ （清）姚鼐：《述庵文钞序》《谢蕴山诗集序》，《惜抱轩诗文集》卷 4，上海古籍出版社，1992，第 55、61 页。

⑤ 章太炎、刘师培即误以为陈澧等人所提倡的"汉宋调和"是要归汉宋学术为一，故指责汉宋调和论"勾合汉宋……弃其大体绝异者，独取小小翕盍，以为比类。""钩通汉宋，掇引类似之言曲附和。"章炳麟著，徐复注《訄书详注·清儒》，上海古籍出版社，2017，第 162 页。刘师培：《清儒得失论》，中国人民大学出版社，2004，第 267 页。

于清中期以考证学为主的学术形态，主要是以心性工夫、义理思辨为主的学术形态。然而，学界论及晚清理学，常混入文章学、经世思想等内容，这其实是把理学理解为一种广义的儒学，并不能真正说明晚清理学的特质，也无法厘清嘉道以降的学术发展趋势。例如《清代理学史》就将晚清理学思想归纳为以下几个特点：1. 黜虚崇实，注重经世致用；2. 反思、批判、兼采汉学，与汉学关系密切；3. 思想保守，滞于守成，缺乏理论创新。① 前两点实际上是嘉道以降整体的学术风气，并不能称之为理学家的特点。前文对于孔门四科论的讨论，已然说明嘉道之际的理学在时人眼中，是与考据/经学、词章学、经世学并行的专门学科。第三个观点代表了学界对晚清理学的传统印象，认为在西方现代文明的对照下，理学显得守旧落后、迂腐无用；放在宋明理学的脉络中，晚清理学多为守成之说，鲜有学理上的创见。但是，就思想史的研究而言，某种思想或学术群体是否存在研究价值，不全然取决于其学术成就的高低，还应考虑到对于时代的影响、与其他学说的复杂关系等因素。阐明学说的具体内涵，梳理思想的来龙去脉，都是思想史研究者的工作。

钱穆在讨论清代理学的发展状况时，曾有如下判断："宋明学术易寻其脉络筋节，而清学之脉络筋节则难寻。清学脉络筋节易寻者在汉学考据，而不在宋学义理。"又说："清儒理学既无主峰可指，如明儒之有姚江；亦无大脉络大条理可寻，如宋儒之有程朱与朱陆；然亦并非谓儒散沙乱草，各不相系，无可统宗之谓也。"② 钱穆所论可谓洞见。然理学在有清近三百年间虽不如宋明时强势，但是也可以寻出一条发展理路。根据前文的讨论，清初以降，理学由晚明兴盛的道德性命、良知心学转向躬行实践和经学义理，这一变化与清代儒学整体由尊德性向道问学的转变是一致的。嘉道以降理学复兴，尊德性重新受到重视。龚自珍即对时人重视道问学而不讲尊德性展开批评，他说："圣人之道，有制度名物以为之表，有穷理尽性以为之里，有训诂实事以为之迹，有知来藏往以为之神，谓学尽于是，是圣人有博无约，有文章而无性与天道也。"③ 尽管龚氏本人并未致力于心性工夫，但他在此明确

① 张昭军：《清代理学史》下卷，广东教育出版社，2007，第96~109页。
② 钱穆：《清儒学案序目》，《中国学术思想史论丛》（八），《钱宾四先生全集》第22册，联经出版事业公司，1998，第595~596页。
③ （清）龚自珍：《江子屏所著书序》，《龚自珍全集》，上海人民出版社，1975，第193页。

提出，尊德性才是圣学的根本。方宗诚以汉学、宋学区分道问学、尊德性，认为道问学和尊德性不可偏废："道问学当以身心性命为主脑，故先曰尊德性，而后曰道问学。至名物、训诂、制度、礼乐，亦问学所必宜及之者。盖皆所以为身心性命之用也，固当兼之，然却有本末不可倒置。"① 徐润第则批评当时重视道问学的风气说："方之今时，举世遵程、朱之教，从事于博文。于文愈博，于礼愈远，多闻多见，适足为饰非文过之具。其所以维持世道于不坏者，仍是良心二字耳。"② 徐氏宗尚阳明心学，他强调尊德性之学，实际上是站在心学立场上的观点。而他对道问学、尊德性的区分，也是立足于朱陆之辨的传统，以道问学指涉程朱理学，以尊德性指涉陆王心学，并将当时从事稽古考据、经学笺注的学者，都归为程朱流裔。

尊德性之学的复兴，首先体现在对理学书和心性工夫的重视上。嘉道学者对于性命玄谈并不感兴趣，他们读理学书多是以先贤为楷模，通过读书明理、切身体验来提升个人道德修养。理学家方坰即以《四书章句集注》《近思录》等理学基本读物为主。在担任武义县训导时，亦教导生徒"从小学、近思录、四子书循序渐进"，切实体验，做身心工夫。③ 其次，鉴于世道衰微、人心沉沦的现实感受，理学家在讲求个人的道德修养外，论学时格外重视义利之辨。如潘咨与士人交游，每"告以实行为首，尤兢兢于义利之辨"④。晚清名臣张树声批评"近世士大夫好言心性、讲太极，而于义利之界每鄙为粗旨，不屑讲明，惟是肆高论、辩同异，不待考诸其行而知其难副所言矣"⑤。以诗文闻名的潘德舆则批判理学家《语录》"空虚玄渺"，为宋学之窠臼。⑥ 论学则以义利之辨为重。最后，是对宋明理学的核心问题（理气、心性、格物、致知、主敬、主静、涵养、知行、已发未发、道心人心、天理

① （清）方宗诚：《柏堂集外编》卷8，严云绶、施立业、江小角主编《桐城派名家文集》第9册，安徽教育出版社，2014，第932页。

② （清）徐润第：《札记》，《敦艮斋遗书》卷13，《四库未收书辑刊》第4辑第21册，北京出版社，1997，第385页。

③ （清）方坰：《与顾访溪（庚寅）》，《方学博全集》卷3，《清代诗文集汇编》第573册，上海古籍出版社，2010，第114页。

④ （清）徐世昌：《清儒学案》卷124，中华书局，2008，第4938页。

⑤ （清）张树声：《养一斋札记序》，见朱德慈辑校《潘德舆全集》第4册，人民文学出版社，2016，第1857页。

⑥ （清）鲁一同：《安徽候补知县乡贤潘先生行状》，郝润华辑校《鲁通甫集·通甫类稿续编》，三秦出版社，2011，第162页。

人欲等）展开讨论。如罗泽南对程朱理学的理气论、心性论、知行关系等问题均有较深论述。其所著书除了辟阳明心学的《姚江学辨》和严义利之辨的《读孟子札记》外，多上溯北宋五子及朱子，包括阐发张载《西铭》的《西铭讲义》，继周敦颐《太极图说》而作《太极衍义》，继朱子《小学》《周易本义》而作《小学韵语》《周易本义衍义》等。夏炘《述朱质疑》则是就朱子生平论学进行考辨，涉及朱子为学次第、著述时代、论学始末、主敬工夫等诸多朱子学长期存在争议的课题。钱穆曾称赞其书"所获有足正清澜、白田之缺失者"①。

理学在嘉道之际恢复生气，经历五六十载的酝酿，最终在咸同之际成为一时风尚。如果理学只表现为地方读书人的自修或著书立说，则尚不足以在沉寂百余年后死灰复燃。实际上，这些理学家及著作多是经由倭仁、曾国藩等咸同间理学士大夫的表彰，才受到后世关注。而理学之所以能够成为显学，有所谓"复兴"之实，与倭、曾等人后来政治上的发迹有直接的关联。倭、曾等人早年会集京师，以理学声气相求，引领学术潮流。京师学术作为天下学术的风向标，对于晚清理学的复兴具有特殊的意义，也是研究晚清理学史家不应忽视的课题。

---

① 钱穆：《清儒学案序目》，《中国学术思想史论丛》（八），《钱宾回先生全集》第 22 册，联经出版事业公司，1998，第 615 页。

"御变"：刘咸炘哲学的展开

雷天籁

（华南师范大学哲学与社会发展学院）

    摘　　要：刘咸炘哲学的核心议题为"御变"，即处理"一"与"二"、"中"与"无"的辩证关系。首先，御变必超乎变，儒家、道家皆致力于此，前者称为"用中"，后者称为"守一"。接着，刘咸炘将"二"理解为"皆有"与"皆不"的关系，以及"正负"与"两端"的关系，并批评了黄道周、吕坤超相对而求绝对的思路。由此，刘咸炘主张因相对见绝对，"皆有"本身即蕴含着"皆不"，"周物"本身即蕴含着"超物"，二者相对而立名，缺一不可。他还借此说明了如何反驳小人对中庸的误解。

    关键词：刘咸炘　御变　相对　绝对

    晚清四川思想家刘咸炘（1896~1932，字鉴泉，号宥斋）的巨著《推十书》多达几百万字，其中命名为"纲旨"的"甲辑"视野恢宏，聚焦于中国传统思想的多个主要议题，如经学、理学、道家、理气、善恶等。那么，在这些议题中，刘咸炘的核心问题意识究竟是什么，他又会采用什么方法解决这一问题？尽管目前关于刘咸炘的研究日渐丰富，但这一问题仍未得到充分解答。倘若在此语焉不详，那么，刘咸炘对许多问题的进一步阐述不仅难以为后学把握，亦无助于凸显其思想的真正价值。本文即尝试回答这一问题，笔者认为，刘咸炘哲学所要解决的问题及其使用的方法，集中体现于这

两篇文本中，即《中书·左右》和《中书·认经论》附录的《道家史观说》，若要深入了解其思想中尤为重要的气论、性善论等内容，则应以上述两篇为基础。这既是进入刘咸炘哲学的门槛，也是此后诸议题展开的方式。

一　从经史学出发

首先，因刘咸炘著述庞大，在具体论述之前仍有必要交代这一问题意识在其中是如何显现的。如着意于整部《推十书》之编著，他极为有意地以中国传统的经史子集为纲。其《推十书》自定六类，"甲辑"之外，"乙辑"为"知言，子学也"，"丙辑"为"论世，史学也"，"丁辑"专注于校雠学，而"戊辑"则属"文学"类。①他之所以具备这样的视野，正如其所云，是因为其学问的一大渊源是章学诚。②限于篇幅，此处无法全面交代二者的深度关联，简单说，章氏《文史通义》阐述了一套全新的经史观，如为人熟知的"六经皆史"说，打破了经、史之间常规界限。其中，"史"的定义更加宽泛，不是传统史学，更不是今日的历史学科，而是"政教典章"。③何以是"政教典章"？进一步说，"史"指涉的是一种基于"物""事""象"的分类方法，由此，六经作为"典章"记载了万事万物，是对万物的整合和分类，从而构建出完整的秩序。章氏借此展现出其理论追求，即通过有序的万物分类，探究万物之"道"，这是因为"道"不可空谈，只能是万物之"道"，这正是刘咸炘哲学展开的起点。

如此便可理解刘咸炘自我定位时的惊世骇俗之语，他说：

> 吾常言吾学乃儒家兼道家。儒家是横中，合两为一；道家是纵观其两，知两乃能合一。道家之学不过为儒家之方法。④

> 吾常言，吾之学，其对象可一言以蔽之曰"史"，其方法可一言以

---

① 刘咸炘：《附自定〈推十书〉类目录》，《推十书》（增补全本）癸巳合辑第三册，上海科学技术文献出版社，2009，第1142页。（为行文简便，下文不再注明此书版本）

② 刘咸炘：《推十文·自述》，《推十书》（增补全本）戊辑第二册，第519页。

③ 章学诚：《文史通义·易教上》，《章学诚遗书》，文物出版社，1985，第1页。

④ 刘咸炘：《中书·认经论》，《推十书》（增补全本）甲辑第一册，第30页。

蔽之曰"道家"……道家方法如何？一言以蔽之曰"御变"，"御变"即是执两。①

吾华人自圣贤以至于愚民，无非道家。②

其学问分为两个部分。其一，以道家、史学为方法。此论本自《汉书·艺文志》的"道家者流，盖出于史官"。③"史"的定义与上述章氏所言一致，是对万事万物之流变的记载、把握，刘咸炘称为"知两乃能合一"。"两"表示差异，由差异即可见流变，那么，刘咸炘关注的核心问题就是如何统合变化，此之谓"御变"。其二，以儒家思想为理论之核心，质言之，就是"中庸"。"中"的本义就是无过不及，此即中道对两端之统合，后文将详述这一点。

总而言之，在晚清遭遇的文明危机中，刘咸炘显然思索的是如何理解整个中国传统，所谓"御变"实际上是整合传统内的核心思想资源，构建"中华道术"，按照他自己的一种说法："当辨明道、势、法三义之变迁，排斥申韩，修正庄周，表章《淮南》，和合宋儒，以完中华之学。"④那么，就本文涉及的议题来说，刘咸炘的"御变"之学将如何理解经学、史学与子学，儒家与道家之间的关系？

二 御变必超乎变

关于什么是"变"，刘咸炘有更丰富的解释。"变"不仅仅是历史上人或事的兴衰演化，而且更为抽象，其谓之"两"或"二"。他说："二者何？两端也，如悬衡焉。凡事皆有两端。"⑤任何事物就像天平一样有两端，这根源于刘咸炘对《周易》"一阴一阳之谓道"的理解。比方说，《周易》中的一卦就代表事物的某种形态，六爻则为该形态所处的时和位，如"初""中"

---

① 刘咸炘《中书·认经论》，《推十书》（增补全本）甲辑第一册，第43页。
② 刘咸炘《中书·认经论》，《推十书》（增补全本）甲辑第一册，第44页。
③ 《汉书》，中华书局，1962，第1732页。
④ 刘咸炘《子疏》，《推十书》（增补全本）乙辑第一册，第57页。
⑤ 刘咸炘《中书·左右》，《推十书》（增补全本）甲辑第一册，第54页。

"终"、"高""中""下"。①又如春夏秋冬虽为四时，但刘咸炘仍用"阳为长""阴为杀"之称统称为"阴阳消长"，故四个季节"虽四而实二也"，所有事物的不同形态皆可以归纳为阴阳变化。②"变"表示事物不可能维持一种形态，否则就只是不会变化的"一"。"二"就表示这种最基本的区分，这一区分也是运动变化的前提，之所以能看出事物的变化，正是因为处在变化中的事物呈现了不同的形态。而无论其有几种形态，如古人所谓往复、四时、五行等，其变化模式都可以概括为"二"或"两"，不能脱离阴和阳这两个大原则。刘咸炘对经史关系的理解正基于此，六经本就是记事言理之书，而六经中不同的经典于天道、人事、典章各有侧重，从不同方面记述着各种各样的变化，这正是"二""两"之体现，故刘咸炘云："此史是广义，非但指纪传、编年，经亦在内。"③在此意义上，"一言以蔽之曰史"，以"史"概称六经反而更为恰切。

那么儒家和道家该如何定位，与经史有什么关系？这涉及刘咸炘对"变""史"的另一种解释。对于凡事皆有两端，刘咸炘云："纵言之则为源流……道家明于纵之两，故以常道御反复焉……横言之则为反对，若周秦诸子是也……儒家之学明乎横之两，故以中行折狂狷焉。"④变化可以从纵与横两个角度理解，纵表示时间的起始先后，如刘咸炘提到一个时代的风气兴衰，横则是时代接近之人对相似问题的往复议论，如先秦诸子之间的辩论。⑤相对于纵向的时间变化，横更像是空间层面的差异。总之，一般使用的经学、史学、儒家、道家之名，在刘咸炘这里都十分模糊，可以说，他所希望构建的哲学径直以问题为导向，即究竟该如何"御变"。

刘咸炘归纳道："即言御变，必有超乎变者，故道家之高者皆言'守一'……老谓之'得一'，孔谓之'用中'，此即超乎往复者也。"⑥彻底的变动不居本难以把握，但是，倘若要收摄所有的变化，则必然基于超越于变化之上的不变。就御变而言，儒道两家皆致力于此，并无本质差别，只是用词

---

① 刘咸炘《左书·〈易〉易论》，《推十书》（增补全本）甲辑第一册，第124页。
② 刘咸炘：《内书·二五》，《推十书》（增补全本）甲辑第二册，第732页；《中书·左右》，《推十书》（增补全本）甲辑第一册，第54页。
③ 刘咸炘：《中书·认经论》，《推十书》（增补全本）甲辑第一册，第43页。
④ 刘咸炘：《中书·左右》，《推十书》（增补全本）甲辑第一册，第54页。
⑤ 刘咸炘：《中书·左右》，《推十书》（增补全本）甲辑第一册，第54页。
⑥ 刘咸炘：《中书·认经论》，《推十书》（增补全本）甲辑第一册，第45页。

不同。道家谓此"守一"，此出自《老子》的"抱一"或"执一"，如"是以圣人执一以为天下牧"。①"得一"见于《老子》的"昔之得一者"一章，如"天得一以清""地得一以宁"等。此处的"一"皆相对于上述"二""两"而言，圣人治理天下，可以统御万事万物的变化；而天、地之得一，即是指天地在诸般变化中维持其本来形态。儒家的"用中"则本于《中庸》，如"执其两端，用其中于民"。"守一"和"用中"皆乃御变之道。纵、横两个角度并非独属道家、儒家，比如《论语·季氏》的"血气方刚，戒之在斗；血气既衰，戒之在得"，就是根据年龄先后来纠正气质之偏，也属于纵的角度。《老子》虽不言中，但言"半"，如"保此道者不欲盈"，不追求极端的完满，一半正好，其实与中庸同义。能在纵横变化的多种形态中把握到一种本然形态，或者在整体中确立中间的位置，这都意味着原本变幻无常的事物不再难以测度，可以为人统合。

三　相对之"二"

（一）皆有与皆不

虽言御变必超乎变，然究竟如何统合变化，刘咸炘还有更细密的论说。其以"包""超"二义开始讨论中国哲学中至为关键的"一""二""中""无"等概念。"一"和"二"的关系有两种，"皆有"和"皆不"，刘咸炘定义道："两者，多之象也。一之于多，皆有而皆不也。由皆有而言之，则为包，于是有公、容、全之说。由皆不而言之，则为超，于是有虚、无之说。"②

"包"为"皆有"，表示"一"将"二"全部包容。如刘咸炘提到《中庸》的"万物并育而不相害，道并行而不相悖"，此言天地之广大，足以容纳四季、日月等万物的变化。也许其中有的变化是互相矛盾的，比如四季中的冷暖、枯荣，本不可以并存，但皆为天地所包，故《中庸》言天地"无不持载"。《中庸》此章以天地为喻，实际上是形容孔子的圣人大德，足以统合所有的变化。圣人之德为"一"，天地的变化为"二"或多。不仅儒家有这

---

① 陈徽：《老子新校释译：以新近出土诸简、帛书为基础》，上海古籍出版社，2017，第138页。

② 刘咸炘：《中书·左右》，《推十书》（增补全本）甲辑第一册，第55页。

样的说法，刘咸炘提到，《老子》中的"公""容"，如"知常容，容乃公"，表示包容万物，公正无偏，与《中庸》形容不偏不倚的"中"一样，都是"皆有"的体现。

"超"为"皆不"，表示"一"与"二"完全不同。这通过彻底否定"二"或变化来达到统一，故刘咸炘将之分为"正言"与"负言"两个角度："正言之为皆有，负言之则为皆不。"① "皆有"为"正言"，承认并容纳所有变化，而"负言"的"皆不"则超越一切流变，任何对变化或事物状态的描述皆为徒劳。看上去，"正言"与"负言"完全矛盾，怎么可能既说"皆有"又说"皆不"呢？但是，二者只是角度不同，但都用于形容"一"。比如，以上述冷暖为例，天地之中一年四季包含冷暖变化，此谓"包"和"皆有"，然而，又不可用固定、简单的冷或暖来概括四季，四季既不冷，也不暖，不冷不暖才谓"超"和"皆不"。否定一切之后，什么都没有了，刘咸炘便以此解释中国传统的"虚""无""静"。综上，刘咸炘将"一"与"二"的关系初步分为"中"和"无"。

（二）正负与本然

然而，以上论述仍遗留了一个很大的问题，比如，天地可以容纳四时冷暖，但是，怎么理解生死之于人呢？似乎无论是"皆有"还是"皆不"都不能成立，显然不能说人是既生又死的，又不能说人是非生非死的。由此，刘咸炘进一步辨析了"二"的内涵，首先将之分为"正负"与"两端"。其云：

> 盖两端之相对与正负之相对，迥乎不同。两端之相对，本末、前后是也。正负之相对，有无、生灭是也。譬之于屋，两端之相对，如东西；正负之相对，如面背，东有面背，西亦有面背，面有东西，背亦有东西。以表表之，为一经一纬，岂可混耶？②

四时冷暖之相对正如本末、前后之相对，这种相对最大的特点是可以相

---

① 刘咸炘：《中书·左右》，《推十书》（增补全本）甲辑第一册，第55页。
② 刘咸炘：《内书·善恶》，《推十书》（增补全本）甲辑第二册，第684页。

互转化。仍以冷暖为例，两个人来到同一个地方，如果一个人从较暖的地方来，他会由暖变冷，而另一人若从较冷的地方来，感受则完全相反，但二者实际上同在一处。这种"两端"意义上的相对正因为可以转化，所以既能从"皆有"说，也可以从"皆不"说。"皆有"才可以做到一人说冷，一人说暖，兼容冷暖，"皆不"则意味着，二人的感受互相反对，所以既不是冷，也不是暖。

但是另一种相对则不通，比如有无和生死，这是"正负"之相对。注意，"正负"之相对并不是上述的"正言"与"负言"。在"正负"关系中，人要么是生，要么是亡，这是绝对不可能兼容和转化的，那么，这是否意味着"皆有"和"皆不"的区分就失效了呢？并非如此，虽然不可如此描述人之生死，但生死仍然同属于一人。对于这样的关系，刘咸炘分殊为"本然"与"可能"："夫所谓不然者，然之反也，不然岂本然邪？不然固可能也。而论本然者，岂谓可能邪？物皆有毁之可能，岂可因而谓毁为本然邪？"①那么，生即"本然"，死不可能是"本然"，否则就完全没有人这回事了。另外，死虽然是必然，但对于生人来说，死尚未发生，有可能在任何时候降临，但并不能确定，所以相对于生之"本然"而言是一种"可能"。刘咸炘又将这种"正负"之相对称为"常"与"非常"，死亡就是生存的一种反常状态。除此之外，像健康与疾病、明智与疯狂这种相对，都与生死相对一样属于"正负"关系。②

总之，"正负"关系事实上并没有溢出"皆有""皆不"的概括，而是补充了"二"的内涵。刘咸炘只是强调，在"正负"关系中二者并不是互相平等的"两端"，不可以相互转化，故而不再适用于"皆有"和"皆不"的分析。因此，虽然是强调"一""二"的辩证关系，但这一辩证的适用范围得到了极大的限制，这实质上是对辩证法本身的辩证运用。如果强行以辩证关系涵盖一切，这其实就走到了辩证法的反面，陷于极端，比如接下来要讨论的情况。

---

① 刘咸炘：《内书·善恶》，《推十书》（增补全本）甲辑第二册，第684页。
② 刘咸炘：《内书·善恶》，《推十书》（增补全本）甲辑第二册，第684页。

四 超相对而求绝对

在总结"一""二"辩证关系的同时，刘咸炘特别提醒，运用辩证关系又很容易陷入"超相对而求绝对"的境况，这涉及"中"和"无"的关系。一般来说，"中"出自《中庸》，为儒家者言，"无"是道家者言，特别受到宋明理学家的排斥，二者的关系更是极难界定。刘咸炘不仅尝试明确其定义，而且不再受限于儒道分野，实际上是立足于"御变"之学，将这两个概念收摄于"一"与"二"的关系中。那么，接下来应该讨论的是，怎么理解"中""无"的关联和区别。

如何解释"虚""静""无"，刘咸炘以评述明代两位学者的方式展开，他们是黄道周（1585~1646，字幼玄）和吕坤（1536~1618，字新吾）。刘咸炘在探究"一"与"二"的关系中讨论"中"和"无"，应该是受到了二人的直接影响，但对二人皆有所批评。

黄氏的第一个观点是以无说中。黄氏云："天地之中，始一而分两。循两之端，必还于一。故中之中有一与两，静正而见之，不静不正则不见也。譑譑之言而有是非，胶胶之形而有妍媸。是非之际不得中言，妍媸之半不得中形，故中者必还于无。"①任何事物包括"中"本身的形成，都可以归纳为"始一而分两"。或者说，之所以能洞察到"中"，正是因为有两端的存在。但是黄氏认为，如果要掌握"中"，那就必须"还于无"。如《尔雅·释训》载："谲谲譑譑，崇谗慝也。"邪恶奸诈之人喜欢进献谗言，搬弄是非，"谲"和"譑"就是在形容这种小人说话时轻浮的样子。如果宽泛地理解，这表示大部分人说的话总是有对有错，关键在于，一时一地的正确从不等于永远不犯错，正确的话总有适用的范围，超出这一范围就容易沦为错误，所以这种存在是非的人言永远不可能成为"中言"，也就是达到"中"的本来状态。所有的外形也皆有美丑，但凡形于外，则必然落入两端而不可见"中"。因此，只有断然否定"二"，才能达到"一"，故"中"与"无"实则同义。在宋明理学中，此处讨论的实质上是中和问题，黄氏显然严格区分了未发和已发，要求超越任何已发且外露的言语和外形，只有在"静"中方可体验未

---

① （明）黄道周：《执中用中说》，《黄道周集》，中华书局，2017，第622~623页。

发之中，不过，其更侧重于从"一"与"二"的角度讨论这个话题。

接下来，黄氏的第二个观点继续强调了"一"与"二"之间的矛盾。黄氏云："故用一参两，以两裁一，进退于两而以得一，酌取于一而以得两。此数者，皆非圣人之所执也……故中之于道，不寄于物，寄于物则其中散而不可复执。"①一与二的冲突表现为三种情况。其一，"用一参两"。比如，一年中每一天的昼夜长短都不同，而两分两至时所出现的恒星也会发生变化，但在观测时，人不可能在一时一地完全掌握这些变化，历法也需要先确认下来，以后再根据误差调整。因此，对于始终在变化中的二十八宿，人不得不"用一参两"，使用一种模式来掌握本不可穷尽的变化，这就是《尚书·尧典》开篇的"历象日月星辰，敬授人时"，但如此做的结果是"一定而不复见两"。

其二，"用两裁一"。比如，从大陆的最南方抵达最北方，要么最冷，要么最暖，互相冲突，并没有温和的天气，这是"两迁则不复得一"。②那么，"一"和"二"之间完全不可通约吗？也不是。其三，"进退于两而以得一，酌取于一而以得两"。比如，《后汉书》认为音律产生于地的感应，只要将灰置于管这样的乐器中，气候一到，管内的灰就会随"候气"而飞散于室内，这就说明音律得以校准，与历法、气候相应。但黄氏认为，这并不是最直接的天人相应，因为乐器并没有直接发出声音，最直接的表征应该是人眼径直可观测的日晷和星宿变化。③所以，此处通过灰的变化而校准的"一"仍然依托于外物，"一""二"之间仍旧略有扦格。因此，只要有任何发用和执掌，都会落入"一""二"之间的冲突，所以圣人应以不变应万变，黄氏称此为"不动""虚静"。④

吕氏同样在《呻吟语》中谈及"中""无""一"的特点："一、中、平、常、白、淡、无，谓之七无对。一不对万，万者，一之分也。太过不及对，中者，太过不及之君也……有不与无对，无者，万有之母也。"⑤所谓"无对"，就是没有对反之义，而有对反的则落入相对。比如，过、不及互为

① （明）黄道周：《执中用中说》，《黄道周集》，中华书局，2017，第623页。
② （明）黄道周：《执中用中说》，《黄道周集》，中华书局，2017，第623页。
③ 《后汉书》，中华书局，1965，第3016页。
④ （明）黄道周：《执中用中说》，《黄道周集》，中华书局，2017，第623页。
⑤ （明）吕坤：《呻吟语》，《吕坤全集》，中华书局，2008，第663页。

对反，"中"则属于"中庸其至矣乎"，已经是极端，不与任何事物相对，方能统合过、不及。吕氏认为像这样"无对"的字共有七个，其中亦包括"一""无"。同理，世间万物皆有相对的一面，但无与万有并不相对，统合万物的即为"无"。

在刘咸炘看来，黄、吕二氏的共同优点可谓"直言绝对"，通过说明"一""二"之间的矛盾，准确把握了"无""虚""静"的内涵，既否定一切，又不落入任何具体的事物中。但他们的问题也非常明显，即误解了"中"，或谓"超相对而求绝对"。①比如，冷与暖的"中"就是温，在冷暖反复的过程中一定会经过温这个阶段。即使是黄氏提到的日暮，本身也是依于外物。又比如吕氏"七无对"中的"淡"，虽说"淡"可以从"无"的角度说成"无味"，但并不是完全没有味道，刘咸炘认为这是"归于无"而已。倘若"中"完全等同于"无"，没有任何事物可以依托，那么无论是"执中"还是"用中"皆不可能。因此，黄氏、吕氏以无说中的结果就是"中"成为幻象，完全抛弃相对而追求绝对。

五　因相对见绝对

于是，刘咸炘选择回到《中庸》和《老子》来讨论"一"与"二"、"中"与"无"的关系。首先，"夫无者，言乎未发耳"，《中庸》的"未发"就是《老子》的"无"。何以见得？其关键在于"中"字。《中庸》的中和之说，以未发为中，已发为和，刘咸炘则认为中、和没有什么区别："盖未发之中亦和也，不然，则发曷由而和哉？"②只要发而中节，那么中、和描述的便是同一种状态。更重要的是，《老子》亦言"中""和"，其曰："多闻数穷，不如守于中。"过分讲求向外见闻不如向内持守，《老子》则多处言"守"，如"守静笃""知其白，守其黑"，另如"万物负阴而抱阳，冲气以为和"。"和"所表达的是阴阳二气相和合。相比于《中庸》，一些解释认为《老子》的"中""和"与"无"关系更紧密。③不过，无论是未发、已发，还是知白守黑与阴阳和合，讨论的都是守一与二分的辩证关系，刘咸炘据此

① 刘咸炘：《中书·左右》，《推十书》（增补全本）甲辑第一册，第56页。
② 刘咸炘：《中书·左右》，《推十书》（增补全本）甲辑第一册，第56页。
③ 陈徽：《老子新校释译：以新近出土诸简、帛书为基础》，上海古籍出版社，2017，第30页。

将《中庸》和《老子》纳入同一理论架构。

接着，刘咸炘云："虽然未发，非果无也。"①如果完全以《老子》的"无"来解释"中""和"，就会陷入黄、吕二氏的困境。那么，这句话的意思就是，并不能真的把"无"当成什么都没有，比如，未发之中就是"无过不及"的"浑粹之体"。②那么，怎么理解呢？刘咸炘云：

> 中之名，固由两端而立也。故绝对者，因相对以见者也。是以易有太极而始于乾坤。③

> 进而论之，虽无与空，亦是相对之名，无固有之负称也。《老子》曰："有无相生。"又曰："埏埴以为器，当其无，有器之用。"若无器之轮，周则其空，奚由见？故绝对不可名，亦不可过求。释家之病，即在于过求绝对。④

刘咸炘已经揭示，"中"为"皆有"，属"正言"；"无"为"皆不"，属"负言"。"皆"即表示二者都是绝对之语。然而，绝对必因相对而见，否则就无所谓绝对。因为有过、不及作为两端方可见"中"，也正是出于"有"或者外物的存在，方可见"无"。比如《老子》中提到的车辐和器皿，因为中空才能发挥器物的作用，但是，没有器物根本看不到"无"。虽然言"无"，但切忌超越一切地追求绝对之名，"无"本就在有无相生的辩证关系中。一旦想要非常实际地定义绝对，赋予"绝对"之名，就会陷入超相对而求绝对的泥潭。

从相对的"二"的角度说，"皆有"即为"两有"，"皆不"即为"两不"。"两有"和"两不"都从两端立言，由此才可以讨论"中"，所以刘咸炘云："本义者，间于两也，两有而两不也。"⑤"两有""两不"作为"中"之本义，并非因为分别属于"正言"之"包"和"负言"之"超"就互相

---

① 刘咸炘：《中书·左右》，《推十书》（增补全本）甲辑第一册，第56页。
② 刘咸炘：《中书·左右》，《推十书》（增补全本）甲辑第一册，第57页。
③ 刘咸炘：《中书·左右》，《推十书》（增补全本）甲辑第一册，第57页。
④ 刘咸炘：《中书·左右》，《推十书》（增补全本）甲辑第一册，第57页。
⑤ 刘咸炘：《中书·左右》，《推十书》（增补全本）甲辑第一册，第57页。

冲突，该本义取决于与两端的关系。中既是两端，又不是两端，兼"两有"和"两不"之意。或者说，"一"与"二"的辩证关系必须体现在两个方面，二能够被统合为一，而一又不是二。刘咸炘举的例子是，《论语》"子温而厉"和"恭而安"，王弼释云："温者不厉，厉者不温……恭则不安，安者不恭。此对反之常名也。"①温与厉，恭与安皆为对反之词。温为和顺，厉为严肃，和顺者往往并不严肃；恭为恭敬庄重，安为安详和顺，恭敬之人常常不够自然。孔子之中庸能够兼备，这就是"两有"。

　　"两有"试图容纳冲突的两端，本身是非常费解和怪异的说法，人怎么可能既温又厉呢？刘咸炘可能会这样回答，他会坦然地承认这的确很费解，因为"两有"是绝对之言，若强行为绝对命名，认为存在一个"温而厉"的状态一定可以完美地实现，本就会沦为一种偏执的"执一"。怪异正是提示"二"的存在，避免走极端。因此，"两有"的另一面就是"两不"，既然不可能同时拥有温和厉，那么就是既不温也不厉。相较而言，刘咸炘认为"两不"比"两有"稍稍好理解一些，其云："两有又难明也，必以两不明之。"②比如，《论语·卫灵公》"君子矜而不争，群而不党"。"矜"的意思是拘谨自持，本身就是与世无争的意思，"群"亦与不结党义同，但是，只有通过否定"争"和"党"，才能初步理解"矜"和"群"。如果"温而厉"比较费解，那么孔子之中庸同样是"不温"和"不厉"。先理解"不温"就能做到"厉"，先理解"不厉"就能做到"温"，由"两不"通达"两有"。在这个意义上，刘咸炘认为道家之"无"可以作为儒家言"中"的"预备工夫"。③

　　由此，"中"不只是看上去简单的"间于两"，不只是在两端之间寻找一处中点，而是间于"两有"和"两不"。需要强调的是，刘咸炘并不是放弃定义"一"或"中"，而是定义绝对必求之相对，相对则有"正言""负言"之别，"包""超"二义都不应放过。故刘咸炘云："中难见也，必以两有、两不见之。"④"不言公、容、全，不足以极中之状；不言无，不足以探中之

①　《论语义疏》，中华书局，2013，第182~183页。
②　刘咸炘：《中书·左右》，《推十书》（增补全本）甲辑第一册，第57页。
③　刘咸炘：《中书·认经论》，《推十书》（增补全本）甲辑第一册，第44页。
④　刘咸炘：《中书·左右》，《推十书》（增补全本）甲辑第一册，第57页。

本。"①这是理解道体不可或缺的两个方面，刘咸炘亦谓此"周"与"超"：
"夫道也者，超万物而周万物者也。周物则一物不足以尽道，故超物。"②
"周物"的意思即"道无不在"，也就是作为"正言"的"皆有"，同时，
"皆有"本就意味着任何一个具体的物都不足以称为道体，这又是对万物的
否定，于是必须超越物，这就是作为"负言"的"皆不"。换言之，"皆有"
本身即蕴含着"皆不"，"周物"本身即蕴含着"超物"，二者相对而立名，
缺一不可。③

六　驳小人之中庸

刘咸炘从"一""二"之关系讨论"中"时，其最忧虑的问题在于，如
何区别君子和小人的中庸，如何区别见风使舵、随俗浮沉的乡愿与懂得权
变、和而不同的圣人？此处以刘咸炘对两段经典的解释为例，展现刘咸炘在
另一层面的辨析，其一是《孟子》"执中无权"一章，其二是《庄子》"万
物皆有所可，有所不可"。

（一）释"执中无权"

中国传统的经权问题一般是指，在处理具体事情时，如何做到既坚持原
则，同时灵活权变。"权"的意思本来就是称量、衡量，《孟子·梁惠王上》
曰"权然后知轻重"，称量后即可比较二物之轻重。因此，"权"本身就与相
对之"二"有关。刘咸炘对《孟子·尽心上》"执中无权，犹执一也"的解
释是："无权者，未知执两也。无权故两皆极，两皆极则犹两皆无矣。此所
谓无是非者也。"④"无权"最直接的含义是，并未比较两者之轻重，故称此
"未知执两"，也就是只坚持一种观点，没有"二"，遑论是非比较，所以为
"执一"。

---

① 刘咸炘：《中书·左右》，《推十书》（增补全本）甲辑第一册，第58页。
② 刘咸炘：《内书·气道》，《推十书》（增补全本）甲辑第二册，第730页。
③ 笔者按，丁耘老师曾批评此说，认为刘咸炘主张"周物""超物"相互矛盾，不可通约，
这应该是误解了刘咸炘的意思。（丁耘：《道体学引论》，华东师范大学出版社，2019，第
99页）
④ 刘咸炘：《中书·左右》，《推十书》（增补全本）甲辑第一册，第57页。

即便有时看似有"二",并折中于其间,但也依旧是陷于执一,并非行权。比如《孟子》中的子莫。刘咸炘云:"'子莫执中',虽处杨、墨之间而非中也。乡愿同流,虽处狂狷之中而非中也。故子思又辨小人之中庸,执中亦中也,同流亦庸也。故不曰'小人之反中庸',而曰'小人之中庸'。"①杨朱不拔一毛,墨子摩顶放踵,子莫折中二者,自以为做到了合理的中庸,但仍旧是偏激的"执一"。这种折中并没有真正比较两端之是非,要么执着于"两有",要么执着于"两不"。刘咸炘云:"两皆极,两皆无,复何中之有哉?"②若仅两有,容纳一切,实则无两;若仅两不,否定一切,亦无两可言,于是,这样就彻底陷入"两皆无矣"。当"两有"或"两不"仅被强调其中之一时,实际上是对"两"的取消,因此,"两有"和"两不"缺一不可,由此方可见"两"。刘咸炘还称此为:"举一废百,走极端者,诸子多如此。"③这就是同流合污、随波逐流的小人之中庸,比单纯的走极端更值得警惕。

刘咸炘据此分别了"中之体"与"中之本义"。前述"包""超"二义属于"中之体",只是呈现"中"的一个形态,尚且不是"本义"。④正如"子莫执中"看似超越了杨朱和墨子,实则亦有"执中"的形态。而这种"包""超"虽看似超出两端来御变,但"包""超"之后仍有可能陷于一偏,失去"一"与"二"的动态关系。刘咸炘继续谈道:"夫所谓中之两皆有,有而已,非极也。其两皆不者,不极而已,非无也。"⑤其反复强调,"两有""两不"并不是极端的全有和全无,这样其实是不自觉地将两者分开解释,如此便又落入了有与无的冲突和"两皆无矣"的困境。"中之本义"须兼两有、两不而言。两有、两不互相对反,方才称之为"两"。二者互相定义,方可互相成立,但凡缺任何一方,则容易迈入极端。道家言"无"看上去否定一切,但是,否定一切在根本上就是不可能的,因为"否定一切"本身不能被否定,否定总是相对于肯定而立言。所以自根本上说,黄、吕二氏超相对而求绝对,最终必将误入歧途。

---

① 刘咸炘:《中书·左右》,《推十书》(增补全本)甲辑第一册,第57页。
② 刘咸炘:《中书·左右》,《推十书》(增补全本)甲辑第一册,第57页。
③ 刘咸炘:《中书·认经论》,《推十书》(增补全本)甲辑第一册,第45页。
④ 刘咸炘:《中书·左右》,《推十书》(增补全本)甲辑第一册,第57页。
⑤ 刘咸炘:《中书·左右》,《推十书》(增补全本)甲辑第一册,第57页。

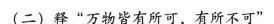

（二）释"万物皆有所可，有所不可"

上述讨论还隐含了两个比较微妙的问题。其一，子莫执中而无权，黄、吕二氏过于追求绝对，看似都是失去"二"的"执一"，那么，他们之间有什么区别？其二，如果说刘咸炘批评的人过于追求绝对，那么刘咸炘是否算是过于追求相对呢，他是否有可能滑向不分是非善恶的相对主义？其三，刘咸炘是否就完全反对"执一"？

首先，刘咸炘应该根本就不会承认"相对主义"这种说法。其曾自我设问：善恶有固定的标准吗，难道不是随时间、地点、风俗而改变？答云："即子所谓随时习之一言，非各时各地所同之定准邪？"①随不同因素变化，将一切都视为相对，本身就已经是一条绝对的标准。故而所谓的"相对主义"也依旧逃不过是一种绝对主义的"执一"，刘咸炘汲汲于反对的正是这种极端化的理解。

当然也不能说刘咸炘完全否定了"执一"。其指责的显然是子莫，而对黄、吕二氏依然有所保留。刘咸炘对黄、吕二氏的评价是："言中者，皆知不极，而每陷于无，此大病也。"②可以说，黄、吕二氏本是为了不走极端，这才不小心过分强调了负言"两不"。这使黄、吕二氏对"中"的理解变成了"无"，同时失去外物作为依据。《庄子·天下》的"万物皆有所可，有所不可"，《论语·微子》的"无可无不可"分别从"有""无"两角度描述了这种状态。此时，刘咸炘自我设问：如果万物都能从"可"与"不可"两个角度理解，那岂不是说，孝子不可过分地尽孝，而"淫"字亦有其可行之处？

刘咸炘于此区分了善恶与两端，这实际上就是前述"正负"与"两端"的关系：

> 孝，善也。淫，恶也。不与太之两端皆恶也。不可不而不可太，以避恶而从善也。丧致乎哀而毁不灭性，非不可不哀，又不可太哀乎……是故不可不与不可太者，乃哀两恶以取善。善即中也，中已定，则所谓

---

① 刘咸炘：《内书·善恶》，《推十书》（增补全本）甲辑第二册，第 680 页。
② 刘咸炘：《中书·左右》，《推十书》（增补全本）甲辑第一册，第 57 页。

一定而两已不见，岂可更言不可不中，不可太中乎……两端皆非也，中乃是也。是与非，非两端也。①

孝和淫不同于"一"和"二"，其自身已经是善恶内涵已经固定的词，不再像"一""二"那样处在"两端"摇摆、转化的辩证关系中，是为"正负"之相对。孝本身就是善，已经是中道，淫无论如何都是恶，已经陷于一偏，二者已然无需再用"无可无不可"来探讨。与此相反的例子是人服丧期间的哀情，哀则游移于中道与两端，故而需要辨析，人在服丧时不能过于哀痛，但也不能没有哀痛。那么，对于像"孝"这样的词，反而十分符合黄氏所言"一定而不复见两"，善恶虽是相对而言，但善恶不同于两端，恶才是两端。"善—恶"的结构应对应"中—两端""无—两端"，或谓之"两有—两端""两无—两端"。这在一定程度上解释了，为什么刘咸炘所强调的因相对而见绝对的结构，更适合在"一""二"关系中探讨，这样就避免了有无、善恶等概念窜入时产生的麻烦。

结　语

综上所述，"一""二""中""无"等概念在刘咸炘这里天然地带有辩证的意涵，比如，"一"自然就蕴含着"二"，"中"自然就对比于两端，"无"自然就昭示着"有"。对于这几个成对概念的理解，刘咸炘尤其提醒不能"皆极"，也就是防止在极端意义上理解，所以才会说出像"虽然未发，非果无也"这样令人费解之语。刘咸炘为此曾专门作《两纪》，收纳了中国思想中许多成对的语词。②不过，其根本的问题意识还是在于力图在晚清为理解整个庞大而复杂的中国传统提供理论支撑，汇通儒道和经史两大传统自然是题中应有之义。其中最核心的内容，毫无疑问，是"一"与"二"的辩证法，刘咸炘借此提出"御变"，从而逐渐将"中""无"等儒道两家的重要概念纳入其哲学体系中。

---

① 刘咸炘：《中书·左右》，《推十书》（增补全本）甲辑第一册，第57~58页。
② 刘咸炘：《两纪》，《推十书》（增补全本）甲辑第三册，第1049~1054页。

儒家哲学研究

恻隐与亲亲[*]

——仁孝何以一本？

赵金刚

（清华大学哲学系　清华大学国学研究院）

摘　要： 仁是儒家思想的核心概念，而孝则是"为仁之本"。但从经典诠释的角度，却会发现"仁"与"孝"之间的张力：仁更具备普遍性内涵，孝则更强调血缘性。但如果从生生和万物一体的角度入手，重新审视仁孝关系，就会发现，仁孝之间并不截然分开，仁孝不是二本，仁孝恰恰展现了人在万物一体中的真实存在。宋儒以生生和一体言仁，豁显了古典儒家言仁的存在论前提，恻隐是由普遍连通带来的同体感，亲亲则是由生生的具体化所带来的直接连通感，如此，可以收亲亲于恻隐，同时在亲亲当中锻炼情感。在生生的万物一体结构中，仁孝是一本的，在儒家思想中具有一贯性。

关键词： 仁　孝　恻隐　亲亲　生生

引　言

"仁"是儒学最核心的概念范畴，标识着儒家思想的根本方向。坚持"仁"的价值与否，是判断一个思想家是否归本儒家的重要表征，而不同时

---

*　基金项目：国家社会科学基金重大项目"新编孟子正义"（22&ZD036）；北京市社会科学基金青年学术带头人项目"孟子：现实的理想主义者"（21DTR001）。

期对仁的含义的创造性诠释，则意味着儒家思想在不同历史时期的发展境况。作为儒家核心价值的"仁"有着不同的诠释方向，这点在经典世界中展现得尤其突出。在《论语》中，"仁"往往与"孝"关系密切，早期儒家特别强调仁与"亲亲"的关系。而《孟子》却从道德情感出发，对仁给出了全新的诠释，即"恻隐之心，仁之端也"（《孟子·公孙丑上》）、"恻隐之心，仁也"（《孟子·告子上》）。这一诠释，一方面丰富了"仁"的情感面向，即不再从特殊的"亲亲""亲子"之情入手理解"仁"，而是将仁诉诸普遍的道德情感；另一方面也彰显了"仁"与"孝"的张力，将潜藏在《论语》当中的仁与孝的不同凸显了出来。张祥龙教授在《先秦儒家哲学九讲》中指出：

> 恻隐之心的喷发，不吃嗟来之食，也是日常的，但却是日常生活中不多见的。不像孔子、曾子、《性自命出》，他们用的那种情，很常见——亲子之情，夫妇之情，等等。恻隐之心和齐宣王以羊易牛的例子，都极为出色，但是，你用它来论证仁之端，就有问题。你说恻隐是仁之端，可是以前孔子、曾子，他们讲仁之端是亲亲，那是真正日常的感情经验。所以我觉得更合适的方式，应该是把人的恻隐说成是从亲亲到仁民中间的一种契机。这也就是说，君主要把亲亲之情推到老百姓，这中间恻隐之心会起到重要的作用。但是孟子这里却是直接认恻隐就是仁之端了。这是我对他的批评，这个情脱日常生活化，罕见化了。[1]

> 孟子不一样，他还是强调亲亲的，"孩提之童，无不知爱其亲者，及其长也，无不知敬其兄也。亲亲，仁也。敬长，义也"（《孟子·尽心上》），这段话也给出了一个重要例子。但是，他已经很难把亲亲置于他的哲理的源头，也就是"端"这里了——起码四端中就没有亲亲，于是亲亲也就进入不到他哲理的主脉络之中，在这个问题上开始出现了裂缝。[2]

---

① 张祥龙：《先秦儒家哲学九讲：从〈春秋〉到荀子》，广西师范大学出版社，2010，第233页。
② 张祥龙：《先秦儒家哲学九讲：从〈春秋〉到荀子》，广西师范大学出版社，2010，第233页。

张祥龙教授认为，"恻隐"不如"亲亲"在日常生活中常见，这一方面基于日常经验，一方面也与孟子本人所构建的"乍见孺子将入于井"的恻隐之心生发的场景有关。更为重要的是，张祥龙教授从思想史入手，强调早期儒家以"亲亲"为仁之端的意义，而当孟子将"恻隐之心"视为仁之端时，也并未放弃早期儒家的讲法，这就使得孟子对仁的诠释中出现了两种"仁之端"——以"亲亲"为仁之端，是继承早期儒家的讲法，更强调亲子这种特殊伦理对于仁的意义；以"恻隐"为仁之端，则是孟子的发明，更强调普遍性的、超越特殊血亲关系的道德情感对仁的意义。在这里，其实就可以看到潜藏在仁与孝背后的普遍性与特殊性的张力。

颇为有趣的是，近代以来，面对儒家，质疑者往往强调仁与孝的关系，强调儒家伦理的特殊性，认为从儒学出发，无法展开一种普遍伦理，而辩护者则会强调仁背后所蕴含的"博爱"精神，以之强调儒学的普遍性。晚近儒学研究的一个突出现象是经学研究兴起，而重视经学者，往往对于"孝"这一儒家伦理有特殊的辩护兴味，这自然与"孝"的近代冲击密切相关。同时，研究者更在乎从不同的角度对孝进行诠释，避免将孝简单地理解为"报"或某种义务论，这就充分挖掘了传统儒家中对孝的言说面向。在这样的诠释中，有的学者的结论使原本潜藏在儒家经典当中的仁孝张力得以放大——在古人的生活世界当中，这一张力很难像在现代处境中般放得如此的大，甚至有些学者的论说，难免有仁孝"二本"之嫌疑。如宫志翀博士在《"人为天生"视野下的仁与孝、公与私》一文中指出：

> 早期儒家理解人的存在方式有人为父母生与"人为天生"两种维度，这表明孝与仁两类道德有不同的存在纽带。[①]

通过人为父母生与"天生"两种存在维度的分梳，我们看到了人类生活中两种不同的道德纽带。一种是父子之恩亲，其核心德性是孝；另一种是"天生"的纽带，每个陌生的他者，都在其中获得了一个道德位置——"人"本身；其核心德性是仁，赋予了每个人以道德使命——成

---

① 宫志翀：《"人为天生"视野下的仁与孝、公与私》，《道德与文明》2022年第4期。

为人（仁）。①

这就特别强调了仁与孝不同的"本"，即不同的来源，并进而认为人类生活存在不同的道德纽带，因此特别强调了仁和孝对于道德生活的不同意义。不仅宫志翀博士有这样的观点，田丰博士同样强调仁孝的不同，不同于宫志翀博士言仁孝之不同的含蓄，他直言仁孝二本。在《论仁孝二本》一文中，他认为：

> 仁孝二本是中国人对天地与父母两种本原的报本反始，其历史可追溯至商周祭祀的祖德配天。宗法制与政治神性瓦解后，人伦之基遂分为仁孝二本。②

这就直接认为儒家的人伦基础是分裂的，儒家是在仁、孝两个基础之上展开自己的伦理建构的。宫、田二人的论述代表了当前儒家伦理研究的一种倾向。吴凡明在《论儒家仁孝关系的内在逻辑》一文中指出：

> 近年来在儒家仁孝关系的讨论中，几乎出现了一边倒的现象，即认为儒家的仁孝观存在着一种"伦理的悖论"，即认为"仁者爱人"，仁具有普遍意义，而孝者爱亲，孝是一种特殊之爱，其对象仅仅是自己的父母之爱，因此，二者是矛盾的。这种结论不仅彻底否定了古代先哲关于仁孝关系的理论设定，而且完全割裂了仁孝之间的内在统一性。③

仁的普遍性与孝的特殊性的矛盾，在当代研究中被放大了，但这一矛盾在古典世界中是不可想象的。何以现代学者会"发现"或"强调"仁、孝之间的"张力"，甚至有"二本"之说？唐文明教授特别指出：

> 一方面是种种对仁的普泛化乃至空洞化的改造性理解为适应现代性的要求而频频出笼，另一方面是勉力持守者因为对孝的特殊性的强调从

---

① 宫志翀：《"人为天生"视野下的仁与孝、公与私》，《道德与文明》2022 年第 4 期。
② 田丰：《论仁孝二本》，《哲学研究》2020 年第 11 期。
③ 吴凡明：《论儒家仁孝关系的内在逻辑》，《伦理学研究》2016 年第 5 期。

而走向对人伦理念的特殊主义辩护。①

的确如此，现在对儒家伦理的研究，特别是对仁的研究，受现代某些哲学路径或背景的影响，往往把仁变得形式化了，甚至抽离了仁自身的"质料性"。这些观点似乎认为越形式化的表达越具有普遍性，但其实此种普遍性是抽象的普遍，是摊薄了"主体性"的普遍。而面对近代以来对儒家的质疑，辩护者不得不维护儒家孝的当代意义，在维护过程中，似乎又要强调儒家区别于西方现代性的特殊性，强调孝及儒家对于以亲子关系为代表的具体情感的独特重视，这就使仁孝之间的张力被夸大了。现代儒学在言说自身理论时，所面临的身处于普遍性与特殊性之间的"困境"，也得以由仁孝关系展现出来。

在古典儒家的思想世界中，"仁孝"虽有张力，但不会导向"二本"，无论是强调孝先仁后，还是讲仁体孝用，都不会走向极端的"仁孝二本"。比如在后文分析到的对《论语》"孝悌也者，其为仁之本与"（《论语·学而》）这句突出反映仁孝张力的经典的注释中，古典学者均论证仁孝一本，而不是强调它们的分裂，认为用来化解其张力的模式不同。又如汉代"仁孝先后"的讨论，古人亦是强调孰先孰后，但不会把二者截然斩断为两截②。

仁孝的张力不特表现在人的存在方式的来源维度上，孟子对"仁"的诠释，也进一步丰富了仁、孝的张力，并特别扩展了理解"仁"的向度。以往对仁孝一本的论述，可以概括为仁体孝用、仁孝互释、仁感孝应，本文则尝试以仁的两种"端"（情感展示）为基，以生生和万物一体为仁之源，论证仁孝一本。当前学术界对仁孝问题有很多独特的关注视角，诸如经学的视角、西学的视角、儒教的视角（主要是唐文明教授）。这些研究对"孝"的讨论比较多，而对仁的"恻隐"的维度的重要性则关注不够。本文此问题意识源自孟子，意欲补足这一维度的探讨，以丰富对于仁孝关系的认识。

一　仁孝的张力

1."亲亲，仁也"——仁的原初诠释

古代儒家思想发端于三代文明，特别对周代的礼乐文明有着自觉的继

---

① 唐文明：《仁感与孝应》，《哲学动态》2020 年第 3 期。

② 参唐文明《仁感与孝应》，《哲学动态》2020 年第 3 期。

承，因而，周人对于道德伦理概念的诠释也被孔子以降的儒家自觉继承。因此，前儒家时代有一些对于仁的论述，就直接被儒家继承。如"亲亲，仁也"就是前儒家时代对仁的原初诠释，《国语·晋语一》讲："为仁者，爱亲之谓仁。"陈来先生将这一诠释称为仁的本义，他指出：

> 仁首先和基本的体现是"爱其父母"，这种仁所代表的孝悌事亲，是从心里发出来的。亲亲不只是事亲，亲亲是对亲人有亲爱的感情，而且不这样做于心不安。爱亲是仁的本义。[①]

孝悌与爱亲这一情感密切相连。爱亲是人从心底发出的对于亲人（特别是父母）的自然的情感，"安"或"不安"标示着这样的情感的"自然性""本真性"。但儒家在继承前儒家的讲法的同时，又将之发展，陈来先生认为，"总起来看，西周的'仁'以爱亲为本义，但到孔子已经把爱亲发展为爱人，并把爱人之'仁'化为普遍的伦理金律，故那种强调仁的血缘性解释的观点对孔子而言是不对的"[②]。仁不仅是爱特殊的亲人，而且还要爱普遍的人类，孔子不仅讲"爱亲"，还讲"仁者爱人"。当强调仁的"爱亲"面向时，强调的是孝对于仁的特殊意义，当强调仁的"爱人"面向时，则强调的是仁的普遍的意义。当然，这里的普遍依旧含有具体，不是抽象的，"爱人"的"人"中是包含亲的。儒家也是在具体的人伦关系中理解人的，而不是将人理解为抽象的"单子"。

但爱亲和爱人毕竟还是不同，因此落实到具体的实践当中时，"爱亲"或"亲亲"的特殊化向度也就彰显了出来。《礼记·丧服小记》讲："亲亲，以三为五，以五为九。上杀，下杀，旁杀，而亲毕矣。"郭晓东教授指出：

> 在礼家看来，在亲人之中，与自己最亲的，上为父母，下为子女，而祖与孙较父与子，则亲情略为杀减，至于曾祖、高祖与曾孙、玄孙，亲情又进一步地杀减，这就是所谓"上杀""下杀"，上过高祖，下过玄孙，则亲尽矣。这也就是《中庸》所说的"亲亲之杀"。由此亦可看出，

---

① 陈来：《孔子·孟子·荀子：先秦儒学讲稿》，生活·读书·新知三联书店，2017，第18页。
② 陈来：《仁学本体论》，生活·读书·新知三联书店，2014，第129页。

《中庸》讲"仁者人也，亲亲为大"，此"亲亲"亦是在"亲亲之杀"意义上讲，它不是指抽象的亲人之情，而是特指在宗法伦理体系中的亲情表达。[①]

从礼家的注释和郭晓东教授的诠释中都可以看出，"亲亲"是有一定的范围的，无论是先秦的宗法伦理体系，还是后世宗族解体后的亲属结构，"亲亲"之爱都在一定的范围中展开。这一范围大抵不越"九族"，可见"亲亲"是立足于血缘的一种情感结构。同时，"杀"也表示出这种"爱"的递减，即哪怕是在九族之内，随着"亲"的疏远，"爱"也会"递减"，而越过九族，这种亲亲之爱也可能就会消失，一旦越至"亲"之外，就不会有此种"亲亲"情感发生，人们相处的伦理原则也就需要相应地发生调整。"亲亲"是有"中心""基准"的，当然这一"中心""基准"并不一定是现代意义的个体，因为亲亲本身已经蕴含了自我的超越，包含了自我对他者的感知，特别是自我与他者情感上的联系。亲亲意谓着情感厚度的变化，传统的九族、五服等向我们展示了一个"同心圆"结构，费孝通先生将之称为"差序格局"。但特别要指出的是，这一有情感厚度变化的同心圆是"动态"的，起点是"亲—我"，而并非一般理解的个体性"自我"——亲亲蕴含着超越自我的必然性。

由于"亲亲"是"仁"的原初诠释，因此仁也就与孝有了特殊性。仁的这一本义在先秦乃至整个儒家传统中并未消失，"亲亲"被收摄进"仁体"，并成为后世理解"仁"的一种"基始"。如《中庸》讲"仁者，人也，亲亲为大"，就强调"亲亲"在仁的实践上的重要意义。同样地，孟子虽然以"恻隐"讲"仁之端"，但也强调"亲亲"对于仁的独特意义，《孟子·离娄上》讲"仁之实，事亲是也"，强调"事亲"在爱的实践上的切近性；《孟子·告子下》更是直接讲"亲亲，仁也"，强调亲亲是仁的重要表现[②]。这些都是强调以"亲亲"为重要内容的"孝"对于仁的独特意义。

但正如陈来先生所指出的，儒家在论述仁的时候绝不止于"爱亲"，儒学传统始终强调"仁"的普遍性，《论语》言"仁者，爱人"，这里的人就

---

① 郭晓东：《"亲亲"之"家"：传统之"家"在现代社会的重建》，《杭州师范大学学报》（社会科学版）2020 年第 6 期。

② 关于此两句解释，主要从朱子。

是包含亲在内的普遍性的人，其中自然包括血亲之外的人，包括现代意义上的"陌生人"，而非某种特指的人。董仲舒讲"仁者所以爱人类也"①，这是从"类"的角度来讲仁爱，把仁爱的范围指向了所有人；康有为在解释董仲舒对仁的诠释时讲"仁者恻怛爱人"②，即从恻隐出发，丰富了"仁者爱人"的含义，即认为爱人的过程中包含着"恻怛"的情感，爱普遍的人与"恻怛"之情密切相关。刘向《说苑》有："季康子谓子游曰：'仁者爱人乎？'子游曰：'然。''人亦爱之乎？'子游曰：'然。'"③ 认为仁爱是人与人之间相互的情感，强调人与人之间的相亲相爱，仁者能够主动地爱他人，其必然导向他者对仁者的爱。汉代纬书《春秋元命苞》讲："仁者情志，好生爱人，故其为仁以人。其立字，二人为仁。二人，言不专于己，念施与也。"④这里强调仁者的心灵方向是"好生爱人"，把爱人和对生命的呵护联系起来。在训释上强调"二人"，并非指具体的两个人，而是强调人与人之间的关系性，即走出自我而能够对他人有所付出、奉献。皇侃在解释《论语》中的"仁"时，更是明显地超越一般人所理解的儒家差等的爱而走向"博爱"，他讲"人有博爱之德谓之仁"⑤，博爱明显对应差等之爱，这一训释到了唐代被韩愈的《原道》所接受。有学者认为走向博爱逾越了儒家思想的界限，有墨家兼爱的嫌疑，但我们以为这一理解恰恰是将墨家所讲收摄于儒家思想当中，博爱并不一定否定"爱有差等"，"博爱"是对儒家讲的仁的普遍性的解释。但由于儒家讲的爱是具体的而非抽象的，因此对于博爱的落实反而需要具体的爱——这种需要对于儒家来讲并非只是"施由亲始"，还包含着儒家对于爱的理解，这便涉及我们对于仁孝一本的讨论。宫志翀博士指出：

> 由"博爱"言仁，体现的是向人类社会敞开的无限性。儒家由"人为天生"理论搭建的，是超越于所有家庭、地域乡土和个体利欲之上最广阔的道德空间。并且，将以仁为首的五常规定为人性本质，表明正是这些面向人本身、使人成其为人的普遍美德，适用于"天生"的空间。

---

① （汉）董仲舒著，（清）苏舆撰，钟哲点校《春秋繁露义证》，中华书局，1992，第257页。
② 康有为著，楼宇烈整理《春秋董氏学》，中华书局，1990，第155页。
③ （汉）刘向撰，向宗鲁校证《说苑校证·贵德》，中华书局，1987，第106页。
④ （清）赵在翰辑，钟肇鹏、萧文郁点校《七纬》，中华书局，2012，第415页。
⑤ （梁）皇侃撰，高尚榘校点《论语义疏》，中华书局，2013，第42页。

就道德是馈赠善意的抽象层面言，无限范围的爱较有限之爱可贵。而"天生"维度在现实中表现为政治、社会生活，也是比家庭生活惠及更多人的。①

这一立论从"人为天生"出发，强调了仁的普遍性，指出了仁超越家庭的适用范围，特别强调了作为博爱的仁的可贵性。这种对于仁的普遍性的强调，彰显了普遍的仁与特殊的孝的张力，"仁爱之心是人人都有的，仁爱之行是可以施于一切人的，而孝则是儿子对父母的一种自然亲情和道德义务"，"仁，是一种泛爱之心，而孝是一种亲情之爱"②。因此，如何处理这两者的关系，就成为儒家思想需要面对的一个问题。

2. 恻隐与仁——对"仁爱"的普遍性的强调与论证

以上我们指出了仁与孝的基本张力，特别是指出了仁的普遍性。当然我们可以看到，当儒家在言说"仁"是普遍的爱人的时候，早期并未给出论证，特别是孔子还没有明显地从"心"去论证"仁者，爱人"以及何以能有此爱；而孟子在讲"恻隐之心，仁之端"时，则诉诸"人心"/"仁心"论证仁的普遍性。钱穆先生在《论语新解》中指出："仁即人群相处之大道，故孟子曰：'仁也者，人也；合而言之，道也。'然人道必本于人心，故孟子又曰：'仁，人心也。'本于此心而有此道。……发于仁心，乃有仁道。而此心实为人性所固有。"③ 此即强调孟子由仁心出发，而证成普遍的仁道。冯友兰先生在两卷本《中国哲学史》中谈及孟子思想时也指出："仁以同情心为本，故爱人为仁也。……故仁为人之性情之真的，而又须为合礼的流露也。"④ 更直接地把普遍性的爱人的情感与"恻隐"联系起来，把性情之真与日常法则之合理联系起来。包括董仲舒在内的古今论者，都看到了孟子对于仁的普遍性的论证的重要意义。

我们可以回到孟子言说"恻隐之心，仁之端也"的论证逻辑当中，看孟子如何从恻隐出发论证仁的普遍性。《孟子·公孙丑上》讲：

---

①　宫志翀：《"人为天生"视野下的仁与孝、公与私》，《道德与文明》2022 年第 4 期。

②　肖群忠：《孝与中国文化》，人民出版社，第 164～165 页。

③　钱穆：《论语新解》，生活·读书·新知三联书店，2002，第 7 页。

④　冯友兰：《中国哲学史》（上），长春出版社，2008，第 60 页。

所以谓人皆有不忍人之心者，今人乍见孺子将入于井，皆有怵惕恻隐之心。非所以内交于孺子之父母也，非所以要誉于乡党朋友也，非恶其声而然也。

这里的"人"均是普遍化的任何人，而不是指有特殊伦理身份的人；"今"也强调的是任意时刻，而非某个特殊的情感发作时刻——某种特定关系氛围下的时刻；"乍见"则强调突然将某种情景具体化地呈现在主体面前，"乍"去除了预先的经验，"见"则意味着当下经验的完整性；"孺子"同样去除了我们对于人的特殊身份想象，通过"孺子"自身无经验或少经验的特点，去除主体在"见"到对象时由于前见所带来的瞬间性的经验呈现，特别是这里强调的"孺子"是去关系化的——没说谁家孩子，特别要去除掉自己家的孩子这一重因素；"皆"则是强调所有人在此情境下都会有普遍性的反应。当然这里要特别强调的是，我们将"怵惕恻隐"理解为"痛"，但孟子却尽可能地降低了"痛感"，"怵惕恻隐"不是高强度的情感呈现，而是"微微的痛"，这就去除了现实的人的情感的差异。孟子在这一句描述中尽力地去除道德情感生发的特殊性，特别是去"熟悉化""熟人化"，这样才能使其对仁的普遍性论证更为有效，这就与"亲亲"的进路大为不同——亲亲的场景是人最为熟悉并沉浸其中的场景。同样地，孟子更是排除了恻隐之心呈露可能受到的其他因素的驱动——内交孺子之父母对应功利性驱动、要誉于乡党对应荣誉性驱动、恶其声对应负面情感性驱动。当这样一个场景出现，而我们瞬间产生怵惕恻隐之心时，还来不及有功利、荣誉、负面情感，这就使恻隐之心作为仁之端更加具有普遍性意涵。李景林教授特别指出，"恻隐之心的显现，具有一种当场性、境域性、直接性、不待安排、排除思虑计较和功利私意干扰的自然本能性之特征……由一念之发到行为是一纯粹的连续，无任何人为安排之间隔。一经思索，便可能杂入理智分别和私意间隔而成为不自然。依照这个解释，人虽然必然地生活在一个文化和习俗化的世界中，但从人的道德和情感生活的体验中，却可以随时发现人心摆脱并先在于思虑计较及功利私意干扰的纯粹自然表现，它本然地指向于善"①。这样我们可以将恻隐理解为"无特殊对象的普遍性道德情感"——特殊对象

① 李景林：《孟子通释》，上海古籍出版社，2021，第62页。

特别针对于亲子关系。无论我们将"端"理解为端始还是呈露，以恻隐为端的仁，都无疑具有具体的普遍性。当然，对于这种普遍性论说效力的检验，不是本文的重点。我们可以看到的是，孟子尽其所能地通过"恻隐"将"仁"的普遍性突显了出来，对于恻隐此种道德情感的强调，是理学从"天理"的维度解说"仁"之前，最为重要的对于仁的普遍性的言说。当然我们可以看到，当理学家用天理去诠释仁的时候，这种道德情感的普遍性，也具有了更为明显的形而上学根基。

二　亲亲、恻隐与万物一体

以上，我们揭示了以恻隐言说仁的普遍性面向以及以亲亲为主要内容的孝的特殊性面向，特别指出从思想史的角度来看，儒家的爱超出特殊而发展至普遍，但在普遍的仁爱论说当中并没有放弃孝，仁孝二者虽有张力，但并不能说是"二本"。孟子一方面强调亲亲与仁的关系，一方面也讲恻隐和仁的关系，这并不意味着孟子思想内部存在矛盾，而恰恰意味着孟子的思想结构，能很好地"兼容"仁孝。孟子思想当中具有"亲亲、仁民、爱物"的推扩的一体结构。

《孟子·尽心上》："亲亲而仁民，仁民而爱物。"赵岐注释此句时指出，"先亲其亲戚，然后仁民；仁民然后爱物。用恩之次者也"①，他将从亲亲到仁民到爱物看作"恩"的实践次第，"恩"即爱，用恩即对爱的实践。孙奭疏有：

> 孟子言，君子于凡物也，但当爱育之，而弗当以仁加之也，若牺牲不得不杀也；于民也，当仁爱之，而弗当亲之也。以爱有差等也。是则先亲其亲，而后仁爱其民；先仁爱其民，然后爱育其物耳。是又见君子用恩有其伦序也。②

孙奭区别了爱、仁、亲的情感厚度，强调对待不同的对象应当有"差

---

① （清）阮元校刻《十三经注疏》，中华书局，2009，第6030页。
② （清）阮元校刻《十三经注疏》，中华书局，2009，第6030页。

等",但也不否认实践上的伦理次第兼容了仁爱的普遍性与亲亲的特殊性。透过这些解释,我们看到,在孟子看来,亲亲是始点,不是终点,是情感的具体性的养成的开始。孟子乃至儒家不抽象地谈爱,儒家讲的爱是具体性的,而要想获得真实的、具体的爱,就需要从亲亲开始。孟子言说的这一逻辑,特别是强调从具体的人出发走向对普遍的人的理解,在儒家思想内部并不罕见,《中庸》就强调"取人以身",对于他人的理解要从对具体的、熟知的自我的理解开始,当然,儒学的"身—我"均超越个体性的自我,儒学的身是"世代生成的身体"①,这一世代性就与亲有关,也与天地生生有关。儒家强调从"亲"开始的"推扩"结构,通过对最为具体的当下的爱的理解,推至对万物的关爱。杨树达《论语疏证》云:

> 儒家学说,欲使人本其爱亲敬兄之良知良能而扩大之,由家庭以及其国家,以及全人类,进而至于大同,所谓亲亲而仁民,仁民而爱物也。然博爱人类进至大同之境,乃以爱亲敬兄之良知良能为其始基,故曰孝弟为仁之本。孟子谓亲亲敬长,达之天下则为仁义,又谓事亲从兄为仁义之实,与有子之言相合,此儒家一贯之理论也。②

无论是孔子还是孟子,都强调由爱亲敬兄扩充至对于人类的博爱、对于万物的关爱。具体来说,从"亲亲"到"仁民"正所谓"老吾老以及人之老,幼吾幼以及人之幼"(《孟子·梁惠王上》),由"仁民"到"爱物"即孔子"钓而不纲,弋不射宿"(《论语·述而》)以及孟子所谓"斧斤以时入山林"(《孟子·梁惠王上》)、"君子之于禽兽也,见其生,不忍见其死;闻其声,不忍食其肉"(《孟子·梁惠王上》)。天地万物均需要"爱",但爱真正的落实与具体化,需要从亲亲开始。只有由亲亲一步步实践出的万物一体,才不是抽象的形式的爱,而是有质料的爱——有质料的爱一定是有厚薄的。这是强调从实践推出一体结构的意义所在。

这里其实潜藏着一个问题,即人何以能由亲亲推扩出去,达至"爱物"?

---

① 陈立胜:《中国轴心期之突破:"身"何以成为"修"的对象?》,《贵州大学学报》(社会科学版)2020年第3期。

② 杨树达:《论语疏证》,吉林出版集团股份有限公司,2017,第6~7页。

若要回答这一问题，必须回到孟子乃至整个儒家的一个重要哲学基础，即儒学非个人主义的生命观和世界观。如果我们将视角从特殊性的亲亲（孝）转换到普遍性的恻隐，就会发现面临的挑战要小得多。

近代以来对"恻隐"的诠释，往往将之与"同情"相等同。晚近已有学者注意到恻隐与同情的差别①，如果将恻隐理解为同情，势必有可能接受同情理论背后的"个人主义"预设，进而导致人无法逾越自身走向他人的问题。儒家的"爱"本身就超出个体，是"之间"的。《荀子·礼论》讲"凡生乎天地之间者，有血气之属必有知，有知之属莫不爱其类"，儒家的爱背后包含着一种"类"的认同。梁启超讲："仁者，同类意识觉醒而已矣。"②张岱年先生也认为"同类意识"是"仁"的出发点③。同类对于儒家来讲并非个体的归纳的结果，而是包含着万物一体的哲学前提。恻隐就是这种同类意识的发端。孟子所讲的"皆有怵惕恻隐之心"是在极致的减法之后，发现自己与他人的互相包含，而不需考虑个体如何越出自身，这是两种完全不同的哲学结构。在这重意义上，我们认为恻隐是由感通能力带来的同体之感，这点在宋代理学家程颢对仁的论说中展现得最为明显：

> 医书言手足痿痹为不仁，此言最善名状。仁者，以天地万物为一体，莫非己也。认得为己，何所不至？若不有诸己，自不与己相干。如手足不仁，气已不贯，皆不属己。故"博施济众"，乃圣之功用。仁至难言，故止曰"己欲立而立人，己欲达而达人，能近取譬，可谓仁之方也已"。欲令如是观仁，可以得仁之体。④

"痿痹"即不感通，"同体"之感由于某些原因被"阻断"。真正的"仁者"将"天地万物"，也就是把亲人、他人、万物，都视作自己身体的一部分，而这种"认得"的前提则是本体上的"一体"，正是从此"一体"出

---

① 黄玉顺、耿宁、陈立胜、蔡祥元等教授均有如此认识，见赖区平编《恻隐之心》（巴蜀书社，2018）收录的相关文章。

② 参见梁启超《先秦政治思想史》，天津古籍出版社，2004，第85页。

③ 参见张岱年《中国伦理思想研究》，江苏教育出版社，2005，第82页。

④ （宋）程颢、程颐著，王孝鱼点校《二程集》，中华书局，1981，第15页。

发，才可能在实践上做到"博爱"。① 陈来先生在解说程明道万物一体思想时特别指出了明道思想可能的跟孟子的联系，他说：

> 在程明道活着的时候，他说儒家讲的这一境界在《孟子》里面就已经开其端。孟子一方面讲"仁民爱物""博施济众"，这是天地万物为一体的一种博爱情怀，另一方面就是孟子讲的"万物皆备于我矣。反身而诚，乐莫大焉"。这是与物同体的第二种体验、境界。②

我们可以看到，正是因为孟子思想中本身就蕴涵着"万物一体"的思想，后代儒者才能够将孟子潜藏的思想"显白""豁亮"起来。也正是由于孟子本人潜藏着的万物一体的理念产生了实际的思想影响，孟子在提出"恻隐"这样一种标示着自我与他人联通的思想时才如此自然，而不觉得有理论难以跨越之处。冯友兰先生诠释《孟子·尽心上》"万物皆备于我"时指出：

> 如孟子哲学果有神秘主义在内，则万物皆备于我，即我与万物本为一体也。我与万物本为一体，而乃以有隔阂之故，我与万物，似乎分离，此即不"诚"。若"反身而诚"，回复与万物为一体之境界，则"乐莫大焉"。如欲回复与万物为一体之境界，则用"爱之事业"之方法。所谓"强恕而行，求仁莫近焉"。以恕求仁，以仁求诚。盖恕与仁皆注重在取消人我之界限；人我之界限消，则我与万物为一体矣。此解释果合孟子之本意否不可知，要之宋儒之哲学，则皆推衍此意也。③

人与万物本就一体，因为不诚故产生隔阂，人需要在现实世界通过努力回向自己的本真。万物一体这样的哲学表达，本身就包含了实然与应然的统一，包含了从存有到道德的必然，"一切道德之理具于吾心，与一切存在物

---

① 关于程明道思想与万物一体的关系，陈来先生指出：宋代以后，关于万物一体的思想有两种说法：一种是"一体"，一种是"同体"。意思是一样的，都是来源于程颢的话。程颢有两段话，是宋明理学包括阳明先生万物一体思想的来源。（陈来：《王阳明的万物一体思想》，《中共宁波市委党校学报》2019 年第 2 期。）
② 陈来：《王阳明的万物一体思想》，《中共宁波市委党校学报》2019 年第 2 期。
③ 冯友兰：《中国哲学史》（上），长春出版社，2008，第 111 页。

与我为一体，本是一事之两面说。因本心所具的道德之理亦是使一切存在成为存在之存在之理，故当人呈现其本心，生发出道德的行为时，固然直觉到一切道德之理即在吾心，皆备于我；同时亦会感到与万物为一体，一切存在物都在仁心之涵融下，呈现着无限的意义，而皆成为真实的存在"①。

万物一体使恻隐乃至一切道德情感成为可能，陆九渊讲："收拾精神，自作主宰，万物皆备于我，有何欠阙！当恻隐时自然恻隐，当羞恶时自然羞恶，当宽裕温柔时自然宽裕温柔，当发强刚毅时自然发强刚毅。"② 当主体回归本真，认识到万物一体时，主体自己也就会成为自己的主宰。这种对万物一体的体认，不仅仅是认识论的，更是存在论的，当通过功夫完成本真性的回归时，一切道德情感在相应的情景中就会自然展现。陆九渊这里讲"当恻隐时自然恻隐"，我们亦可说"当孝悌时自然孝悌"，恻隐与亲亲均是万物一体之本真的现实具体化，这也是我们强调仁孝一体的一个重要立足点。

恻隐可以说是人发现自己本真的契机，是人由自身道德情感识得存在之本真的契机。恻隐之心的显发，向现实的人展现了本真的一体的不可磨灭性。恻隐的成立蕴含了"一体""同体"，此种万物一体也可以称为"万物共在"，这种理论下的万物之间有一种"内在性关系"，彼此规定、成就，这就与个人主义的世界观大为不同。而只有将一体作为前提，李景林教授在诠释恻隐时所讲的"直接性"才能够得以成立。万物一体是孟子哲学乃至先秦哲学的一种言说背景，此种背景经由宋明理学显性化，也使儒家义理言说更为融贯。万物一体思想，从儒学史、中国哲学史的角度来看，有一个从隐性到显性的过程③。

正是由于恻隐是感通能力带来的同体之感，恻隐作为仁之端，也就可以揭示仁的更深层次内涵。恻隐是仁的情感显现，博爱则是仁的最终实践指向，人以此情为奠基，最终能够朝向博爱。张志强教授指出："从根本上讲，'仁'是一种贯通差别的平等感，是在不取消差别的前提下的'不分别'，是在相互不同的个体之间建立起来的共同感。"④

---

① 王邦雄、曾昭旭、杨祖汉：《孟子义理疏解》，鹅湖出版社，2005，第 94 页
② （宋）陆九渊著，钟哲点校《陆九渊集》，中华书局，1980，第 455~456 页。
③ 先秦哲学已经蕴含着万物一体的思想，但并未加以显白的诠释，如《管子》讲"万物备存"（《管子·内业》），《庄子》讲"天地与我并生，万物与我为一"（《庄子·齐物论》）。
④ 张志强：《当前时代，我们该如何看待中国哲学?》，《中国哲学史》2017 年第 4 期。

三　一体与生生

以上我们指出，无论是亲亲还是恻隐，都以"万物一体"为存在论的前提，这一前提在先秦儒学中已经潜藏，而宋代儒者将之"豁显"。钱穆先生指出："盖《西铭》言'万物一体'，为宋学命脉所寄。"① 宋代是万物一体的仁体显现的重要历史时期，到明代理学处，则逐渐明确了以生生和一体言仁的思想倾向。如程颢以知觉、生意、一体言仁②，朱子亦以"天地以生物为心"言仁（《仁说》），阳明亦言"仁是造化生生不息之理。虽弥漫周遍，无处不是"③。陈来先生在《仁学本体论》中特指出，"先秦时代……确定仁的伦理意义为爱人，在此基础上提出仁为全德之名"，"汉唐时代则把仁在人世的显现扩大到了宇宙，建立了天心即仁的观念"，"宋代仁体的显现则更进一步，以生论仁，以生物为天心"，"明代以来，以心为本体仁体的唯心论大盛……"④。万物一体，或者说万物共生共在、互相关联而成为一体，故仁是根本的真实、终极的实在、绝对的形而上学的本体，是世界的根本原理。这是宋明理学从形而上学的角度对仁的普遍性的揭示。

以生生和一体言仁，首先需要说明的是生生和一体的关系，即万物因生生而一体。万物一体并非指万物是静态的一个整体，而是说万物处于一动态生生过程中，一体与生生实是硬币的两面。而对于每一具体的"我"来讲，"我"是动态地在此一体之中的，即在父母之生中获得或继承此一体。"我"非抽象地与万物为一，而是具体的"一体"（具体中的万物一体）。生，也即是"我"能一体的必然前提。亲之生，既意味着特殊性的个体的产生，又意味着具有普遍性的个体的产生。从"生生"出发，我们可以理解"人为天生"和"人为父母生"的统一性，即任何天生都需要借助父母生，父母生是天生的具体化的展现。康有为讲，"孔子以天人为仁，故孔子立教，一切皆以仁为本。山川、草木、昆虫、鸟兽、莫不一统。太平之世，远近大小若一；大同之世，不独亲其亲，子其子，老有终，壮有用，幼有长，鳏寡、孤

---

① 钱穆：《国学概论》，商务印书馆，1997，第 225 页。
② 参陈来《宋明理学》，生活·读书·新知三联书店，2011，第 90~92 页。
③ （明）王守仁著，王晓昕、赵平略点校《王文成公全书》，中华书局，2015，第 32 页。
④ 陈来：《仁学本体论》，生活·读书·新知三联书店，2014，第 75 页。

独、废疾皆有养，仁之至也。然天地者，生之本；父母者，类之本。自生之本言之，则乾父坤母，众生同胞，故孔子以仁体之；自类之本言之，则父母生养，兄弟同气，故孔子以孝弟事之"①。由生之本而有仁，仁包含着对天地万物的关爱；由类之本而有孝，孝具体体现在对亲的爱上。"类之本"并不能与"生之本"等同，类之本包含在生之本当中，其成立依赖于生之本，而仁则是一切价值的究极根本；但没有类之本，生之本就无法落实，仁需要由孝获得具体性②。

《春秋繁露·顺命》讲：

> 父者，子之天也；天者，父之天也。……天者万物之祖，万物非天不生。③

父是子的天，是从个体的生的具体性角度言说的；天是父的天，是从生生的普遍性角度言说的。天是生生的根本，父是生生的具体承载。任何人物的生都是普遍性与具体性的统一，都是仁孝的统一。

同样地，《白虎通·诛伐》讲：

> 父煞其子当诛何？以为天地之性人为贵，人皆天所生也，托父母气而生耳。王者以养长而教之，故父不得专也。④

"人皆天所生"，是从生的普遍性角度言说的，而"托"则意谓着生的具体性。儒家始终强调普遍性不能离开具体性，在这重意义上，儒家所讲的普遍性都是具体的普遍性，这是具体的普遍性的重要意涵。

赵汀阳教授指出，"每个人都存在于与他人的共在关系中，每个人都不

---

① 姜义华、张荣华编校《康有为全集》第 6 集，中国人民大学出版社，2007，第 380 页。
② 宫志翀博士以为，"人为天生"的维度独立并高于父母生的维度（宫志翀：《"人为天生"视野下的仁与孝、公与私》，《道德与文明》2022 年第 4 期），我们承认人为天生高于父母生，但并不能承认人为天生会独立于人为父母生。
③ （汉）董仲舒著，（清）苏舆撰，钟哲点校《春秋繁露义证》，中华书局，1992，第 410 页。
④ （清）陈立撰，吴则虞点校《白虎通疏证》，中华书局，1994，第 216 页。

可能先于共在而具有存在的意义"①。而从儒家的角度出发，从生生的普遍性与具体性来看，个人与万物共在的前提就是"天之生"具体化为"父母生"，人生在世的本真状态是人与父母一体而分，这是生生的自然展现。《吕氏春秋》讲："父母之于子也，子之于父母也，一体而两分，同气而异息。若草莽之有华实也，若树木之有根心也，虽异处而相通，隐志相及，痛疾相救，忧思相感，生则相欢，死则相哀，此之谓骨肉之亲。"② 这揭示了人不是孤立的"个体"，要在一种"连续性"中来理解自己的生命。亲亲是生生的具体化的展现与要求，因为生命最当下、最直接地与"亲之生"联系起来，通过父母之生，而与历史上的生命、当下的生命联为一体。同样地，由此生生的具体化亦产生"尊尊"，尊尊是对此具体生生的追溯，是对"先生"于"我"的"敬"——"我"的一切经验、对世界的感知皆由"先生"传递于"我"，先生的经验构成了"我"当下置身其中的经验世界。"亲亲""尊尊"是传统儒家所讲的"孝"的两重重要面向，而此两重面向均可以由生生的具体化而理解，也就是孝可以由仁确立，此即仁孝一本的首要方面。

在此具体的生中，天地的生物之心得以展现，得以具体化。个体的生均有其具体化，因此，孝也就成为最原初、最具体的情感，在此种情感中，其他情感有了生成的可能——人在其具体的生生场景中，在与父母的相处过程中，接触了其他的生者，在与父母的交互中，获得了最原初、最具体的情感，在与其他生者的接触中，又以此为经验，展开对他者的理解。《说文解字》解释"亲"称："亲，至也。从见，亲声。"徐灏在解释时指出："起于相见，盖见而亲爱也。亲爱者莫如父子、兄弟、夫妇，故谓之六亲。"③"见"即由生生的具体化获得的原初场景，此"见"意谓着情感的具体性、非抽象性，见亲是最原初的世界经验的获得，由此扩出的"见"则有其他伦理关系。而情感能由此具体的情感一步步展开，正是缘于生生所构成的万物一体的世界。

以上是我们从生生的角度对孝的解说，并由此论仁孝一体。我们同样可由此生生的一体世界理解恻隐。万物因一体而感通，此即仁的展现，其落实到具体的情感上即为普遍性的恻隐情感，恻隐是普遍的感通。恻隐是"天地

① 赵汀阳：《共在存在论：人际与心际》，《哲学研究》2009 年第 8 期，第 24 页。
② 许维遹撰，梁运华整理《吕氏春秋集释》，中华书局，2009，第 214 页。
③ 李学勤主编《字源》中册，天津古籍出版社、辽宁人民出版社，2012，第 765 页。

万物一气贯通的生命真相"的情感展现。蔡祥元教授指出，"恻隐现象的本质是感通，可以说，感通乃是人心之'仁'的内在本质或发生机制"①。这里需要强调的是，连通是感通的前提，连通带来感通。而这种根源性的生生不息的连通被我们称作"仁"。朱子在解释"仁者，人也，亲亲为大"时讲"人，指人身而言。具此生理，自然便有恻怛、慈爱之意，深体味之可见"②，此即揭示生生之仁是恻隐的前提，不阻断此生理才能在实践中展现出恻隐、慈爱之情——朱子已经注意到生生同时是恻隐与亲亲的源头。亲亲与恻隐都是生生的当下面向，是万物一体的"当下瞬间"，只不过构成了不同的面向罢了：亲亲呈现的是生生的具体性，恻隐呈现的是万物的普遍连通性。

这里我们可以从道德的普遍具体性看恻隐与亲亲的关系。从《孟子》的文本中，我们可以看出，包括恻隐在内的四端是不稳定的，需要一定的场景，恻隐才可能"闪现"（上面我们解释"今人乍见孺子将入于井"时所揭示的条件），同样的，恻隐也是不稳定的，不同的人与他人的连通感强弱不同，这样的情感也很容易被压制。因此，包括恻隐在内的四端是需要工夫的"锻炼"才能最终完粹为四德的。那么应当从哪里入手"锻炼"呢？由生生的具体性可知，锻炼、扩充恻隐之心的最直接场域即是亲子所构成的孝的情景。刘伟教授指出：

> 在古典语境里，恻隐有时候也表达为"隐恻"或"恻怛"。依据古礼，亲人辞世后，孝子"恻怛之心，痛疾之意，伤肾乾肝焦肺"（《礼记·问丧》），这意味着至亲辞世带来的哀痛，是"恻隐"最真切、最极致的体现。③

恻隐为"痛"感，而亲子之间的连通所带来的哀痛是最直接、最真切地呈现在世人的当下生活世界中的。朱子亦讲"但孝弟至亲切，所以行仁以此为本"④。"亲亲"之情可以作为成就普遍性的仁德的发端。正如郭齐勇先生

① 蔡祥元：《感通与同情——对恻隐本质的现象学再审视》，《哲学动态》2020 年第 4 期，第 70 页。
② （宋）朱熹撰《四书章句集注》，中华书局，1983，第 28 页。
③ 刘伟：《心的两面：论孟子的心灵观念》，《中山大学学报》（社会科学版）2020 年第 3 期，第 99 页。
④ （宋）黎靖德编，王星贤点校《朱子语类》，中华书局，1986，第 2870 页。

所指出的，"儒家伦理是普遍主义的，但同时又是建立在特殊主义的基础上且要落实到具体的伦理场景中去的。仁义忠恕的原则和诚实、正直等德目有普遍的意义，又有特殊的内涵，是具体特殊的亲爱亲人之情感的推广"①。这里需要补充的是，情感之所以能推扩，其理论前提就是万物一体，由此生生的一体，在现实层面，人在孝亲中开始"情感锻炼"②。

在上述意义上，我们或可进一步地指出，由生生的具体化而有的孝，其实是恻隐的某种特殊化、具体化展现，亲亲可以收于恻隐，此亦是仁孝一体的重要内容。《白虎通》讲："恻隐之恩，父子之道也。"③吕大临亦讲："盖古者教养之道，必本诸孝弟，孝弟之心虽生于恻隐恭敬之端，而其行常在于洒扫、应对、执事、趋走之际。"④这些论述都未将恻隐与亲亲分割开来理解，而是将其当成连贯的一体。恻隐是普遍的感通，但需要一定的"机"才能乘机而作；孝则是具体的感通，孝不是仁的源头，而是仁体的最切近展现。由于生生的当下性、具体性，亲亲带来最为直接的感通。王阳明以为，孝是仁之"生意发端处"⑤。亲是道德情感展开的原发场域，人在亲亲中将抽象的德性具体化，将抽象的他者具体化。孟子所谓"仁之实，事亲是也"

---

① 郭齐勇：《也谈"子为父隐"与孟子论舜——兼与刘清平先生商榷》，《哲学研究》2002年第10期。

② 宫志翀博士以为，虽然孝慈和仁义都有人性基础，但行仁义比行孝慈需要更高的道德动力与能力。家庭有朝夕相处、日积月累的生活基础，爱家人是人自然习得也自然流溢的能力。而对陌生者的同情共感，需要明确的道德自觉，认识到"人"（仁）本身的道德意义。如儿童不常能流露恻隐之心，而爱敬父母之情已相当充盈。并且，"仁之端"的保有和涵养也需要付出更多努力，这何尝不更反衬出仁的珍贵。总而言之，孝慈悌友较之仁义忠信是更自然的德性，仁义忠信较之孝慈悌友又更珍贵。不过必须再次强调，二者都在人性自身有其基础，前者更自然，不代表仁义忠信是遥不可及的，后者更珍贵，也不表示孝慈悌友是卑微的。这两种纽带下的德性，在范围、条件等方面各占优长，难有对立的分判。"人为天生"只是人作为道德存在的一种隐喻，人不会一出生就能行仁义。仁义忠信的品德需要习得、养成。儒家看到，既然家庭是一个人主要的生活场所，也就成为他养成良好情感、品性的土壤。（宫志翀：《"人为天生"视野下的仁与孝、公与私》，《道德与文明》2022年第4期。）
　　以上论述所言的两种纽带是我们不能接受的，因为在我们看来，纽带只有"生生"。但宫志翀博士的其他具体观点我们均可接受，但要补充的是，由于根源上的万物一体，恻隐会时时呈露，由于生生的具体性，家庭才能成为德性锻炼之基。

③ （清）陈立撰，吴则虞点校《白虎通疏证》，中华书局，1994，第487页。

④ （清）孙希旦撰，沈啸寰、王星贤点校《礼记集解》，中华书局，1989，第34页。

⑤ （明）王守仁著，王晓昕、赵平略点校《王文成公全书》，中华书局，2015，第32页。

（《孟子·离娄上》）即"仁爱的具体落实就是无微不至地侍奉自己的父母"①。孟子还讲，"道在迩而求诸远，事在易而求诸难。人亲其亲，长其长，而天下平"（《孟子·离娄上》），赵岐注言"人，仁义之心，少而皆有之，欲为善者无他，达、通也，但通此亲亲敬长之心，施之天下人也"②，也即要经由亲亲敬长的特殊性，最后实现仁的普遍性。正如孙向晨教授所指出的：

> "亲亲"并不是局限在血缘与家族之中，而是在与亲人的最初接触中，建立起某种信任性。③

> "生生"与"亲亲"所建构起来的世界观就有了不一样的看待世界方式。同时，这样的理解就不会把世界看作一个荒凉的、匿名的、无情的现代世界，而是建立起一种群体感，一种亲近感，一种将心比心、和谐互助的世界。"家"是让"温暖世界"得以可能的先天条件，或者说"家"是"温暖的世界"何以可能的一个中介。④

孝不是"自爱性"，而是在关系之中理解仁，人原初就不是孤独的"自我"，而是由于有"生"，因而具有关系性。故伦理的展开逻辑不是从自爱开始的，儒家避免了把自爱异化为私己之爱的逻辑。从生生以及其具体性，我们可以进一步地理解亲亲作为孙向晨教授所讲的"中介"的优势。

由此，我们可以对《孟子》所言"良知""良能"给予一个诠释：

> 人之所不学而能者，其良能也；所不虑而知者，其良知也。孩提之童，无不知爱其亲者；及其长也，无不知敬其兄也。亲亲，仁也；敬长，义也。无他，达之天下也。（《孟子·尽心上》）

---

① 韩星：《仁与孝的关系及其现代价值——以〈论语〉"其为人也孝弟"章为主》，《船山学刊》2015 年第 1 期，第 86 页。

② （清）阮元校刻《十三经注疏》，中华书局，2009，第 6018 页。

③ 孙向晨：《从列维纳斯的"超越"与"他者"到儒家的"生生"与"亲亲"》，《杭州师范大学学报》（社会科学版），2020 年第 6 期，第 52 页。

④ 孙向晨：《从列维纳斯的"超越"与"他者"到儒家的"生生"与"亲亲"》，《杭州师范大学学报》（社会科学版），2020 年第 6 期，第 52 页。

人之所以不学、不虑就有"良知""良能"，在于其"良"是出于生生的一体连通，有生生的具体性，人就有了现实性的知与能。孟子讲"及其长也"，即人迈出"亲—己"的第一步，走向与"亲—己"最切近的兄弟姐妹，是情感扩充的第一步，"达之天下"则意味着具体性的终极扩展。人在此生生的一体世界中，又不断地从具体化的情感出发，一步步地展开情感，并体会一体所带来的连通。

余论　一些经典解释问题

以上，我们从生生与一体的角度尝试阐释"仁孝一本"，这里的"本"即"源""元"的意思。我们特别要说明，传统经典当中多有"二本""三本"等讲法，除孟子所批评的"二本"外，我们要看经典当中所说的"本"的意涵。如《大戴礼记·礼三本》，从天地、先祖、君师三个方面讲"本"，这里的"本"更多地是要从实践、制礼上来看，或者说是理解"礼意"，讲礼制的制作来源。不能以此为证据言仁孝是二本。讲仁孝一本时的"一本"，强调的是来源的同，是程颐"体用一源"意义上的一本。

儒家经典多强调"孝为本"，这其实是从教化、时间的角度而说的。如《孝经》首章言："夫孝，德之本也，教之所由生也。"这里讲孝是德养成的根本，是教化的开端。何晏《论语集解》解释"孝悌为仁之本"："本，基也。基立而后可大成。先能事父兄，然后仁道可大成。"[1] 这同样强调的是"实践"，也就是我们上文所说的"锻炼"。因此我们认为，朱子对于"孝悌者其为仁之本"的解释更具有通贯性。《朱子语类》讲：

仁是孝弟之母子，有仁方发得孝弟出来，无仁则何处得孝弟！[2]

自亲亲至于爱物，乃是行仁之事，非是行仁之本也。故仁是孝弟之本。[3]

① （清）刘宝楠撰，高流水点校《论语正义》，中华书局，1990，第7页。
② （宋）黎靖德编，王星贤点校《朱子语类》，中华书局，1986，第474页。
③ （宋）黎靖德编，王星贤点校《朱子语类》，中华书局，1986，第474页。

可以说，这里的仁都是生生之仁、一体之仁。由此生生之仁具体化才有孝悌，而孝悌即是实践仁的切近着眼点。

由此我们亦可以对"反身而诚"做诠释：身是具体性的身，亲亲之身，返回具体性，才能开显出诚体，然后才能真正地"当恻隐则恻隐"。"亲亲、仁民、爱物"实是人由亲生而将生生的抽象的普遍性转化为具体性，并从此具体性开始，逐渐领悟，而获得具体的普遍性，达到真正的"万物皆备于我"。李景林教授指出：

> 儒家所言仁，是一个普遍的原则，但它并非一种与个体实存无关的、抽象的普遍性。其忠恕行仁之方，乃循着由己及亲、由亲及人、由人及物这样一种成己成物的途径来达成"仁民爱物"的超越境界。在儒家的伦理体系中，"亲亲"实构成为人的自爱与普遍人类之爱的中介或桥梁。[①]

我们同意李景林教授所讲的亲亲的中介或桥梁作用，但我们也要指出不同之处：仁还有形而上学的仁体；自爱并不是起点，恰恰从亲亲出发，才能理解自爱。

这里也需要指出我们的观点与唐文明教授"仁感孝应"说的不同，即讲生生和万物一体，就不需要一个唐文明教授所理解的超越的"天地之心"去回应仁孝问题，同样地，对于"仁"，不仅要"孝应"，还需要"当恻隐则恻隐"。从生生与一体出发，我们也可以对传统儒家所讲的孝进行创造性转化，即我们不需要按照古典世界对孝的理解，无限扩大孝的外延，不需要按照《孝经》，强调几种不同的孝，更不需要引入明王来讲孝，而是可以看到每个具体的生命在其实践中都能落实孝，并由此体认仁。

---

① 李景林：《论孝与仁》，《江南大学学报》（人文社会科学版）2014年第3期，第10~11页。

论《诗经》中"乐"的依他性

索巾贺

（中共广州市委党校）

摘　要：物之乐是《诗经》中具有代表性的乐，最典型的即饮酒与听乐（yuè）之乐。物之乐是由于外物的某种固有属性，刺激人的身心产生了相应的反应，非由己生，可谓具有明显的依他性。人伦之乐是《诗经》中的另一具有代表性的乐，如兄弟相和，男女相乐。人伦之乐取决于人与他人之间的关系，非己能成，故而亦具有相当程度的依他性。而且他人相对于他物具有能动性，因此更不可控。《诗经》对于乐的境遇依赖性亦有高度自觉。国家的治乱兴衰、死亡与时间的不断迫近、他人对乐的物质资源的争夺与挤占，都强调了人的处境对乐的巨大影响。人之乐受制于诸般境遇，这也是乐之依他性的重要体现。虽然《诗经》中的乐并不全然是依他的，但可以说《诗经》从总体上更为强调乐的依他性。

关键词：乐　《诗经》　依他性

本文的研究对象是喜乐之乐（lè），而非音乐之乐（yuè）。李泽厚先生曾以"乐感文化"概括中国文化的特质，虽然并未形成共识，但亦可见"乐"在中华文化中具有特殊地位。学界此前对"乐"的研究主要集中在孔子以后的"乐"思想，对更具源头性的前诸子时代"乐"思想则较少涉猎。而在前诸子时代的文献中，《诗经》论及"乐"的阐述是最多的，表明这部出自众人之手的诗歌总集对"乐"的集中关切。在《诗经》所记录、展示出的生活世界中,"乐"是一个重要的主题。由于出自众人之手,《诗经》中对"乐"的阐述涉及方方面面,并没有连贯的逻辑,但也具有特殊的丰富性与原生性。正因不出自一人之手,且作者拥有不同的身份,故而能够展示出时人对"乐"的多元思考,是为丰富性;又因为《诗经》中的诗篇直接来自生活,直抒胸臆、油然而出,故而具有最真实的原生性。研究《诗经》中的"乐",对于理解中国古代"乐"思想的源头、梳理乐思想的发展具有重要意义。统而观之,《诗经》中的"乐"往往呈现比较突出的依他性——相当地依赖他物、他者或诗作者所处之境遇,非由己生,非己能成,不由自主。

一 物之乐,非由己生

在《诗经》中,酒与乐(yuè)之乐(lè)是一种常见的代表性快乐,饮酒与听乐有时又是相伴随的:

> 王在在镐,岂乐饮酒……王在在镐,饮酒乐岂。(《诗经·鱼藻》)

> 窈窕淑女,钟鼓乐之。(《诗经·关雎》)

> 或湛乐饮酒,或惨惨畏咎。(《诗经·北山》

> 君子阳阳,左执簧,右招我由房。其乐只且!君子陶陶,左执翿,右招我由敖。其乐只且!(《诗经·阳阳》)

> 鼓咽咽,醉言舞。于胥乐兮!有駜有駜,駜彼乘牡。夙夜在公,在公饮酒。振振鹭,鹭于飞。鼓咽咽,醉言归。于胥乐兮!有駜有駜,駜彼乘駽。夙夜在公,在公载燕。自今以始,岁其有。君子有谷,诒孙子。于胥乐兮!(《诗经·有駜》)

> 呦呦鹿鸣,食野之苹。我有嘉宾,鼓瑟吹笙。吹笙鼓簧,承筐是将。人之好我,示我周行。呦呦鹿鸣,食野之蒿。我有嘉宾,德音孔昭。视民不恌,君子是则是效。我有旨酒,嘉宾式燕以敖。呦呦鹿鸣,

食野之芩。我有嘉宾，鼓瑟鼓琴。鼓瑟鼓琴，和乐且湛。我有旨酒，以燕乐嘉宾之心。（《诗经·鹿鸣》）

美酒与音乐，都是外物经由身体感官使人感到愉悦，可见当时"乐"这一概念在相当程度上对应了由外物而生的快乐。《诗经·正月》："彼有旨酒，又有嘉肴。洽比其邻，昏姻孔云。念我独兮，忧心殷殷。佌佌彼有屋，蔌蔌方有谷。民今之无禄，天夭是椓。哿矣富人，哀此茕独。"哿，《毛传》训为嘉，快乐。据王引之《经义述闻》："哿与哀相对为文，哀者忧悲，哿者欢乐也。言乐矣，彼有屋之富人；悲哉，此无禄之茕独也。"富人有屋有谷，有酒有食是以能乐，缺少了这些物质条件的穷人则忧心殷殷。乐在很大程度上建立在物质基础之上。

值得注意的是，《诗经》描述饮酒与听乐时多言"和乐且湛""湛乐""燕乐"①。先来看"湛乐"，《诗经·鹿鸣》"鼓瑟鼓琴，和乐且湛"，《诗经·北山》"或湛乐饮酒，或惨惨畏咎"。据程俊英与蒋见元，"湛"音 dān，与另一常见于先秦文本中的"耽"，本字都是"媅"。②引述《毛传》"湛，乐之久"及《韩诗外传》"耽，乐之甚也"为证。"湛"可以理解为尽兴。所谓"乐之久"和"乐之甚"，分别从时间持续性和强烈程度上表达了尽兴的意思。竹添光泓《毛诗会笺》则将"湛"作本字解，"湛是浸渍之义，入之以深，迟之以久，不见易尽，所以乐心"③。"湛"即沉浸，这一解释亦可以同时包纳《毛传》与《韩诗》中乐沉浸之久和沉浸之甚的说法。尽兴和沉浸二说皆通，都将快乐的维度展开，包纳了时间的长短与程度的深浅。此外需要看到，《诗经·鹿鸣》中"和乐且湛"的湛显然是正面的表述，"和乐且湛"在《诗经》其他地方也常用来形容兄弟相亲之乐，表达一种和谐而醇厚的快乐。但《诗经·北山》中"湛乐饮酒"的"湛"，结合上下文语境"或湛乐饮酒，或惨惨畏咎"，则传达了一种负面的批判意味。这种差别性，在今人高亨的《诗经今注》中亦有所体现，注解"和乐且湛"时解"湛"

---

① 《诗经·鱼藻》"岂乐饮酒""饮酒乐岂"，据《郑笺》，"恺亦乐也。"陆德明亦言"岂，本作恺，同苦在反，乐也。"所以岂乐也就是乐，不像和乐、湛乐、燕乐一样有不同于乐的意涵。参见（清）阮元校刻《十三经注疏》，中华书局，2009，第 1049 页。

② 参见程俊英、蒋见元《诗经译注》，中华书局，1991，第 440 页；程俊英《诗经译注》，上海古籍出版社，1985，第 288 页。

③ 〔日〕竹添光鸿：《毛诗会笺》，台湾大通书局，1975，第 955 页。

为"深厚"①，而注解"湛乐饮酒"，则言"湛乐，过度的享乐"②。因此需要注意，湛乐或曰"耽乐"，既可以表达正面的意义也可以表达负面的意义，不论解释为尽兴或是沉浸，其本身并不具有道德属性。享乐的时间或快乐的程度一旦过度，就是流于淫，则需要谨慎提防。

再来看"燕乐"。"燕乐嘉宾之心"，《毛传》曰："燕，安也。夫不能致其乐，则不能得其志，不能得其志，则嘉宾不能竭其力。"③朱熹《诗集传》："言安乐其心，则非止养其体、娱其外而已。盖所以致其殷勤之厚，而欲其教示之无已也。"④朱熹引范处义语："食之以礼，乐之以乐，将之以实，求之以诚，此所以得其心也。贤者岂以饮食币帛为悦哉？夫婚姻不备，则贞女不行也；礼乐不备，则贤者不处也。贤者不处，则岂得乐而尽其心乎？"⑤诗中已经明言燕乐的是"嘉宾之心"，朱范二家都强调"燕乐"是安乐其心、得其心，这与《毛传》"得其志"是一致的。这场宾主皆宜的欢宴不只能"养其体、娱其外"，也能安其心、乐其内。燕，安也，相较于感官的快乐更具有内在性，同时内含一定的限制性，其程度不会过分。安则不狂乱，是一种不激烈的、平稳的快乐。"和乐且湛""燕乐"都不只是生理感官之乐，还包含了内在的、精神层面的享受。不过需要注意的是，《诗经·鹿鸣》表面上讲"我有旨酒，嘉宾式燕以敖"⑥，"我有旨酒，以燕乐嘉宾之心"，实际上燕乐嘉宾的是主人和整场宴会，琴瑟笙簧、币帛承筐、旨酒觞筹，共同使客人安心和乐。"鼓瑟鼓琴，和乐且湛。"其中，琴瑟笙簧，准确地说是音乐承载的礼乐和主人的诚意才是使人安和的主要原因。"贤者岂以饮食币帛为悦哉？""食之以礼，乐之以乐，将之以实，求之以诚，此所以得其心也。"如果仅是美酒厚礼，可以说乐，但恐怕难以说安和。饮酒之乐与鼓琴之乐虽然都是经由外物刺激感官而来，但二者之间的区别又是显著的。

如果说饮酒之乐是纯粹的生理反应，鼓琴之乐似乎包含了更多审美与精神的享受。正是在这个意义上，陈少明将聆听音乐的快乐归为"身—心"之

---

① 董治安编《高亨著作集林》第3卷《诗经今注》，清华大学出版社，2004，第261页。
② 董治安编《高亨著作集林》第3卷《诗经今注》，清华大学出版社，2004，第367页。
③ （清）阮元校刻《十三经注疏》，中华书局，2009，第867页。
④ （宋）朱熹集撰，赵长征点校《诗集传》，中华书局，2017，第156页。
⑤ （宋）朱熹集撰，赵长征点校《诗集传》，中华书局，2017，每157页。
⑥ 式，语助词。燕，安适。敖，舒畅快乐。

乐，介于身之乐与心之乐之间①。与美酒佳肴之乐相比，琴瑟之乐似乎更加具有某种心灵的内在性，但这种心灵所体会到的和谐安舒，从根本上来说仍然是由琴瑟音声"感"人而生，心之和源于乐（yuè）之和，因此仍然表现出强烈的"依他性"。

《左传·昭公二十一年》载："二十一年，春，天王将铸无射，泠州鸠曰：王其以心疾死乎！夫乐，天子之职也。夫音，乐之舆也。而钟，音之器也。天子省风以作乐，器以钟之，舆以行之。小者不窕，大者不槬，则和于物。物和则嘉成。故和声入于耳，而藏于心，心亿则乐。窕则不咸，槬则不容，心是以感，感实生疾。今钟槬矣，王心弗堪，其能久乎！"亿，安也。声音是乐（yuè）的车子，乐器是发音的器具。大小乐器的声音不能过分细巧或过分洪亮，彼此和谐才能成就美好的音乐。乐声和谐，入于耳而藏于心，心感之而安，安而乐。只有琴瑟之音是和之声，才能由耳入心，感动人心，使人和谐安乐。而且，早期正式宴会场合的乐（yuè）并非只有乐声，而是配有诗文的，讲究在不同的具体情境中演奏不同的乐歌，更具导范教化作用。乐（yuè）之和乐是在西周礼乐文化的规范下实现的。

美酒、钟鼓之乐（yuè）是《诗经》中的典型之乐，而这样的乐是外物的某种固有属性刺激人的身心产生的相应的反应，非由己生，可谓具有明显的依他性。

二　人伦之乐，非己能成

《诗经》中的乐（lè）以人伦之乐为另一代表，具体又有兄弟之乐、男女之乐。

兄弟之乐，如《诗经·常棣》。《常棣》一诗的主旨是兄弟之情。此诗开篇明义，"凡今之人，莫如兄弟"。遭逢危难之时，只有兄弟方能"急难"，即使有良朋好友，也只能"咏叹"。哪怕兄弟平时吵吵闹闹，遭遇外侮也会一致对外。最后反复歌咏兄弟相和，宴会欢乐。"傧尔笾豆，饮酒之饫。兄弟既具，和乐且孺。妻子好合，如鼓瑟琴。兄弟既翕，和乐且湛。宜尔室家，乐尔妻孥。是究是图，亶其然乎！"孺，相亲。翕，合也。兄弟相聚相

---

① 陈少明：《论乐：对儒道两家幸福观的反思》，《哲学研究》2008 年第 9 期。

合，和乐亲爱。诗中虽然谈到妻孥之乐，但如《郑笺》所言，意在"族人和则得保乐其家中之大小"，只有族人和睦才能宜乐妻子。方玉润在《诗经原始》中说："良朋妻孥，未尝无助于己，然终不若兄弟之情亲而相爱也。盖良朋妻孥皆以人合，而兄弟则以天合。以天合者，虽离而实合；以人合者，虽亲而实疏。故曰：'凡今之人，莫如兄弟。'"① 此诗反复申述兄弟的血缘关系比朋友和夫妻关系更具有可靠性，并以面对灾难外敌的情境为例证。在诗中，兄弟是血缘保障下的天然利益共同体，是复杂生活情境中的安全屏障。兄弟关系相对于朋友关系夫妻关系更为稳定，因为兄弟血缘由天而定，不可改易。兄弟相亲的快乐源于稳定的社会支持，因为能够互相依赖互相扶持，而获得安全感与稳定感，这正是兄弟之间情感亲密与相处和乐的前提。

《诗经·頍弁》也描述了兄弟相亲相依的关系，此诗是周王宴请兄弟亲戚的诗。"岂伊异人？兄弟匪他。茑与女萝，施于松柏。未见君子，忧心奕奕；既见君子，庶几说怿。"难道是外人？我们是兄弟不是其他人。没见到君王时心神烦忧，见到了君王就舒畅欢喜。诗中以寄生草和女萝攀缘松柏来比喻兄弟亲戚依赖周王而生存，将兄弟亲族之间的共生关系描摹得十分形象。

男女之乐，如《诗经·溱洧》："溱与洧，方涣涣兮。士与女，方秉蕑兮。女曰观乎，士曰既且。且往观乎，洧之外，洵订且乐。维士与女，伊其相谑，赠之以勺药。溱与洧，浏其清矣。士与女，殷其盈矣。女曰观乎，士曰既且。且往观乎，洧之外，洵订且乐。维士与女，伊其将谑，赠之以勺药。"《诗经·出其东门》："出其东门，有女如云。虽则如云，匪我思存。缟衣綦巾，聊乐我员。出其闉阇，有女如荼。虽则如荼，匪我思且。缟衣茹藘，聊可与娱。"② 《诗经》多言男女相爱之事，或"耿耿不寐"，或"钟鼓乐之"，或"老使我怨"，或"宜其室家"。男女之爱既是欢乐的源泉又是忧怨的起处，可以使人轻易地由乐转忧或由忧转乐。《诗经·草虫》："未见君子，忧心惙惙。亦既见止，亦既觏止，我心则说。"

大概说来，人伦之乐，都源自人与人之间亲近相持、相爱和谐的关系。其中兄弟之乐基于血缘，又可以称作天伦之乐，而男女之乐由于缺乏血缘的

---

① （清）方玉润撰，李先耕点校《诗经原始》，中华书局，1986，第333页。
② 聊，且。员，语助词。只有缟衣綦巾白衣绿巾的那个女子才使我快乐。

天然维系，不稳定程度最高。所谓"习习谷风，维风及雨。将恐将惧，维予与女。将安将乐，女转弃予。习习谷风，维风及颓。将恐将惧，置予于怀。将安将乐，弃予如遗。"（《诗经·谷风》）但即使是以牢固不破的血缘为基础，兄弟能否相亲相乐仍然是一件由"我"和他者共同决定的事情，它不取决于"我"，也不取决于"他"，而是取决于"我"与"他"的关系，不是"我"单方面能够成就的，故而也具有相当程度的依他性。

甚至，相较于物之乐，人伦之乐整体上都更不可控，因其决定因素更加复杂多变。毕竟，物之乐虽然不由己生，但它建立在人与物的关系上，物是被动的客体，相较而言更容易操控；人伦之乐则建立在人与人的关系上，人是能动的主体，而一个人想要控制另一个人的所思所行，甚至只是对其施加影响都是极为困难的，更何况人是会变的，人与人之间的关系也会相应变化。因此从个人角度来说，人伦之乐具有更高程度的不可控性，更加复杂多变，更加不由个人所决定。

《诗经·隰有苌楚》传达了这样一种特别的观点：

> 隰有苌楚，猗傩其枝。夭之沃沃，乐子之无知。隰有苌楚，猗傩其华。夭之沃沃，乐子之无家。隰有苌楚，猗傩其实。夭之沃沃，乐子之无室。

苌楚，即阳桃，猕猴桃的古称。植物成为诗歌主要的言说对象，诗作者乐其无知、无家、无室。作为万物灵长的人类对植物表现出了欣羡之情，一方面由于植物无知无觉，另一方面由于植物没有家室所累。反过来说，发出"乐子之无知""乐子之无家""乐子之无室"之叹的诗作者恰恰是因为有知、有家、有室，所以不快乐。《隰有苌楚》指出，快乐与否的问题根源于人类特有的知觉能力和社会属性。因为生而有知，所以人不可避免地会受感于外物外境，生出种种乐或不乐；又因为有家室人伦的牵系，所以人总会因为与他人的关系而影响情绪心境。可以说《隰有苌楚》一诗表达了对乐之依他性的充分认识。进一步来分析，人的知觉能力和社会属性可谓人类的固有属性，甚至在相当程度上是与植物相区别的类本质属性，则这一欣羡本身，蕴含了一定程度的类反思意识。基于对人的某种整体性思考，将快乐和苦难的关键因素指向了人天然、固然的存在形式，乐还是不乐，同时也成为人终其一生难以摆脱的存在问题。

三　乐之境遇，不由自主

《诗经》中的乐思想还有一个特点，即对于乐的境遇依赖性常有高度自觉。时人已然意识到，人之乐受制于诸般境遇——政局的裹挟、时间的侵逼、他者的挤压……

政局的裹挟，是《诗经》中乐之境遇性、依他性的维度之一。个人的快乐常常与国家的政治境况紧密勾连。国乱则民忧，在《诗经·硕鼠》中，百姓呼求一片乐土：

> 硕鼠硕鼠，无食我黍。三岁贯女，莫我肯顾。逝将去女，适彼乐土。乐土乐土，爰得我所。硕鼠硕鼠，无食我麦。三岁贯女，莫我肯德。逝将去女，适彼乐国。乐国乐国，爰得我直。硕鼠硕鼠，无食我苗。三岁贯女，莫我肯劳。逝将去女，适彼乐郊。乐郊乐郊，谁之永号。

三个“乐土”、三个“乐国”，三个“乐郊”往复重叠，悲歌促节，对理想国度的向往渴盼被描摹得淋漓尽致。严粲《诗缉》云：“连称乐土者，喜谈乐道于彼，以见其厌苦于此也。”[1] 所谓乐土、乐郊、乐国，正出于对现实所处境况的无尽厌苦，深苦于此土此国此郊，才会想象出代表着快乐和苦难之解脱的理想国度。而这一呼号背后隐约的前提是，苦楚还是快乐在很大程度上取决于所处的环境，所以只有离开当下的此土此国，到达彼国彼郊，才能得到快乐。

《诗经·正月》一诗，亦是字字句句忧心泣涕，“父母生我，胡俾我瘭？不自我先，不自我后”。父母生下我，为何要使我痛苦？没有早一些也没有晚一些，偏偏使我出生在这个时代。难道人生下来就是来承受痛苦的吗？个体的忧乐与置身的环境密切相关。“鱼在于沼，亦匪克乐。潜虽伏矣，亦孔之炤。忧心惨惨，念国之为虐！”鱼在池沼中也不能快乐，即使潜伏在深处，

---

① 转引自程俊英、蒋见元《诗经注析》，中华书局，1991，第304页。

仍旧能很明显地被人看到。鱼能否乐，与其所在之处直接相关。结合《鱼藻》一诗，更能看出鱼所在环境对鱼的影响。"鱼在在藻，有颁其首。王在在镐，岂乐饮酒。鱼在在藻，有莘其尾。王在在镐，饮酒乐岂。鱼在在藻，依于其蒲。王在在镐，有那其居。""鱼在在藻"（而非"在沼"）才能悠游自在，因为茂盛的水藻可以遮蔽鱼的踪迹，使其免于被捕捞。所处的环境对快乐与否起到了相当大的决定作用。人自出生之日起就无可避免地被抛入了不由自己选择的境遇之中，国家的治乱兴衰更是绝非一己之力能够改变。

在乐的背后，生死的向度、时间的催逼始终作为一个暗藏的基底决定了人如何理解和对待乐。

> 有车邻邻，有马白颠。未见君子，寺人之令。阪有漆，隰有栗。既见君子，并坐鼓瑟。今者不乐，逝者其耋。阪有桑，隰有杨。既见君子，并坐鼓簧。今者不乐，逝者其亡。《诗经·车邻》

"逝者其耋"，"逝者其亡"。后来孔子立于川上，感慨"逝者如斯夫，不舍昼夜"，亦是叹此"逝者"。俞樾《群经平议》曰："逝者对今者言，今者谓此日，逝者谓他日也。逝，往也，谓过此以往也。"[1] 时间永不停息地流逝，不舍昼夜。今者所代表的"现在"是时间之流中人唯一的栖身之处，也是人唯一可以部分掌控的当下，但同时它必然会不可阻挡地流逝，成为过去。在它毫无例外地成为过去的那一瞬间，就被永恒地冻结进了过去。当下必逝。只有衰老（耋）和死亡（亡）还未来的时候，人才会思考衰老和死亡。换句话说，衰老和死亡只有在未来的意义上才是问题，当它真正到来之后就变成了现实。只有真正感受到了衰老，才能结束由对衰老的想象形成的无尽担忧；死亡只能在未来的意义上成为问题，当它真正到来的一刻，个人的时间之流就终结了。只要时间之流还在绵延，未来就会持续地、不可摆脱地笼罩住当下。一定会到来但无法确知何时会来的死亡始终在人类想象和意识的时间深处向人侵逼，只有真正死亡的那一刻才能脱离想象中的死亡带来的恐惧。死亡永逼。当下必逝、死亡永逼是人类无可选择无可摆脱的存在方式，丝毫不由自主。正是在这样的存在之境下，产生了一种回应方式——乐

---

① 转引自程俊英译注《诗经译注》，上海古籍出版社，1985，第219页。

今。以下文本亦传达出了相似的观点：

> 如彼雨雪，先集维霰。死丧无日，无几相见。乐酒今夕，君子惟
> 宴。（《诗经·頍弁》）

> 蟋蟀在堂，岁聿其莫。今我不乐，日月其除。无已大康，职思其
> 居。好乐无荒，良士瞿瞿。蟋蟀在堂，岁聿其逝。今我不乐，日月其
> 迈。无已大康，职思其外。好乐无荒，良士蹶蹶。蟋蟀在堂，役车其
> 休。今我不乐，日月其慆。无以大康。职思其忧。好乐无荒，良士休
> 休。（《诗经·蟋蟀》）

《頍弁》虽为宴会诗，却传达了一种国运难保，朝不保夕的悲观失望。
"如彼雨雪，先集维霰。"大家像雪一样终必消亡。"死丧无日，无几相见"，
不知道哪一天就会死去，我们相见的时间不多了。"乐酒今夕，君子惟宴"，
今天晚上欢乐喝酒，君子姑且一同宴乐。面对随时会到来的死亡阴影，诗中
给出的应对方式是及时行乐，将快乐填满所剩不多的时间。虽然诗中说"乐
酒今夕，君子惟宴"，却传达出更加浓厚的悲凉之意。严粲认为："言'今
夕'，谓未保明日之存亡；言'维宴'，谓天下之事亦无可为，惟须饮耳。其
辞甚迫矣，岂真望王宴乐之载！"郝敬言："长歌可以当泣，其《頍弁》之谓
乎！"① 这首诗展现了对未来发展极度悲观的态度，当未来被斩断，快乐只剩
下当下一个维度，只剩下灰暗的及时行乐。此乐亦悲矣。后世《列子·杨朱
篇》"且趣当生，奚遑死后"亦是对死亡的一种回应。

《蟋蟀》一诗与此略有不同，没有即刻就会倾覆的死亡威胁。"今我不
乐，日月其除。""今我不乐，日月其迈"。在时间的催促下，诗人虽感到光
阴易逝，要抓紧当下及时行乐，但又会考虑到不要太过度，"无已大康"②，
还要想到自己的职责，"职思其居"③。好乐但无荒，快乐而不能放逸过度，
仍应以良士的标准要求自己。

---

① 转引自程俊英、蒋见元《诗经注析》，中华书局，1991，第 686 页。
② 康，安乐。不要过分追求安乐。程俊英、蒋见元《诗经注析》，中华书局，1991，第 307 页。
③ 职，尚，还要。居，处，担任的职位。程俊英、蒋见元《诗经注析》，中华书局，1991，
　第 307 页。

在《诗经·山有枢》中，不仅看到了人所承受的时间的不断催迫，也隐隐看到了人同时也置身于他者的挤压之中：

> 山有枢，隰有榆。子有衣裳，弗曳弗娄。子有车马，弗驰弗驱。宛其死矣，他人是愉。山有栲，隰有杻。子有廷内，弗洒弗扫。子有钟鼓，弗鼓弗考。宛其死矣，他人是保。山有漆，隰有栗。子有酒食，何不日鼓瑟？且以喜乐，且以永日。宛其死矣，他人入室。（《诗经·山有枢》）

借学者周振甫的梳理，此诗的解释有二。一是《毛诗序》："《山有枢》，刺晋昭公也。不能修道，以正其国，有财不能用，有钟鼓不能以自乐，有朝廷不能洒埽，政荒民散，将以危亡，四邻谋取其国家而不知，国人作诗以刺之也。"认为此诗是在讽刺晋昭公政荒国危。二是方玉润《诗经原始》："时君将亡，必望其急早修政，以收拾人心为主，岂有劝其及时行乐，自速死亡乎？""《山有枢》，刺唐人俭不中礼也。""此类庄子委蜕、释氏本空一流人语，原不足以为世训。然以破唐人吝啬不堪之见，则诚对症良药。"① 认为此诗是讽刺唐人吝啬过度，并强烈反对把这首诗理解为"及时行乐"，在国家岌岌可危的时刻，只会希望昭公速速修政以取得民心，怎么有劝人及时行乐，加速灭亡的道理？

上述两种解释都取意于政治讽喻，而回到文本本身，体味其中所折射出的乐思想，恰恰是在当下与死亡、个体与他者的时空结构中对乐有所反思。"宛其死矣，他人是愉""宛其死矣，他人是保""宛其死矣，他人入室"，是站在死亡的角度反观生活，并基于个体与他人构成的空间维度和生死所规定的时间向度，觉察到我乐与他乐的对立，死亡与快乐的对立，体会到时间（尤其是死亡）和他人对快乐造成的影响，得出"且以喜乐，且以永日"的结论。《山有枢》暗示了我乐与他乐的对立，主要是基于物的有限性，物质资源同时也是行乐资源，则乐亦具有了排他性。由于我乐与他乐的对立，他人的存在对"我"之乐亦构成威胁。他人的存在和他人对乐的追求都是不可避免的，人只能面对着他人生存、求乐，这同样是不由自主的事情。他人的

---

① 转引自周振甫《诗经译注》，中华书局，2010，第149页。

挤压是乐之依他性的又一体现。

国家的治乱兴衰、死亡与时间的不断迫近、他人对乐的物质资源的争夺与挤占，都强调了人的处境对乐的巨大影响，尤其是时间的流逝和死亡的必然到来，是人丝毫不能自主的事情，正因如此，乐的境遇性，是乐之依他性的又一重要面向。

余　论

不过，《诗经》中的乐并不全然是依他的。例如《诗经·衡门》就指出，我乐与他乐并不一定是对立的，个人的选择才是问题的关键：

> 衡门之下，可以栖迟。泌之洋洋，可以乐饥。岂其食鱼，必河之鲂？岂其取妻，必齐之姜？岂其食鱼，必河之鲤？岂其取妻，必宋之子？（《诗经·衡门》）

《衡门》极其敏锐地指出，所谓物的有限性所导致的乐的排他性，实质上是供求之间不能匹配。而供求不相匹配，又是由于众人所求所好的趋同。但为什么一定要那一个？为什么一定要大家都要的那一个？"岂其食鱼，必河之鲂？岂其取妻，必齐之姜？"《衡门》发出了极为朴素但又深刻的发问。它以浪漫的口吻说道："衡门之下，可以栖迟。泌之洋洋，可以乐饥。"乐，疗也。乐饥，充饥。此诗气度风流，气象开阔，风姿宛然纸上。《毛传》云，"可以乐道忘饥"。《韩诗外传》发挥出这样一个故事："子夏读书已毕……虽居蓬户之中，弹琴以咏先王之风，有人亦乐之，无人亦乐之，亦可发愤忘食矣。《诗》曰：'衡门之下，可以栖迟。泌之洋洋，可以疗饥。'夫子造然变容曰：'嘻！吾子始可以言《诗》已矣。'"① 后来宋儒津津乐道的孔颜之乐与此颇有相通之处，亦可视为衡门之风的悠然回响。

---

① 此诗很多注家认为是一首"酸诗"，虽然表现了安贫寡欲的思想，但只是一位落魄贵族的自我安慰。如郭沫若《中国古代社会研究》："娶不起，吃不起，偏偏要说两句漂亮话，这正是破落贵族的根性。"但笔者以为《诗经》原文开放了不同的解释路径，本文采取《毛传》与《韩诗外传》中的安贫乐道之解。

此外,《假乐》指出了乐与德的密切关联①:

> 假乐君子,显显令德,宜民宜人。受禄于天,保右命之,自天申之。干禄百福,子孙千亿。穆穆皇皇,宜君宜王。不愆不忘,率由旧章。威仪抑抑,德音秩秩。无怨无恶,率由群匹。(《诗经·假乐》)

需要注意,古代早期文本中的德并不一定都指道德。陈来先生在《古代宗教与伦理:儒家思想的根源》中指出,《诗经》中的"德"字有不同的用法,有德行、恩德、心、美善等多种含义。② 如"显显令德",德为德行之义;"德音秩秩""德音是茂""德音不已"中的"德"则是美的意思,德音,指美好的名誉,一曰善言或善令。陈来先生还指出,"早期的'德'大都与政治道德(political virtue)有关"③。"假乐君子,显显令德,宜民宜人",周王赫赫之美德,正是就宜民宜人而言。因有宜民宜人之德,方才宜君宜王。虽然与后世更为内在的"德性"之义有所区别,但《诗经》中的德作为个人所拥有的政治道德、政治德行,更多地是在己的而非依他的。

尽管《衡门》与《假乐》表达了个人选择与德行对乐的重要影响,个人的选择和德行又是个人所拥有的,但由上文可见,《诗经》所论及的物之乐非由己生,人伦之乐非己能成,境遇之乐亦往往不由自主,所以从总体上看,《诗经》确实更为强调乐的依他性。故而可以说,《诗经》中的"乐"呈现出突出的依他性。后世孔子"仁者安仁""仁者不忧",孟子"反身而诚,乐莫大焉",都更加强调个人的德性对乐的影响。两相对比,《诗经》中乐的依他性更加显见,《诗经》与后世乐思想之间的区别亦有所展露。

---

① 《诗经·南山有台》中亦言"乐只君子,民之父母。乐只君子,德音不已。南山有栲,北山有杻。乐只君子,遐不眉寿。乐只君子,德音是茂"。但"德音是茂""德音不已"中的"德"也是美的意思。德音指美好的名誉、善言或善令。

② 陈来:《古代宗教与伦理:儒家思想的根源》,北京大学出版社,2017,第344页。

③ 陈来:《古代宗教与伦理:儒家思想的根源》,北京大学出版社,2017,第345页。

梁漱溟、冯友兰的直觉观及其比较[*]

高海波

（清华大学哲学系　清华大学国学研究院）

摘　要：受西方哲学特别是柏格森生命哲学的影响，直觉概念被引入了现代中国哲学，其中尤其以梁漱溟的提倡最为有力，其影响亦最大。梁漱溟在1920年代，视直觉为人类心理的决定因素，并以此来阐释中国哲学特别是儒学的特点，并将其运用到人生观阐释及教育理论中。冯友兰早期受杜威及新实在论的影响，主张理性，反对直觉可以作为一种直觉方法，但是在其新理学建构的过程中，逐渐认识到直觉的重要意义，直觉在其"形而上学的负的方法"中占有重要地位。通过对梁漱溟、冯友兰直觉观的比较，可以一方面凸显中国哲学方法的独特性，另一方面又可以为建构系统的哲学方法提供借鉴。

关键词：梁漱溟　冯友兰　直觉　理性　逻辑

近三十年来关于"中国哲学合法性"的讨论并不是个新问题，实际上自晚清民国以后，就有中国是否有哲学的讨论，其实质就是"中国哲学的合法性问题"。其中的一个焦虑就是，中国哲学缺乏系统的逻辑建构，即"形式的系统"，因而从西方哲学的意义上说，中国思想中很难有被称为哲学的东西。近来中国哲学史与思想史的争论也与此问题有关。近年来，中国诠释学以及经学热、国学热，从某种程度上也与该问题相关。而上述讨论，如果从

　＊　本文系国家社科基金一般项目（21BZX083）、清华大学文科专项（2022Z04W03004）清华大学基础文科发展项目的阶段性成果。

哲学方法论上说，即是否概念分析、逻辑推理是哲学的唯一建构方法。如果是，那么自然可以说中国古代无系统的哲学。但事实上，即便西方哲学家也并不认为逻辑分析是唯一的哲学方法，除此之外还有辩证法与直觉方法，只不过逻辑分析方法是西方哲学的主流方法而已。而要证成"中国哲学的合法性"，除了可以从哲学的不同表达形态（普遍和特殊）上加以说明以外，还可以从哲学方法上进行比较。东方哲学特别是中国哲学注重生命体验，反躬体认，证会默识，重视顿悟自心、豁然贯通等方法，与西方哲学相比，具有突出的特色，西方哲学家往往视东方哲学为"神秘主义"。从理论上对这些方法进行总结说明，并从实践上加以发扬，不仅关系"中国哲学的合法性"问题，也关系到中国哲学的继承与发展问题。近年来中国哲学中的"功夫论热"以及强调中国哲学的"精神性""体知"方法等间接上也都与此有关。①而对中国哲学独特方法的讨论，早在 20 世纪 20 年代前后，中国哲学学科建立之初，已经肇始，其中最值得注意的就是有关"直觉"的探讨。

什么是直觉？"直觉，其拉丁文为 intueri，原意是凝视、聚精会神地观看；英文为 intuition，德文为 anschauung，含义有观察、观看的意思，主要是指直接察觉或把握真理。"② 按照方立天的看法，"直觉是现代用语，指人类的一种普遍心理现象，一种不需经过分析、推理，而对客体直接洞察、完整把握的认识能力和思维方式"③。根据胡军对现代中国哲学家的直觉观的总结，现代中国哲学家所论的直觉或直觉方法具有七个特点，这里列举其中的五点，以资参考。"第一，所谓直觉是一种处理和研究人的精神生活或生命的取向、态度和途径。""第二，对于把握或认知不能采取将其看做外在对象的认知路径。""不同于一般意义上的生命概念，任何个体生命都是一个整体。……所以我们不能运用科学或分析的方法对之做零打碎敲的分析或破裂的处理，而只能对之做整体的把握或领悟。""此种把握不是静态的、死的，如科学的分析方法所运用的语言、概念那样的静态的或死的，而是动态的，

---

① 关于中国哲学的"精神性"，可参看杜维明先生的《全球视野下的精神人文主义》（《中国文化研究》2023 年第 3 期），关于"体知"概念，可参看杜先生《体知儒学：儒家当代价值的九次对话》（浙江大学出版社，2012）。为行文简便，以下脚注均在第一次出现标明版本。

② 陈永杰：《现代新儒家直觉观考察——以梁漱溟、冯友兰、熊十力、贺麟为中心》，中国出版集团东方出版中心，2015，第 5 页。

③ 方立天：《中国佛教哲学要义》，中国人民大学出版社，2002，第 1032 页。

是流动的。就是在这样流动、动态的过程中一个灵动的生命进入另一个活生生的生命之中，这是生命与生命的动态融合。""第五，此种把握绝对不是借助于语言、语词、概念只做形式的无内容的把握，而是对生命内容的深切体悟与直接切入。"① 也就是说，直觉作为一种方法，其把握的内容主要与生命和人的精神生活有关，它处理的主要是动态的、流动的实体，其对事物的把握具有非分析、非推理的当下性、直接性与整体性，而且与科学分析法、逻辑推理方法不同，它与所把握的内容融合为一，没有主客、能所、内外的分别。中国现代哲学家对直觉方法的重视最早受柏格森的影响。柏格森为了修正西方过度理性化的文化弊端而提倡直觉，主张对待空间及科学对象，可以使用客观的分析方法，而对待时间与生命（绵延）最好采用直觉的方法。柏格森认为直觉的方法能够置身物中，此时没有主客、能所的区分，可以体验生命和宇宙的真实。"绝对的东西只能在直觉中获得，而其他任何东西则属于分析的范围。所谓直觉，就是一种理智的交融，这种交融使人们自己置身于对象之内，以便与其中独特、从而是无法表达的东西相符合。"②

1913 年，钱智修最早在《东方杂志》上撰文介绍柏格森的生命哲学，但是其影响不大。后来杜威和罗素来华演讲，都介绍了柏格森的思想，使柏格森在中国学界的影响迅速扩大。③ 不过，直觉观念在中国哲学界产生真正实质性影响，则得益于梁漱溟的提倡。梁漱溟在《东西文化及其哲学》中，将直觉方法视为其核心的哲学方法，也因此影响了此后的中国哲学家。贺麟先生在《宋儒的思想方法》一文中就说："中国思想界近一二十年来，第一个倡导直觉说最有力量的人，当然要推梁漱溟先生。"④ 冯友兰先生作为清华逻辑分析学派的代表，十分重视理性的逻辑分析方法在中国哲学史阐释及建构现代中国哲学中的作用。而且，与梁漱溟一样，他也非常关心东西文化及哲学的比较。冯友兰先生作为理性中国哲学家的代表，早期对梁漱溟提出的直觉观持怀疑与不信任的态度，但是在其新理学时期提出的"形而上学的负的方法"中，却又重新给予了直觉方法以重要的地位。梳理并比较两位哲学家对于直觉的态度，有助于理解并重建现代中国哲学的方法论。

---

① 胡军：《中国现代直觉论研究》，北京大学出版社，2014，第 19 页。
② 〔法〕柏格森：《形而上学导言》，刘放桐译，商务印书馆，1963，第 3~4 页。
③ 胡军：《中国现代直觉论研究》，北京大学出版社，2014，第 10~11 页。
④ 贺麟：《近代唯心论简释》，商务印书馆，2011，第 78 页。

一 梁漱溟《东西文化及其哲学》时期的直觉观

在 1911~1920 年，梁漱溟倾向佛学。1920 年，梁漱溟开始转向儒学。这种转向与其对人类心理看法的转变也有密切的关系。在《人心与人生》中，梁漱溟谈到了自己的这一心理转变：

> 盖先时（功利思想时）多着眼人们欲望的自觉面，亦即其主动性……而到此时，却渐渐发见人们欲望的不自觉面……此指欲望之为物，实以种种本能冲动为其根本，而意识只居其表面也。先时之看重意识实属粗浅之见，只看外表，殊未能深察其里。……研究人类心理正应当向人们不自觉，不自禁，不容已……的那些地方注意。于是我乃大大看重了本能及其相应不离的感情冲动。就在我自己有此转变的同时，我发现一向看重意识的西方学术界同样转而注意于本能、冲动、潜意识（一称下意识）、无意识……这方面来，乃更加强我的自信。①

也就是说，在人的实际生活中，欲望实际上根于本能冲动，理智也不过是本能冲动的工具。人的意识生活看起来好像很清醒、很能自主，但实际上都是被动的，是受本能冲动、感情兴致、冲动所支配，这种感情冲动、兴致，是隐藏在明显的意识欲望背后的"不自觉、不自禁、不容已"的部分，是它们为生活提供了根本动力，因此梁漱溟认为心理学的研究应该从意识欲望的层面转向更为根本的部分。这一时期，梁漱溟最喜欢使用的词语是本能、感情冲动、情志、情意、直觉等词，而这些词所代表的内容归根结底都可以归于本能之下。

（一）非量（直觉）：《东西文化及其哲学》中"唯识学"的直觉论

在《东西文化及其哲学》中，梁漱溟在比较西方、中国、印度三家思想时，引入了唯识学的三量思想，用来分析三家文化的特点。梁漱溟说："观

---

① 《梁漱溟全集》第三卷，山东人民出版社，2005，第 602~603 页。

察思想首宜观其方法，所以我们要先为知识之研究。我研究知识所用的方法就是根据于唯识学。"①梁漱溟阐述了现量、比量与非量三种方法，其中对于"非量"，梁漱溟结合了直觉的概念加以阐释。

按照西方知识论的理论，感觉与理智，即现量与比量一起即可以构成知识。但是梁漱溟认为，仅由现量与比量仍无法构成知识，因为根据唯识家的看法，现量是没有任何分别的，除了得到事物的影像以外，对于事物的任何意义都没有了解。这样，比量的分析和综合作用（简与综）即失去基础。因此，知识的形成必须依赖第三种认识形式，即非量。什么是非量呢？梁漱溟说：非量就是身体的感触或者心理活动中产生的一种模糊的意味。以黑色为例，比量在非量累次所得的意味的基础上进行综合和简别的作用，才从各种颜色中得以区分、确立，然后才能得到其抽象的意味。梁漱溟又称对于意味的这种认识能力为"直觉"。直觉在从现量的感觉到比量的抽象概念的过程中，起到中介的作用。单靠现量和比量都无法完成认识的作用，因为现量没有分别作用，没有直觉所得到的一种意味、趋势、趋向，比量智也无法进行概念的推理活动，无法形成对事物的概念认识。

> 譬如中国人讲究书法，我们看某人的书法第一次就可以认识得其意味或精神，甚难以语人；然自己闭目沉想，固跃然也；此即是直觉的作用。此时感觉所认识的只一横一画之墨色。初不能体会及此意味，而比量当此第一次看时，绝无从施其综简作用，使无直觉则认识此意味者谁乎？②

正是因为有了直觉对事物的意味、趋向的认识，比量智才有进行分析与综合的根据，才能形成对于事物的认识。在唯识家看来，直觉给事物添加的意味，因为不是事物所本有的，故而直觉的内容不是真实的。"唯直觉横增于其实则本性既妄，故为非量。"③ 梁漱溟的上述看法显然赋予直觉以积极的意义，不同于唯识家的说法，唯识家只承认现量所得是真实的，比量和直觉皆不能得到事物真相。而梁漱溟则修正了唯识家的说法，赋予直觉以积极的

---

① 《东西文化及其哲学》，商务印书馆，1999，第77页。
② 《东西文化及其哲学》，第80页。
③ 《东西文化及其哲学》，第80页。

意义。"但是我们所以不用'非量',而用直觉者,因为唯识家所谓'非量'系包括'似现量'与'似比量'而言,乃是消极的名词,否定的名词,表示不出于现量比量之外的一种特殊心理作用,故不如用直觉为当。"① 梁漱溟将直觉分为两种,"一是附于感觉的,一是附于理智的"②。附于感觉的直觉,如听声音而得其妙味;附于理智之直觉,如读诗文而得其意境。梁漱溟的这个说法应来自柏格森,在《唯识家与柏格森》中,梁漱溟说:"柏格森他自己讲直觉有两种,一种是'附于感觉的直觉',一种是'超乎理智的直觉';他所说的直觉是指后一种说。"③ 梁漱溟认为直觉对于认识"生活"及人的自我具有非常重要的作用。

梁漱溟的直觉观念来自柏格森,按照梁漱溟在《唯识述义》中的说法:西方哲学自 16 世纪以来,知识论兴起,形而上学衰落,甚至发展到实用主义,乃根本否定形而上学。柏格森却要恢复形而上学,他恢复形而上学所用的最主要的方法是直觉,为什么柏格森要在感觉和理智之外,提出直觉呢?因为,柏格森认为形而上学的对象是宇宙的全体,感觉只能得到部分的宇宙,而不能得到全体。概念也只是一种抽象的固定、划分作用,难以得到宇宙的真相和全体。而柏格森的直觉,则没有能觉和所觉的分别,它所得到的是整全的经验,可以认识整个宇宙。"于是柏格森讲说他的直觉,开口就标出能觉的我要加入所觉里头去,不在所觉外边转。最后结句就点明可以说为全整的感验(Integral experience)。"④ 其次,梁漱溟所理解的直觉是一种知情合一的认识能力:"所谓直觉却是大家都晓得的,都承认是一个半情半知的东西———一边是情感一边是知识作用。"⑤ 最后,直觉对于对象的把握是一种"本能的得到",当下就能够把握全部,无须积累。⑥

梁漱溟对直觉的使用,也大致不出以上三点。首先梁漱溟认为直觉不同于理智,理智具有判断、分析、区别的作用,而直觉则是当下对直觉内容进行认识,但不会有判断、分别的作用。其次,在直觉中,直觉与其对象融为一体,"混然不分",而理智活动则会将理智与其对象分而为二。

---

① 《东西文化及其哲学》,第 80~81 页。
② 《东西文化及其哲学》,第 81 页。
③ 《梁漱溟全集》第四卷,第 650 页。
④ 《梁漱溟全集》第一卷,第 276 页。
⑤ 《梁漱溟全集》第四卷,第 651 页。
⑥ 《梁漱溟全集》第四卷,第 651 页。

"我"是从直觉认识的，（感觉与理智上均无"我"）但直觉只认识，无有判断，尤不能区划范围（感觉亦尔）。判断区划，理智之所事也，而凡直觉所认识者只许以直觉的模样表出之，不得著为理智之形式。①

　　在直觉中"我"与其所处的宇宙自然是混然不分的，而在这时节被他打成两截，再也合拢不来，一直到而今，皆理智的活动为之也。②

　　直觉所得的是一种意味、情味，直觉是一种知情合一的认识。这一点，在非量部分，梁漱溟已经说得很清楚。最后，直觉是一种当下的、本能的、直接的认识能力，是一种不虑而知的认识能力。总的来说："所谓直觉亦毫无深的意思，就是一则对待非感觉之知，一则对待非概念之知。感觉之知是没有意味，只有这一回事。概念之知是由慢慢抽象而得。直觉是当下一感而有一种味道。"③ 也就是说，直觉既不同于感觉，也不同于理智，而是附于二者之中的一种对于意味的认识能力，这种认识能力并没有能知、所知的区别，且这种知具有当下性、直接性，在《东西文化及其哲学》中，梁漱溟直接将其视为一种本能。如在谈到孟子的良知良能时，梁漱溟就说："这个知和能，也就是孟子所说的不虑而知的良知，不学而能的良能，在今日我们谓之直觉。这种求对求善的本能、直觉，是人人都有的。"④ 在晚年与艾恺的访谈中，梁漱溟也说："在六十年前，我才二十几岁，那个时候发表《东西文化及其哲学》，其间就对孔子有一些解说。按我当时的理解，我所能懂得的来说明孔子。我当时在那个书里头，我说'孔子说的仁是什么呢？是一种很敏锐的直觉'。孟子不是喜欢说良知良能，那个就是现在所说的本能。"⑤

　　在这一时期，梁漱溟很重视直觉的作用，他实际上用这一概念来概括中国形而上学方法的特点：

① 《东西文化及其哲学》，第 110 页。
② 《东西文化及其哲学》，第 70 页。
③ 《梁漱溟全集》第七卷，第 964 页。
④ 《梁漱溟全集》第一卷，第 452 页。
⑤ 《梁漱溟全集》第八卷，第 1145 页。

中国形而上学所讲，既为变化的问题，则其所用之方法，也当然与西洋印度不同。……我们认识这种抽象的意味或倾向，是用什么作用呢？这就是直觉。我们要认识这种抽象的意味或倾向，完全要用直觉去体会玩味，才能得到所谓"阴"、"阳"、"乾"、"坤"。固为感觉所得不到，亦非由理智作用之运施而后得的抽象概念。理智所制成之概念皆明确固定的，而此则活动浑融的也。①

中国哲学的一些概念所要把握的是变化、活动的、整体性的东西，而不是抽象、静止的、固定的事物（那是理智的对象），因此只能通过"直觉去体会玩味"，去体会其意味、倾向。梁漱溟的这些说法都可以看到柏格森哲学的影响，在《东西文化及其哲学》中，梁漱溟介绍了"柏格森的意思"："宇宙的本体不是固定的静体，是'生命'、是'绵延'，宇宙现象则在生活中之所现，为感觉与理智所认取而有似静体的，要认识本体非感觉理智所能办，必方生活的直觉才行，直觉时即生活时，浑融为一个，没有主客观的，可以称绝对。直觉所得自不能不用语音文字表出来，然一纳入理智的形式即全不对，所以讲形而上学要用流动的概念，不要用明晰固定的观念。"②

基于关于现量（感觉）、比量（理智）、非量（直觉）的认识，梁漱溟对西方、中国、印度文化进行了一种宏观的把握：西方文化的特点是理智发达强盛，成就了理智的生活。而中国文化的主要特点，是直觉特别发达。印度文化则极其重视现量（纯粹感觉），排斥比量（理智）和非量（直觉）。在《东西文化及其哲学》中，梁漱溟运用这三种认识形式对西方、中国、印度人的生活进行了概括、比较：

（一）西洋生活是直觉运用理智的；
（二）中国生活是理智运用直觉的；
（三）印度生活是理智运用现量的。③

梁漱溟认为，在近世西方人的生活中，理智的表现特别突出。但是梁漱

---

① 《东西文化及其哲学》，第121~122页。
② 《梁漱溟全集》第一卷，第406页。
③ 《梁漱溟全集》第一卷，第485页。

溟指出，这种理智的活动只是一种工具，从根本上来说，有一个"我"在背后作为动力。西洋文化在近代以来，个人主义抬头，认识了这个个体的"我"，"感觉所不能为，理智所不能为，盖全出于直觉所得"①。也就是说，西方人是以直觉所感受到的"我"在背后支配理智，向外不停地追求，从而成就了征服自然的科学，以及在人际关系中"划界线而持算账的态度"。② 可见，梁漱溟认为西方人尽管过着一种理智和意识强盛的生活，但在其背后居于支配地位的却是一种本能的直觉作用。而中国人的生活，则更多依靠直觉："他那人与自然的浑融不是由直觉吗？其社会生活上人与人的尚情感而鲜计较，不是用直觉吗？其所依以为生活之一切学术莫非玄学化、艺术化，不都是用直觉的吗？"③ 中国人的生活首先是以直觉来运用理智，然后再用理智来调节直觉，成就了其中庸、调和、不走极端的生活。尽管用理智来调节直觉，直觉仍是主要的认识方式。"其理智之运用仍由直觉为之主，此不可不知也。"④ 而印度人在生活中只相信现量（纯感觉），排斥理智和直觉，他们在排斥这两者而成就现量生活时所运用的主要方法是比量（理智），故"姑且就说印度生活为理智运用现量"。⑤

（二）"敏锐的直觉"：梁漱溟对儒学的现代诠释

梁漱溟指出，儒家视宇宙是一个自然的、生生不息的大生命体，儒家认识到这一点，所以强调一个人的生活应该顺应生命的自然表现，活泼流畅地去生活。"孔家没有别的，就是要顺着自然道理，顶活泼顶流畅的去生发。"⑥ 梁漱溟认为，一般人爱认定一些死板的道理而生活，而孔子则完全听凭自己的直觉生活。"一般人是要讲理的，孔子是不讲理的……盖孔子总任他的直觉，没有自己打架……我们的行为动作，实际上都是直觉支配我们的，理智支配他不动；一边自己要用理智，一边自己实不听他，临时直觉叫我们往那边去，我们就往那边去。"⑦ 所以梁漱溟主张人们做事应该"当下随感而

① 《梁漱溟全集》第一卷，第 485 页。
② 《梁漱溟全集》第一卷，第 485 页。
③ 《梁漱溟全集》第一卷，第 486 页。
④ 《梁漱溟全集》第一卷，第 487 页。
⑤ 《梁漱溟全集》第一卷，第 487 页。
⑥ 《梁漱溟全集》第一卷，第 448 页。
⑦ 《梁漱溟全集》第一卷，第 451 页。

应……我们人的生活便是流行之体，他自然走他那最对，最妥帖最适当的路"①。这种顺应生活、随感而应的态度，就是一种信任、顺应直觉的态度。《中庸》所说的"率性"，孟子所说的"良知良能"都是一种自然的"求对求善的本能、直觉"，"这种好善的直觉同好美的直觉是一个直觉"。② 也就是说，梁漱溟将这种直觉视为一种本能，与爱好美色、美食的本能一样，具有敏锐直接、灵活自如的特点，当下就能找到最恰当的生活方式，辨别什么是对的善的，不需要后天理智的特别计虑。理智的生活，只有顺应直觉的指引，才能得到合理的运用，而不造成生活的内在矛盾。这种"敏锐的直觉，就是孔子所谓仁"。③ 儒家所谓的"求仁"就是要人保持这种敏锐的直觉，避免直觉变得迟钝。"儒家完全要听凭直觉，所以惟一重要的就在直觉敏锐明利；而惟一怕的就在直觉迟钝麻痹。所有的恶，都由于直觉麻痹，更无别的原故，所以孔子教人就是'求仁'。"④ 直觉敏锐的人自然知道应该如何生活，所谓的道德，所谓的合理的生活，不过就是顺应敏锐的直觉而已。生活最怕的是违背这种生命的自然流行，而去用理智来安排、计算，那样必然妨碍直觉的运用，从而难以得到合理的生活。梁漱溟的这一看法深受泰州学派王艮的影响：

> 王心斋说的好："天理者，天然自有之理也，才欲安排如何，便是人欲。"大家要晓得，天理不是认定的一个客观道理……是我自己生命自然变化流行之理，私心人欲不一定是声、色、名、利的欲望之类，是理智的一切打量、计较、安排，不由直觉去随感而应。……若能顺理得中，生机活泼，更非常之好的；所怕理智出来分别一个物我，而打量、计较，以致直觉退位，成了不仁。……"仁"就是本能、情感、直觉，是已竟说过的了。在直觉、情感作用盛的时候，理智就退伏；理智起了的时候，总是直觉、情感平下去，所以二者很有相违的倾向。……大约理智是给人作一个计算的工具，而计算实始于为我，所以理智虽然是无私的，静观的，并非坏的，却每随占有冲动而来，因这妨碍情感和连带

---

① 《梁漱溟全集》第一卷，第 452 页。
② 《梁漱溟全集》第一卷，第 452 页。
③ 《梁漱溟全集》第一卷，第 453 页。
④ 《梁漱溟全集》第一卷，第 454 页。

自私之两点，所以孔家很排斥理智。①

　　可以看出，梁漱溟是提倡一种顺应直觉本能情感的生活，而排斥理智的分别、计较，认为顺应本能直觉情感生活，生命就自然流畅活泼，生活就是合理的，即此就是天理，此外别无所谓天理。反之，如果理智强盛，就会妨碍本能、直觉、情感的表现，生活就会因此失去合理性。梁漱溟在此还特别指出理智具有自私的特点，因此儒家才要排斥它。由此，他反对胡适将孔子的人生哲学视为一种注意培养道德习惯的哲学。"胡适之先生说：'孔子的人生哲学依我看来可算得是注重道德习惯一方面的。'……美德要真自内发则直觉而来才算。非完全自由活动的直觉不能敏锐而强有力，故一入习惯就呆定麻疲。"② 梁漱溟认为儒家无所为而为的"不计利害"的生活态度，皆与顺应"随感而应的直觉"有关系。胡适从实验主义的立场表扬墨子重视实用，喜欢问"为什么"的方法和态度，而批评儒家只注意动机，采取不管效果的无所为而为的态度。梁漱溟反对这种强调功利、用理智计算其实用价值的生活："这是我们生活中的工具——理智——为其分配、打量之便利，而假为分别的；若当作真的分别，那么就错误而且危险了。什么错误危险？就是将整个的人生生活打成两断截；把这一截完全附属于那一截，而自身无其意味。……那么就把时时的生活都化成手段。"③ "这彻底的理智把直觉、情趣斩杀得干干净净；其实我们生活中处处受直觉的支配，实在说不上'为什么'的。你一笑、一哭，都有一个'为什么'，都有一个'用处'吗？这都是随感而应的直觉而已。""我们人的行为动作实在多无所为，而且最后是无所为，'无所为而为'是儒家最注重用力去主张去教人的。""最与仁相违的生活就是算账的生活。……仁只是生趣盎然，才一算账则生趣丧矣！……生趣丧，情绪恶，则贪诈、暴戾种种劣行由此其兴。"④

　　由此，梁漱溟怀疑《礼运》大同之说，认为它"认定外面有所希望计较

　　① 《梁漱溟全集》第一卷，第454~455页。

　　② 《梁漱溟全集》第一卷，第457~458页。

　　③ 《梁漱溟全集》第一卷，第460页。

　　④ 《梁漱溟全集》第一卷，第461页。

的态度，决不合孔子的意思"，① "其见解与墨子、西洋同其鄙薄"。②

从这样的角度，梁漱溟对孔子的乐给予了自己的解释，认为孔子的乐是一种顺应生命的自然活动，是生机盎然、活泼畅达的内在快乐、绝对快乐，不同于系于外境的相对快乐。"他只是顺天理而无私欲，所以乐，所以无苦而只有乐。"③ 孔子所言的"乐天知命"，就是顺应天机而生活，故有一种自然的快乐，而知命就是认识生活的自然活泼，而顺应之，不以私意强求。孔子的生活一切顺应直觉，而不管成败得失，且不知疲倦。"知其不可而为之"，也是直觉要其如此，若用理智计较，则知其不可而不为矣。这可以说是他对于儒家之乐的心理解释。

梁漱溟认为，孔子提倡孝悌、礼乐的宗教，目的也是要培养人的情感、本能。孔子提倡孝悌，"不过他要让人作他那种富情感的生活"。④ 而礼乐专门也是作用于我们的情感的，"他从'直觉'作用于我们的真生命。要晓得感觉与我们内里的生命是无干的，相干的是附于感觉的直觉；理智与我们内里的生命是无干的，相干的是附于理智的直觉"⑤。

总之，梁漱溟在《东西文化及其哲学》中对孔子思想、儒学的解释具有自然主义、重本能、重直觉、重天机活泼、重趣味、尚感情的特点。他的这一解释，深受泰州学派崇尚天理自然、天机活泼的思想影响。他反对理智的计算，认为理智的分别一方面具有自私的特点，另一方面也会妨碍生命的畅达，压抑人的生命情趣，从而带来很多负面的影响，进而产生恶。他所说的直觉、情感、趣味、生机等，都是在本能意义上说的，正是这些本能决定了生活的意义本身，因为梁漱溟认为它们就是生命的自然表现、本能表达，没有任何外在目的，是无所为而为的，顺应它们主体自然就有一种内在的乐、绝对的乐，而理智的打算、分别，则将整个的生活打成两截，区分为目的和手段，因此将生命的趣味斫丧，以此来求满足、求快乐，无疑是缘木求鱼。梁漱溟批评胡适的实用主义的人生观、社会的"大我"观念不遗余力，对墨家的功利主义的人生态度同样进行了严厉的批评，根本原因就在于，梁漱溟

---

① 《梁漱溟全集》第一卷，第462页。
② 《梁漱溟全集》第一卷，第463页。
③ 《梁漱溟全集》第一卷，第464~465页。
④ 《梁漱溟全集》第一卷，第467页。
⑤ 《梁漱溟全集》第一卷，第468页。

认为，胡适和墨家的方法就是用理智的态度来打算着过生活，这种重理智的生活态度有很大的问题。梁漱溟指出，人天然是靠情感、直觉生活，而不是靠理智生活，理智顶多只能算作本能或情感的工具。在 1919 年写的《李超女士追悼会之演说词》中，梁漱溟说："情感这样东西是最重要的，大家不要忽略过去。……我们的要求不是出于知识的计算，领着欲望往前；是发于知识的提醒我们情感，要我们如此作的。要求自由不是计算自由有多大好处便宜而要求的，是感觉着不自由的不可安而要求的。……那提倡欲望，虽然也能使人往前动作，但我不赞成。不但危险，而且是错误。"① 也就是说，在他看来，决定一个人行动的原动力是情感，而不是理智的计算和欲望，因此激发、培养人的情感最重要。在《东西文化及其哲学》中，梁漱溟专门引用了这篇演说词的部分内容，来说明即使在中国秉持西方思想的人在态度上也发生了转变。他特别举了陈独秀对待宗教态度的转变来说明这一点："他最近的感想，觉得人的情感之重要，而以前单去开发人的思想理路之做法不对。"② 梁漱溟还特别指出，陈独秀对他在李超女士追悼会上的演说词深表赞赏："他引了几句在李超女士追悼会的演说辞（见《晨报》）而说道：'梁漱溟先生说"大家要晓得人的动作，不是知识要他动作的是情感与欲望要他动作的"这话极有道理。'"③

（三）情意之知与直觉：梁漱溟对阳明良知的诠释

1922 年，梁漱溟在北京高等师范演讲，评论谢无量的《阳明学派》一书，他批评谢无量杂引西方心理学中的知情意概念来解释阳明的良知。梁漱溟首先指出，一切后天的知识和抽象的概念都不是良知的内容，即"所有这一切具体观念或抽象概念都为良知所不能知"。④ 其次，"所谓感觉作用和概念作用（即理智）者都非良知"⑤。那么什么才是真良知呢？梁漱溟认为，阳明所说的良知就是一种知道"痛痒好恶"的能力，这种知是一种"情味的知"或"有意味的知"，而不是"知识知解"的知。⑥ 这种知不是一种客观

① 《梁漱溟全集》第四卷，第 579~580 页。
② 《梁漱溟全集》第一卷，第 515 页。
③ 《梁漱溟全集》第一卷，第 515 页。
④ 《梁漱溟全集》第四卷，第 712 页。
⑤ 《梁漱溟全集》第四卷，第 713 页。
⑥ 《梁漱溟全集》第四卷，第 713 页。

性的知，而是一种主观性的知，也就是一种直觉，这种知觉具有两个特点。一是不学不虑，即是先天的，不需要通过思考学习才能获得。二是情知合一。"这种有情味的知，或有意味的知，在今日则所谓直觉。直觉不待学虑而是所谓半知半情的。"① 梁漱溟认为，因为良知具有一种好恶的情味，所以内在地包含行动的能力，"行动即从这里而起"。其中也包含"真的意志所在"②，不同于后天安排决定的意志。正因为良知是一种带有情味的知，即半知半情的知，所以知行合一才是自然的结论。若是客观的静观之知，并不会引发自然的行动。"这种'知'是指总应邀发生行为的主观上有情味的知，而不是泛指些发生行为不发生行为都不干系的知，客观性的静的知。"③ "知行合一是专指主观上有情味的知与其应有的行为而说。"④ 梁漱溟进而认为，阳明的"知行合一"从深层次上来说，主要是指一念之间具有的自觉和情意，在一念感发时，其好恶的趋向就是行，而不是仅指外在的举动。"我们时时是一念，在此一念上从其有所感发趣向而言便是行。更质言之，只这一念上所有的情意是行。""故真的行在情意，其表见于外乃有举动，若求行于举动，未有不失真的行者。""知行都在一念上。只此一念自这一面看为知，自那一面看为行，知行一体非二物也。"⑤

总之，梁漱溟认为阳明的知或良知是指一种情味、情意之知，包含一种方向性，即对善恶天然具有迎拒的能力，它是一种主观的认识，是一种直觉的能力，这种能力是不学不虑的，"直觉之知本来不假学虑而自足"。⑥ 它不同于客观的静的理智能力，也不同于知识，因后者与行动没有关系，而前者则本身包含行动的内在动力。我们不能将这种情理之知与知识的知相混同。我们只要在生活中顺应这种良知，随感而应，一切生活、一切行为皆自然真切，自然合理，便不会存在知行分离，行动错误的问题。我们只要努力保持这种直觉，让其敏锐自觉，不被私欲遮蔽而致其昏失就可以。可以看出，梁漱溟此时对阳明学的理解与其重视本能、情志、直觉，反对理智的态度有着密切的关系，可以说这是其心理观在阳明学诠释上的投射。

① 《梁漱溟全集》第四卷，第 713 页。
② 《梁漱溟全集》第四卷，第 713~714 页。
③ 《梁漱溟全集》第四卷，第 715 页。
④ 《梁漱溟全集》第四卷，第 716 页。
⑤ 《梁漱溟全集》第四卷，第 717 页。
⑥ 《梁漱溟全集》第四卷，第 721 页。

可以看出，在 1920~1923 年，梁漱溟对人类心理的看法是人类心理主要由本能和理智构成，理智属于人的有意识的认识能力，本能则是人的先天的能力。理智是一种静观的能力，可包含私意在其中，它根本上是一种分别、计较、划界、算账的能力，虽然它表现得似乎是自觉自主的，但实际上它不是生命的根本，它只是生命的工具。生命的根本是本能，是情志、情趣、直觉等先天的能力，梁漱溟认为它们才是生命的真正活动。梁漱溟指出，它们是不学不虑、当下具有的一种能力，是生命畅达活泼的自然表现。欲得合理的生活，就要顺应、调理我们的本能、情志、情趣，保持我们敏锐的直觉，尽量避免使其受到伤害。因此，在这个时期，梁漱溟特别重视本能、直觉、情感等心理要素，用它们来诠释儒家思想，奠定其人生观、生活态度，并以之为其教育理念的核心内容。梁漱溟之所以持上述看法，根本原因就在于他对人类心理的理解，从早期重视欲望，强调有意识的生活，转向对人类心理的不自禁、不容已的部分的体察，从而表现出本能主义、直觉主义、情感主义，甚至反理智、反知识的倾向。在这种视野下，西方近代以来的理智主义的文化，就成了必须超越的对象，而重视直观、本能、情感的以儒学为中心的中国文化就成了治疗西方理智主义文化弊端的对症良药，也代表了在不久的将来，世界文化发展的趋势，梁漱溟因此预言中国文化在将来必将迎来复兴。

梁漱溟在《东西文化及其哲学》中对直觉概念的引入，在当时及后来，的确形成了很大的影响。胡军教授曾经说："受梁漱溟的影响，此后的熊十力、冯友兰、贺麟、方东美、唐君毅、牟宗三等都积极地提倡此种直觉或直觉方法。"① 根本原因就在于，直觉方法与中国哲学当中所本有的强调内在体证、体验、顿悟、默识的方法有着内在的亲缘性，这也使直觉方法经梁漱溟的提倡并运用到对东方哲学特别是儒学的分析中去之后，引起了中国学者的极大的兴趣，在与西方逻辑分析方法等所谓"科学方法"的对比中，更加凸显了他们对于中国哲学方法论的自觉。当然，直觉是否可以成为一种哲学方法，以及如果可以作为一种方法，那么它是否可以独立地承担起哲学建构的功能，也是值得讨论的。冯友兰对此就有过反思。

---

① 胡军：《中国现代直觉论研究》，北京大学出版社，2014，第3~4页。

二 冯友兰的直觉观

(一) 冯友兰早期对直觉方法看法

如冯友兰就批评梁漱溟的直觉观，认为其中有含糊不清之处。在 1922 年 10 月 26 日写的《书评:〈东西文化及其哲学〉》一文中，冯友兰则公开质疑梁漱溟在该书中所运用的核心哲学方法，即直觉法。冯友兰认为，梁漱溟所提倡的不计较、不算账的直觉主义态度与西方以个人主义、功利主义为基本精神的科学如何结合是成问题的:"但是，由于科学是梁先生指出的属于西方个人主义、功利主义的生活样法有机组成部分，它如何能够与梁先生讲的孔家思想有机地结合? 为科学而科学，可以无所为而发明科学，但是它完完全全是纯粹理智的产物。"① 也就是说，在冯友兰看来，科学是"纯粹理智的产物"，而梁漱溟对孔子精神的阐发却是直觉主义的，这两种精神如何结合? 冯友兰认为梁漱溟并没有讲清楚。应该说，冯友兰的这一批评是敏锐的。这一问题的实质即中国人直觉主义的方法如何能够产生具有理智分析精神的科学，这的确是关涉中西文化融合的关键。后来熊十力对于性智与量智关系的思考，牟宗三的"良知坎陷说"，皆是致力解决这一问题。梁漱溟对于这个问题并没有给出很好的解释。

在 1925 年写的《对于哲学及哲学史之一见》中，冯先生一方面表达了自己对于科学与哲学关系的看法，另一方面又表达了自己对于理智与直观两种方法的态度，在该文中，他坚持理性的科学方法才是哲学方法，反对直觉可以作为一种哲学方法:

> 科学的方法是逻辑的，是理智的;哲学的方法，是直觉的，反理智的。不过关于所谓直觉，现在方多争论。我个人以为凡所谓直觉、领悟、神秘经验等，虽有甚高的价值，但不必以之混入求知识之方法之内。无论科学、哲学，皆系写出或说出之道理，皆必以"严刻的理智态度"表出之。其实凡著书立说之人，无不如此。故佛家之最高境界，虽

① 《中国哲学史补二集》，中华书局，2017，第 43 页。

"不可说，不可说"，而有待于证悟，然其因明论理与唯识心理，仍是
"严刻的理智态度，走科学的路"。故谓以直觉为方法，吾人可得到一种
神秘的经验［此经验果与"实在"（realityz）符合否，是另一问题］则
可；谓以直觉为方法，吾人可得到一种哲学则不可。……唯其如此，故
反对逻辑及科学之方法者，其言论"仍旧不曾跳出赛先生及逻辑先生之
手心里"（胡适之说张君劢语）。以此之故，我虽承认直觉等之价值，而
不承认其为哲学之方法。哲学方法，即是科学方法，即是吾人普通思想
之方法。①

　　冯友兰指出，科学的方法是理智的、逻辑的，而哲学的方法则是直觉
的、反理智的。冯友兰这里所指的应该是指张君劢、梁漱溟等人持有的观
点。如张君劢在《人生观》的演讲中说："科学为论理的方法所支配，而人
生观则起于直觉。"② 梁漱溟主张哲学的主要方法是直觉，更不待言。冯友兰
并不完全否认直觉的意义和价值，但他不承认直觉是一种求知识的方法。在
冯友兰看来，科学和哲学都是一种系统的理论，都必须通过严格地运用理智
而构成。即使强调最高真理不可以语言表述，最高境界必须通过证悟获得的
佛学，其可以称为哲学的部分也要符合佛教的因明逻辑和唯识学的理智心理
分析方法。故冯友兰不承认直觉可以作为一种成立哲学的方法。原因何在？
在他看来，直觉得到的是一种经验（包含神秘经验），仅仅经验本身并没有
真假可言，也没有逻辑性可言。而各种学说的目的不在表达主体所获得的经
验，而在构建系统的理论，其理论必须符合逻辑，具有科学性。因此，无论
是科学还是哲学都必须符合"科学方法"。从这个意义上说，即使反对科学
的人，其反对也必须符合逻辑和科学的方法。冯友兰特别引用了胡适批评张
君劢的话来说明此点："仍旧不曾跳出赛先生及逻辑先生之手心里。"总之，
冯友兰认为，哲学的方法就是"科学方法"，直觉并不能构成一种有效的哲
学方法。在这个意义上，他是站在科学派一边，同意胡适对张君劢的批
评的。

① 《中国哲学史补二集》上，第55~56页。
② 翁贺凯编《中国近代思想家文库·张君劢卷》，中国人民大学出版社，2014，第94页。

（二）新理学时期冯友兰的直觉观

不过，冯友兰对直觉的态度后来又有改变，在其构建新理学体系的过程中，他也注意到超出理性与言说的境界问题。在 1943 年 5、7 月，冯友兰在《哲学评论》上发表了《新理学在哲学中之地位及其方法》一文，在此文中，冯友兰就提出了真正的形而上学的方法有两种："一种是形式主义底方法，一种是直觉主义底方法。"① 而这两种方法，又可以称为"正底方法"和"负底方法"。

> 直觉主义底方法，从讲形上学不能讲讲起，所以其方法可谓为负底方法。形式主义底方法，从讲形上学讲起，所以其方法可谓为正底方法。亦可说：正底方法是从正面讲形上学，负底方法是从侧面讲形上学。②

这里的"形式主义底方法"和《新知言》中的"逻辑分析法"差别不大，冯友兰"逻辑分析法"的主要特点就是"形式主义"，不过"逻辑分析法"的说法更能体现这种方法所运用的手段，这也许是冯友兰在《新知言》中将"正底方法"改称"逻辑分析法"的原因。至于"直觉主义底方法"的说法，则颇值得注意。在《新知言》中，冯友兰不再采用这个说法。

前面我们已经说过，在《新理学》之前，甚至包括《新理学》时期，冯友兰一直持有一种理性主义的哲学观，他反复强调哲学是一种"理智的活动"，或者是"反思的活动"，哲学的主要方法是"思辨"。在这样一种观点之下，尽管他早期也提到柏格森的直觉主义的方法论，但是他认为直觉不能作为一种哲学的方法，甚至反复批评梁漱溟早期在《东西文化及其哲学》中的主要方法"直觉"。尽管 1934 年在第八届国际哲学大会上宣读的《哲学在当代中国》中，冯友兰肯定中国哲学中的"直觉和体验"对于世界哲学的可能的贡献，"希望不久以后我们可以看到，欧洲哲学观念得到中国直觉和体验的补充，中国哲学观念得到欧洲逻辑和清晰思想的澄清"③。但是，冯友兰

---

① 《中国哲学史补二集》下，第 477 页。
② 《中国哲学史补二集》下，第 478 页。
③ 冯友兰：《中国哲学史补》，中华书局，2014，第 220 页。

并未肯定"直觉"可以成为一种方法。不过，在《新理学》发表后的几年，因为对于不可思议、不可言说的问题的思考，冯友兰似乎认识到了"直觉"对于把握《新理学》中所说的不可思议、不可言说之物具有重要的作用，所以在1943年的《新理学在哲学中之地位及其方法》一文中，他明确提出了"直觉主义底方法"作为哲学的"负的方法"。但是，在那里，他也特别区分了"直觉"与"直觉主义底方法"的不同：直觉是一种个人的体验，是个人的一种直接的洞见，在这种体验和洞见中，应该没有主客、能所的分别，因此也不能用语言和思议对其加以直接的表述，因此直觉本身并不是哲学，只有将直觉所得用理论表示出来，才是哲学。但这里存在一个困难，直觉所得是超越语言思议的，可以说是超乎理智的，所以我们不能直接说其是什么，如果我们直接从正面表达直觉所得，那么就是运用了"正的方法"，而正的方法只能是一种理智的方法。有关理智的方法最终会遇到的困难，冯友兰在《新理学》中已经指出。因此为了表显直觉所得的内容，我们只能说其不是什么，从反面或侧面试图让我们对直觉所得有所领悟。

> 用直觉主义讲底形上学，并不是讲者的直觉。形上学是一种学，学是讲出底义理，而直觉则不是讲出底义理。用直觉主义讲形上学者，可以说是讲其所不讲。但讲其所不讲亦是讲。此讲是形上学。犹之乎以"烘云托月"的方法画月者，可以说是画其所不画，画其所不画亦是画。①

> 直觉主义底方法讲形上学不能讲。讲形上学不能讲，亦是一种讲形上学底方法……对形上学的对象有所表显即是讲形上学。用此种方法讲形上学可以说"烘云托月"的方法。画家画月的一种方法，是只在纸上烘云，于所烘云中留一圆底空白，其空白即是月。画家的意思本在画月，但其所画之月正在他所未画的地方。用形式主义讲形上学，则如以线描一月，或以颜色涂一月。如此画月底画家，其意思亦在画月，其所画之月在其画的地方。②

---

① 《中国哲学史补二集》下，第477~478页。
② 《中国哲学史补二集》下，第477页。

用负底方法讲形上学，从讲形上学不能讲讲起。因此用此种方法，不能以言说从正面说出形上学是甚么。我们如欲用言说从正面说出形上学是甚么，我们便已用正底方法。①

也就是说直觉不是"形而上学"，"形而上学"是一种理论，因此仅直觉不是方法，只有试图以理论的形式将直觉所得表现出来才是"形而上学"，这样一种方法才可以说是"直觉主义底方法"。

1944年，冯友兰专门发表了一篇题为"论哲学方法"的文章，在文中，冯友兰特别讨论了哲学方法与思辨和直觉的关系：

哲学底知识，不是靠归纳法所能得来底。人欲得哲学底知识，只能靠思辨或直觉。（此所谓知识，是广义底，若就狭义底知识说，直觉所得，不是知识底。）人靠思辨或直觉所得来哲学知识，又以言语说出之。此所说出者即是哲学。不过用直觉所得到底哲学知识，严格地说，是不能说底。所以有直觉底人，只能说：他所直觉底不可说。说他所直觉底不可说，就是对于他所直觉底有所说。譬如我们说："妙不可言。"说"妙不可言"就于对于妙有所说，就是透露了不可言之妙的一点消息。一个人若靠直觉得到哲学底知识，而又以说他所直觉底不可说，透露出他所直觉底一点消息。这个人所用底哲学方法，我们称之为否底方法。一个人若靠思辨得到哲学底知识而又以论证说出他的哲学底知识，这个人所用底方法，我们称之为正底方法。

所谓正底方法或负底方法的分别，是就讲哲学的方法不同说底。就一个人所得到底哲学知识说，由直觉所得与由思辨所得，最后是一致底。此于我们以下底讨论中可见。

就哲学之为一门学问，及就学哲学底人的方便说，用负底方法以讲哲学，学哲学底人非有与讲者相类似底直觉不能领会讲者所讲底是甚么。用正底方法讲哲学者，学哲学底人，即没有与讲者类似底了解，亦可以循序渐进。所以就此方面说，用正底方法讲哲学，胜于用负底方法讲哲学。在西洋哲学的传统中，哲学家用正底方法讲哲学者居多。在中

---

① 《中国哲学史补二集》下，第478页。

国哲学的传统中，哲学家用负底方法讲哲学者居多。在西洋哲学的传统中，古代的哲学家，如柏拉图，近代的哲学家，如笛卡儿及斯宾诺莎，皆以哲学中底命题应该是不容怀疑的命题。①

也就是说，此时冯友兰认为思辨与直觉都是人们获得哲学知识的两种能力，因此他对哲学下的定义是："人靠思辨或直觉所得来哲学知识，又以言语说出之。此所说出者即是哲学。"这个定义与《新理学》发表之前（包括《新理学》）有一个明显的不同，即之前他一直强调哲学的主要方法是思辨，因此哲学是将思辨所得并以言语说出的系统理论，而在此处，冯友兰则改为将"思辨或直觉所得""又以言语说出之"，说明这一时期冯友兰认识到"直觉"的重要意义。不过，他也意识到，严格说来，直觉所得的认识，是不可说的，即"妙不可言"，因此我们欲对其有所表显，只能说其不可说，说其不可说就是一种表显直觉所得的侧面或反面方法，可以使我们能够对于直觉所得有所领悟。这种通过"否定方法"表达直觉所得的方法，就是"负底方法"。在此处，冯友兰还指出这种方法与用逻辑语言将"思辨所得"正面表达出来的"正底方法"的区别，即"正底方法"并不一定需要读者或听众与作者或讲者有相似的经验，读者或听众只要遵循正确的逻辑方法，就可以"循序渐进"把握这一哲学系统。而要运用"负底方法"，则需要接受者与教授者有相似的经验，故"负底方法"不容易成功。就这方面说"用正底方法讲哲学，胜于用负底方法讲哲学"。西方哲学长于用"正底方法"，而中国哲学则长于用"负底方法"。

值得注意的是 1943 年、1944 年，应该是冯友兰比较重视"直觉"概念的时候。1943 年，他写了一篇《论风流》的文章，在文中，他也提到了直觉的问题：

就第二点说，真风流底人，必须有洞见。所谓洞见，就是不借推理，专凭直觉，而得来底对于真理底知识。洞见亦简称为"见"。"见"不是凭借推理得来底，所以表示"见"的言语，亦不须长篇大论，只须几句话或几个字表示之。此几句话或几个字即所谓名言隽语。名言隽

---

① 《中国哲学史补二集》下，第 598～599 页。

语，是风流底人的言语。①

据蔡仲德《冯友兰年谱长编》，此文是冯先生 1944 年 2 月在西南联大发表的题为"论风流"的演讲词，② 故与《南渡集》所标"三十二年"（1943）的时间有所出入，或以蔡仲德的《年谱长编》为正。如果说《论风流》写于1944 年 2 月，那么它可能就是由《新理学在哲学中之地位及其方法》文末的一段话敷衍而来。在《新理学在哲学中之地位及其方法》文末，冯友兰也说道：

> 哲学家中，亦有将其自己的直觉所"见"，用简单精粹底言语，表示出来。这些哲学家亦可说是用作诗的方法，讲形上学。他用简单精粹底言语所表示者，是他的直觉所"见"，并不是推论所得。他并不是用推理的方法得到某一结论，不过为省事起见，只将其结论写出。如果他的简单精粹底言语所表示者是其推理所得底结论，则我们可以说，他如不怕费事，将其结论的前提，详细写出，则他的结论，必更清楚。我们亦可以说，如有别人，将其结论的前提，代为补充，则其结论，必更清楚。但如他的简单精粹底言语，只是表示他的直觉所"见"，则别人纵说千言万语，并不能替代他的一字一句。例如《老子》一书，只五千言，但我们不能说，他没有完全地表示他的"见"。假使有一人，写十五万字或五十万字的书将《老子》书中底意思，重说一遍，但亦只是另外一部书，并不可以替代《老子》。此另外一部书与《老子》所讲的义理或可相同，但是用两种方法讲底。此两部书可以是"合则双美"，但并不是"离则两伤"。
>
> …………
>
> 这就是所谓晋人风流。风流底言语，是诗底言语。风流底人生，是诗底人生。风流一名，是西洋所谓浪漫的确译。风流底言语与以负底方法讲形上学的言语相近似。所以禅宗中底人常说："不风流处亦风流。"③

---

① 《南渡集》，生活·读书·新知三联书店，2007，第 93~94 页。
② 蔡仲德：《冯友兰先生年谱长编》上，中华书局，2014，第 383 页。
③ 《中国哲学史补二集》下，第 543~544 页。

可见，冯友兰此时比较推崇"直觉"的方法，认为直觉所得到的认识，并不是靠推理得来的。如果有些哲学家将这些直觉所见直接写出来，这种表达形而上学的方式，就类似用作诗的方法讲形而上学。因为他的哲学著作中包含着作者的"直觉"所见，所以非常珍贵。从这方面说中国哲学中的这类著作，类似"风流的语言"，这种语言与"以负的方法讲形而上学的语言近似"。且在1944年，冯友兰还写过一篇《关于真善美》的文章，冯友兰多次运用"直觉"的概念来说明道德与审美的问题：

> 人不能凭直觉，知道某一句话是真；但知道某一个形象是美，则是专凭直觉底；人知道某一个行为是善，是不是专凭直觉，这是一个值得讨论底问题。①

> 王阳明的"良知说"，就是主张专凭直觉，人即可以知道善知道恶。②

> 善恶的判断，可以专凭直觉者，其原因即在于此。③

> 人不能专凭直觉说一句话是真，但可以专凭直觉说一行为是善，一形象是美。④

可以看出，在1943～1944年，冯友兰比较重视直觉的问题，他力图用"直觉"来说明道德和审美的问题。他甚至把"直觉底方法"作为他最哲学的形而上学的"负底方法"。

1946～1947年，冯先生到宾夕法尼亚大学讲学，其讲稿后来在1947年整理出版，名为《中国哲学简史》。在《中国哲学简史》中，冯友兰也对"中国哲学的方法"进行了阐发。冯友兰借用了诺斯罗普（Filmer S. C. Northrop）在《东方直觉的哲学和西方科学的哲学互补的重点》一文中的观点来说明

---

① 《南渡集》，第222页。
② 《南渡集》，第223页。
③ 《南渡集》，第226页。
④ 《南渡集》，第226页。

"中国哲学的方法"。冯友兰引用了诺斯罗普关于直觉和假设在哲学建构中的作用的一段话:

> 诺思罗普（Northrop）教授说过，概念的主要类型有两种：一种是用直觉得到的，一种是用假设得到的。他说："用直觉得到的概念，是这样一种概念，它表示某种直接领悟的东西，它的全部意义是某种直接领悟的东西给予的。'蓝'，作为感觉到的颜色，就是一个用直觉得到的概念。……用假设得到的概念，是这样一种概念，它出现在某个演绎理论中，它的全部意义是由这个演绎理论的各个假设所指定的。……'蓝'，在电磁理论中波长数目的意义上，就是一个用假设得到的概念。"[1]

另外，诺斯罗普还将直觉得到的概念，分为三种类型:

> "已区分的审美连续体的概念。不定的或未区分的审美连续体的概念。区分的概念。"照他说，"儒家学说可以定义为一种心灵状态，在其中，不定的直觉到的多方面的概念移入思想背景了，而具体区分其相对的、人道的、短暂的'来来往往'则构成了哲学内容"。但是在道家学说中，"则是不定的或未区分的审美连续体的概念构成了哲学内容"。[2]

冯友兰虽然不完全同意诺斯罗普在该文中的观点，但是他认为诺斯罗普以概念和直觉区分东西方哲学，并以直觉所得的"不定的或未区分"的审美连续体为中国哲学的主要特征，他表示赞同。

> 诺思罗普在他这篇论文中所说的，我并不全部十分同意，但是我认为他在这里已经抓住了中国哲学和西方哲学之间的根本区别。学中国哲学的学生开始学西方哲学的时候，看到希腊哲学家们也区别有和无，有限和无限，他很高兴。但是他感到很吃惊的是，希腊哲学家们却认为无和无限低

---

[1] 《中国哲学简史》，北京大学出版社，2013，第24页。
[2] 《中国哲学简史》，第24~25页。

于有和有限。在中国哲学里，情况则刚刚相反。为什么有这种不同，就因为有和有限是有区别的，无和无限是无区别的。从假设的概念出发的哲学家就偏爱有区别的，从直觉的价值出发的哲学家则偏爱无区别的。①

冯友兰接下来用经济生活方式来解释中西哲学的差异，他认为中国古人的农业生活方式决定了农民对一切的认识都是"直接领悟"的，这种直接的领悟方式因为缺乏主、观的区别，导致中国知识论不发达，哲学家多以直接的结论表述其哲学洞见，而缺乏概念的清晰逻辑论证，由此冯先生认为中国哲学极需学习西方的"逻辑分析法"。但冯先生也指出中国哲学"富于暗示""文约义丰"的特点，或许是中国哲学的优点。

> 我们若把诺思罗普在这里指出的和我在本章开头提到的联系起来，就可以看出，已区分的审美连续体的概念，由此而来的未区分的审美连续体的概念以及区分的概念，基本上是"农"的概念。"农"所要对付的，例如田地和庄稼，一切都是他们直接领悟的。他们淳朴而天真，珍贵他们如此直接领悟的东西。这就难怪他们的哲学家也一样，以对于事物的直接领悟作为他们哲学的出发点了。②

> 这一点也可以解释，为什么在中国哲学里，知识论从来没有发展起来。我看见我面前的桌子，它是真实的还是虚幻的，它是仅仅在我心中的一个观念还是占有客观的空间，中国哲学家们从来没有认真考虑。这样的知识论问题在中国哲学（除开佛学，它来自印度）里是找不到的，因为知识论问题的提出，只有在强调区别主观和客观的时候。而在审美连续体中没有这样的区别。在审美连续体中认识者和被认识的是一个整体。

> 这一点也可以解释，为什么中国哲学所用的语言，富于暗示而不很明晰。它不很明晰，因为它并不表示任何演绎推理中的概念。哲学家不过是把他所见的告诉我们。正因为如此，他所说的也就文约义丰。正因为如此，他的话才富于暗示，不必明确。③

---

① 《中国哲学简史》，第25页。
② 《中国哲学简史》，第25页。
③ 《中国哲学简史》，第25~26页。

在《中国哲学简史》结尾处，冯友兰再次论述了"形上学的方法论"，冯友兰引用了《新知言》中关于"形上学的两种方法"的说法，并指出了"负底方法"胜过"正底方法"之处，即可以对于无法描述、分析的东西有所"启示"。他再次提到了诺斯罗普关系于西哲学方法比较的观点。

> 在《新知言》一书中，我认为形上学有两种方法：正的方法和负的方法。正的方法的实质，是说形上学的对象是什么；负的方法的实质，则是不说它。这样做，负的方法也就启示了它的性质的某些方面，这些方面是正的描写和分析无法说出的。
>
> 前面第二章我表示赞同诺思罗普教授说的：西方哲学以他所谓"假设的概念"为出发点，中国哲学以他所谓"直觉的概念"为出发点。其结果，正的方法很自然地在西方哲学中占统治地位，负的方法很自然地在中国哲学中占统治地位。①

三 结论

通过对于梁漱溟及冯友兰直觉观的梳理及比较，可以看出，直觉概念之所以引起现代中国哲学家的兴趣，一方面是出于一种对文化的自我理解与肯定的需要。对梁漱溟而言，要肯定东方哲学特别是儒学与西方哲学不同乃至较西方哲学优越，则同时必然肯定东方哲学以及儒学方法的独特性及相对于西方理性主义方法的优越性。在这种情况下，柏格森对于西方理性主义方法的反思、批判及其对直觉方法的提倡，自然受到拥护中国文化的新儒家学者的关注，在某种程度上，柏格森的直觉观为他们提供了一种理解传统儒学的方法观，也为传统儒学的意义提供了辩护。但是与此相应，他们对柏格森的方法论也存在一种理解的偏差，使得原本在西方理性主义方法高度发达的前提下，直觉方法对于理性方法是一种补充和校正，变成了非此即彼的对立。梁漱溟对直觉方法的推崇就有这种极端化的倾向。另一方面，直觉方法的确与中国传统的哲学方法中的体认、顿悟、默识等方法具有内在的亲缘性，使

---

① 《中国哲学简史》，第 323 页。

中国哲学家很自然地受到鼓舞。中国现代哲学家在吸收西方的逻辑分析方法来重新建构中国哲学时，在面对中国哲学传统时，的确注意到，与西方哲学相比，中国哲学有一些独特的特质及方法，这种独特的特质和方法，与西方哲学重视逻辑推理的理性建构特质及方法有其鲜明的不同。这也促使中国哲学家对中国哲学方法进行反思，在这种情况下，直觉方法就构成了中国哲学家对中国传统哲学方法进行"格义"的最佳方法。当然，关于中国哲学的方法，历史上就存在顿悟与渐修、尊德性与道问学的区别，这种区别与理性与直觉的关系有着某种重叠。无论是强调理性的积累，还是强调直截的顿悟，最终都要依赖于彼此的补充。冯友兰早期崇尚理性的逻辑分析方法，对直觉抱有怀疑的态度，但是当其建构新理学体系的时候，在碰到哲学的终极境界时，他也意识到理性、概念以及语言的局限，在此时他碰到了维特根斯坦所说的"静默"的问题，这与中国哲学禅宗、道家关注的内容不谋而合，因此如何表达不可言说的内容，就构成了其"形而上学的负的方法"（有时他又称其为直觉方法）的重要内容。冯友兰认为，这是中国哲学方法不同于西方理性主义方法的胜场所在。不过，冯友兰也意识到，真正的哲学建构，必须始于理性的分析，终于直觉的境界，二者始终是相互补充的，而不是彼此排斥的。也就是说，理性与直觉都是哲学的重要方法，不可偏废，否则可能陷入神秘主义或者达不到最高境界。后来贺麟先生在比较宋儒的思想方法时，也曾提出了"前理智的直觉"与"后理智的直觉"的概念，用来比较陆王与程朱哲学方法的差异，他也试图通过这些提法将理性与直觉的方法融合为一。熊十力在其晚年关于量论的思考中，也主张将思辨与证会（体认）相结合，某种程度上也可以说是融合西方的理性分析方法与东方哲学的直觉方法。牟宗三继承了熊十力建构"量论"时的未竟之业，在建构其道德形而上学时，也转化了康德的道德的"智的直觉"观念，通过提出智识之辨、良知坎陷等命题，试图融合直觉与理性为一，实现中国哲学的现代发展，并试图融合东西方的哲学方法，探索一种更为平衡而综合的具有普遍意义的哲学方法。当然，现代新儒家重视直觉方法还有一层意义，即批判工具理性、科学主义对道德意义、人生价值的侵蚀，他们要求回归传统儒学反求诸己的直觉体认的方法，以此来重建价值世界与意义世界。

佛学研究

钢和泰《大宝积经论（汉藏两种合刊）》考论

刘子正

（中国社会科学院大学哲学院）

摘 要：本文主要利用清华大学档案馆校史档案资料、国立北平图书馆档案资料、钢和泰书信资料以及其他二手文献，纠正了来自清华大学校史研究中《大宝积经论》作者认定的误区，指出正确作者应为钢和泰而非陈寅恪。同时，本文对"A COMMENTARY TO THE KĀÇYAPAPARIVARTA"（《大宝积经论》）一书做了简要描述，并结合钢和泰书信资料与其他二手文献对该书的出版、刊印、发行等过程做了基本的说明，试图向学界呈现20世纪二三十年代汉藏语文学界与出版界在中外交流过程中的一幅生动图景。

引 子

《大宝积经》120 卷，又作《宝积经》，唐菩提流志等印，系纂辑有关菩萨修行法及授记成佛等诸经的汇集。全经共计四十九会，分"旧译""新译"。其中，菩提流志选取魏晋南北朝隋唐诸译经家旧译，辑成二十三会八十卷余，又新译出二十六会三十九卷半，合编为《大宝积经》。《大宝积经》另有西藏译本，题为"大宝积法门十万章"，亦有四十九会。但是，西藏译本原来只是单独传译各会，且缺少一部分经卷。之后才模仿汉译四十九会的结构，并选取一些汉译经卷补缺编撰而成。

在《大宝积经》之中，有小品《宝积经》，收入《大宝积经》第四十三会《普明菩萨会》。小品《保积经》是《大宝积经》中最古的一部，又被称为古

《宝积经》。此《宝积经》有多种异译本，仅汉文翻译的版本就有至少四种。最早的翻译，是后汉时支娄迦谶译的《佛遗日摩尼宝》，其次是晋失译《摩诃宝严经》①，再次是后秦失译《大宝积经》（或名《大宝积经迦叶品》）②，最后是宋施护译《大迦叶问大宝积正法经》。③ 藏文佛经系统，亦存在对此经独立的翻译。④ 钢和泰的《大宝积经迦叶品梵汉藏六种合刊》即针对此经汉、藏各译本及梵文手稿的对照研究著作⑤。

所谓的《大宝积经论》，并非对全体《大宝积经》的释论，而是对小品《宝积经》的释论⑥。此论相传由世亲菩萨所作，藏译本则认为是世亲菩萨的弟子安慧菩萨所作。汉文翻译，有北魏菩提流支译《大宝积经论》四卷。藏文翻译，则见于《丹珠尔》。本文讨论的 A COMMENTARY TO THE KĀÇYAPAPARIVARTA（《大宝积经论（汉藏两种合刊）》⑦，后文简称《大宝积经论》）一书，即是对《大宝积经论》汉、藏不同译本的对照研究。本文意在纠正学界围绕此书研究的

---

① 《摩诃宝严经》，一名《大迦叶品》，《中国佛教般若学》转引《开元录》："《摩诃宝严经》，一名《大迦叶品》，一卷，近代译，失三藏名，旧在后汉录，今目依旧，第二译，右二经，与宝积第四十三《普明菩萨会》同本异译。"见蔡弘、印顺《中国佛教般若学》，宗教文化出版社，2014，第 128 页。

② 后秦失译经书，后编入唐菩提流志之《大宝积经》第四十三会，更名《普明菩萨会》，《摩诃衍宝严经讲要》："三名《大宝积经》，即普明菩萨会，亦失译，附姚秦录，编于《大宝积经》四十三会。"见王志远编《吕澂佛大德文汇》，华夏出版社，2012，第 349 页。

③ 参见王尧《〈大宝积经〉汉藏文对勘校读本述略前记》："而最初出现是里面最原始的一种，汉文曾有四次翻译，开始是支娄迦谶的名为《佛遗日摩尼宝》（佛遗日，即毗佛，意为方广，摩尼为如意珠），次为晋录失译名《摩诃宝严经》，又姚秦失译名《大宝积经》或名《迦叶品》（后由单卷编入大部四十九会中第四十三会，因大部也有迦叶品，遂改名《普明会》）。最后译的名《迦叶问正法经》。四个译本名数不同，都是小本《宝积》的异译。原经叫什么名称已不清楚。"

④ 如钢和泰《大宝积经迦叶品梵汉藏六种合刊》，即采用了《甘珠尔》中由胜友、胜自在菩提、智军等译师在公元 9 世纪翻译的版本。

⑤ 目前学界有姜力丹《钢和泰〈大宝积经迦叶品梵汉藏六种合刊〉成书及出版问题探析》[《西藏民族大学学报》（哲学社会科学版）2022 年第 6 期]一文，对钢和泰《大宝积经迦叶品梵汉藏六种合刊》的内容、编撰过程与学术价值做了简要说明，这里不再赘述。

⑥ 《实用佛学辞典》："四卷，失著者名，后魏菩提流支印。《宝积经》第一百一十卷，释普明菩萨会第四十三之一卷。"

⑦ 不同于《大宝积经迦叶品梵汉藏六种合刊》，本书并无汉文标题。常见的汉译名称，有《大宝积经论》（清华大学校史档案、北平图书馆档案皆作《大宝积经论》）、《大宝积经迦叶品释论》（王启龙译，见《钢和泰学术评传》，北京大学出版社，2009；《钢和泰学术年谱简编》，中华书局，2008）。本文据此书英文及梵文转写标题，译为《大宝积经论（汉藏两种合刊）》（简称《大宝积经论》，与多数中文史料一致，便于行文），以照应钢氏前书《大宝积经迦叶品梵汉藏六种合刊》。

一些错误，并借助档案、书信手稿与其他文献资料，对本书的成书与出版过程中的一些问题进行探讨，以更加充分地拨去历史迷雾，揭示此书的真面目。

一　著者辨误

《大宝积经论》的作者，一些学者认定为陈寅恪①。但是，目前对陈寅恪著述的整理成果中，并不见有名为《大宝积经论》的著作②；查诸种陈寅恪事辑、年谱③，1926~1927 年，亦无陈寅恪撰写该书的行为见录。卞僧慧先生《陈寅恪先生年谱长编》及刘桂生、欧阳军喜《陈寅恪先生编年事辑补》中，仅称"陈先生报告有藏中文对照绝版书一部，现在刚和泰手中，拟由本院作为丛书第二种印行，一切印刷事件，可托商务厅印书馆代印，唯需在北京印刷，以便于校对。梁任公先生则提议此书可由北海国立图书馆与本院合印，费用平均负担，书籍亦各得其半，纸张宜好，以便送人。刚和泰约送二十部。议决：照办，请陈先生会同办公室进行接洽"④。即陈寅恪确于 1926 年同国学院、钢和泰商谈一部中藏文绝版书的刊行问题，但书名、著者、类别皆未详及。陈寅恪在当时是否具备足够的佛教语文学能力以作成是书，亦值得考辨。⑤ 凡此

---

① 在清华国学院院史研究中，存在如下观点：1926~1927 年，陈寅恪作《大宝积经论》，并由清华国学研究院与国立北平图书馆合刊，见苏云峰《从清华学堂到清华大学（1911–1929）近代中国高等教育研究》台湾"中研院"近代史研究所，1996，（以下简称《从清华学堂到清华大学》）；孙敦恒《清华国学研究院史话》清华大学出版社，2002。这种说法，在清华国学院史研究中被逐渐接受，并逐渐有从国学院研究向外辐射之势。具体情况，请参看 292 页脚注①。

② 查何广棪《陈寅恪先生著述目录编年》、朱传誉《陈寅恪传记资料》、蒋天枢《陈寅恪先生编年事辑》（增订本），均不见陈寅恪著述有《大宝积经论》的相关记载。

③ 笔者主要参考了蒋天枢《陈寅恪先生编年事辑》（增订本），刘桂生、欧阳军喜《陈寅恪先生编年事辑补》，卞僧慧《陈寅恪先生年谱长编》三种。在 1926~1927 年，均无陈寅恪撰写《大宝积经论》或类似专著的条目。

④ 见刘桂生、欧阳军喜《陈寅恪先生编年事辑补》，载王永兴编《纪念陈寅恪先生百年诞辰学术论文集》，江西教育出版社，1994。

⑤ 陆扬在《对陈寅恪佛教语文学研究能力的迷思——以童受〈喻鬘论〉为中心》一文中，对陈寅恪的佛教语文学能力提出了质疑。陆扬详细分剖了陈寅恪早年最具代表性、最体现其学术功力的佛教语文学论文《童受喻鬘论残本跋》（1927 年 11 月发表于《中山大学语言研究所周刊》第一卷第三期，后载于同年 12 月《清华学报》第四卷第二期），认为陈寅恪具备阅读专业德语论著的能力和一定的法语阅读能力，能够利用外语世界的部分佛教语文学论著，但并不具备足够的梵语能力以独立地进行原典释读工作。《童受喻鬘论残本跋》发表的事件，正与苏云峰等人所认定的陈寅恪撰写《大宝积经论》的事件相一致。如果陈寅恪并不具备足够独立释读原典的能力，那么他于 1927 年撰写《大宝积经论》的说法，显然不具可能性。

种种，皆令人怀疑陈寅恪是否为《大宝积经论》一书的著者。

通过笔者的查证，目前最早提出这一说法的研究者是苏云峰①。他在《从清华学堂到清华大学（1911-1929）近代中国高等教育研究》一书中提到，"第二种为陈寅恪之《大宝积经论》（1927年北京图书馆刊行），此经中译文系由后魏北印度之《三藏菩提流支》译出。研究院所印者为西藏文和中文之对照本"②。下标脚注，"《清华周刊》，期408，页503"③。查《清华周刊》第408期第503页，有如下文段与丛书出版相关："本院出版品，分丛书及季刊两种。丛书第一种，已出版，为本院教授王静安先生著之《蒙古史料四种校注》。第二种丛书，与国立图书馆合印，尚未出版。季刊，定名为《国学论丛》，每年出四册。内容除本院各教授之著作外，凡学生成绩，经教授会同审查，判定为有价值者，及课外作品之最佳者，均予登载，现第一、二两期，均已付印，由商务印书馆发行。"所谓"第二种丛书"，不仅尚未出版，甚至不具名称，唯一的信息是此书由国学研究院与北平国立图书馆联合

---

① 从笔者目前查证的各种研究看，陈寅恪著述研究中几乎未见有《大宝积经论》的相关论述，而在清华国学院史研究中，《大宝积经论》则反复出现。孙敦恒早在1994年，即通过比对教务档案资料与《国学论丛》，确定了陈寅恪在1926年教务会议上报告的"中藏文绝版书"为《大宝积经论》，见孙敦恒《清华国学研究院记事》，载《清华汉学研究》第一辑，清华大学出版社，1994。但其时并未对《大宝积经论》的作者、成书、出版展开更为充分的认定。苏云峰最早于1996年在《从清华学堂到清华大学》一书中提出《大宝积经论》系陈寅恪所作，并于1927年刊行的观点。1997年，苏云峰又于《清华国学研究院述略》一文中强调了该观点。随后，这一说法在清华国学院研究中被不断强化与引用。例如，孙敦恒在《清华国学研究院史话》中，将《大宝积经论》划为陈寅恪著述，强调"由其点校之后，1927年作为清华国学院丛书第二种，由北京图书馆刊行"，强调陈寅恪进行了《大宝积经论》主要的整理、点校工作。又如，刘敬圻《20世纪中国古典文学学科通志》"清华研究院在古典文学学科史上的地位"章"研究院导师著作"条，有"陈寅恪《大宝积经论》（1927年北京图书馆刊行）"。页下有注：苏云峰《从清华学堂到清华大学》，第366页，台北"中研院"近代史所，1996年。再如，《诗与学术之间：现代诗人闻一多的古典学术研究》页下注有"国学研究院的研究以考据学为主，从当时所出版的研究院成果就可以看出，如王国维的《蒙古史料四种校注》，包括《圣武新征录校注》《长春真人西游记注》《蒙鞑备录笺证》《黑鞑事略笺证》并附《辽金蒙古考》，陈寅恪的《大宝积经论》。参见苏云峰《从清华学堂到清华大学1911-1929》，三联书店2001版，第324页。"可见此书亦不加考辨地引用了苏云峰的结论。

② 苏云峰：《从清华学堂到清华大学（1911-1929）近代中国高等教育研究》，台湾"中研院"近代史研究所，1996，第366页。

③ 原脚注系对研究院师生全部出版物的注解，不专为"丛书第二种"的注释。经过笔者厘清，唯"《清华周刊》期408，页503"与陈寅恪著《大宝积经论》的结论相对应，故不再整段呈现原书原注。

发行。凭借这段信息极为模糊的文字，显然无法得出此书为《大宝积经论》，著者为陈寅恪，且于 1927 年已刊行的结论。苏云峰的推论显然站不住脚。

那么，此《大宝积经论》当为何人所作？陈寅恪与国学研究院，乃至北平图书馆又在其中起了何种作用？通过清华大学档案馆所藏国学院教务会议、北平国立图书馆历年年报及哈佛东亚图书馆钢和泰档案，我们得以窥知一二。

清华大学档案馆藏有《清华国学院教务会议记录》，于民国 15 年（1926 年）10 月 7 日条下有如下记录：

> （三）、中藏文对照佛经印行问题
>
> 陈先生报告有藏中文对照绝版书一部，现在刚和泰手中，拟由本院作为丛书第二种印行，一切印刷事件，可托商务厅印书馆代印，唯需在北京印刷，以便于校对。梁任公先生则提议此书可由北海国立图书馆与本院合印，费用平均负担，书籍亦各得其半，纸张宜好，以便送人。刚和泰约送二十部。议决：照办，请陈先生会同办公室进行接洽。①

此条记录显示，陈寅恪称钢和泰手中有一部中藏文绝版对照书，希望以国学院丛书第二种的名义出版，并由国学研究院、北海图书馆联合印制。会议决议通过，并交由陈寅恪负责后续联络工作。书籍的具体名称、责任人、出版情况等均不详，只知道图书为钢和泰所有。孙敦恒在《清华国学研究院纪事》中引《国学论丛》语，确定了此"中藏文绝版对照书"为《大宝积经论》。② 此外，学术界就找不到更进一步的研究成果了。此书作者、内容、出版时间等基本信息，仍然悬而未决。

与国学研究院合作印行此书的北平图书馆，其年度报告中记录了关于本书的大量信息。1928 年的《北京图书馆第二年度报告（十六年七月至十七年六月）》称，"本年又与清华学校研究院合资刊印《大宝积经论》。《大宝积经论》者，乃《宝积经迦叶品》之释文。按，《宝积经迦叶品》，汉文中有译本四。最早之译本系成于汉代，故此经实为大乘佛教最古典籍之一，而为

---

① 清华大学档案馆藏《研究院教务会议记录》第二册，第 67 页。
② 孙敦恒：《清华国学研究院纪事》，载《清华汉学研究》第一辑，清华大学出版社，1994。

研大乘佛教思想发达史者之重要史料。此论为北魏菩提流支译。虽当时《迦叶品》已有汉、晋两译，而菩提流支译此论时，似未参照旧译。故论中所引经文，与汉、晋两译皆不同。此书经钢和泰男爵以中文译本及西藏译本对照排列，辑为专书，实学术上之重要贡献也"①。这段文字涵盖了《大宝积经论》一书的基本信息：著者为钢和泰，内容系将北魏菩提流支译《大宝积经论》与西藏译本相对照的佛教语文学研究。

此后多年，有关《大宝积经论》的内容都未出现于北平图书馆的年报、馆报之上。相关内容的再次出现，要等到1934年的《国立北平图书馆馆务报告（民国二十二年七月至二十三年六月）》（简称作《馆务报告》）。《馆务报告》在确认此书著者的同时进一步提供了此书出版年限："《大宝积经论》此书为钢和泰先生编辑。早经陆续付印，现已全部印竣。"② 也就是说，此书在1927年下半年就已经开始刊印，直到1933年才陆续付印完成。

同样精于佛学的大家吕澂，在其论学文章中，亦提及此《大宝积经论》系钢和泰所著。《〈大乘起信论〉考证》一文称，"如俄人钢和泰，费了多年功夫校印藏文的《大宝积经论》，他用菩提流支的译本作对照，就断定流支译本充满着错误"③。《摩诃衍宝严经讲要》又称："此外，元魏菩提流支译有释论一种，名为《大宝积经论》，凡四卷，不详作者，译文亦错乱拙劣。西藏藏经中同有此本，题安慧作，核其体例，乃以《瑜迦》配合经文详为之解，家法井然，或真是安慧之作（特）。钢氏亦以魏译对勘印行，惜不娴汉文，对照之处，错谬不少，但亦可供参考。"④ 这些内容，皆可以作为钢氏著《大宝积经论》的旁证。

综合以上史料，此《大宝积经论》系钢和泰所著，由国立清华大学国学研究院、国立北平图书馆合作出版，1927年开始刊行，1933年付印完毕。出版过程中，陈寅恪只是发起提议，负责后续联络事宜，断非此书著者。因此，陈寅恪于1927年作《大宝积经论》的说法，显然是错误的。

二 图书面目

在确定了本书作者之后，关于此书的更多问题浮现出来。为何各大图书馆

---

① 《北京图书馆第二年度报告（十六年七月至十七年六月）》，第23页。
② 《国立北平图书馆馆务报告（民国二十二年七月至二十三年六月）》，第20页。
③ 吕澂：《〈大乘起信论〉考证》，载王志远编《吕澂大德文汇》，华夏出版社，2012，第51页。
④ 吕澂：《摩诃宝严经讲要》，载王志远编《吕澂大德文汇》，第349页。

收藏中均无《大宝积经论》？该图书究竟是何种面貌？此《大宝积经论》最终又是否作为清华研究院丛书第二种出版？这些问题仍待更为清晰的考证。

王启龙在考察了哈佛东亚图书馆所藏钢和泰档案后，在《钢和泰学术评传》一书中介绍了一本出版于 1933 年，名为《大宝积经迦叶品释论（藏汉对照）》① 的书籍："而同样的学术功力和研究价值，在钢和泰 1933 年出版的《大宝积经迦叶品释论（藏汉对照）》一书中得到了淋漓尽致的展示。此书由当时的北平图书馆和清华大学联合出版的。在此我们不再赘述。"另有页下注称："此书正文 340 页；文前有罗马数字标注的页码 24 页，其中英文序言 23 页，和一页勘误表。"② 而在其《钢和泰学术年谱简编》中，王启龙同样提到此《大宝积经迦叶品释论（藏汉对照）》："此书（英文版）1933 年由国立北京图书馆和国立清华大学联合出版。出版时英文标题为 '*A Commentary to the Kacyapaparvarta*，藏汉对照，藏文为拉丁转写。大概当初是想在商务印书馆出版，估计也是速度太慢改由国立北京图书馆和清华大学联合出版。"③王启龙在这里的推论，参考了钢和泰 1930 年给蔡斯教授的信："商务印书馆在《大宝积经迦叶品释论（藏汉对照）》的出版工作进行非常之缓慢，这是我在清华大学赞助下进行的一项编撰工作（1927 年就开始排印释论）。自从我从美国回来后，这项工作一直没有多大进展。"④ 问题在于，王启龙显然没有参考清华大学校史研究成果及相关的档案，对图书印制于 1927 年且由清华国学院发起的情况，全然不了解。在商务印书馆的参与下，尽管王启龙采用了钢和泰的部分书信作为支撑，但对书信资料的运用很不充分，以至于得出了与事实相去甚远的推论。

《美国哈佛大学哈佛燕京图书馆藏钢和泰未刊往来书信集》（以下简称《未刊书信集》）收录了钢和泰 1933 年 8 月 28 日致袁同礼的信函，信件记录了商务印书馆在《大宝积经论》出版过程中所做的工作：

---

① 实际上，《大宝积经迦叶品释论（藏汉对照）》系王启龙翻译得来的名称，并非此书原名。此书并无汉语原名，仅作 "A COMMENTARY TO THE KĀÇYAPAPARIVARTA"，副标题 "EDITED IN TIBETAN AND IN CHINESE"，王启龙在多处研究中仅采用自行翻译的汉文名称的做法，为研究者带来了不小的麻烦。故在此注特别标出，望其他研究者多加留意。

② 王启龙：《钢和泰学术评传》，北京大学出版社，2009。

③ 王启龙：《钢和泰学术年谱简编》，中华书局，2008，第 134 页。

④ 王启龙：《钢和泰学术年谱简编》，第 134 页。此处照录王启龙原文。

Dear professor yuan

……

In accordance with your instructions, I have asked the Lazarist to send you only 240 copies of the 1) cover 2) the title page 3) the introduction to the commentary as well as the bill (for 500 copies)

Believe me yours sincerely and gratefully

A. Staël-Holstein

I have personally received the sixty copies of the cover etc. (from the lazarist) and of the text (from the commercial press) which you kindly promised me. ①

根据您的指示，我要求遣使会出版社寄给您 240 份。

（1）图书封面。

（2）图书扉页。

（3）图书的引言部分及账单（500 份）。

致以诚挚的谢忱

钢和泰

我已经收到您向我慷慨承诺的 60 份封面等② （由遣使会出版社印刷）以及图书正文部分（由商务印书馆印刷）。

依照信件内容，我们得知，《大宝积经论》的出版方与承印方并完全不一致。书的封面、扉页以及引言部分，由北京的遣使会出版社负责印刷。账单则寄送给国立北平图书馆的负责人袁同礼。《大宝积经论》封面等部分共刊印 500 份，其中 240 份交袁同礼，60 份归钢和泰所有。也就是说，国立北平图书馆在出版过程中作为出资方参与其中，印刷工作则由其他出版社代为进行。钢和泰则从中获得 60 份图书，可供自己支配。至于图书的正文文本部

---

① 邹新明：《美国哈佛大学哈佛燕京图书馆藏钢和泰未刊往来书信集》（下），广西师范大学出版社，2016，第 538 页。该信件首段主要说明向袁同礼及国立北平图书馆赠送 Weller 之《大宝积经藏文本索引》事宜（1 enclose two copies of Professor Weller's index. May I ask you to keep one of them and to present the other one to the National Library?），次段则讨论《大宝积经论》之印刷问题。在结束语下方，写有一行小字，强调已经收到袁同礼承诺之 60 份《大宝积经论》。信件右上角则有 "Peking, August 28th 1933" 的字样。

② 这里的"封面等"，即信函中提到的"图书封面""图书扉页""图书的引言部分及账单"。

分，结合钢和泰在前述信件中的抱怨，则似转交由商务印书馆承印。可惜商务印书馆部分档案丢失，不能确证。至少钢和泰收到的 60 份《大宝积经论》，能够确定是商务印书馆印行的。

而《未刊书信集》第 531 页收录的信件，则提供了进一步的佐证。《未刊书信集》编者认为，"此信无日期，信中说'I have distributed most of the sixty copies of the commentary which I received from the commercial press'。信中提到的商务印书馆出版的书应指《大宝积经迦叶品梵汉藏六种合刊》，此书出版于 1926 年，信中开列了钢和泰寄赠给一些学者、学术机构的清单，大致推断此信写于 1926 年底前后"①。问题在于，《大宝积经迦叶品梵汉藏六种合刊》，英文名称作 "The Kāśyapaparivarta：A Mahāyānasūtra of the Ratnakūṭa class"，副标题为 "Edited in the original Sanskrit in Tibetan and in Chinese"，标题中根本没有"commentary"，何以该词能够指代《大宝积经迦叶品梵汉藏六种合刊》？所谓的六十本副本，亦找不到相关的依据。反而是《大宝积经论》一书，名称中有"commentary"，而信中提到从商务印书馆收到 60 份副本，又恰好在数量、承印方上，同前信完全吻合。可见，此信日期应当在 1933 年 8 月 28 日之后，而商务印书馆在出版过程中扮演的角色，仅能确定为 60 本副本的部分承印者。《大宝积经论》的出版方，应当如上文所考论的那样，为清华大学与国立北平图书馆。

高山杉分享了多年前周运代购于隆福寺书店的图书《大宝积经论》，这为书籍的作者、出版、发行等问题，提供了极为坚实的证据。全书共计 364 页，标题作 "A COMMENTARY TO THE KĀÇYAPAPARIVARTA"，副标题 "EDITED IN TIBETEN AND CHINESE"，无中文标题，作者为 Baron A. von Staël-Holstein，即钢和泰男爵。封面下端作 "published jointly by The National Library of Peking and Tsinghua University"，即国立北平图书馆与清华大学联合出版，出版年份为 1933 年，地点为北京。其中英文序言部分 24 页，包括前言（Preface）8 页，前言注记（Note to the preface）15 页，勘误表（Corrigenda）1 页，页码用罗马数字标记。正文部分 340 页，其中汉藏经文对照 326 页，内容主要是汉藏两译《大宝积经论》经文的对比，其中汉文经文用繁体，藏文经文则采用威利转写。另有 14 页的版本考异（Variae

---

① 邹新明：《美国哈佛大学哈佛燕京图书馆藏钢和泰未刊往来书信集》（下），目录第 26 页。

Lectiones），对《大宝积经论》不同藏译抄本进行对读与勘误，页码用阿拉伯数字标注。以上信息，同王启龙在《钢和泰学术评传》《钢和泰学术年谱简编》中介绍的所谓《大宝积经迦叶品释论（藏汉对照）》全部吻合。

同时，钢和泰在序言中的描述，也与前文所述的档案、年报资料相吻合。序言的内容，补充了此书的成书过程。序文提到：

I am greatly obliged to my friends Professor Y. K. Tschen of Tsinghua University and Mr. T. L. Yuan, director of the National Library, for making the publication of this volume possible. At the time when they so kindly promised to have my compilation published, only an insignificant part of the manuscript was ready to print. The bulk of the editing work has been done after my appointment as Professor of Central Asian Philology by Harvard University in 1929. The liberality of the Harvard Yenching Institute of Cambridge Mass. has enabled me to devote my whole time to Sino-Indian studies ever since. I take this opportunity of expressing my sincerest gratitude to Professor J. H. Woods of Harvard, as well as to Professor L. C. Porter of Yenching University and to my other American friends.

I have also to thank Professor Y. K. Tschen, Professor Friedrich Weller, Mr. B. I. Pankraoff, Mr. T. C. Yü, and Mr. L. K. Lin for assisting me in correcting the proof-sheets of this book and for many valuable suggestions.

（我非常感谢我的朋友清华大学的陈寅恪教授和国立图书馆的馆长袁同礼先生，他们使本书的出版成为可能。在他们善意地承诺出版本书时，书稿只有一些微不足道的部分可供印刷。本书大部分的编辑工作是1929年我被哈佛大学任命为中亚语言学教授之后完成的。马萨诸塞州剑桥市燕京学社的慷慨解囊，使我自此能将全部时间用于中印研究。我借此机会向哈佛大学的 J. H. Wood 教授①、燕京大学的博晨光②教授以及我

---

① 美国希腊和印度哲学学者，1903年起在哈佛大学哲学系任教，先后任讲师和教授，1934年退休。见邹新明《美国哈佛大学哈佛燕京图书馆藏钢和泰未刊往来书信集》（下），书信人简介第8页。

② 美国学者，生于天津。1928~1939年任哈佛燕京学社北平办事处总干事；1928~1929年、1931~1932年，在哈佛大学讲授中国哲学。见邹新明《美国哈佛大学哈佛燕京图书馆藏钢和泰未刊往来书信集》（中），书信人简介第15页。

其他的美国友人表示感谢。

　　同时，我要感谢陈寅恪教授、Friedrich Weller① 教授、B. I. Pankraoff② 先生、于道泉先生③和林藜光④先生协助我修改本书的校样，并提出许多宝贵的建议。）

也就是说，陈寅恪在 1926 年末提出刊印此书时，钢和泰只撰写完成了该书很小的一部分。而国立北平图书馆，也确实早在 1928 年钢和泰撰书未成时，便将刊印此书之工作提上议程。作为动议者的陈寅恪，确实助推了此书的刊行。当时，也确有将此书作为研究院丛书第二种发行的打算。但是，直到 1933 年，钢和泰才在燕京学社与哈佛大学的资助下完成了此书的撰述。在漫长的撰写过程中，研究院丛书之三、四种早已发行，甚至 1929 年清华国学研究院的建制都不复存在。故此，此书封面未注有"清华学校研究院丛书第某种"字样⑤。一直预留之"丛书第二种"，历经波折，在国学研究院解体后才终竟付梓，不得不说是一件憾事。

　　通过对清华大学档案馆校史档案资料、北平国立图书馆档案资料、哈佛大学东亚图书馆未刊书信资料以及其他二手文献的梳理，本文试图纠正清华大学校史研究中关于《大宝积经论》作者认定的错误，指出正确作者应为俄人钢和泰。同时，笔者试图对该书的基本面貌与出版过程中的一些细节问题

① 德国梵文和佛教学者。曾在钢和泰主持的中印研究所工作。见邹新明《美国哈佛大学哈佛燕京图书馆藏钢和泰未刊往来书信集》（下），书信人简介第 6 页。

② 此人曾在钢和泰主持的中印研究所工作。见邹新明《美国哈佛大学哈佛燕京图书馆藏钢和泰未刊往来书信集》（中），书信人简介第 14 页。

③ 此处的 Mr. T. C. Yü，或指于道泉。在钢和泰往来书信中，未见落款或名称简写为 T. C. Yü 者。与之相近的只有于道泉（D. C. Yü）及 T. K. Yü（姓名不详）。《美国哈佛大学哈佛燕京图书馆藏钢和泰未刊往来书信集（下）》第 519 页于道泉致钢和泰的书信中提及"I have not yet been able to copy the commentary very much by the writing machine"，"I am very sorry that I have not yet succeeded to get that commentary of Kaçyapa"。可见于道泉在 1925 年就已经参与到《大宝积经论》的前期撰写工作中，试图为钢和泰提供《大宝积经论》的某个副本，但并未成功。名为 T. K. Yü 的寄信人，信函内没有其与《大宝积经论》有关的信息。据此推断，此"Mr. T. C. Yü"，应当是于道泉。

④ 此处的 Mr. L. K. Lin，应指林藜光（Lin Li Kuang）。此时，林藜光正担任钢和泰的学术助手，对《大宝积经论》的成书有一定的帮助。

⑤ 王国维之《蒙古史料四种》、李济之《西阴村史前的遗存》、赵元任之《现代吴语的研究》，均注有"清华学校研究院丛书第某种"字样，其中，王国维著作为第一种，李济著作为第三种，赵元任著作为第四种。

进行考述，希望向学界提供关于此书出版过程更为清晰的叙事。限于笔者学力，目前的研究成果仍多有不足之处，《大宝积经论》一书的诸多问题，并非一篇文章足以解决。诸如《大宝积经论》漫长出版过程中的多方参与，《大宝积经论》的发行与传播，《大宝积经论》对当时汉藏语文学界的影响，均值得更加深入的考索。笔者相信，在未来的研究中，如上问题能够得到更加充分的解决，而《大宝积经论》的学术价值和意义，亦将得到进一步的呈现。

语言接触视域下佛经回鹘语因果复句考察

叶尔旦

（清华大学中文系）

摘　要： 佛经汉语因果复句通过不同的句法手段分别标记原因小句与结果主句。原因小句可以通过前置词、后置词和框式介词标记；主句则由"是故""是以"等标记引导。本文基于佛经《金光明最胜王经》汉文原典因果复句类型，考察该经回鹘语译本中的对应形式，并对其进行梳理、描写。通过对比，我们发现佛经回鹘语通过不同的格标记、原因后置词 üčün 等典型语法手段对译汉文原典中原因小句标记；同时，还存在关系名词型复合标记、语用标记等非典型手段。其中，关于关系名词结构，我们认为该构式可能是受佛经汉语后置标记"故"的语法化原形 ｛NP/VP＋之＋故｝结构的影响，在语法复指这一机制的影响下进而形成的。最终结果显示，汉译佛经翻译这一非自然语言接触活动，使佛经回鹘语语法系统得到进一步发展。

关键词： 佛经汉语　佛经回鹘语　因果复句　语言接触

引　言

　　汉语叙事型因果逻辑关系表达的主要类型有"由因溯果"或"由果溯因"。不同的标记形式适配不同的编码手段。[①] 因果逻辑关系在汉语中主要通过复句结构来编码实现，小句与主句分别由不同的标记词来标记，叙事型的复句可

---

① 吕叔湘先生曾论述古今汉语里可以表达因果关系的不同形式。他认为汉语里表达因果关系的句型主要有两类，分别是叙事句与主题句。其中，叙事句的因果顺序既可以是"先因后果"，也可以是"由果溯因"。

以是无标记的，也可以使用时间副词"已"或"即"、"乃"、"因"等关联词来表示时间先后或事件相联的关系，也可以使用表示原因的"惟""以""为""因为"，以及表示结果的"故""所以"等标记①，呈现典型的类型差异。

相较而言，中古佛经汉语因果标记较同时期中土文献更加丰富，主要通过前置词引入主句事件得以实现的原因，为读者提供背景信息，其介引的对象可以为名词短语或名词化小句结构。常见介引原因的介词（包括前置词、后置词）主要有"以""因""由""故"等；有时，也会通过关系名词"故"与引介对象所构成的关系名词结构引导原因，即｛NP/VP+之+故｝构式；或将"是故""是以"等置于结果主句句首，读者可以从语义逻辑与句法线性结构推知前一小句即为主句的原因，前后两个小句语义紧密。汉语史研究中因果逻辑关系复句研究以因果标记的个案研究为主，研究的焦点主要涉及"以""为""因"等单一原因标记的来源与演变的问题。② 此外，一些专书型的研究虽然不是以因果逻辑关系为主要的议题，但都有提及因果逻辑关系表达，为广大学人所引用的主要有太田辰夫、王力、周法高、杨伯峻、孙锡信、吴福祥、曹广顺、向熹、何乐士等学者的著作。③

① 林怡岑：《汉语因果标记的历时演变研究》，博士学位论文，台湾师范大学国文系，2018，第1~2页。

② 关于介词"以"表原因用法的讨论，可参见曹秉权《谈文言中"以"的用法》，《青海民族学院学报》1980年第3期，第52~56页；凌霄《"以"字虚词用法浅析》，《辽宁师专学报》（社会科学版）2006年第4期，第19~20页；王建军《关于"以"字的一些看法》，《平顶山师专学报》2011年第3期，第69~70页。关于介词"以"的语法化、词汇化过程的讨论，可参见曹日升《"以"字用法溯源及其辨析》，《益阳师专学报》1995年第1期，第94~96页；郭锡良《介词"以"的起源和发展》，《古汉语研究》1998年第1期，第1~5页；何洪峰《先秦介词"以"的悬空及其词汇化》，《语言研究》2008年第4期，第74~82页。关于因果标记"因"的演变及其相关议题，可参见马贝加《介词"因"辩义》，《语文研究》1996年第2期，第59~61页；张鹏《古汉语"因"的语法化》，《遵义师范学院学报》2007年第1期，第34~37页；刘祥友《"因"的虚化机制探析》，《湖南城市学院学报》2007年第5期，第80~84页；林怡岑《说"因"缘——论因果标记"因"的演变》，《汉学研究》2017年第4期，第37~76页。

③ 〔日〕太田辰夫：《中国语历史文法》（1958年首版，2003年再版），蒋绍愚、徐昌华译，北京大学出版社，1987；王力：《汉语史稿》（1958年首版，2013年再版），中华书局，1980；王力：《汉语语法史》（1983年首版，2005年再版），商务印书馆，1989；周法高：《中国古代语法·称代篇》，中研院历史语言学所，1959；周法高《中国古代语法造句编》，中研院历史研究所，1961；杨伯峻《古汉语虚词》（2000年再版），中华书局，1981；孙锡信：《汉语历史语法要略》，复旦大学出版社，1992；吴福祥：《敦煌变文语法研究》，岳麓书社，1996；吴福祥：《敦煌变文12种语法研究》，河南大学出版社，2004；向熹：《简明汉语史》，商务印书馆，2010；曹广顺、梁银峰、龙国富：《〈祖堂集〉语法研究》，河南大学出版社，2011；何乐士：《〈左传〉语法研究》，河南大学出版社，2012。

关于佛经汉语因果复句的研究，主要基于梵汉对勘的方法，围绕后置词"故"的研究展开，主要有姜南、王继红、朱庆之、梁银峰、李博寒。①

回鹘语佛教文献是我国少数民族古籍文献的重要组成部分。绝大多数的回鹘佛教文献均为翻译作品，根据森安孝夫的研究，回鹘语佛经的翻译大致可以分为三个阶段，11世纪至13世纪初，当时的文本几乎完全是从汉文佛典翻译而来的，汉译佛经成为其重要的原典来源②。回鹘语译者基于对汉语的理解，通过回鹘语不同的句法手段对译汉文原典的句法结构，逻辑语义表达构式更加丰富，回鹘语佛教文献语言与世俗文献呈现明显的差别。前人时贤基于历史比较的视角，对回鹘语的特点进行了总结，但从回鹘语佛教翻译文献的特殊属性来看，鲜有原典与回鹘语译本之间语言的比较研究。国外学者虽较为详细地罗列了回鹘语中因果复句的句法结构形式，却缺乏与汉文原典的比较③；我国学者虽认识到了汉文原典与回鹘语译文之间的对应关系，但未曾较为详尽地讨论④。我们认为从原典语言反观佛经回鹘语的研究，可以帮助我们更好地认识佛经回鹘语自身的特点，进一步深化学界对佛经回鹘语的认识。基于这样的背景，本文以因果复句为考察对象，以佛经《金光明最胜王经》（下文简称《金光明经》）汉文原典及其回鹘语译本为底本，系统考察本文献汉文原典因果复句标记的回鹘语对应形式，进而反观佛经回鹘语因果

---

① 姜南：《基于梵汉对勘的〈法华经〉语法研究》，商务印书馆，2011；王继红、朱庆之：《汉译佛经句末"故"的用法考察——以〈阿毗达摩俱舍论〉梵汉对勘为例》，蒋绍愚、胡敕瑞主编《汉译佛典语法研究论集》，商务印书馆，2013，第229~245页；王继红：《基于梵汉对勘的〈阿毗达磨俱舍论〉语言研究》，中西书局. 2014；李博寒：《基于梵汉对勘的〈无量寿经〉语法研究》，中西书局，2023；梁银峰：《论中古汉译佛经中的"原因分句+故"结构》，《清华语言学》，中西书局，2023，第133~147页。

② Johan Elverskog, Uygur Buddhist Literature（Turnhout：Brepols Publishers，1997），p. 11.

③ Marcel Erdal 所著 A grammar of Old Turkic（《古突厥语语法》）是目前有关古代突厥语描写最为详尽的语法著作，其讨论了古代突厥语原因状语从句的句法结构、标记形式，以及编码策略等内容，参见 Marcel Erdal, A grammar of Old Turkic（Leiden & Boston：Brill，2004），pp. 483-488。回鹘语佛教文献大多为翻译文本，汉文佛教文献是其重要的原典来源之一，有必要基于汉文原典反观译本回鹘语的语言特点，以期深化对回鹘语的认识。

④ 阿依达尔·米尔卡马力集中刊布系列敦煌出土的回鹘语佛教文献，讨论了汉语对回鹘佛典语言的影响，并基于翻译方法明确了部分回鹘文文献语言与汉文原典语言中固定的对应格式，参见阿依达尔·米尔卡马力：《从敦煌出土回鹘文佛教文献看汉语对回鹘文佛典语言的影响》，博士学位论文，新疆大学人文学院（中国语言学院），2007，第139~152页。

复句的句法手段。①

一 汉文原典原因复句标记的佛经回鹘语对应形式

本节中，我们将基于汉文原典原因复句的句法标记，分类考察回鹘语译本中的对应形式。

（一）｛因／由／以 p，q｝类前置词结构

《金光明经》汉文原典中，因果复句通过不同的前置词来介引主句事件得以实现的原因，这些前置词主要有"由"（10 例）、"因"（2 例）、"以"（2 例）。原因前置词介引的对象可以是名词短语，也可以是 vp 小句。② 从句子线性结构上来看，所标记的对象均位于结果主句之前，便于读者基于"先因后果"的认知逻辑获取背景信息。汉文原典前置词原因标记的回鹘语对应形式，如以下例句所示③：

[1] **由**敬恶轻善，复有三种过。

[《金光明最胜王经》卷 8：p. 443a21]

*qamayda itig **miškä** yawïzlär ayaysïz bol **mišqa** ädgülär*，mntada adïn üč türlüg ada tudalar blgürär。 [Suv. A&S. Ⅷ. 33a. 557/1-3]

qamaγ-da	itig-miš-kä	yawïz-lär	ayaγ-sïz
全部-LOC	敬重-PTCP-DAT	恶的-PL	尊重-NEG

---

① 本文所使用语料分别摘引自不同文本材料：汉文原典《金光明最胜王经》为（唐）义净译本，CBETA T16, no. 665，参见 CEBTA 电子佛典，http：//www.cbeta.org；该经回鹘语译文由吐尔逊·阿尤甫、买提热依木·沙依提整理、转写，引文中记作"Suv. A&S."，参见吐尔逊·阿尤甫、买提热依木·沙依提《回鹘语〈金光明经〉》（维吾尔语），新疆人民出版社，2001．陈明进行了本经汉文原典与回鹘语译本的对应，并讨论回鹘语译本中呈现的翻译方法，参见陈明《〈金光明经〉汉文——回鹘文对勘及翻译方法研究》，博士学位论文，中央民族大学，2014．

② 为便于平行对比，汉文原典中原因小句标记词用"加粗、字符底纹"表示，原因状语小句由单下划线"＿＿＿"表示；回鹘语译文中，单下划线标示部分为汉文原典原因小句的平行译文，汉文原典、回鹘语译本中小句标记词及其对应形式，用"加粗、斜体、字符底纹"表示。

③ 为了便于平行对比，汉文原典中原因小句标记词用"字符底纹"表示，原因状语小句由单下划线"＿＿＿"表示；回鹘语译文中，单下划线"＿＿＿"为汉文原典原因小句的平行译文，汉文原典、回鹘语译本中小句标记词及其对应形式，用"加粗、斜体、字符底纹"表示。

bol-mïš-qa	ädgü-lär		mnta-da	adïn
POSTV-PTCP-DAT	善的-PL		此-LOC	外
üč türlüg ada tuda-lar	blgü-r-är			
三种灾祸-PL	出现-CAUS-AOR. 3SG			

因为（他们）于全部人中敬重恶，而不尊重善的原因；除此之外，（他们）还令三种灾祸示现。

[2] **由**诸天加护，得作于国王。

[《金光明最胜王经》卷8：p. 443b12]

*üstünki tŋrilär köyü küzätü tut**maqtïn**，* ötrü bolurlar yirtinčüdä uluγ baštïŋ ilik qan.

[Suv. A&S. Ⅷ. 34b. 560/3-6]

üstün-ki	tŋri-lär	köy-ü küzät-ü	tut-maq-tïn
上方-CV	天-PL	保护-A. CONV	POSTV-INF-ABL
ötrü	bol-urlar		yirtinčü-dä
之后	成为-AOR. 3. PL		世界-LOC
uluγ baštïŋ ilik qan			
最大的王、汗			

由于诸上天的保护，那么，他们成为了（此方）世界最大的王汗（国王）。

[3] **由**闻金鼓胜妙音，常得亲近于诸佛。

[《金光明最胜王经》卷2：p. 411b26]

*bu altun köwrüg-niŋ yig baštïnqï üninäšit**miš oγurïnta*** özädi üzüksüz burXanlarqa yaqïn yaγuq tapïγčï-sï bolur udačï bolurlar.

[Suv. A&S. Ⅱ. 33a. 99/1-4]

bu altun köwrüg-niŋ	yig baštïnqï ün-i-n	äšit-miš
此金鼓-GEN	最胜妙音-POSS-ACC	闻-PTCP
oγur-ï-n-ta	özädi üzüksüz	burXan-lar-qa
原因-POSS-LOC	常	诸佛-DAT
yaqïn yaγuq	tapïγčï-sï	bol-ur
亲近的	侍从-POSS	成为-PTCP

u–dačï   bol–urlar

能–PTCP   POSTV–AOR. 3. PL

因为（他）听过此金鼓的最胜美妙音，（所以，他）能够常常成为诸佛的近侍。

[4] 天及诸天子，及以苏罗从；因王正法化，常得心欢喜。

[《金光明最胜王经》卷8：p. 443c19–20]

uluɣ tŋrilär quwraɣï tŋri urïlärï birkärü taqï ymä ularta adïn asurilar ymä arqasï *köni nom č a bašla **maq oɣurïnta*** ilikniŋ qanniŋ törüsin ürük uzatï bulurlar ögrünč säwinč köŋülüg.   [Suv. A&S. Ⅷ. 37a. 565/9–16]

uluɣ tŋri-lär quwraɣ-ï	tŋri urï-lär-ï	birkärü taqï ymä
天众-PL-POSS	天子-PL-POSS	及以
u-lar-ta	adïn	asuri-lar
它们-PL-LOC	以外	苏罗-PL
ymä	arqa-sï	köni nom-ča
PTCL	众-POSS	正法-EQU
bašla-maq	oɣur-ï-n-ta	ilik-niŋ qan-niŋ
统治-INF	原因-POSS-LOC	王、汉-GEN
törü-si-n	ürük uzatï	bul-ur-lar
法-POSS-INSTR	常	得-AOR. 3. PL

ögrünč säwinč köŋülüg

欢喜心的

天众、天子以及它们之外的阿修罗等，因为人王以正法、世俗法统治（国家），（而）常常心欢喜。

[5] 以我曾听此经王，合掌一言称随喜；及施七宝诸功德，获此最胜金刚身。   [《金光明最胜王经》卷9：p. 444c15–16）]

*tïɣla**miš üčün** bu nomuɣ öŋrä tŋri ažunta, iligimin qawšurup sözlä**miškä** iyin ögirür säwinür mn tip*. qltï yana yiti ärdini buši birmiš buyan **küčintä**, bultum muntaɣ qamaɣta yig adruq wzir ät'özüg.

[Suv. A&S. Ⅸ. 6a. 579/1–8]

tïŋla-mïš	üčün	bu nom-uγ	öŋrä tŋri ažun-ta
听-PTCP	因为-POSTP	此经王-ACC	往昔世-LOC
ilig-im-in		qawšur-up	sözlä-miš-kä
手掌-POSS. 1. SG-ACC		合起-IP. CONV	言-PTCP-DAT
iyin	ögir-ür	säwin-ür m（ä）n	tip
随	称-AOR	喜-AOR. 1SG	COMP
qltï	yana	yiti ärdi-ni	buši bir-miš
如	及	七宝-ACC	行布施-PTCP
buyan küč-i-n-tä		bul-tum	muntaγ
功德力-POSS-LOC		获得-PAST. 1SG	如是
qamaγ-ta	yig	adruq	vzir ät'öz-üg
一切-LOC	胜	种种	金刚身-ACC

因为我曾于往昔世听过此经，又因为我将手掌合起并称曰"我随喜"，又如，由于（我）布施七宝的功德力，（所以）我得到了如是种种一切最胜金刚身。

上述汉文原典例句中，原因小句由"因""以""由"等单一前置词介引，结果小句无标记。回鹘语在对译上述原因小句标记时，主要通过三种构式对译原典介词的句法功能：（ⅰ）由+GA 形式与格标记与-mIš 形式形动词复合构成的 {-mIš-GA} 构式，或由+tIn 形式从格标记与-mAQ 形式动名词复合构成的 {-mAQ-tIn} 构式；（ⅱ）由原因后置词 üčün（因为；为了）与-mIš 形式形动词复合构成的 {-mIš üčün} 构式；以及（ⅲ）由关系名词 oγur（原因）与+da 形式位格复合构成的关系名词 {-mIš/-mAQ oγur-ï-n-ta} 构式。

佛经回鹘语中，状语从句通常由不同的副动词引导，常见的副动词有两类：一者为"语境副动词（contextual converbs）"，主要有-（X）p 形式和-A 形式副动词，它们所表达的语法意义需要通过上下文语境来获知。二者则是描写性副动词，即前述（ⅰ）（ⅱ）类标记。König、Nedjalkov 称之为"特定语义副动词（semantically specific converbs）"，Erdal 称之为"第二性副动词（secondary converbs）"，刘钊将之译作"复合副动词"，本文中使用统

一术语"描写性副动词"。① 通常,这类副动词的语义不需要通过上下文来判断,一般只表达一种或两种副词性语义。相较而言,描写性副动词语义更加明晰,即是各部分形式的语义之和,可以是基本语义或者是在基本语义形式之上的延申,甚至随着发展,部分形式可能会固化成为一种短语形式(Erdal 2004)。描写性副动词多由名词化标记与格标记、后置词等复合而成,核心语法功能由格标记、后置词承担,名词化标记承担隐性功能表达。

前文所述(ⅰ)(ⅱ)类构式均为描写性副动词。(ⅰ)类构式的核心语法意义由向格、从格标记承担,介引主题事件发生的原因。同时,由于格标记引介的对象只能为名词性的成分,故此需要先对 VP 小句名词化,再缀接上述格标记。如例(1)(2)(5)中,分别通过 -mIš 形式完成义形动词、-mAQ 形式动名词使动机事件"敬恶轻善——*qamayda yawïzlär itig-ädgülär ayaysïz bol-"、"诸天加护——*üstünki tŋrilär kö-yü küzä-tü tut-"、"合掌一言称随喜——*iligimin qawšurup iyin ögirür säwinür mn tip sözlä-"② 名词化,再缀接 +ga 形式与格、+tin 形式从格标记,{-mIš-GA} 构式、{-mAQ-tIn} 构式与汉文原典原因介词功能对译。

(ⅱ)类构式的核心语法意义则是由原因后置词 üčün 承担的。佛经回鹘语中,后置词 üčün '因为;为了',既可以引导"原因",也可以引导"目的",表现了类型学的共性特征。Thompson、Longacre & Hwang 认为:世界许多语言中,因果从句和目的从句通常用相同的形态来表达,因为这两种从句类型都表达了对主句所表达事件的说明或解释。它们的区别仅在于,因果关系从句中表达的动机事件在主句中已经实现,而在目的从句中尚未实现。③基于上述语法逻辑,回鹘语表现出通过不同的名词化标记与原因后置词 üčün 复合的句法操作来区分其句法功能。如例(5)中,原典例句中,由前置词"以"介引的背景 VP 事件"我曾听此经王——öŋrä tŋri ažunta bu nomuɣ

---

① 〔土耳其〕马塞尔·厄达尔:《古突厥语语法》,刘钊译,民族出版社,2016,第 331 页。

② 上述原典例句的回鹘语译文中,译者完全仿译汉文原典语序,改变了佛经回鹘语 {OV 型} 语序,将后置于句末的谓语动词提前,变为 {VO 型},为了便于句法结构分析,我们基于佛经回鹘语惯常语序将之恢复,并通过星号"*"标示。下文回鹘语译文例句中,若存在同样的情况,均按照这一标准操作。

③ Thompson. Sandra, Robert E. Longacre & Shin Ja J. Hwang. Adverbial clauses. In Timothy Shopen (ed.), *Language typology and syntactic description*, Vol. 2: *Complex constructions*, 2nd edn. Cambridge: Cambridge University Press, 2007, pp. 250-251.

tïŋla-"，回鹘语译文中通过-miš 形式完成义形动词使之名词化后，再由原因后置词 üčün 辖制，形成 {VP-名词化标记 üčün} 构式，编码原因小句，与原典前置词"以"功能对应。

（iii）类构式的核心语义由关系名词 oγur '原因'承担，构式 {VP-mIš/-mAQ oγur-ï-n-ta} 表达"基于……的原因"的语义。这一关系名词结构是一个多层次的名词性复合结构，关系名词 oγur 与名词化后的 vp 小句之间为领属关系，并在此领属结构后再缀接+ta 形式位格标记，即 {［（VP-名词化标记 oγur）-领属性标记］-位格}，与古代汉语中表"原因"的 {NP/VP+之+故} 构式有着相同的句法表征，所表达的语法意义是整个构式的构式义，而不是单纯由原因关系名词 oγur 表达的。

（二）{p 故,（是故）q} 类后置词结构

《金光明经》汉文原典中，除了通过前置词介引原因以外，还可以通过原因后置词"故"标记原因。关于佛经汉语中的原因后置词"故"字，时人前贤多有讨论：许理和指出，后置词"故"成为"佛经宗教语言的一个区别性特征"，"故"对译的是梵文原典中表示原因的离格（causal ablative）。[①] 高崎直道基于《大乘起信论》有关章节的梵汉对勘，认为"故"字在大多数情况下是对梵文从格的仿译。王继红基于对《阿毗达磨俱舍论》的梵汉对勘研究，指出原因关联词语"故"字分别对译原典中的从格格尾、具格格尾、表示原因的不变词 hi，以及原典中的名词 artha 或以 artha 结尾的不变状复合词。李博寒基于对《无量寿经》的梵汉对勘研究，指出梵文原典中的表原因的工具格、从格格尾，在汉文译本中对译为 {以/由/因/用 NP}、{NP/VP 故} 或 {以/由/因/用……故} 等结构。

基于上述研究成果，我们将关注由原因后置词"故"引导的因果复句。通过对原典例句的筛选，我们发现原典中存在三类后置的"故"字：（1）原因小句后的"故"字，记作"故₁"，构成 {NP/VP+故₁} 结构，线性结构为"由因溯果"型；（2）原因小句后的"故"字，但整个小句位于结果主句后，记作"故₂"，构成 {……,……故₂}，线性结构为"由果溯因"型；

---

① 许理和：《最早的佛经译文中的东汉口语成分》，蒋绍愚、吴娟译，朱庆之编《佛教汉语研究》，商务印书馆，2009，第 75~112 页。

（3）前后两个小句句法结构简单，前一小句为询问原因的特殊疑问句，后一小句为其表原因的回答，记作"故₃"构成 ⎰何以故？……故₃⎱，由这一固定结构串联上下文内容，为语篇型原因小句。虽然上述三类原因小句后均有原因后置词"故"字的出现，却具有不同的句法或语篇作用。回鹘语译者也通过不同的句法手段与之对应，如以下例句所示：

[6] 譬如无量无边水镜，<u>依于光**故**</u>，空影得现种种异相。

[《金光明最胜王经》卷2，p. 408c27-28]

inča qltï, ülgüsüz öküš suwlarta közüngülärtä, *kün ay tŋrilärnïŋ yruqlarïnga tayaqlïɣ**ïn***, kök qalïqnïŋ kölïgäsi adruq adruq öŋ körk blgüläri birlä adïrtlïɣ közünürlär.

[Suv. A&S. Ⅱ. 10a. 53/9-16]

inča qltï	ülgüsüz öküš	suw-lar-ta	közüngü-lär-tä
譬如	无量无边	水-PL-LOC	镜子-PL-LOC

kün ay tŋri-lär-nïŋ		yruq-lar-ï-n-ga	
日、月天神-PL-GEN		光亮-PL-POSS-DAT	

tayaqlïɣ-ïn	kök qalïq-nïŋ	kölïgä-si	adruq adruq
依靠-INSTR	空-GEN	影子-POSS	种种

öŋ körk blgü-lär-i	birlä	adïrtlïɣ	közün-ürlär
相-PL-POSS	与-POSTP	区别	显现-AOR. 3. PL

譬如，于无边无量水镜，因为依靠于日、月天神的光亮，空影与种种异相被分别显现。

[7] <u>奉持佛教**故**</u>，护持于此经。

[《金光明最胜王经》卷10，p. 456a9]

*yrlïɣïŋïznï ayayu aɣïrlayu tut**mïšqa**, anïn* köyü küzätü tutqaybiz bu non ärdinig.

[Suv. A&S. Ⅹ. 34a. 665/12-14]

yrlïɣ-ïŋïz-nï		aya-yu aɣïrla-yu	tut-mïš-qa
教义-POSS. 2. SG. POL-ACC		奉-A. CONV	持-PTCP-DAT

anïn	kö-yü küzät-ü	tut-qaybiz	bu non ärdin-ig
是故	护-A. CONV	持-VOL. 1PL	此经-ACC

因为（我们）奉持您的教义，所以我们将护持此经宝。

［8］断除恶见**故**，护持于此经。

[《金光明最胜王经》卷 10：p. 456a5]

*tarqar**mišïŋïz üčün**……yawlaq körümüg*, köyü küzätü tutqaybiz bu nom
ärdinig.　　　　　　　　　　　　　　　　[Suv. A&S. Ⅹ. 34a. 665/1-2]

tarqar-mïš-ïŋïz	üčün	yawlaq körüm-üg
断除-PTCP-POSS. 2. POL	因为-POSTP	恶见-ACC
kö-yü küzät-ü	tut-qaybiz	bu nom ärdin-ig
护-A. CONV	持-VOL. 1PL	此经-ACC

因为您断除了恶见，（所以）我们将护持此经。

［9］诸凡夫人未能除遣此三心**故**，远离三身，不能得至。

[《金光明最胜王经》卷 2：p. 409a16-17]

*bu qamaɣ tïnlɣlar üč türlüg köŋülüg tarqaru kitärü u**mayuqlarï üčün***，　üč
ät'öztin ïraq öŋi ötrülüp üč ät'özkä täggäli umazlar.

[Suv. A&S. Ⅱ. 12b. 58/1-5]

bu qamaɣ tïnlɣ-lar	üč türlüg köŋülüg	tarqar-u kitär-ü
此诸凡夫人-PL	三心	除遣-A. CONV
u-ma-yuq-lar-ï	üčün	üč ät'öz-tin
能-NEG-PTCP-PL-POSS	因为-POSTP	三身-ABL
ïraq öŋi	ötrül-üp	üč ät'öz-kä
远远地	离去-IP. CONV	三身-DAT
täg-gäli	u-mazlar.	
至-PUP. CONV	得-NEG-AOR. 3. PL	

这全部的凡夫之人，因为未能除遣三心，（所以，他们）远离三身，
未能至三身。

［10］何以故？一切余法究竟尽**故**。

[《金光明最胜王经》卷 2，p. 409a3-4]

nä üčün tip tisär? alqu adïn nomlar barča aŋ töbintä alqïnmaqlïylar
***üčün**, **anïn inčä yrlïqayurlar**.*　　　　[Suv. A&S. Ⅱ. 10b. 54/16-19]

nä	üčün	tip	ti-sär
什么	因为-POSTP	COM	说-COND. 3. SG
alqu adïn nom-lar	barča	aŋ töb-i-n-tä	
一切其他的法-PL	全部	最终-POSS-LOC	
alqïn-maqlïγ-lar	üčün	anïn	
消失-PTCP-PL	因为-POSTP	所以	
inčä	yrlïqa-yurlar		
这样	POSTV-AOR. 3. PL		

（那么）说是为什么呢？因为一切其他的法最终都将消失，所以这样说。

[11] 何以故？过一切相**故**。

[《金光明最胜王经》卷3，p. 414c13]

nä üčün tip tisär? *alqu blgülärtin ärt **miš** käč**miš** kär **miš** üčün*, ***anïn antaγ titir.***　　　　[Suv. A&S. Ⅲ. 10b. 146/7-9]

nä	üčün	tip	tisär
什么	因为-POSTP	COM	说-COND. 3. SG
alqu blgü-lär-tin	ärt-miš käč-miš kär-miš		üčün
一切相-ABL	通过-PTCP		因为-POSTP
anïn	antaγ	tit-ir	
所以	那样的	是-AOR. 3. SG	

（那么）说是为什么呢？因为（他们）已从一切相通过，所以是那样的。

上述汉文原典例文，主句事件成立的原因由后置词"故"字标记。针对句末"故"字，回鹘语译者显然已经注意到了它们的句法差异，运用不同的句法手段对译。对于原因小句后的后置词"故"字，回鹘语译者所使用的对译手段与前述原典前置词引导原因小句的手段基本一致，如例句（6）、（7）、（8）、（9），主要有以下几种：（ⅰ）通过+in 形式工具格对译，例（6）中"空影得现种种异相"的原因"依于光"由工具格标记，"依於光"对译为

名词性短语 *kün ay tŋrilärniŋ yruqlarïn-ga tayaqlïγ*，后缀接工具格①，工具格与原典"故₁"功能对译。（ ii ）通过原因后置词 *üčün* 对译，VP 小句通过-mIš形式完成义形动词使 VP 小句名词化后，再由后置词辖制，如例句（7）、（8）、（9）。同时，主句前可以出现结果标记，原典中常见主句标记"是故"、"是以"的对应形式之一 *anïn*，② 与前一小句的原因前后呼应，前后小句的逻辑关系更加紧密，如例句（7）。此外，小句中主语不出现时，根据上下文语境，名词化后的小句后可以缀接领属性人称，与主语保持人称-数一致，此时逻辑主语可以省略，如例句（8）。此外，当原因事件表达否定语义时，句中多使用完成义形动词-mIš 的互补形式-yUQ，即 {VP-mA否定-完成义形动词yUQ}。

　　关于前后问式原因小句后的"故₃"字，它多与前句的问句以一问一答的形式，串联上下文语篇之间的内容。这种原因小句形式，上文中多以陈述句详述不同的结果，通过这种语篇形式的原因小句，引出原因，后文再对这一原因进一步扩展和补充。从整体结构来看，前后文呈现一个较大的"由果溯因"型的语篇结构。关于句末"故"字的功能，译者仍是使用常见的原因标记手段对应，如例（10）、（11）中，对译为了原因后置词 *üčün* 引导的原因表达构式 {VP-名词化标记 *üčün*}，但由于只出现原因小句，句法结构是不完整的，于此类前后问式原因表达结构中，回鹘语译者依据上下文内容补充了结果小句，如例句中的结果主句 *anïn inčä yrlïqayurlar*（所以这样说）、*anïn antaγ titir*（所以是这样的），使句法结构完整的同时，便于引出后续扩充的内容。显然，译者仔细考虑了汉文原典中这种语篇式的原因表达结构，并选择通过最妥善的形式与之对译。此外，另一种句法操作则是不选择仿译原典语篇式的原因表达结构，而是将原典的因果复句对译为两个陈述句，并通过上下文语

---

① 关于原典中常见的表凭借义的介词"依"字，原典中涉及其语法化的原过程，由动词向介词语法化。"依"字的这种动介共现的情况，是汉语介词语法化的典型表现。关于"依"字的回鹘语的对译形式主要有：（ i ）对译为由对应动词 *tayan-*‘依靠’构成的连动结构，由语篇副动词标记，名词短语需要由＋ga 形式向格标记，即 {np₁-向格 *tayan-*语篇副动词ip，np₂ v₂}；（2）对译为由＋lig 名词化词缀标记的形式，名词短语仍需要由向格标记，可见其动词属性仍然较强，如例（6）中的译文，即 {np-向格 *tayaqlïγ*}；（3）对译为由关系名词 *tayaq* ‘①拐杖；②依靠’引导的关系名词结构，即 {np *tayaq*-领属标记-n-位格}。对于"依"字的对译，体现了回鹘语译者对译原典介词的典型手段。

② 佛经回鹘语中，汉文原典的主句标记"是故""是以"的对应形式主要有两种：一种是 *anï üčün* 〈a代词-nï宾格 *üčün*原因后置词〉‘因为这个（原因）’；另一种是 *anïn üčün* 〈a代词-n-ïn工具格 *üčün*原因后置词〉‘由于这个（原因）’，其缩略形式为 *anïn*。

境，解读出因果逻辑。

（三）｛以／由／因 p 故，q｝类框式结构

除前文所述两种标记形式外，汉文原典中还多见通过后置词"故"与前置词共同构成的框式介词（circumposition）引导原因小句，① 将整个小句置于框架结构之内。关于汉译佛经中用于引导原因的框式介词，姜南②基于《法华经》梵汉对勘的结果，讨论了该佛典中大量搭配型因果关联框式介词"以／为／用／因／由……故"出现的原因，她认为：中土汉语中其实已出现了｛以／为／用／因／由……之故｝ 的相似结构（关系名词结构），由于该构式中"故"字前的结构助词"之"，以及该结构多与连词"而""故"等紧密共现，"故"字的名词性属性显著，难以摆脱构式桎梏，进一步语法化。相比之下，佛经译者在使用中有意地淡化"故"字的名词属性，汉译佛经中这种框式结构使用的频率也远超中土文献；同时，开始引进谓词性成分等，为译经扩展框式介词的对译范围提供了条件，且因为因果复句成分多呈线性排列的句法结构，后置的"故"字后无其他连词阻隔，具备了重新分析的可能，进而与"以"等前置词复合，最终裂变为标记因果关系复句的框式介词结构。从句法结构来看，该结构标记显著、句法层级明显，可以天然地将小句与主句分割开来。

佛经《金光明经》原典中有一定数量的引导原因的框式结构，与后置词"故"字搭配的前置词主要有"因"字｛因……故｝（1 例）、"为"字｛为……故｝（2 例)③、"以"字｛以……故｝（7 例）以及"由"字｛由……故｝（8 例），回鹘语译者选择通过惯用的句法手段来对译上述结构，如以下示例：

[12] **为**彼请主善生**故**，演说微妙《金光明》。

[《金光明最胜王经》卷 9：p. 444b29]

---

① 刘丹青：《汉语中的框式介词》，《当代语言学》2002 年第 4 期，第 241~253、316 页。
② （2011：189-194）
③ 汉文原典中介词"为"字既可以引导"原因"，也可以引导"目的"。相较而言，"为"字所构框式介词｛为……故｝所标记的 VP 事件，更多用于引导目的状语，仅有 2 例在回鹘语译本中对译为了原因小句，此 2 例似乎理解为目的状语，语义上也是通顺的。此外，尚有｛为欲……故｝结构，其标记目的状语的功能更加明显。王继红（2014：183-16）认为用于引导目的状语的"为"字结构对译梵文原典中名词 artha '目的'，或以 artha 结尾的不变复合词。从回鹘语译者的句法对译操作来看，大多数的｛为……故｝结构仍是对译为了目的状语小句。文中这一例句，回鹘语译者译作原因小句。

*ötün**miš üčün** qop köŋülin su̇čati atlɣ ilik qanqa*，kingürü yad nomladï
saqančïɣ tatïɣlïɣ bu nomuɣ.　　　　　　[Suv. A&S. IX. 4b. 576/19–23]

ötün-miš	üčün	qop köŋül-in
请主-PTCP	因为-POSTP	至诚心-INSTR
su̇čati atlɣ ilik qan-qa	kingürü	yadnomla-dï
善生王-DAT	广	演说-PAST. 3SG
saqančïɣ tatïɣlïɣ bu nom-uɣ		
此微妙经-ACC		

因为他以至诚心向善生王请愿，（所以他）广演说此微妙经典。

[13] **以**一切法皆无生**故**，菩提不可得。

　　　　　　　　　　[《金光明最胜王经》卷4：p. 418/a13]

*alqu blgü tözlüg titglig nomlar čin kirtü tüzun toɣ**miššïzlar üčün***，ol čin
kirtü tüz bilgä biligtä tuyunmaq boltuqmaz.　[Suv. A&S. IV. 2b. 204/15–19]

alqu blgü tözlüg titglig nom-lar	čin kirtü tüz-un
一切法-PL-NOM	真实-INSTR
toɣ-mïš-sïz-lar	üčün
生-PTCP-NEG. ADJ-PL	因为-POSTP
ol čin kirtü tüz bilgä biligtä tuyunmaq	bol-tuq-maz
彼菩提	可-PTCP-NEG-AOR. 3SG

因为一切所谓有法以真实而不生的原因，（所以）彼菩提不可得。

[14] **由**得闻此正法之水甘露上味**故**，增益汝等身心势力。

　　　　　　　　　　[《金光明最胜王经》卷6：p. 428/a21–a23]

*bu nomuɣ äšit**mäk oɣurïnta**，nom tözin uqmaklïɣ noš tätïg**üzä**，köŋüllüg
idišläri tolu bolup……*　　　　　[Suv. A&S. p. 250–VI. 6a. 413/22–1]

bu nom-uɣ	äšit-mäk	oɣur-ï-n-ta	
此正法-ACC	闻-INF	原因-POSS-LOC	
nom töz-in	uq-maklïɣ	noš tätïg	
法本-POSS-ACC	明白-PTCP	甘露味	
üzä	köŋüllüg idiš-lär-i	tolu	bol-up

315

凭借-POSTP　　　身心势力-PL-POSS　充实　POSTV-IP. CONV

由于听闻此正法以及明法本之甘露味，（所以）能够充实、增益（他们的）身心势力。

[15] **因**彼开演经王**故**，东方现成不动佛。

[《金光明最胜王经》卷9：p. 444c14]

*ača yada uqït**mïš buyan küčintä** bu nomuγ*，öŋtün yïŋaq orunta agsubi atlγ burXan boltï. 　　　　　　[Suv. A&S. IX. 5b. 578/20-23]

ač-a yad-a	uqït-mïš	buyan küč-i-n-tä
广-A. CONV	演-PASS-PTCP	功德力-POSS-LOC
bu nom-uγ	öŋtün yïŋaq orun-ta	agsubi atlγ burXan
此经王-ACC	东方-LOC	不动佛
bol-tï		

POSTV-PAST. 3SG

由于（他）广说此经王，（所以）于东方有不动佛。

回鹘语在对译原因状语小句的框式介词结构，似乎倾向于优先遵循通过原因后置词 *üčün* 引导原因的对译，名词化后的 VP 事件由原因后置词 *üčün* 来辖制。如例句 12、13，vp 事件"请主善生—*qop köŋülin su č ati atlγ ilik qanqa ötün-*"、"一切法皆无生—*alqu blgü tözlüg titglig nomlar č in kirtü tüzun toγ-mïš-siz*（ar）"分别由-mIš 形式完成义形动词名词化，再受后置词的辖制。① 例 13 为一个名词谓语句，句中的否定义名词性谓语"无生"，一般会选择通过在动词"生—*toγ-*"后缀接动词性否定标记-mA 来对译；于此，回鹘语译者则是选择通过-sIz 形式名词性否定词缀，来否定整个名词化后的 VP 事件，译者从句法层面完全对原典的对译。而例 14、15 则是选择通过关系名词结构来对译，例 14 通过+ta 形式位格标记与关系名词 *oγur*'原因'所构成的 {vp-名词化标记 *oγur*-领属标记-n-位格} 复合结构对译，本例中 vp 事件通过-mAQ 形式动名词标记，突出动作属性，未体现时体意义；例 15 中的原因标记则对译为一

---

① 例 12 中的 {为……故} 框式，作"原因""目的"解都可以，原典例句似乎作目的状语更符合语境，于此回鹘语译者作"原因"解。

个以 *buyan küč* '功德力'为中心的关系名词结构，并在其后缀接+ta 形式位格标记，这里的关系名词 *buyan küč* '功德力'是一个抽象名词，与位格标记缀接，译为"在……作用下"，可以引申出"由于"的语义。回鹘语译文中常见关系名词 *küč* '力量'构成的关系名词结构，显然与 *buyan küč* '功德力'有直接的关系。在"隐喻"的作用下，体现佛教思想"因"对"果"的内部作用力，进而由 {*buyan küč* '功德力'→*küč* '力量'} 引申出引导原因的表达，复制 *oɣur* 关系名词结构，形成另一原因引导构式 {VP−名词化标记 *küč*−领属标记−n−位格}。

二 语言接触作用下的回鹘语原因小句标记

从前文所述内容来看，回鹘语译者对译汉文原典原因小句标记时，最常见的编码形式是通过格标记、原因后置词 *üčün* 等典型语法手段来对译；同时，还出现了关系名词结构这一非典型手段。我们提出一种假设：佛典《金光明经》回鹘语译本中 *oɣur/tïltaɣ−ï−n−ta* 〈原因−POSS. 3SG−PRON. N−LOC〉 '基于……的原因'形式以及 *küč−i−n−tä* 〈力量−POSS. 3SG−PRON. N−LOC〉'由于……'这两个标记原因的构式可能是受中土文献中原因状语标记 {为/以/因/由+NP/VP+之+故} 这一结构的影响进而产生的。

古代碑铭文献语言时期，主要通过+*(I)n* 形式宾格标记与后置词 *üčün* 复合结构标记主句事件实现的原因。从刊布的转写材料以及学者们的研究成果来看，鄂尔浑碑铭文献语言时期多通过后置词来表达。

[16] *ol bilmädükü**ŋin üčün** yablaqïŋïn üčün, ačïm qaɣan uča bardï.*

[BK. E. 20 Tekin 1997：165]

ol	bil-mä-dük-üŋ-in		üčün
彼	知道-NEG-PTCP-POSS. 2-ACC		因为-POSTP
yablaq-ïŋ-ïn	üčün	ač-ïm	
邪恶的-POSS. 2-ACC	因为-POSTP	叔叔-POSS. 1	
qaɣan	uč-a	bar-dï	
可汗	飞-A. CONV	去-PAST. 3SG	

因为你们的无知和邪恶，我的叔父——可汗（飞走了）去世了。

[17] *täŋri yalïqaduqïn üčün*……qaɣan boldum.

[KT. S. 9 Tekin 1997：166]

taŋri	yalïqa-duq-ï-n		üčün
上天	恩典-PTCP-POSS-ACC		因为-POSTP
qaɣan	bol-dum		
可汗	成为-PAST. 1SG		

因为上天的恩典（承蒙天恩）……我成为了可汗（继承了王位）。

[18] *täŋri yalïqduq ïn üčün*，män *qazɣanduq üčün*，türük bodun qazɣanmiš ärinč. [BK. E. 33 Tekin 1997：171]

täŋri	yalïq-duq-ï-n	üčün	män
上天	恩典-PTCP-POSS-ACC	因为-POSTP	我
qazɣan-duq	üčün	türük bödün	qazɣan-miš	ärinč
争取-PTCP	因为-POSTP	突厥人民	努力-PTCP	PTCL

因为上天的恩典和我的努力，人民才努力了。

上述碑铭时期的语料显示出，早期的突厥语族语言材料中多通过｛VP-DUQ名词化标记-I领属标记-n宾格 *üčün*原因后置词｝的结构来标记原因状语小句，其中标记的功能是由｛-DUQ-I-n *üčün*｝的结构来承担，仍主要是基于后置词的功能来引导句中的原因小句。

除上述鄂尔浑碑铭时期的语言，我们再考察其他回鹘语文献语言中用于标记原因状语的构式表达式。语料主要涉及摩尼教文献、回鹘语 *Pañcatantra*（《五卷书》）残卷等回鹘语早期文献。

[19] *üzütlärig enčügädük üčün* bo tuɣar ölür yertin č ü yer suwgaru […] d […] tm. [MTT866-868：VATEC]

üzüt-lär-ig	enčügä-dük	üčün	bo	
灵魂-PL-ACC	安抚-PTCP	因为-POSTP	此	
tuɣ-ar öl-ür	yertinčü	yer suw-garu	[…] d […] -tm
生、死-PTCP	世界	地、水-DIR	XX-PAST. 1SG

因为（我）安抚灵魂，我［……］此生死世界。

［20］ *säniŋ isig özügä seziklig bol**miš üčün*** mäniŋ özümkä ymä yilinmäkim

yapsïnmaqïm yok. ［UPF 017–020 Mainz. VATEC］

sän-iŋ	isig özüg-ä	seziklig	bol-mïš
你-GEN	生活-DAT	关心	是-PTCP
üčün	män-iŋ	öz-üm-kä	ymä
因为-POSTP	我-GEN	自己-POSS.1.SG-DAT	亦
yilin-mäk-im yapsïn-maq-ïm		yok	
执著-INF-POSS.1.SG		无-COP	

因为（我）关心你的生活，所以我不执着于我的生活。

上述回鹘语早期的文献中，也倾向于通过后置词 *üčün* 来标记句中的原因状语，尚不多见回鹘语佛教文献中较普遍的关系名词构式。[①] 为明确回鹘语这种关系名词结构是不是受佛经汉语的影响，我们首先需要梳理佛经汉语中原因小句后置词"故"的语法化进程，大致如下：

原 型I： ｛NP/VP+之+故｝关系名词结构，故主句标记 ——→

发展型： ｛NP/VP+故｝后置词， 是故主句标记

中土文献中，已出现了｛以/为/用/因/由+NP/VP+之+故｝的关系名词结构，句中的"故"字名词属性显赫，由于受结构助词"之"的约束，难以摆脱构式桎梏，进一步语法化。同时，因果复句中的关系名词"故"字本身就相当灵

---

① Lars Johanson 在讨论突厥语族语言与伊朗语族语言的接触关系时，曾提及突厥语族中存在相当数量的复制伊朗语族语言前置词 *izfat* 结构进而形成的副词性结构，该结构可以被复制到突厥语族的后置词型领属结构中，即 ｛前置词+核心名词+*izāfat* 标记｝伊朗语族→ ｛核心名词+领属标记+相关标记｝突厥语族，并进行进一步的语码调整，并给出突厥语族语言与之相关的编码空间关系的结构示例，参见 Lars Johanson, "Code-copying in Irano-turkic," *Language Sciences*, 3（1998）：332。显然，伊朗语族语言中的 *izāfat* 结构的编码形式并不是其特有的，这是世界语言某种类型共性在伊朗语族语言中的个体表现，汉语中也同样存在相似的构式。如果基于语法复制的视角来看，古代汉语的这种关系名词结构似乎更容易被突厥语族语言所复制，因为二者都是后置词型的结构。

活，既可以出现在原因小句中，也可以出现在主句中。对于上述不同句法功能的"故"字可以通过一定的句法手段进行区别，如指示代词"是"与主句标记词"故₂"的复合，形成了专用于主句的标记词"是故"复指原因，进一步使主语标记的"故₂"的功能分化，与"故₁"区分；同时，（2）前置原因介词与后置词"故₁"所构成复合框式结构，在句子线性结构层面就很明显地将原因小句与结果主句切分开来，更何况有时它们还可以与主句标记共现。在译者对译原典原因状语的过程中，有意地使用以及一定的句法条件的约束下，将二者的功能明确区分，为标记结构 ｛NP/VP+之+故₁｝的进一步语法化提供了可能。

DeLarleey、Heine，Claudi & Hünnemeyer、刘丹青①都曾指出，世界语言中"介词"的两大历史来源：一是连动结构，二是关系名词结构。显然，佛经汉语中的后置词标记"故"即是基于中土文献中 ｛NP/VP+之+故₁｝结构，以及在佛经汉译作用下，进一步语法化而来。名词"故"字无论是从句法功能、佛经文献的语体需求还是译者追求的"四字格"翻译风格来看，都是最优项选择。"故"字由表示"原因"的关系名词进一步语法化为了专用于标记原因状语的原因后置词标记。

相较于佛经汉语而言，回鹘语中自身就已存在原因后置词 üčün，虽然它既可以标记原因状语也可以标记目的状语，但只需要通过一定的句法条件辖制，便可以进行区别。那么，既然已经存在功能明确的后置词，为何还出现了通过关系名词结构对译的句法操作呢？

回鹘语《金光明经》中的关系名词 oyur、tïltay 主要对应汉文原典中的佛教术语"因""缘""因缘""缘由"等。从词汇语义层面来看，上述名词与关系名词"故"的语义都存在［+原因］的共同语义项。同时，回鹘语自身的句法系统中，就有关系名词结构，主要用于指示事物空间信息。基于回鹘语译者对汉语的认识，译者复指原典中的结构，将关系名词结构 ｛NP/VP +之+故｝中"故"字与 oyur、tïltay '因缘、原因'等名词进行替换，即可在译者的认知中形成*｛NP/VP +之+因缘｝的结构。最终，在类推机制的作用下，

① Scott DeLancey. "Grammaticalization and the gradience of categories：relator nouns and postpositions in Tibetan and Burmese". in Joan L. Bybee, John Haiman and Sandra A. Thompson eds., *Essays of Language Function and Language Type：Dedicated to T. Givón* (Amsterdam：John Benjamins, 1997), pp. 51–70；Bernd Heine, Ulrike Claudi and Friederike Hünnemeyer. *Grammaticalization：A Conceptual Framework* (Chicago：University of Chicago Press, 1991)；刘丹青：《汉语中的框式介词》，《当代语言学》2002 年第 4 期，第 241~253、316 页。

进而形成了 {np/vp *oɣur/tiltaɣ*-领属标记-n-位格} 等原因关系名词结构。因此，我们认为：回鹘语中引导原因状语的关系名词，是由于佛经翻译这一非自然语言接触进而形成的，佛经汉语对回鹘语的发展确有影响。而关系名词 *küč*（力、力量），形成的 {*küč*-领属标记-n-位格} 结构，则可能是再次"类推"的结果。回鹘语中使用 *buyan küč～ küč* 对译原典中佛教术语"功德力"，佛教思想强调"因"是"果"的内部作用力，由功德力的作用才能带来正果。回鹘语译者基于这样的宗教学思考，在佛教义理隐喻的作用下，表"因"的关系名词 *oɣur*、*tiltaɣ* 与因果内部作用力 *küč* 之间可以相互替换。

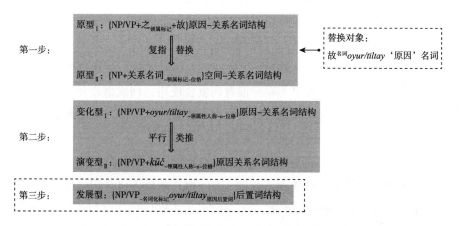

图1　佛经回鹘语表原因关系名词结构发展示意

语法复指后，在类推机制的影响下进而形成的引导"原因"的关系名词结构，本身就符合回鹘语自身的特点，为回鹘语译者所接受并用于对译汉文《金光明经》中不同的原因状语小句结构；同时，这种关系结构也广泛用于汉文原典中其他介词的对译。① 纵观《金光明经》的回鹘语译文，这种表"原因"的关系名词结构，其普适性远不及后置词 *üčün* 的使用，各种客观条件制约下，该结构进一步语法化的可能性有所下降。如若可能，*oɣur*、*tiltaɣ* 等关系名词甚至有望可能进一步语法化为专用于引导原因的后置词，分化后置词 *üčün* 既表"原因"又表"目的"的句法功能，使后置词 *üčün* 成为专用于引导"目的"的标记。同时，这一表原因的关系名词结构在古代突厥语中古后期文献以

---

① 汉文佛经原典中，凭借义介词"依"的回鹘对应行驶中也有关系名词结构。

及现在突厥语族语言中仍在使用。① 综上，我们认为佛经翻译这一非自然的语言接触进一步丰富了回鹘语的句法手段，佛经汉语对回鹘语的接解影响的事实确有存在。

结 语

佛经汉语与回鹘语是两种结构类型迥异的语言，它们通过各自不同的语法手段来编码句中的原因小句。汉译《金光明经》中，通常会通过单一的前置词介引原因，它既可以介引简单名词，也可以介引小句。同时，由于与梵语接触的原因，汉文佛经译师们需要通过不同的手段来对译形态变化丰富的梵语中编码原因状语的格尾；但其中通过不变词引导的梵语原因状语小句就很难通过前置词来对译出它的句法结构特点，这时译师们就通过赋予关系名词"故"字新的功能，使其与单一前置词复合使用，构成框式介词来对译梵文原典中的不变词结构。随着这种结构的不断使用，"故"字逐渐语法化为了佛经译经中专职用于标记原因状语的后置词。

佛经回鹘语通过不同的形态手段来标记句中的原因小句：一者，会通过+(X)n形式工具格、+GA形式与格、+tIn形式从格等格标记引导原因小句以及主句标记 *anïn üčün ~ anïn、anï üčün* "是故/是以"标记主句。由于"格"范畴标记只能缀接于名词性成分之后的属性，需要通过形动词或动名词附加成分使整个VP事件名词化，再缀接格标记，最终复合构成 ｜[NP/（VP$_{-形动词/动名词}$）]$_{-与格/工具格/从格}$｝描写性副动词。二者，通过原因后置词 *üčün* 来引导原因状语。同样，后置词 *üčün* 也只能辖制名词性成分，所以仍需要通过一定句法手段来使之名词化。同时，由于原因小句多表达"已然"事件或"当然（惯常）"事件，在这种底层语义逻辑的辖制下，只有表"完成"义的-mIš形式形动词和它的互补形式-yUK、表"惯常"义的-(X)r形式、-DAčI形式的形动词适配，最终构成 ｛vp$_{-完成义形动词/-惯常义形动词}$ *üčün* ｝的结构；或直接缀接于名词性小句之后。三者、通过关系名词 *oyur/tïltaɣ* '原因；因缘'、*küč* '因缘力；因缘'与+ta形式位格标记构成复合结构；VP事件后需缀接名词化语法附加成分，最终

---

① 现代哈萨克语中仍常见表原因的关系名词结构，中心关系名词则变为了借词 *sebep*（原因），结构为 ｛np/vp$_{-名词化标记}$ *sebep*-de$_{位格}$｝。

构成 $\{VP_{-名词化标记}\ o\gamma ur/t\ddot{\imath}lta\gamma_{-领属性人称}-n_{-位格}\}$，义为"基于……原因、因为……"，或者 $\{VP_{-名词化标记}\ k\ddot{u}\check{c}_{-领属性人称}-n_{-位格}\}$，义为"基于……的作用、由于……"。

佛经汉语、佛经回鹘语原因复句的句法机构既体现了语言类型上的共性和差异，又表现出了语言接触对目的语语言发展的影响。综上，我们将两种语言构成原因状语从句的构式进行比较，如表 1 所示。

表 1 《金光明经》汉文原典原因状语小句的标记及其回鹘语的对译形式

汉文原典原因状语小句标记			佛经回鹘语对译形式		频数
前置词	$\{$因/以/为/由 + VP，……$\}$	格标记（9 例）	+GA 与格	$\{-m\mathrm{I}\check{s}-ga\}$	5
			+tIn 从格	$\{-m\mathrm{AQ}-t\mathrm{In}\}$	2
			+In 工具格	$\{-m\mathrm{AQ}-\mathrm{In}\}$	2
		后置词 *üčün*（47 例）	-mIš 形式"已然"	$\{-m\mathrm{I}\check{s}_{(-poss)}\ \ddot{u}\check{c}\ddot{u}n\}$	18
			-yUQ 形式"已然"	$\{-y\mathrm{UQ}_{(-poss)}\ \ddot{u}\check{c}\ddot{u}n\}$	2
			复合形式"已然"	$\{-\mathrm{DUKmAq}_{-neg}\ \ddot{u}\check{c}\ddot{u}n\}$	1
后置词	$\{$VP + 故，……$\}$		-Xr 形式"惯常"	$\{-\mathrm{XR}\ \ddot{u}\check{c}\ddot{u}n\}$	20
			-DAčI 形式"当然"	$\{-\mathrm{DA\check{c}I}\ \ddot{u}\check{c}\ddot{u}n\}$	1
			名词性小句	$\{nc\ \ddot{u}\check{c}\ddot{u}n,\ an\grave{\imath}n...\}$	5
		后置词 *üzä*（5 例）		$\{-m\mathrm{AQ}_{-poss}\ \ddot{u}za\}$	5
框式介词	$\{$因/以/由 + VP+故，……$\}$	关系名词（15 例）	*o\gamma ur* '因缘、原因'	$\{-m\mathrm{I}\check{s}\ o\gamma ur\ddot{\imath}nta\}$	1
				$\{-m\mathrm{AQ}\ o\gamma ur\ddot{\imath}nta\}$	7
				$\{-\mathrm{A}._{conv}\ o\gamma ur\ddot{\imath}nta,\ .....\}$	1
			t\ddot{\imath}lta\gamma '因缘、原因'	$\{-m\mathrm{Aq}\ t\ddot{\imath}lta\gamma\ddot{\imath}nta\}$	1
				$\{-m\mathrm{AqlIg}\ t\ddot{\imath}lta\gamma t\ddot{\imath}n\}$	1
			k\ddot{u}\check{c} '力量'	$\{-m\mathrm{I}\check{s}\ buyan\ k\ddot{u}\check{c}int\ddot{a}\}$	1
				$\{-m\mathrm{I}\check{s}\ k\ddot{u}\check{c}int\ddot{a}\}$	1
				$\{-m\mathrm{AQ}\ k\ddot{u}\check{c}int\ddot{a}\}$	2

历史上，佛经回鹘语与佛经汉语曾有过如此深入的接触，回鹘语佛教中、晚期文献均译自于汉语，既为回鹘佛教社群引入汉地佛教的思想，也在语言层面影响着回鹘语的历史发展。本文基于佛经《金光明最胜王经》汉文原典因果复句类型，考察该经回鹘语译本中的对应形式，并对其进行梳理、描写，明确了佛经翻译活动这一非自然语言接触中，佛经汉语对佛经回鹘语的具体影响，部分对译形式的出现进一步丰富了回鹘语的句法结构。通过这

一研究，我们认识到进行汉文原典与回鹘语本之间的比较研究，可以帮助我们深化对回鹘语的认识；也让我们认识到在历史的长河中，汉民族与周边古代少数民族之间的密切交往。

文中所使用缩略语

{A}	alternation of low unrounded vowels	低、非圆唇元因 *a/ä* 的交替
{I}	alternation of high unrounded vowels	高、非圆唇元音 *ï/i* 的交替
{U}	alternation of high rounded vowels	高、圆唇元音 *u/ü* 的交替
{X}	alternation of archphoneme	介元音 *ï/i/u/ü* 的交替
{T}	alternation of dentals	齿音 *d/t* 的交替
{G}	alternation of weak front velars	弱前软颚音 *g/γ* 的交替
{Q}	alternation of strong velars	强软颚音 *q/k* 的交替
⟨1⟩	first person	第一人称
⟨2⟩	second person	第二人称
⟨3⟩	third person	第三人称
⟨A. CONV⟩	vowel-final converb markerA	形式（元音）副动词
⟨ABL⟩	ablative	从格
⟨ACC⟩	accusative	宾格
⟨ADJ⟩	adjective marker	形容词标记
⟨AOR⟩	aorist	泛时
⟨C⟩	clause	小句、从句
⟨COP⟩	copula	系词
⟨COMP⟩	complementizer	隐喻标记
⟨DAT⟩	dative	与格
⟨EUQ⟩	equative	比拟格
⟨EVID. COP⟩	evidential copula	示证系词
⟨INSTR⟩	instrumental	工具格

〈IP. CONV〉	labial-final converb markerP	形式副动词
〈LOC〉	locative	位格
〈MC〉	main clause	主句
〈NC〉	nominal clause	名词性小句
〈NE. ADJ〉	negative adjective marker	否定形容词词缀
〈NEG〉	negation	否定
〈POSS〉	possessive	领属标记
〈POSTP〉	postposition	后置词
〈POL〉	polite form	尊称
〈PTCL〉	particle	助词
〈VOL〉	voluntative	愿望将来时

文化结构与文明交流

试论儒家伦理与马克思主义结合的意义与可行性

——基于陈来先生的"多元文化结构"

谢廷玉

（清华大学哲学系）

摘　要：陈来提出的"多元文化结构"对于儒家伦理与马克思主义的结合富于启发性。然而，作为一种不缺乏价值维度的学说，马克思主义寻求同儒家伦理相结合有何意义，以及儒家伦理能否同马克思主义所主张的伦理价值与政治—经济架构相契合，仍是有待回答的问题。本文认为，传统文化中蕴含有"解放性潜能"，释放此种潜能有助于让马克思主义所倡导的"解放性价值"进入伦理生活。经过恰当的阐释和转化，儒家伦理在"价值"维度上能作为一种反"占有性个人主义"的人道主义学说同马克思主义相契合；在"事实"维度上能塑造中国式社会主义市场经济所需的主体，进而同这一政治—经济架构适配。由此，二者在多元文化结构中的结合是富有意义且可行的。

关键词：多元文化结构　儒家伦理　解放性价值　占有性个人主义

引言："多元文化结构"的出场与进一步问题的提出

在当下，促成优秀传统文化与马克思主义的结合已渐成共识。然而，关于这种结合应以何种模式实现，尤其是"传统"与"现代"的张力如何化解，仍有待进一步回答。正是在这一问题上，陈来提出的"多元文化结构"提供了富于启发性的见解。陈来指出，传统文化如要在现代发挥良性作用，便需要被置于一个由多元文化组成的"结构"当中，并在其中获得合理的定位。如其所说："文化的现代化不是以决裂传统为途径，其关键可能在配置合理的文化元素和获得一个良性的结构，使多元文化系统的合成指向较为理想的方向。"① 该模式既避免了与传统的"决裂"，又不提倡全盘复古，而是强调传统文化应与现代生活及诸种现代文化相协调。应当说，这是一种化解"传统"与"现代"之张力的持中之论。

关于这一模式，还有两点值得格外注意。首先，强调传统与现代的协调并不意味着传统全然从属于既存的现代性。陈来格外强调儒家伦理具有一种鲜明的"价值理性"维度，而这一维度可以消除既存现代性图景中工具理性盛行、价值理性沦丧的弊病。因此，一种容纳了儒家伦理的文化结构有助于对现代性的批判性重建。如其所言："文化保守主义者们自觉不自觉地在实际上扮演了维护价值理性的角色，他们的所有论点不在要不要工具理性的发达，而在于新的社会仍然必须有价值理性。"② 其次，陈来在后续作品中指出，在当代中国的语境下，儒家伦理应以马克思主义为重要的"伙伴"："马克思主义是指导我们事业的理论基础，儒学是中华传统文化的主干。我们要进行有中国特色社会主义的实践，就不能不重视这两者之间的关系。"③

由此可以得到这样一种关于儒家伦理与马克思主义相结合的模式：二者结合在同一"文化结构"中，这一结构旨在对现代性加以批判性重建，而其中儒家伦理的突出作用则在于为重建价值理性提供资源。应当说，这一模式是极具洞见的：二者确实都带有对既存现代性之弊病加以诊治、纠偏的维度，这一共同的问题意识奠定了它们结合、互动的基础。事实上，以往有关二者之结合的论述大多强调马克思主义对中国之"特殊性"的适应或儒家伦理与马克思主义的"相似性"。然而，这两种视角都无法让儒家走出列文森

① 陈来：《中国近代思想的回顾与前瞻》，载《传统与现代——人文主义的视界》，生活·读书·新知三联书店，2009，第31页。
② 陈来：《化解"传统"与"现代"的紧张》，载《传统与现代——人文主义的视界》，生活·读书·新知三联书店，2009，第52页。
③ 翟奎凤选编《陈来儒学思想录》，华东师范大学出版社，2016，第121页。

所说的"博物馆":前者将儒家伦理视为代表了历史之惰性、需要被"适应"的特殊语境,其解决现代性问题的积极作用未得发掘;后者虽指出了两者的相似之处,但仍未说明二者结合的意义所在。而陈来则强调,经过与马克思主义的结合,儒家伦理可以发挥其"内在普遍性"以应对既存现代性的弊病,进而成为一种"活的传统"。这正契合了让儒家伦理走出"博物馆",进而"在适合自己的位置上,持续发挥它的作用"① 这一期待,

然而,站在马克思主义的立场上,此种结合的意义和可行性仍有待澄清。首先,马克思主义同样是一种带有价值理性维度的学说,其具有鲜明的人道主义色彩。在这种情况下,马克思主义为何需要儒家伦理与之结合来纠正价值理性衰微之弊?其次,虽有共同的问题意识,但二者毕竟是两种不同的学说,儒家伦理与马克思主义所主张的价值追求是否契合,又能否与马克思主义指导下的、当代中国的政治—经济架构相适配?本文旨在回应这些问题,以证成儒家伦理同马克思主义结合的意义及可行性。

一 文化剩余的解放性潜能:儒家伦理与马克思主义结合的意义

诚然,马克思主义对现代性的批判性重建结合了"事实"与"价值"维度。但即便如此,同以儒家伦理为代表的优秀传统文化结合仍是富有意义的。虽然传统文化曾扮演"意识形态"的角色,但其中蕴含着解放性的潜能。释放这种潜能有助于让解放性的价值进入伦理生活:一方面,与传统保持连续性让解放性价值易于被接受;另一方面,传统伦理有助于解放性价值的"具体化"实现。

不可否认,马克思主义的现代性批判结合了"事实"与"价值"维度。就"事实"维度而言,它将既存的现代性视为资本主义生产方式主导下的现代性,而这种生产方式中内在地蕴含着矛盾,这些矛盾将导致持续的动荡和危机。为解决这些矛盾,有必要颠覆资本主义生产方式的主导地位,并建立起社会主义的政治—经济架构。马克思本人和后续的马克思主义者对这种架

---

① 赵金刚:《列文森的"剃刀"——传统文化与普遍性》,《开放时代》2023 年第 5 期,第 118 页。

构进行了各种设想。①

而就"价值"维度而言，许多马克思主义者不满于资本主义下的"占有性个人主义"。在"占有性个人主义"看来，如下状态是理所当然的："原子化"个体在自由市场中为追求对财富的最大占有而交换、竞争。如克劳福德·麦克弗森所说："人的本质在于免于依赖他人意志的自由，而自由取决于占有；社会变成了许许多多自由平等的个人，他们是自己的能力和通过实践所获之物的所有权人，并以此身份互相联系。"② 马克思主义者对"占有性个人主义"的批判主要集中在三方面：首先，它令社会的部分成员被另一部分成员剥削，前者在很大程度上失去了发展其才能、获得幸福生活的机会；③其次，它使得原本富有"关怀"和"情感"的人际关系蜕化为工具理性的计算；④ 最后，它带来激烈的竞争和尖锐的社会矛盾，因而破坏了社会团结。⑤马克思主义所倡导的政治—经济架构也蕴含着积极的价值维度。如马克思所说："代替那存在着阶级和阶级对立的资产阶级旧社会的，将是这样一个联合体，在那里，每个人的自由发展是一切人的自由发展的条件。"⑥ 在这里，"自由"不再被等同为对货币、商品的"占有"，而是作为"人"的全面发展，且人们不再以"免受约束的自由"为名对他人所受的剥削、压迫熟视无睹。相反，在团结的共同体和人际的有机联系中，每个人的全面发展都被重视。

既然马克思主义本就蕴含着以"人的自由发展"和"自由人的联合"为宗旨的解放性价值，那么其与儒家伦理结合的意义何在？更重要的是，包括

① 例如，马克思本人在《哥达纲领批判》《法兰西内战》等作品中讨论了"按劳分配""按需分配""公社"等制度。在当代，戴维·施韦卡特、埃里克·奥林·赖特等学者所设想的保留市场的社会主义经济也颇受关注。可参见〔美〕戴维·施韦卡特《反对资本主义》，陆泓译，中国人民大学出版社，2002；〔美〕埃里克·奥林·赖特《真实乌托邦》，黄克先译，林宗弘校订，群学出版社，2015。

② 〔加〕C. B. 麦克弗森：《占有性个人主义的政治理论：从霍布斯到洛克》，张传玺译，浙江大学出版社，2018，第4页。

③ 〔美〕戴维·施韦卡特：《反对资本主义》（第五章第1、2节），陆泓译，中国人民大学出版社，2002。

④ 〔匈〕卢卡奇：《历史与阶级意识——关于马克思主义辩证法的研究》，杜章智等译，商务印书馆，1996；〔德〕阿克塞尔·霍耐特：《物化：承认理论探析》，罗名珍译，华东师范大学出版社，2018。

⑤ Erik Olin Wright, *How to Be an Anticapitalist in the Twenty-First Century* (London: Verso, 2019).

⑥ 《马克思恩格斯文集》第2卷，人民出版社，2009，第53页。

儒家伦理在内的传统文化被部分马克思主义者斥为"意识形态"。因此，如要为二者结合的意义辩护，首先要完成两项"前置任务"：一方面，需要回应针对"意识形态"的纯然否定性立场；另一方面，要阐明传统文化可能发挥的积极作用。事实上，借助马克思本人及后续马克思主义者的资源，这两点都能得到可信的说明。

有必要首先强调的是，马克思与恩格斯虽对这两个问题未予详细解答，但其基本立场是明确的。他们在谈论过往历史中意识活动的成果时，总是秉持着"批判性继承"的态度而非断然否定。在 1843 年致卢格的信中，马克思便提到，人类意识的变革不是要凭空创造一种新的意识，而是对既往的成就加以辨明："意识改革不是靠教条，而是靠分析那神秘的连自己都不清楚的意识，不管这种意识是以宗教的形式或是以政治的形式出现。那时就可以看出，世界早就在幻想一种一旦认识便能真正掌握的东西了。那时就可以看出，问题并不在于从思想上给过去和未来之间划下一条不可逾越的鸿沟，而在于实现过去的思想。"① 在其他文段中，他们也将"批判地消灭它的形式，但是要救出通过这个形式获得的新内容"② 等作为面对思想、文化遗产的恰当态度。由此可以看出，马克思与恩格斯并不否认过往的思想文化成果中存在的积极因素，且这种因素值得为共产主义者所吸收。

有必要剖析的是这一立场背后的具体理据。就第一个问题而言，虽然作为"意识形态"的过往文化为统治阶级的特殊性利益服务，但其之所以有能力如此，也是因为它部分地同"普遍性"相联结。这种"普遍性"表现在两个方面。一方面，它包含着一系列维系社会运转的"基本公共善"。哪怕在阶级社会中，阶级冲突也以维系社会的运转为前提。因而文化、伦理观念必须在一定程度上代表超越阶级利益的"公共善"。正如唐凯麟先生所说："社会物质生活的生产和再生产，人类本身的生产和再生产不能停止，必须继续下去……因此，在道德上，统治阶级不仅要赋予他们的阶级意志以全社会的外观，而且还必须实际地容纳某些全社会的内容。"③ 且即便在不同社会形态中，社会运转的一些机制及社会成员的一些需求仍具共性，因而表达"基本公共善"的观念具

---

① 《马克思恩格斯全集》第 1 卷，人民出版社，1956，第 418 页。
② 《马克思恩格斯选集》第 4 卷，人民出版社，1995，第 223 页。
③ 唐凯麟：《关于剥削阶级道德能否批判继承的几个理论问题》，《湖南师院学报》（哲学社会科学版）1982 年第 2 期，第 99~101 页。

有普遍性。如恩格斯便指出，虽然封建时代、资本主义时期和社会主义时期各有不同的伦理道德，但"这三种道德论代表同一历史发展的三个不同阶段，所以有共同的历史背景，正因为这样，就必然具有许多共同之处"①。

另一方面，作为意识形态的历史文化成果之所以令人信服，也是因为它将特殊阶级的利益和特定社会秩序同"美好的愿景"联系在一起。例如，在古典经济学家为自由放任型市场辩护时，他们强调这样的市场将带来社会成员的互惠、和平的商业氛围和富足的生活等愿景。这些"美好愿景"本身比单纯的阶级立场更具普遍性。如在评论资产阶级启蒙时，马克思与恩格斯表示："它的利益在开始时的确同其余一切非统治阶级的共同利益还多少有一些联系，在当时存在的那些关系的压力下还来不及发展为特殊阶级的特殊利益。"② 列宁更是指出，启蒙思想家"完全真诚地相信共同的幸福生活，而且真诚地期望共同的幸福生活"③。因此，意识形态的欺骗性恰恰在于它让人们以为满足"特殊利益"等同于实现"美好愿景"。对此，"意识形态批判"意味着揭露这种"等同关系"的欺骗性，但"美好愿景"本身无须被抛弃。相反，共产主义者应认真对待它们，思考它们是否及如何能真正被实现。例如，无产阶级集体主义"否定了资产阶级极端个人主义，但它又保留了这个原则所获得的'人是目的，不是手段'的历史内容，它使人的价值、尊严、个人的自由、平等第一次被奠定在真正现实的基础上"④。

因此，无论是"基本公共善"还是"美好愿景"，它们都构成了意识形态下具有普遍化潜质的"文化剩余"，可以同更具解放性的社会愿景结合并在其中发挥作用。这一观念在中西学者中渐成共识。如美国文化研究者道格拉斯·凯尔纳认为："意识形态的批判……不仅仅是揭露，或是祛魅，它也是一种揭示和发现：揭示沉睡的梦想、迷失的可能和夭折的希望——使其在当前状况下即得以复苏和勃兴。"⑤ 而在国内，张岱年先生也指出，一些在传统文化中维系"基本公共善"、勾勒"美好愿景"的伦理观念在当代历久弥

---

① 《马克思恩格斯选集》第 3 卷，人民出版社，1995，第 434 页。

② 《马克思恩格斯全集》第 3 卷，人民出版社，1960，第 54 页。

③ 《列宁全集》第 2 卷，人民出版社，2013，第 398 页。

④ 唐凯麟：《关于剥削阶级道德能否批判继承的几个理论问题》，《湖南师院学报》（哲学社会科学版）1982 年第 2 期，第 105 页。

⑤ 〔美〕道格拉斯·凯尔纳：《恩斯特·布洛赫：乌托邦与意识形态批判》，王峰译，《马克思主义美学研究》2010 年第 1 期，第 68 页。

新："中国传统道德中，勤、俭、信、廉，是大多数人民所共同肯定的，可以称为传统美德，时至今日，也还有其重要价值，是建设具有中国特色的社会主义精神文明所不可缺少的。"①

进而，就马克思主义者与传统文化（尤其是儒家伦理）结合所能产生的积极效应而言，其最突出的作用便在于，尽管马克思主义带有价值维度，但这一维度如要进入日常"伦理生活"则需要一定的中介，而源自传统的"文化剩余"正能充当此中介。首先，得到传统支持的事物更易激发人们的行动意愿。毕竟，在长期的历史—文化演进中，"传统"已成为为人们所熟悉、信任的力量。因此，马克思主义者可以通过解放性的"文化剩余"搭建起马克思主义与传统的连续性。正如麦金太尔所指出的，人们在日常生活中容易被"占有性个人主义"所支配，他们或许能理解并认可马克思主义及其主张的价值，但缺乏践行的动力。麦金太尔说："虽然无产阶级化使得工人抵抗成为必然，但它也倾向于从工人那里剥夺那些实践形式——通过这些实践形式，他们能够发现同抵抗的道德需要相适应的有关善、有关德性的观念。"②而如若意识到这种价值同自己身处的传统密切相关，那么人们便能从传统中获得动力。如当代马克思主义学者保罗·布莱克里奇便指出，英国的许多地方性共产主义工人团体一方面践行着共产主义的信念，另一方面从当地团结、互惠的传统美德中寻求支持。③

其次，如果说以上还只是将"文化剩余"作为实现马克思主义所倡导之价值的手段，那么这些"解放性价值"本身也能经由与"文化剩余"的结合而得到具体的落实。在伦理生活中，人们常需要具体指导。例如，自由人的联合体应秉持哪些社会价值？其中的个人应具备何种品质？在面对不同的人际关系，承担各种社会角色时，怎样的原则或美德对人们有所帮助？为了实现积极的价值，可以考虑怎样的社会建制？……传统思想与伦理对这些问题有着详实的解析——它为"基本公共善"与"美好愿景"的实现设想过一系列具体机制与路径，且如前文所述，其答案能超出"虚假意识"的束缚。如

---

① 张岱年：《中国伦理思想研究》，江苏教育出版社，2005，第49页。

② 〔英〕阿拉斯代尔·麦金太尔：《〈关于费尔巴哈的提纲〉：一条未行之路》，载《当代国外马克思主义评论》（第9辑），人民出版社，2011，第325页。

③ Paul Blackledge, *Marxism and Ethics: Freedom, Desire, and Revolution* (New York: State University of New York Press, 2013), p. 221.

恩斯特·布洛赫说:"每一部古典时期的作品都站在每一个时代的前面,作为革命浪漫主义,即作为向前指引的任务,作为未来的解决办法而发挥先导作用。特别是,这种解决办法不是来自过去,而是来自未来。"① 解放性的传统文化对诸多问题——如社会价值、个人美德、伦理关系——的解答在社会主义实践中仍具相关性。简言之,马克思主义所倡导的"解放性价值"如要进入伦理生活,便需要建立起与传统的连续性,并具备面向生活的具体性,而解放性的传统伦理为解放性价值的落实乃至伦理生活在解放性社会愿景中的革新提供了可能的资源。

最后,落实到中国语境中。"中国式现代化"的践行者已认识到了上述马克思主义与传统思想、文化结合的可能性与必要性。就马克思主义通过与解放性文化剩余的结合而建立起与传统的连续性而言,习近平总书记指出:"中国式现代化是赓续古老文明的现代化,而不是消灭古老文明的现代化;是从中华大地长出来的现代化,不是照搬照抄其他国家的现代化;是文明更新的结果,不是文明断裂的产物。"② 习近平总书记还提到了马克思主义所承载的解放性价值如何通过与文化剩余结合而具备面向生活的具体性:"从这个角度看,我们党开创的人民代表大会制度、政治协商制度,与中华文明的民本思想,天下共治理念,'共和'、'商量'的施政传统,'兼容并包、求同存异'的政治智慧都有深刻关联。"③ 在这种良性互动中,对现代化新路径的探索显然离不开结合了马克思主义与传统资源(尤其是伦理资源)的"多元文化结构",如习近平总书记所说:"马克思主义中国化时代化这个重大命题本身就决定,我们决不能抛弃马克思主义这个魂脉,决不能抛弃中华优秀传统文化这个根脉。坚守好这个魂和根,是理论创新的基础和前提,理论创新也是为了更好坚守这个魂和根。"④

简言之,即便马克思主义不缺乏价值维度,但作为"文化剩余"的解放性传统思想仍能有助于其进入伦理生活。二者的结合因此是必要且富有意义的。进一步问题便在于,一种经过了恰当转化的儒家伦理能否被看作这样的

① 〔德〕恩斯特·布洛赫:《希望的原理》(第1卷),梦海译,上海译文出版社,2013,第175页。
② 习近平:《在文化传承发展座谈会上的讲话》,人民出版社,2023,第7页。
③ 习近平:《在文化传承发展座谈会上的讲话》,人民出版社,2023,第8页。
④ 习近平:《开辟马克思主义中国化时代化新境界》,《求是》2023年第20期。

"文化剩余"，发挥此种作用。而这取决于两个前提：首先，在价值层面，这种儒家伦理需要与马克思主义的价值维度相契合，且提供了对伦理生活的具体指导；其次，在事实层面，这种儒家伦理也需要同中国语境下的政治—经济架构相适配。二者决定了儒家伦理同马克思主义之结合的可行性。

二 反"占有性个人主义"的人道主义：儒家伦理与马克思主义价值维度的契合

在本文看来，儒家伦理与马克思主义在价值维度上的契合可以得到论证。当然，此处所说的儒家伦理并非儒家伦理的"历史形态"，而是经由恰当的转化，摆脱了意识形态桎梏的当代形态。在本文看来，陈来先生于《儒学美德论》《仁学本体论》等著作中已然提供了这样一种儒家伦理。总的来说，鉴于此种伦理与马克思主义都主张反"占有性个人主义"的人道主义，且其凸显的核心价值与马克思主义所提倡的"人的自由发展""自由人的联合"相契合，因而在价值维度上，二者的结合与融通完全可行。

在论证儒家伦理对"占有性个人主义"的纠偏之前，有必要先对"占有性个人主义"略作阐发，这一阐发可以从本体论基础（占有性个人主义依赖何种本体论预设）、社会价值（占有性个人主义主导下的社会重视何种价值）和个人价值（受占有性个人主义影响的个体重视何种价值）三个层面进行，以凸显其与儒家伦理的对照。

从本体论的角度来看，占有性个人主义依赖于一种由两项原则结合而成的"社会想象"。第一个要素可被称为"占有性自由"，即个体的自由被视为最根本的事实。此处的"自由"特别意指个体及其所有物不受社会和他人约束，只有自愿订立的契约才将其置于约束当中。第二个要素可被称为"市场至上"，即核心的社会关系应被理解为经由自愿交换而形成的市场关系。由于在市场交换中，更多的财产意味着更大的"权力"，因而每一个体都会谋求对财产的占有并为此而竞争。由此结合而成的社会想象可被称为"占有性市场"。

占有性个人主义的个人价值以这种本体论为基础。由于个体不受约束的自由被视为根本性的本体论事实，个体的生活具有"去道德化"的特点：只要遵守自愿达成的契约、不侵犯他人自由，个体可以选择自己想要的生活方式。占有性个人主义的社会价值同样基于上述本体论：占有性市场所提倡的价值应被理解为一系列为维护"占有性自由"和"市场至上"而提出的规则。如麦克弗森所说："政治社会是一种人类发明物，它旨在保护个体对其人身和物品的财产权，（进而）旨在维系个体（作为自身的所有者）之间的有序交换关系。"① 就占有性市场中最重要的几项价值而言，其核心意涵都与上述所言相符：如"自由"应被理解为个人及其占有物免受约束的自由；"平等"意味着这种自由为社会成员普遍地享有；"公正"则是对契约效力和市场规则的维护。

正如前文所述，"占有性个人主义"的弊病已经为马克思主义者充分地洞察。而在《儒学美德论》与《仁学本体论》等作品中，陈来对儒学伦理的"核心价值"进行了挖掘和阐发，陈来阐发儒家伦理时同样明确地指向对"占有性个人主义"的纠偏。对此，本文仍从本体论、个人价值和社会价值三个方面加以阐述。

就本体论而言，陈来将"仁"作为本体，并认为这一本体具有多种表现形式："'仁'有多种表现形式，在伦理上是博爱、慈惠、厚道、能恕，在感情上是恻隐、不忍、同情，在价值上是关怀、宽容、和谐和平、万物一体，在行为上是互助、共生、扶弱、爱护生命等。"② 不难发现，以"仁"为核心的本体论同"占有性市场"的两大原则都差别甚大："占有性自由"的原则将个体的"不受约束"作为根本的本体论事实，以"仁"为核心的本体论则重视个人对他人和自身所处之整体的伦理责任。陈来表示，儒家伦理要求人们"以责任之心与对象结成关系。个人与他方构成关系时，不是以自我为中心，而是以自我为出发点，以对方为重"③。在"市场至上"的原则下，由"利己之心"支配的市场关系被视为基础性的人际关系，但在以"仁"为核心的本体论看来，以关怀之心结成的伦理性关系才是至关重要的。如陈来所说："中国则以伦理为本位……伦理关系即表示一种义务，一个人似不为其自己而存在，而以对方为重。"④ 简言之，如果说"占有性个人主义"的

① 〔加〕C. B. 麦克弗森：《占有性个人主义的政治理论：从霍布斯到洛克》，张传玺译，浙江大学出版社，2018，第 273 页。
② 陈来：《仁学本体论》，生活·读书·新知三联书店，2014，第 421 页。
③ 陈来：《中华文明的核心价值》，生活·读书·新知三联书店，2015，第 52 页。
④ 陈来：《中华文明的核心价值》，生活·读书·新知三联书店，2015，第 53 页。

本体论强调原子化个体之间的市场关系，儒家伦理以"仁"为核心的本体论则凸显一种重视对他人之关怀与责任的伦理关系。

基于上述本体论，陈来在个人价值层面提出了以"仁"为统领的"个人基本道德"这一概念。个人基本道德同时囊括"私德"与"公德"，前者主要涉及"私人领域"与个人的自身完善，以及个人与他人的关系，后者主要涉及以社会、政治领域为代表的"公共领域"。① 陈来列出了"私德"与"公德"所囊括的"德目"："关于当代社会需要的个人基本道德，即私德，若用单个字表达，最基本的有仁、义、诚、信、孝、和。用双字词：仁爱、道义、诚实、守信、孝悌、和睦。次一级的私德有自强、坚毅、勇敢、正直、忠实、廉耻。个人的道德还有一部分是关于社群的，即个人基本公德，如爱国、利群尊礼、守法、奉公、敬业。"② 在个人基本道德之上更有"君子人格"的理想。"君子"不仅在道德上臻于完善，更代表了一种高尚的精神境界。如陈来所说："君子所代表的人生观和境界，比道德人格和境界更广泛、更丰富、更完美高尚。他们极高明而道中庸，他们的人格和境界，而不是道德境界，才是儒家的真正精神标志。"③ 站在"占有性个人主义"的立场上，无论是"私德"与"公德"所囊括的德目，还是作为人格理想的"君子人格"，都是不可思议的。如前文所说，"占有性个人主义"在个人价值上持"去道德化"的立场，在其核心的"两大原则"范围内，不同的生活方式之间并无高下之别。然而，基于以"仁"为核心的本体论，可以辨别出某些生活方式比另一些更好地践行了"仁"的要求，因而是"更好"且更值得追求的。如此一来，这种生活方式所要求的品质便成为值得被提倡的美德，而完满践行此种生活方式之人也就成为理想人格的化身。

---

① 陈来在不同作品中对于"公德"和"私德"的论述也略有不同。在《儒学美德论》中，陈来不满于"公德""私德"的划分，而是认为从反思梁启超公德—私德的二分法出发，我们应该得出道德分类的四分法，即自我—他人—政治—社会："自我—他人"属于"个人道德"，"政治—社会"属于"社会道德"。社会道德中的公民道德是政治性公德，社会道德中的公共道德是社会性的，是社会性公德，二者不同。见陈来《儒学美德论》，生活·读书·新知三联书店，2019，第98~99页。但陈来始终认为，无论是作用于哪一领域的美德，都得到重视而不可偏废。同时，这些美德都可被称为"个人基本道德"，并统合在"君子人格"中。对于这些问题，本文在正文中不做辨析，直接引用《仁学本体论》中的说法。

② 陈来：《仁学本体论》，生活·读书·新知三联书店，2015，第467页。

③ 陈来：《儒学美德论》，生活·读书·新知三联书店，2019，第303页。

就社会价值而言，陈来提出了以仁为统领的"新四德"："儒家仁学必然以仁为基础，来对现代社会的普遍价值原则，加以贯通。在这个意义上，我们提出仁爱、自由、平等、公正为内容的'新四德'……仁爱是仁之本体的本然流行，其他三者是仁的流行的不同表现。自由是仁之活动无碍，平等是仁之视同仁，公正是仁之正义安排，和谐则是仁体流行的整体要求。"① 在名目上，"新四德"同"占有性市场"所倡导的主要价值看起来接近，但内涵相去甚远。基于"仁"字有"生命的自由活动"这一意涵，陈来将"仁爱"统领下的"自由"界定为摆脱奴役、促进生命的蓬勃发展，而非不受社会与他人之约束；"新四德"中的"平等"指向的也并非平等享有不受约束的自由，而是指人们能普遍地受到仁爱恻隐之心的泽被，获得蓬勃发展的机会；"新四德"中的"公正"则凸显对善恶的区别对待，如陈来所说："所以'公正'应更突出正义的意义，而正义是强调善恶的分别以及善恶应该得到的不同对待。"② 需要注意的是，此处判别善恶的标准具有实质性的伦理意涵，即是否符合"仁"的要求，而这一意涵也是占有性个人主义的"公正"所不具有的。

综上所述，以"仁"为本体、以"个人基本道德"和"君子人格"为个人价值、以"新四德"为社会价值的当代儒家伦理能够匡正马克思主义所批判的"占有性个人主义"所带来的伦理弊病。这种儒家伦理不会忽视个人所受的剥削，以及剥削对人们的自由发展造成的损害——这显然有悖于"仁爱""自由"等价值；它也不会容忍人际关系的"物化"——作为本体论核心的"仁"要求人们以关怀之心结成人际关系，并始终以他人为重。同时，这种儒家伦理还强调社会的团结与和谐。儒家伦理的这些特质已经渗透在作为整体的中华文化中，并与马克思主义形成呼应。习近平总书记在《在文化传承发展座谈会上的讲话》中明确肯定了这一点："马克思主义从社会关系的角度把握人的本质，中华文化也把人安放在家国天下之中，都反对把人看作孤立的个体。相互契合才能有机结合。正是在这个意义上，我们才说中国共产党既是马克思主义的坚定信仰者和践行者，又是中华优秀传统文化的忠实继承者和弘扬者。"③

① 陈来：《仁学本体论》，生活·读书·新知三联书店，2015，第429页。
② 陈来：《仁学本体论》，生活·读书·新知三联书店，2015，第455页。
③ 习近平：《在文化传承发展座谈会上的讲话》，人民出版社，2023，第6页。

然而，随之而来的问题是，马克思主义强调人的"自由发展"，而作为一种将个人置于伦理约束中的学说，这种儒家伦理是否同马克思主义对"自由"的追求不相吻合呢？

为回应这一担忧，有必要澄清马克思主义对"自由"的理解。大多数马克思主义将"自由"理解为个人才能的充分发展，以及在此基础上对个人生活的自主掌控。因此，马克思主义对"自由"的理解与"占有性个人主义"并不相同。在前者看来，自由与能力密切相关：自由的个体需要有能力辨明何为生活中值得追求的目标，并有能力追求这样的目标。而要获得这种能力，则必须处在一个充满关怀，以他人为重的共同体当中。在《依赖性的理性动物：人类为什么需要德性》一书中，麦金太尔对此做出了论证。他表示："我们从最初的动物状况发展成独立的理性行动者所需要的德性，与我们面对和回应自己与他人的脆弱性和残疾所需要的德性，其实属于同一系列的德性，即依赖性的理性动物特有的德性。"① 简言之，人类天然是具有依赖性的动物。如要拥有使自己配享自由的能力，人们就必须从他人那里得到足够的关怀。正因如此，人们也对共同体中其他依赖性的个体负有关怀的责任。这一论点恰恰同上文提到的儒家伦理以"仁"为核心的本体论相契合。因此，与能力相关的"自由"概念非但不会与儒家伦理相矛盾，反而在后者中得到了实现。在这个意义上，马克思所说的"自由人的联合体"也恰恰与儒家所提倡的伦理生活图景有着契合之处。

总结而言，经由陈来的提炼和阐发，这种当代版本的儒家伦理具有匡正"占有性个人主义"的理论意涵。同时，这种学说也同马克思主义所提倡的价值相得益彰。更重要的是，经由以上论述不难发现，这一版本的儒家伦理与伦理生活关联密切。一方面，它接续了传统文化中最具感召力的部分，如人们所熟知的"仁爱"美德、人们所崇敬的"君子"人格。另一方面，它为伦理生活提供了具体、翔实的践行指南。这份指南囊括了社会价值和个人价值，并开出了详细的德目——这些德目作用于生活的各个方面，能帮助人们应对各类处境。因此，就价值维度而言，此种儒家伦理可以同马克思主义结合在同一个"多元文化结构"之中，共同发挥"重建现代性"的作用。

---

① 〔美〕阿拉斯代尔·麦金太尔：《依赖性的理性动物：人类为什么需要德性》，刘玮译，译林出版社，2013，第9页。

三　主体生成与共同演化：儒家伦理
与中国社会主义市场经济的适配性

儒家伦理与马克思主义的结合如要具有可行性，另一必要条件则在于这种伦理需同中国社会主义市场经济相适配。基于文化政治经济学的视角，伦理体系与政治—经济架构的适配意味着前者能塑造后者所需要的主体：伦理体系将塑造主体的生活经验，规范其行为，使之积极地配合政治—经济架构的运转。如当代文化政治经济学的代表人物鲍勃·杰索普所说："文化政治经济学强调，话语和话语实践对于主体、主体性、主体的思维方式、规范，以及包含在生产、再生产和消费中的社会安排具有构成性作用。"① 在这一意义上，儒家伦理显然难以同"占有性市场"适配：儒家伦理塑造的是以对他人之关怀、责任为重的"道德主体"，这样的主体不会满意于"占有性市场"下存在的剥削与人际关系的"物化"。

因此，如要评估儒家伦理是否同中国社会主义市场经济相适配，关键便在于前者致力于塑造的主体能否配合后者的运转。为此，有必要首先对中国社会主义市场经济的基本架构做一简要梳理，以厘清其中存在哪些主体，进而分析儒家伦理对它们的影响。

中国社会主义市场经济可被简要概括为三大要素的结合：有效市场、党和国家的领导，以及集思广益型民主。

在"有效市场"中，参与市场的"主体"以企业为主。在中国社会主义市场经济中，市场仍在资源分配、提供激励，以及传递价格信号等方面发挥重要作用。但与"占有性市场"不同的是，企业对其所有物的占有和使用并非不受约束，而是受到"宏观战略"的规制和引导，以人民的幸福为最终目的。

党和国家的主体作用恰恰凸显为制订"宏观战略"，而这也构成了中国社会主义市场经济的重要特征。研究政治经济学的学者对此有精确评述："中国的宏观战略管理和宏观战略投资超越了纯粹的市场逻辑，同时又可与

①　〔英〕鲍勃·杰索普：《文化政治经济学：以知识为基础的经济和国家》，尹树广译，《现代哲学》2004 年第 4 期，第 44 页。

市场经济在整体上相嵌合，是社会主义市场经济在促进经济增长，应对周期性危机方面的核心制度安排……中国共产党对经济工作发挥着全面领导作用。正是由于党的这种作用，国家才有可能摆脱资本主义各国常见的来自特定利益集团的干扰和限制，更好地完成国家经济治理的任务。"① 要言之，在"占有性市场"中，政治与社会安排均从属于市场逻辑，但在中国社会主义市场经济中，党和国家的宏观战略超越了市场逻辑。诚然，这些宏观战略力图促进经济发展，但发展的最终目的则是满足人民的普遍利益和各项需要。

人民的需要和利益又如何被知晓、并整合进宏观战略当中？这便涉及"集思广益"型的民主机制。在这种机制中，参与民主决策的各群体均发挥着主体作用。有学者指出："'集思广益'的过程实际就是分散的信息不断被集成的过程，这也是将群众的'分散的无系统的'意见转化为'集中的系统的意见'的过程，这里的群众是指参与规划编制的广泛的群体。"② 在"占有性市场"中，不同个体之间的基本关系是竞争性的，而"集思广益"的民主机制旨在对不同利益加以整合，将分散的"群众"凝聚为团结的"人民"。

从整体的精神风貌上看，中国社会主义市场经济明显地带有"互惠利他"的精神，而这也要求其中的各个主体具备"互惠利他"的品质。正如著名伦理学家唐凯麟先生所指出的，在这种经济体制下"人们之间的经济关系不再是一种简单的利益交换关系，而是一种通过互助合作来促进社会资源最优配置和促进个人的自由发展与精神完善的活动方式"③。这与"占有性市场"的伦理风貌大相径庭，在后者中，"由于私有制把人分解成为一个个单独的私有者，使私人利益成为每个人的一切行为的出发点和归宿点，这就必然极大地强化了商品生产的为己性和谋利性，而使它的为他性、服务性几乎被消解在它的为己性、谋利性之中"④。因此，一方面，中国社会主义市场经济既为"互惠利他"的伦理留下了空间；另一方面，这种伦理也为中国特色社会主义市场经济顺畅运行提供精神保障。如唐凯麟所说，它"一方面使社

---

① 孟捷：《中国共产党与中国特色社会主义市场经济》，《开放时代》2022 年第 3 期，第 21 页。
② 王绍光、鄢一龙：《中国民主决策模式：以五年规划制定为例》，中国人民大学出版社，2015，第 50 页。
③ 唐凯麟：《寻找失却了的意义——论社会主义市场经济的伦理底蕴》，《湖南师范大学社会科学学报》2001 年第 4 期，第 10 页。
④ 唐凯麟：《寻找失却了的意义——论社会主义市场经济的伦理底蕴》，《湖南师范大学社会科学学报》2001 年第 4 期，第 16 页。

会主义商品经济的发展为一种新的社会主义的文化精神和伦理道德价值理性提供了深厚的经济基础；另一方面又使培育和发展这种社会主义的文化精神和伦理道德价值理性成了保证社会主义商品经济有序地顺利地发展的内在要求"①。而正如前文所论证的，儒家伦理正是这样一种强调"互惠利他"的伦理学说，因而其可以融入社会主义市场经济所要求的精神文明之中。

除却整体精神风貌上的契合，还可以更具体地分析儒家伦理所重视的"社会价值"与"个人价值"如何作用于上述主体。例如，对于企业主体而言，"仁爱"与"自由"的社会价值是使之适应中国式社会主义市场经济的关键。"仁爱"意味着企业在追求经济效益之外，还能积极地承担社会责任，配合"宏观战略"满足其他社会成员的需求。"自由"则意味着企业主体应力避对其职员的剥削，为职员们发展各方面的才能提供必要的条件。对于集思广益型民主这一机制而言，"和谐"的价值发挥着非常重要的作用。在西方式民主中，民主政治常因激烈的冲突而沦为"否决政治"。有研究者指出："有些制度强调个体本位，强调竞争，强调制衡，在决策过程中设置多个否决点，或允许存在多个拥有否决权的玩家。在这种制度下，不同参与方倾向于各自追求自身利益最大化，并为此而纵横捭阖、相互掣肘。"② 相比之下，如若参与民主协商的各主体都能以"和谐"这一价值为导向，那么便更容易达成有利于整体利益的政治决策。对于全盘领导各领域发展的党和国家而言，"新四德"中的每一项价值都十分重要。这些价值体现出"互惠利他"的伦理精神，而正如前文所说，此种精神内在于中国社会主义市场经济当中。最后，上述主体的运转也离不开作为微观行动者的个人。正是这些个人构成了企业、党政机关、参政群体等主体。而对这些个人而言，被陈来囊括在"个人基本道德"中的"私德"与"公德"有助于他们在上述主体中为建设中国社会主义市场经济发挥积极作用。例如，作为企业中的一分子，敬业乐群、诚信无欺等美德的意义显而易见；作为公职人员，热爱祖国、遵循道义、守法奉公等美德有助于其履行职责；而作为参与民主政治的一员，仁爱、和睦等美德有助于人们理解、关怀他人，进而更充分地达成共识。

---

① 唐凯麟：《寻找失却了的意义——论社会主义市场经济的伦理底蕴》，《湖南师范大学社会科学学报》2001年第4期，第17页。

② 王绍光、鄢一龙：《中国民主决策模式：以五年规划制定为例》，中国人民大学出版社，2015，第30页。

对于儒家伦理中的积极因素能有效作用于中国式现代化布局中的各主体，其强调社会价值、个人价值进而能与社会主义建设的事业相契合这一积极影响，习近平总书记也有着高度的认可和凝练的概括："马克思主义和中华优秀传统文化来源不同，但彼此存在高度的契合性。比如，天下为公、讲信修睦的社会追求与共产主义、社会主义的理想信念相通，民为邦本、为政以德的治理思想与人民至上的政治观念相融，革故鼎新、自强不息的担当与共产党人的革命精神相合。"①

综上所述，儒家伦理有助于"生成"中国社会主义市场经济所需要的主体。因此，在事实层面，它同这一以马克思主义为指导的政治—经济架构相适配。最后有必要指出的是，如若二者之间能形成良性的互动，那么一种"共同演化"的关系便会应运而生。文化政治经济学对文化与政治—经济架构的"共同演化"做出了如下界定："符号过程的运作同样需要立足于物质现实，在众多可选制度中，个体、组织和机构对某一制度有共鸣话语后，再将制度落实到现实中经受考验，发挥效力的制度被继续强化，最终成为最佳的制度选择。这一符号过程潜藏着进化论的思维。"② 简言之，如若政治—经济架构在某种文化的配合之下运转良好，那么无论是此种架构本身，还是与之适配的文化，都将得到更为充分的信任，成为公众眼中的"最佳选择"。因此，儒家伦理同中国社会主义市场经济的结合对双方均是有益的：对于后者而言，其中蕴含的"互惠利他"精神能在儒家伦理的协助下得到进一步挖掘和发展；而对前者而言，正是中国社会主义市场经济在推动经济发展，满足人民需求等方面取得的突出表现，印证了"互惠利他"的伦理精神在当下仍有巨大价值，进而为儒家伦理的复兴提供了佐证。

结 论

综上所述，儒家伦理同马克思主义的结合对双方均是有益的补充与发展。对马克思主义而言，儒家伦理有助于让反"占有性个人主义"的人道主义价值更加深入、具体地嵌入伦理生活，并塑造社会主义市场经济所需的主

---

① 习近平：《在文化传承发展座谈会上的讲话》，人民出版社，2023，第 5 页。
② 陈文斌：《解读鲍勃·杰索普的文化政治经济学》，《湘潭大学学报》（哲学社会科学版）2017 年第 4 期，第 125 页。

体；对儒家伦理而言，社会主义市场经济的成功也印证了"互惠利他"的伦理在当下仍具有解决时代问题的潜力。这将有助于儒家伦理走出"博物馆"，发挥其内在的普遍性。

基于以上结论，本文所做研究的意义是显而易见的：在理论层面上，它建立在"多元文化结构"这一富于洞见的理论设想之上，并进一步对构建这一"多元文化结构"的意义与可行性做出了辩护；在实践层面上，它有助于我们在建设中国式现代化的过程中树立文化自信，进一步确认发掘优秀传统文化这一路径。当然，从这一研究中也延伸出进一步的问题，例如，本文将陈来先生的学说作为一种可行的、经过了有效转换的"儒家伦理"形态，但并未详细探讨有效的转换应如何进行，怎样从传统文化"质料"中提取可资利用的资源。这些问题仍有待进一步探讨。

世俗性：西方与东方[*]

彼得·L·伯格 著

（波士顿大学文化、宗教和世界事务研究所）

杨小宁 译

（清华大学人文学院）

摘　要：世俗化理论在东西方往往都有着文化或宗教根源，高度的世俗化与韦伯所谓"合理化"助益经济腾飞，恰如韦伯形容新教伦理与资本主义精神一样，在东亚，儒家思想、大乘佛教、神道教表现出了高度的世俗性。儒家作为日常伦理，具备理性冷静、实用世俗的特点，充分体现在东亚地区的经济发展中。日本在神道教和禅宗的文化支持下经济发展迅速。东亚的世俗化不仅仅是一个学术问题，还具有深远的现实意义和政治影响。

关键词：东亚　世俗化　宗教多元主义　儒家伦理　东亚佛教

目前在历史和社会科学领域存在一个被称为"世俗化理论"^①的思想体系。当然，对于这个理论并非没有批评者，但即便对于批评者来说，它也是有意义的，因为其可以作为对当代世界宗教命运的各种探索的参考。总体上，世俗化理论阐明了现代性和世俗性之间的积极关系，即现代化已经使宗教在制度和个体意识层面上的重要性降低。换句话说，世俗化理论提出了一

＊　本文原为 1983 年由百年研讨会上的文章，摘自日本文化与经典研究所、国学院大学主办的《国学院大学学报》。已经获得日本方与作者亲属的翻译许可。

①　Swatos Jr. W. H, Christiano K. J. "The Course of a Concept," *Sociology of Religion*, 60(1999)：209–228.

种关于现代性如何影响宗教的观点。然而，需要指出的是，世俗化理论还有另一个方面，它涉及的不是现代性的影响，而是现代性的根源。这个版本的世俗化理论提出，现代世俗化，无论它现在对宗教多么敌视，它本身都有宗教根源。换句话说，这表达了宗教与现代性之间的因果作用。这个命题（顺便说一下，最近在基督教神学中引起了广泛的关注）特指犹太—基督教传统所谓的世俗化后果。这是对西方历史的一种颇有讽刺的观点，当然，所谓的世俗化后果被认为是无意的和未预料到的。无论如何，尽管问题的这两个方面是独立的，但它们的相关性是很强的，实际上是交织在一起的。随着思考从西方到东方的转变，这两个方面的关系变得尤为清晰，笔者将在接下来的内容中尝试展示。

世俗化理论具有西方学术背景，而这一渊源不可避免地影响了该理论在东方文化中的应用方式。这绝不是将民族中心主义或文化傲慢归因于西方学者，在大多数情况下，这样的说法都是极不公平的。同时，这不意味着赞同当前广泛存在的观点，即只有内部人员才能对文化进行适当研究，相反，外部人员通常能够察觉到内部人员忽视的事物。然而，人们必须问的是，将世俗化理论应用于东方文化是否导致了扭曲或错误的认知，因为这些文化及其相关宗教传统似乎是透过西方的视角观察的。

这些考虑因素适用于西方历史学家和社会科学家对许多非西方文化的看法（因此，近年来在西方学术界关于对伊斯兰世界的看法存在激烈争议）。在笔者看来，这一联系中尤为重要的问题是对东亚文化中现代性与宗教关系的看法。之所以这样说，原因很简单：笔者认为，东亚是非西方世界中唯一正在形成新的、完全发展并具有独特现代性的地区。简而言之：直到最近，当人们试图理解现代性时，只有一个案例需要处理——西方及其对世界其他地区的影响。或者，如果更倾向于这样说：现代化和西方化几乎是相同的过程。但现在不再是这样了。人们现在至少有两种情况需要处理——一方面是西方（和西方式）的现代性，另一方面是东亚的新现代性。科学在比较中茁壮成长。因此，这方面和其他分析领域一样，将源自西方的理论与东亚的现实进行比较可能是一项富有成效的工作。

这项研究可能会吸引许多人，即使他们对宗教问题本身并不太关心。东亚在当今世界是非常重要的一个地区。当然，主要原因可能是东亚造就了经济奇迹。日本发展尤为引人注目，迄今为止日本仍然是唯一加入先进工业社会行列的非西方国家（而且很可能很快在经济和技术上引领潮流）。但是在经济上，日本已不再是唯一具有宗教经济活力的国家。韩国、新加坡等兴旺的社会构成了最引人注目的成功故事（至少从经济角度来看）。有迹象表明，同样的活力正在新加坡以外的一些东南亚社会中发挥作用，尽管由于种种原因，现在谈论成功故事还为时尚早。关于中国与其近邻地区的经济活力的未来关系仍有待发掘。无论如何，即使仅限于日本和亚洲四小龙，它们的经济发展的特点问题也是非常重要的。这个问题必然涉及文化因素，其中包括宗教和宗教派生的道德。因此，当前的主题不仅仅是为宗教领域的专业人士准备的。

不用说，这个主题非常复杂。必须指出的是，我不是研究东亚文化和宗教传统的专业人士，然而，我确实感到有必要对此提出问题，即使我必须让其他人给出答案。

对于那些处理现代性宗教根源问题的人来说，很快就会发现自己置身于马克斯·韦伯的巨大影响之下。尽管韦伯的著作可能是不完整的（雅斯贝尔斯①在描述它时使用了"巨大的废墟"这个词语——这绝不是一种贬义的描述，因为任何学者，无论多么出色，都不能够完成韦伯为自己设定的任务），但在处理这些问题时无法忽视韦伯的观点。让我简要陈述一下我对这个问题的理解。很长一段时间以来，我一直相信，韦伯的观点是正确的，至少大致是正确的，即西方的现代性，包括其世俗性的组成部分，在犹太基督教传统中有一些深刻的根源。我不仅接受了韦伯对现代资本主义与宗教改革的某些意外后果之间关系的基本见解，而且我还同意韦伯的论断，即现代合理性（不仅在经济方面）的根源在于古代以色列宗教革命的独特特征。换句话说，从希伯来圣经中首次表达的世界观到现代化过程核心的"合理化"②（按照韦伯的定义），是一脉相承的。当然，这里讽刺的是，现代的世俗性的起源也可以追溯到以色列信仰和神秘的古近东之间的断裂（这种破裂被埃里克·沃格林称为"存在的飞跃"）——因此，现代的此世界观被视为以色列"对世界的解魅"③所产生的悖论的后代。更普遍地说，我还认为韦伯使今天被

---

① 卡尔·西奥多·雅斯贝尔斯（Karl Theodor Jaspers，1883 年 2 月 23 日～1969 年 2 月 26 日），男，德国存在主义哲学家、神学家、精神病学家。雅斯贝尔斯主要在探讨内在自我的现象学描述及自我分析及自我考察等问题。

② Roth G. *Rationalization in Max Weber's Developmental History* (Max Weber, rationality and modernity. Routledge 2014)，pp，. 75-91.

③ Schüll N D. *Addiction by Design* (Princeton University Press，2012).

称为经济发展的命题变得可信，这需要一种纪律和自我克制的伦理——正是韦伯称为"内在世俗主义"的这种伦理。

韦伯在理解亚洲宗教与"合理化"关系方面的说服力远不及在其他方面，即便如此，韦伯的思想仍然是一个非常有用的起点。我认为公正地说，除了他对儒家思想的理解（稍后会谈到）外，韦伯对他所称之"亚洲宗教令人陶醉的花园"的理解相对过于简化。当然，在亚洲没有发现西方类型的"合理化"，并且不容否认的是，现代性是从西方引入亚洲的。但是，将整个印度教佛教的宗教话语体系都纳入"魅力"这个范畴，并认为其必然导致社会经济后果的反理性化，显然过于武断。特别是，必须对韦伯对佛教的理解提出批评（他对印度教的看法在这里不需要关注）。仔细阅读他关于这个主题的著作会发现其对小乘佛教的偏见，即认为小乘佛教是更为正统的佛教形式，这种偏见必然扭曲了韦伯对东亚的看法。这种偏见确实不是由韦伯首创的，而是由他不可避免地依赖的西方佛学家所采纳的。这种偏见导致他将大乘佛教主要看作与魔性神秘的民间宗教妥协的产物——这确实是一种非常片面的看法，妨碍了对东亚大乘佛教"合理化"潜力的洞察。此外，尽管在韦伯生前日本以复兴的神道教为支柱，迅速崛起为地区大国，但韦伯对神道教的评论很少。

韦伯对中国文官及其精神分析的论文是社会历史分析的杰作。我个人认为，韦伯在论述这种儒家思想时是相当正确的，尽管它具有强烈的现世性（世俗性），但它过于保守，不能"合理化"地发展。但要注意，韦伯谈论的是作为中国政治意识形态的儒家思想，他没有谈论（而且公平地说，他不可能谈论）儒家思想如何影响了普通人的日常伦理。

前述的思考使我们现在能够提出一个基本问题：是否存在一种独特的东亚世俗形式，早于现代性的出现，但在特定有利条件下（例如消除政治约束），一旦现代化进程从外部引入，就为现代化提供了一个有利的文化背景？从韦伯的角度来看，我们可以进一步问这种世俗性在多大程度上与"内在世俗主义"的经济伦理，或者说与对经验世界的"合理化"态度相关。当然，我们还想评估这些文化因素在东亚经济发展中的相对重要性。

很明显，在目前的知识状态下，对这个基本问题及其相关问题是不太可能有确切答案的。或许直觉、富有启发性的假设和部分答案，会成为未来全面解释的基础。但在尝试详细阐述问题之前，我们有必要在方法论上更加谨慎。在当前关于东亚的文献中，主要有两种总体趋势——一个是"制度主义"，强调有关社会内的特定经济和政治安排；另一个是"文化主义"，强调这篇论文中讨论的那类因素。前者的倾向特别受到经济学家的青睐（他们经常在脚注中提到文化因素应该被考虑，大概文化因素是由其他人负责，然后他们继续讨论经济，仿佛存在于柏拉图式的理性动机天堂，完全独立于宗教、道德或家庭生活等混乱的现实）；这种倾向也可以在非经济学家的著作中找到（例如，以傅高义①为例，他关于日本的极具洞察力的著作表明，日本社会的基本制度可以在相当程度上脱离文化背景）。与之相反，"文化主义者"倾向于认为，只有在特定的文化背景下，相关制度和政策才能取得成功；历史学家、人类学家和其他领域专家更倾向于采用这种方法（仅仅因为他们出于职业的兴趣争论别人不可能真正理解"他们"的专业领域。

我认为将"制度主义"和"文化主义"解释看作互补的而非矛盾的是正确的。我个人认为，文化、社会制度和特定政策是相互作用的变量，没有一个具有不变的确定性。因此，我要强调这篇论文中并没有暗示片面的"文化主义"理论。问题不在于东亚的一切是否都可以用东亚文化来解释。相反，问题更为温和，即在评估东亚发展时文化因素应该被考量到什么程度。更狭义地说，是东亚的世俗性在多大程度上可以成为这样一个因素。

什么现象与探讨这个问题相关呢？我提出以下六点：东亚独特的宗教多元主义；东亚佛教的独特性质；神道教的"自然主义"和日本宗教意识的一般特征；儒家伦理的作用；东亚民间宗教的实用主义；至少在该地区的一些国家，基督教所扮演的角色。

东亚传统的多元主义经常受到关注（事实上，经常与西方一神教的绝对主义特征形成对比，常被认为是优越的）。在整个地区，不同的世界观、宗教传统，甚至道德思想流派一直友好共存，个人经常同时或在不同的人生阶段利用不同的传统，这种方式在西方观察者看来是不合逻辑或不敬的。我只参考了中村元②（Hajime Nakamura）的作品，他将这种多元主义解释为亚洲

---

① 傅高义（Ezra F. Vogel，1930 年 7 月~2020 年 12 月 20 日），男，哈佛大学费正清东亚研究中心前主任、社会学家、汉学研究学者、美国著名中国问题专家。

② 日本哲学家，古代印度哲学、佛教思想史专家。1912 年生于岛根县，1936 年东京帝国大学毕业，根据印度、欧洲各国古代语法，归纳出《东方思维形式》，此书确实是一部实事求是的研究著作。其于 1943 年获文学博士学位，任东京帝大副教授，1954 年升教授。二战后，指出汉译佛经中有歪曲印度原本的民主因素的迹象。对日本佛教的民主化有所启发，他认为佛教时代的哲学是一种城市国家的产物。

哲学思维的核心组成部分。当然，这种多元主义并不是东亚独有的。非常类似的态度在传统印度以及古典地中海世界中都可以找到；引用爱德华·吉本①（Edward Gibbon）的一段著名文字："罗马世界流行的各种崇拜在人们看来都是真实的；在哲学家看来都是虚假的；在官员看来都是有用的。因此，宽容不仅带来了相互包容，甚至产生了宗教和谐。"无论如何，西方的现代性并没有在这种形而上学的宽容氛围中产生，而是从基督教世界的狂热和绝对主义文化中产生。

这至少有一个重要原因：现代化对西方宗教的一个巨大冲击就是相对性。换句话说，现代性在社会实践和理论反思的层面上都挑战了基督教的绝对主义主张。现代社会使个体的社会世界多元化，迫使他们与各种认知上不一致的信徒打交道；这种社会多元主义不可避免地导致认知的相对化（我个人多年来一直主张，在西方文明的现代历史中，多元主义和世俗化是孪生现象）。这构成了相对性这一重大挑战，而西方思想总体上，尤其是基督教神学，过去约两百年来一直在与之抗争。然而，可以认为，这种冲击至少在某种程度上是东亚思想在面对现代性时所幸免的——正是因为多元主义和相对性早已深深植根于东亚文明的宗教和道德文化之中。如果是这样，那么中国、日本和韩国文化的前现代多元主义可以被视为在现代化过程中的一种促进因素。如果是这样，在当代第三世界，穆斯林地区将与东亚形成最鲜明的对比。

中村元（Hajime Nakamura）强调了亚洲世界观的相对主义和内在主义特征——后一个形容词是指认为神圣或超自然的构想存在于经验宇宙中，而不是与之对峙于超越的彼岸。这一观点在探讨东亚佛教的独特性问题上尤为重要。当马克斯·韦伯强调佛教的"彻底的超越世俗性"以及随之而来的对一切世俗活动（当然也包括经济活动）的贬低时，他强调的是上座部佛教。我倾向于认为，"彻底的超越世俗性"这一表述确实适用于合理重建的佛陀原始教义（当然，奉行大乘佛教的人会否认这一点），也适用于上座部佛教传统的主流。然而，我确信，这一表述并不适用于大多数东亚大乘佛教，因为大乘佛教传统在东亚的发展过程中已经被塑造得与之不同。

简而言之，可以说正是中国智慧的独创性将印度佛教那种否定世俗的思想

---

① 爱德华·吉本（Edward Gibbon, 1737~1794）是近代英国杰出的历史学家，影响深远的史学名著《罗马帝国衰亡史》一书的作者，18 世纪欧洲启蒙时代史学的卓越代表，有英国启蒙时代文史学之父之称。

转变为一种本质上肯定世俗的教义，而这种转变是通过发展印度大乘佛教中已经隐含的若干主题实现的。当然，这种中国化的佛教随后传入了朝鲜和日本。东亚大乘佛教因此可以被视为产生了一种非常独特的世俗性形式，这种形式与东亚文化中本土的入世态度和思维模式相融合。与这种世俗主义相关的大乘佛教主题包括菩萨为中心理念（一种"化身"主题，赋予世界宗教尊严）、经常出现的涅槃与轮回最终是一体的理念（因此在今生和经验世界中可以获得"超越"），以及每个人体内潜存"佛性"的理念。最后一个观点与韦伯的观点联系在一起特别有趣，韦伯认为佛教无法产生世俗的宗教信仰（唯一完全合格的佛教徒必须是和尚或尼姑）——这种观点可能适用于小乘佛教，但显然这未能解释大乘佛教中活跃的世俗运动（这是日本特别重要的现象）。禅宗在中国和日本的发展在"世俗化"主题方面特别有趣，其中包括现实的统一和所有人的"佛性"，而净土宗则说明了菩萨理想的世俗重要性［关于前者的发展，我只参考了铃木大拙①（Daisetsu Suzuki）和杜默林②（Heinrich Dumoulin）的著作，关于后者，我参考了北川乔瑟夫③（Joseph Kitagawa）的著作］。

本笃会的座右铭"祈祷与劳动"（orare et laborare）体现了西方修道传统中宗教冥想与世俗劳动相统一的理想。韦伯认为，这种禁欲理想具有潜在的改造世界的力量，长期以来囿于修道院和女修道院的墙壁之内，而当宗教改革打破了这些壁垒时，这种力量便以剧变的形式迸发而出。能否认为类似的能量在大乘佛教的围墙内"储存"，以及至少在日本和东亚其他地区，这种释放出来的能量（禁欲和世俗）已经是现代化的一种推动力？至少在日本，禅宗佛教与作为现代化"载体"的阶级之间的历史关系表明，这个问题并不太牵强。

大乘佛教中的世俗主题与佛教传入之前东亚文化中已经存在的类似主题之间的融合已经被提及。比如在中国，这种亲和性被认为存在于佛教和道教

---

① 铃木大拙（1870~1966），世界禅学权威，日本著名禅宗研究者与思想家。曾任东京帝国大学讲师、大谷大学教授、美国哥伦比亚大学客座教授等职。在镰仓圆觉寺从著名禅师今洪北川开始学禅，曾从事佛教典籍的英译和西方哲学、神学著作的日译，熟悉西方近代哲学、心理学等方面的成就。多次到美国和欧洲各国教学、演讲。晚年赴中国进行佛教实地考察。

② 杜默林（Heinrich Dumoulin，1905~1995），德国神父，1935 年赴日本学习东方宗教，主要学禅，著有两卷本的《禅宗史》，被誉为 20 世纪最了解禅宗的西方人。

③ 北川乔瑟夫（Kitagawa J M.），日本宗教史的奠基人之一、著名的宗教学者。

之间。鉴于神道教在日本现代化中的重要性，探讨该宗教传统中各种主题的"世俗化"潜力似乎会特别有成果。对于神道，我对其了解远远不及对佛教的了解，这让我感到遗憾。然而，我认为最值得探讨的神道元素是"自然主义"——也就是神道教对自然的态度所隐含的内在论倾向，以及这一倾向可能带来的"内世间"伦理后果。在谈到早期神道时，北川乔瑟夫（Kitagawa，Joseph M.）断言"早期的日本人并没有在神圣和世俗的生活维度之间划清界限，也没有在宗教仪式（matsuri）和政治管理（matsuri-goto）之间划清界限，这两者最终都处于天皇的权力之下，而天皇本人则受神的意志指引"（参见其《日本历史中的宗教》）。当然，日本并不是唯一持有这种人类、自然和神之间连续性观点的国家；相反，这是埃里克·沃格林①（Eric Voegelin）所称的"宇宙文明"的典型特征。我在这里只是提出一个问题，即神道"自然主义"是否可能具有的特征，特别是与佛教主题结合在一起时，是否可能培养对现代性的一种接受态度。

当人们审视当代日本所谓的新宗教时，就有了更牢固的基础。佛教、神道教、基督教和民间宗教交参圆融。然而，正如一些分析家所指出的，它们最显著的特征之一是它们的务实性，有时甚至是技术性的世俗性。例如，引用詹姆斯·戴托尔（James Dator）关于创价学会（Soka Gakkai）的言论："虽然创价学会基于日本佛教的'日莲宗'（Nichiren Shoshu）传统，但对其经典的解释相当宽泛和寓言化。它的教义是传统教条和现代科学的融合……其组织和会议……都是商业化和理性的……它……鼓励其成员在当前的日本社会中取得成功。因此，它完全是现世的，几乎没有任何形式的末世论。"其他新宗教也有很多相同的情况。这些运动当然不是在现代化之前就存在的，而是必须被看作对现代化的一种回应。但是，我们可以合理地问，这些高度理性和实用的综合体是否是日本前现代文化中预设的主题。

在所有可能与现代化相关的东亚文化现象中，近来引起最多关注的是儒家思想，或者更具体地说，是儒家伦理。在哈德逊研究所的著作和英国《经济学人》杂志中，这一伦理传统被广泛认为是东亚社会生产力的推动力。新加坡（前）总理李光耀身体力行，新加坡政府支持通过公立学校传播儒家道

---

① 埃里克·沃格林（Eric Voegelin，1901~1985），美籍奥地利历史哲学家和政治哲学家，生于德国科隆，求学于维也纳大学，是与列奥·斯特劳斯（Leo Strauss）齐名的保守主义者，是20世纪最具原创性和影响力的哲学家之一。

德。正如上面所指出的，这种儒家道德当然不是马克斯·韦伯所讨论的文人和官僚的儒家思想。相反，这是一种"通俗儒家思想"，一种激励普通人的信仰和价值观。其中最重要的是对等级的深刻感受，对家庭的承诺（个人必须为家庭努力工作并节俭储蓄），以及对纪律、节俭和仁爱的总体规范。这些信仰和价值观构成了东亚文化的共同遗产（儒家思想在很大程度上影响了韩国和日本，并且一定程度上也影响了越南，当然其影响范围远不止中华文明地区）；据说它们导致了一种非常高产的工作伦理。此外，有人认为，儒家的团结规范已经成功地从传统制度（如家庭和等级制国家）变为现代制度（如公司或工厂）。这些问题在讨论日本管理方法时得到了广泛讨论，但它们同样与中国和朝鲜的企业家精神息息相关。

同样，当必须站在辩论的一方时，我必须承认我的无知。我很难相信儒家思想在这些社会中产生了巨大的影响，却没有影响它们的经济伦理。所讨论的规范可能传播范围更加广泛，事实上，儒家思想实际上可能只是这些规范的反思（罗伊·霍夫海因茨和肯特·卡尔德在他们最近的《东亚边缘》一书中提出了这一观点）。不管怎样，学者们总是强调儒家思想的冷静理性、实用主义和世俗性。如果存在特殊的东亚世俗性，那么儒家道德，无论是作为因果代理还是作为理论合法性的论证者，都必须被认为是其中的一个重要组成部分。

霍夫海因茨和卡尔德对"儒家伦理论"的反对引起了人们对民间宗教的注意。我对此了解有限，但我确信，民间宗教不能仅仅被视为传统的魅力来源，因此也不能仅仅从负面角度来看待它与现代化的关系，即作为迷信、非理性以及西方学者曾称之为"发展阻力"的东西。相反，我怀疑在这里也存在一些实用主义、理性和确实是世俗的主题，这些主题可能在积极方面与东亚的现代化相关。

我忍不住想在这里讲一段个人轶事。几个月前，我与台北"中研院"的一位人类学家讨论了"儒家伦理论"的问题。他对这个论点表示了极大的怀疑，建议我们应该转而关注中国民间宗教中隐含的职业道德。

最后，我只能提一下基督教的问题。在东亚基督教并非在所有国家中都同等重要，可能基督教的作用在韩国最显著（值得注意的是，那里主要受到的是新教的影响，而不是天主教）。在东亚的前现代历史中，基督教充其量只是一个次要因素。然而，我们必须问的是，其现代历史是否受到基督教的

重要影响，并且其中一些意外的后果是否可能具有世俗化的特征。在这方面，最近在东南亚出现了华人转向基督教的热潮，这一现象很可能与现代化的社会和政治压力有关。

是否有一种根植于宗教的"亚洲资本主义精神"？我不知道，我只知道这个问题很重要，应该进一步探讨（我通过在国际事务理事会组织的一个研讨会上使用这个短语，向韦伯致敬）。是否正在形成一种独特的东亚现代性？我很肯定这一点，尽管它的轮廓才刚刚开始变得清晰。无论如何，前述的思考应该揭示了这篇论文开头提到的其他问题的一个不同角度，即现代化对宗教的影响问题（如果您愿意，可以称之为世俗化问题）。这个问题现在可以重新阐述：东亚是否由于西方不曾知晓的前现代世俗性而经历了一种不同类型的世俗化？

那么，该地区宗教信仰和实践的（尽管不均匀且矛盾）数据可能不像在西方国家中的类似数据那样具有相同的含义。正如预期的那样，最大的数据显示来自日本。乍一看，这似乎是自相矛盾的——高参与宗教活动与强烈的宗教不信仰表现并存。例如，在 20 世纪 60 年代由塞纳伯迪（F. M. Basabe）进行的一项关于日本宗教态度的大规模调查中，82%的受访者声称根本没有宗教信仰，甚至更多的受访者否认对上帝或来世的信仰。其他调查也得出了类似的结果，就此看来日本与斯堪的纳维亚等国家一样，处于世俗化的前沿。但是，如何解释这些数据与日本人在宗教仪式中的高度参与以及他们倾向于加入各种宗教运动的情况之间的矛盾呢？可能的解释当然是，这种参与是表面的，仅仅是外在的，并且根本不是由宗教情感驱使的——就像无神论者庆祝圣诞节或者（如果他们是政治家）支持在公立学校中进行祈祷一样。然而，还有另一种解释，即日本人在否认对上帝的信仰时可能表现得与瑞典人截然不同。

目前所讨论的东亚社会给人留下了深刻的印象，它们展现出巨大的能量、强烈的进取性 [达特桑（Datsun）汽车广告的口号可能就写在整个地区的天空上]，以及"物质主义"——确切地说，是它们的安全感。这种印象可能是准确的。一位卓越的英国经济学家，同时也是虔诚的基督徒，前不久表示，他对当代日本印象最深刻的是其"精神上的空虚"，因此，他难以相信其经济成功的持久性。似乎李光耀也对"新加坡奇迹"的未来充满疑虑。如果是这样，问题可以再次用韦伯的术语来表达：一个如此缺乏宗教价值的社会将面临越来越多的合法性问题，因为它将缺乏一个能赋予牺牲、自我克制和财富不平等以意义的"神辩"。但同样有可能经济学家甚至首相不是这些事务的最佳判断者。可能在这些社会"物质主义"的喧嚣下，不同的灵性力量仍然在发挥作用，因此，将它们视为按照西方模式进行世俗化的观念可能是一种高度扭曲的看法。

毋庸置疑，所有这些都指向了一个范围庞大的研究议题，这显然超出了任何个人的能力，并且不能指望在近期取得最终结果。人们将发现这样的议题具有吸引力，因为其中的问题在智力上是引人瞩目的。然而，也应该强调，这不仅仅是一个智力或学术议程。

很显然，东亚是世界上至关重要的一部分。它的经济、社会和文化动态将日益在全球范围内变得重要。如果其经济继续按照目前的轨迹发展，解决关于其"内在秘密"的问题将变得更加紧迫。简而言之：这种发展模式有多容易传播？这不仅仅是美国和欧洲商界提出的问题。东南亚的政治领导人敦促其人民效仿日本。中东阿拉伯地区的政府机构已经派遣代表团前往韩国，了解其经济成功的缘由。

东亚是一个高度世俗化的地区吗？如果是的话，那么东亚与当今非西方世界的整体格局形成鲜明对比。如果东亚不是一个高度世俗化的地区，那么在通常意义上，世俗化仍然是一种西方现象，可能是一种独特的西方弱点。这个问题不仅仅是一个学术问题，还具有深远的现实意义和政治影响。

书评

追根溯源的方法论考察

——《现代中国哲学史中的方法论研究》读后

黄 卉

（天津社会科学院中国特色社会主义研究所）

摘 要：《现代中国哲学史中的方法论研究》一书立足于哲学史，在中西文化交汇的时代背景下全面考察了胡适、梁漱溟、冯友兰、张岱年四位哲学家的方法论。作者以个案研究的形式，对哲学家的方法论进行了条分缕析的理论溯源和深入细致的脉络梳理，最后予以客观公正的学术评价。该书在写作方式上实现了分析与综合的理想统一，既有对整个现代中国哲学史中的方法论的整体观照，又有对哲学家方法论形成过程的具体而微的分析。在论述过程中，作者遵循了知人论世的原则，融合了思想的情怀与学术的理性，既凸显了哲学家为中国文化探索前路的责任担当意识，又体现了他们潜心专研、勇于创新的学术精神。

关键词：现代中国哲学 方法论 哲学思潮 思想论争

现代中国哲学家都有比较自觉的方法论意识，他们力图通过建立一种科学的哲学方法论来促进中国哲学的发展，实现中国哲学的现代转化。高海波教授的《现代中国哲学史中的方法论研究》一书详细梳理了胡适、梁漱溟、冯友兰、张岱年四位现代中国哲学家的哲学方法，展示了他们各自的方法论特点和运思过程。该书在写作方式上实现了分析与综合的理想统一，既有对整个现代中国哲学史中的方法论的整体观照，又有对哲学家方法论形成过程的具体而微的分析。在具体的个案研究中，

作者以时间顺序纵向考察了各位哲学家方法论的变迁，同时横向比较了他们的观点异同，凸显了他们各自的方法论特色。

全书分为六章，第一章绪论从综论的角度介绍了现代中国哲学方法论产生的时代背景。主体部分是对胡适、梁漱溟、冯友兰、张岱年四位哲学家的个案研究。最后一章是作者对前面各章的总结及评价。全书材料丰富、脉络清晰、分析细密，是一部研究现代中国哲学方法论的力作。本书的主要特点可以概括为以下几个方面。

一　多维观照的学术视野

20世纪的中国社会经历了思想文化的剧烈变动，有关传统与现代、东方与西方的矛盾纷争不断，各种思潮相互交织在一起，形成了错综复杂的思想格局。现代中国哲学家自觉担当起为中国文化找寻出路的时代责任，"开始反思中西文化及哲学的差异、中国哲学的特点及缺陷，自觉吸收西方哲学的方法来诠释中国哲学、改造中国哲学，创造新的哲学体系"①。重建哲学方法论成为20世纪中国哲学现代研究的时代特征。该书不仅在纵向上将现代哲学家的方法论的产生和发展与五四新文化运动以来中华文明的现代转型内在地结合在一起，既着眼于世界哲学的发展潮流，又立足中国哲学的逻辑进程，而且在横向上注重从理论与现实、中国与西方的有机统一中去全面地观照现代中国哲学方法论，同时从比较的视域考察了哲学家们的观点异同，展示了他们围绕方法论问题而进行的一系列思想论争，体现出一种多维观照的学术视野。

该书注重考察世界哲学思潮对现代中国哲学发展的影响。民国前后，西方哲学界流派纷呈，各种主义、学理纷纷输入中国，到五四时期，在中国学界掀起了介绍西方哲学思想的高潮。到了20世纪二三十年代，辩证唯物论在中国传播，在当时引起了很大争论。西方哲学在中国被深入和广泛地介绍，极大地开阔了中国哲学家的视野，刺激了他们对中国哲学方法论的反思。五四新文化运动之后，先后爆发的科玄论战、中国本位文化论战、中国社会史论战等一系列现代中国哲学史上的重要思想论

---

① 高海波：《现代中国哲学史中的方法论研究》，清华大学出版社，2021，第218页。

争，都可以看作中国思想界对世界哲学思潮所做出的回应。

现代中国哲学家们自觉接受不同哲学流派的思想影响，形成了多元化的方法论。胡适是坚定的实验主义支持者，以实验主义为主要哲学方法，冯友兰、张申府、张岱年等"清华学派"哲学家高度重视逻辑分析法，梁漱溟则受到了西方反理性的哲学潮流的影响，对柏格森的"直觉"方法情有独钟。由于方法论上的分歧，哲学家们彼此之间的争鸣也异常激烈，经常互相撰文批驳。作者在个案分析中注意分析哲学家与时人的思想论战，呈现他们争论辩驳的全过程。例如，作者详细描写了梁漱溟与胡适围绕方法论所进行的一系列争论，以及在人生观、文化观、政治立场各方面的分歧。作者认为，"隐藏在二人思想分歧背后的是方法论的差异乃至对立"①，因此将梁、胡之争看作"儒墨之是非"的现代版。总的来说，20 世纪的方法论之争反映了哲学家在西方文明的冲击下，试图运用西方哲学的方法论解决中国哲学问题的努力方向。

二 条分缕析的理论溯源

现代哲学家大多学问渊深博杂，该书对哲学家们的方法论进行了条分缕析的理论溯源，追问其思想出处，厘清了其方法论思想的来龙去脉。例如，作者结合胡适在《介绍我自己的思想》等文章中的叙述，详细考察了胡适思想方法的理论来源，认为胡适主要受了赫胥黎和杜威的影响。胡适早年赴美留学期间，通过阅读赫胥黎的书，接受了赫胥黎的"存疑主义"精神，因其师承杜威教授，深受杜威实验主义的影响。胡适非常推崇赫胥黎"强调证据"的方法，并以此为他的无神论的自然主义宗教观的重要方法根据，他的治学方法、文化观、政治观、社会观都体现了对这一方法的重视。从杜威那里，胡适学会了实验主义方法和历史的方法。胡适将杜威的实验主义方法论概括为"大胆的假设，小心的求证"，这十字真言可以说是胡适倡导实验主义方法论的招牌了，他后来从事学术研究、文学革命、社会改良等一系列社会活动都是以此方法为指导的。

在中西哲学交汇的思想背景下，现代中国哲学家的方法论不可避免

---

① 高海波：《现代中国哲学史中的方法论研究》，第 51 页。

地带有西方哲学的色彩，但他们之所以会成为现代中国哲学史上有影响力的哲学家，正是因为他们并不是简单稗贩西方学说的宣传家，而是努力融通中西的原创型哲学家。作者在研究过程中注重古今中外的源流辨析和横向比较，力图展示哲学家们积极从西方哲学中汲取思想资源，并将之与中国传统哲学相融合，为中国哲学的发展寻找合适的哲学方法的探索历程。例如，在《中国哲学大纲》中，张岱年运用中国哲学本身的概念、范畴来描述中国传统哲学的方法论，并将其归纳为六种。但在解释这些哲学方法的时候，则将西方哲学中的直觉、理智、实验的方法、辩证法等基本方法与"体道""尽心""析物""两一"等主要的中国哲学概念联系起来。又如，作者在分析梁漱溟以心理学为基础的方法论时指出，"梁漱溟既深受东方学术'反求诸己'的内圣之学的深刻影响，又受西方生命派直觉主义哲学的影响，因此更加强调内心的反省"①。从作者的论述中，我们可以看到，现代中国哲学家们普遍具有深厚的中国哲学修养，这是他们接受西方哲学的理论底色。他们努力融合古今中西不同的哲学方法，创建现代中国哲学，实现了中国哲学的"主体性"与"现代性"的统一。

三 深入细致的脉络梳理

哲学家一生思想数变，他们的方法论也是在不断地摸索、修改中逐渐成熟定型的。该书在全面搜集、整理、爬梳文献的基础上，以时间为线索，对哲学家的思想脉络进行了细致的梳理。这一梳理分析不是静止的，而是动态的。作者一方面结合哲学家的学术背景和理论选择，进入哲学家各项思想渊源的内在理路之中去把握其发展衍化，揭示其探索方法论的学思历程。另一方面，作者注意把握哲学家的思想转向与其人生经历的内在关联，详细考察了哲学家不同时期的方法论特点，重点把握其方法论转变的关键节点。

细读该书每一章节的内容，可发现作者在梳理哲学家作品的过程中极尽考索之功。对于哲学家的思想观点是什么时候完成转变的，其转变

---

① 高海波：《现代中国哲学史中的方法论研究》，第51页。

的关键点在哪里，该书均有丝丝入扣的再现。例如，作者注意到，学界对冯友兰哲学方法的研究，较少关注到他早期的哲学方法观，实际上，冯友兰早期的哲学方法观比较复杂，也经历了多次转变。作者追溯了冯友兰早期哲学方法观及其转变的过程，认为冯友兰在 20 世纪 20 年代早期，主要受杜威实验主义的影响，在 20 年代中期之后，开始转向新实在主义。他在 1926 年写的《人生哲学》仍然采取一种调和实用主义与新实在主义的观点，而在 1927 年 1 月所写的《名教之分析》一文，其方法与观点则是逻辑的、新实在论的。作者还注意到，由于方法论的转向，冯友兰对戴震的理欲观也经历了从欣赏到反对的态度转变，在 1926 年出版的《人生哲学》中，冯友兰表达了对戴震关于"遂情达欲"之欲望调和的理欲观的欣赏，主要是因为他认为这一看法与实验主义的方法论有暗合之处。而在 20 世纪 30 年代的《新对话》中，他却将戴震置于"新实在论者"朱子、公孙龙的对立面加以批驳。如此迥异的态度说明在《新对话》中，冯友兰已经彻底转向了新实在论的立场，具有经验主义色彩的戴震哲学自然成为新实在论的对立面。

哲学家的思想转向不仅与其理论选择有关，更与哲学家个人的生活实践有着千丝万缕的联系。正如冯契先生所言："没有真切的感受，也不可能有真正的哲学著作。"① 作者认识到哲学家个人的生命体验对其哲学思考的重要影响，在论述过程中将哲学家的人生经历与他们的思想演变过程密切结合起来。例如，作者讲述了胡适从母亲去世这件事体会到普通人对于世界的影响，从而认识到"三不朽"的信仰存在缺陷的经历，这一经历对胡适的人生观、宗教观产生了很大影响。又如，作者引述了梁漱溟在《自述早年思想之再转再变》中的一段话，讲述了梁漱溟早年思想转变的过程。梁漱溟早年深受父亲实用主义价值观影响，是个欲望强烈的"野心家"，却又常苦于欲求遭受挫折，偶然看到女仆快乐地晒被子，引发深思，从而体悟到"苦乐不在外境，而在主观的心境"。这些有关哲学家人生经历的细节描写，生动形象地向我们展示了哲学家在体悟人生、顿悟生命的基础上开悟思想、完成思想创造的学术历程。

---

① 冯契：《认识世界和认识自己》，《冯契文集》第 1 卷，华东师范大学出版社，2015，第 5 页。

四　客观公正的学术评价

现代中国哲学家的方法论具有多元性，但无论哪种方法论都在当时及后世引起了巨大争议，赞誉和批评并存。在对哲学家的方法论思想进行评价时，作者严守客观公正的学术立场，遵循知人论世的评价原则。一方面，将哲学家置于特定的时代背景中，从学术史的视角评价其思想意义；另一方面，将同时代学者及当前学界对其观点的讨论、批驳等串联起来，为我们全面了解哲学家的思想特点、历史意义提供了更广阔的视角。

长期以来，学界对胡适的实验主义方法论批评颇多，甚至有人认为胡适已经"过时"。作者认为，胡适的实验主义的方法确实存在缺陷。表现在中国哲学史的研究上，"他过强的实验主义立场影响了他对中国哲学史的客观判断，导致了他对具有实用色彩的墨家评价很高，而对儒家和道家等不能深入其思想内部，对之进行客观的了解"①。这一点也引起了同时代很多学者的批评，冯友兰、张岱年、梁漱溟、张君劢等哲学家都批评胡适在研究中国哲学时过于依赖西方实验主义的方法，对中国哲学思想内涵的理解还比较"肤浅"。他们认为这也是胡适的《中国哲学史大纲》未能写出下卷的主要原因。此外，在对待传统文化上，胡适也是批判大于肯定，以至于引发了后来的疑古思潮；在政治上，他坚持保守的改良主义立场，客观上对中国革命也产生了消极的影响。尽管如此，作者仍然肯定了胡适及其所提倡的实验主义方法论在现代思想史上的重要意义，否认"胡适已过时"的说法。

对于冯友兰的新理学的哲学方法，作者同样是从正反两个方面进行了评价。作者高度肯定了冯友兰对中国哲学发展的重大贡献，"他将西方的逻辑分析方法引入中国，对中国哲学、中国哲学史的建构起到了示范的作用"②。同时，作者也指出，冯友兰用逻辑分析方法建构的"新理学"体系存在过于形式化、空洞化的问题，而且在他的体系中，包括修养方法论在内的传统哲学的工夫论也是欠缺的。作者分析，冯友兰的新理学引发时人强烈批评的一个重要原因就是，无法通过他的方法实现修身成圣，书中引用了当时批评最

---

① 高海波：《现代中国哲学史中的方法论研究》，第48页。
② 高海波：《现代中国哲学史中的方法论研究》，第178页。

为严厉的维也纳学派的中国传人洪谦的一段话来详细说明这一点。当然，瑕不掩瑜。在第四章的最后，作者借用张岱年、孙道升两位先生对冯友兰的评价作为结语，称其为"现代中国哲学的一个高峰"。[①]

结　语

总之，《现代中国哲学史中的方法论研究》一书立足哲学史，在中西文化交汇的时代背景下全面考察了胡适、梁漱溟、冯友兰、张岱年四位哲学家的方法论。作者以个案研究的形式，对哲学家的方法论进行了条分缕析的思想溯源和深入细致的脉络梳理，最后予以客观公正的学术评价。在论述过程中，作者遵循了知人论世的原则，融合了思想的情怀与学术的理性，既凸显了哲学家为中国文化探索前路的责任担当意识，又体现了他们潜心专研、勇于创新的学术精神。

值得一提的是，附录的两篇文章《梁漱溟的生命教育理论与实践》《唯物·理想·解析——张岱年先生〈道德之"变"与"常"〉评析》是作者此前对梁漱溟、张岱年两位先生的哲学思想的专论，体现了其对现代中国哲学思想的深切关注。由此可见，该书应是作者在对专人、专书的纵深研究有了一定积累的基础之后，重新对现代中国哲学史中的方法论所做的整体的观照和梳理，可以为读者探寻现代中国哲学方法论提供便捷门径，值得仔细研读。

当然，该书也有未尽之处。于中国而言，20世纪，是一个思想文化汹涌澎湃、异彩纷呈的时代，各种哲学思潮相互交织，各种主题的论战也相继出现，对于哲学方法的讨论几乎是每位哲学家都会涉及的话题，仅通过对胡适、梁漱溟、冯友兰、张岱年四位哲学家的研究显然不足以完整呈现现代中国哲学史有关方法论讨论的全貌。

---

① 张岱年：《评〈新知言〉》，《张岱年全集》第一卷，河北人民出版社，1996，第339页。

中国哲学史书写中的中国哲学[*]

——兼论《中国哲学概论》的返本与开新

李春颖　　王浩源

（中国政法大学国际儒学院）

摘　要：中国哲学具有自身独特的思维方法论和体系架构，中国哲学史百年来的发展，在民族性与世界性、传统与现代之间，走出了一条既具有突出的哲学普遍性，又保持了民族文化独特性的学术之路。中国哲学与哲学的关系问题、中国哲学史与中国哲学的关系问题，自中国哲学史学科建立起贯穿始终。《中国哲学概论》返本与开新并进，返本，既是继承近代以来的中国哲学研究方法，更是探寻中国文化本源和精神实质；开新，《中国哲学概论》整体结构采用十字交叉的写作方法，这在中国哲学史书写中是首次。这不仅是写作方法的创新，从根本上看，这是基于作者对世界哲学及其发展趋势的整体把握。中国哲学中的"中国"和"哲学"共同获得了凸显。

关键词：中国哲学史　中国哲学　《中国哲学概论》

哲学、中国哲学史与中国哲学，以三者关系可以描摹出一幅百年来中国哲学发展的图景。中华文明有超过 5000 年的历史，形成完整学派的先秦诸子距今也有超过 2000 年的历史，以"哲学""中国哲学"这样的现代学科划分来阐释中华优秀传统文化，仅有 100 多年历史。1898 年开设京师大

---

* 基金项目：北京市社会科学重点项目"情感儒学与孟子性善论"（21DTR005）。

学堂，1906 年王国维倡导设立哲学学科，并设定以"哲学概论""中国哲学史""西洋哲学史"为主的课程体系。当时王国维主要使用从日本引入的哲学及中国哲学史相关书籍和思想（日本则是明治维新之后引入的西方学科体系，将 philosophy 翻译为"哲学"），并运用西方哲学的问题与方法来建构中国哲学史。1912 年京师大学堂设立"哲学门"，中国建立了第一个哲学系，1914 年招生并开设"中国哲学史"课程。1916 年谢无量借鉴日本的研究，写作了《中国哲学史》。差不多同一时间，胡适在美国哥伦比亚大学哲学系师从著名的实用主义哲学家杜威，写作博士论文《先秦名学史》，后修改为《中国古代哲学方法之进化史》。胡适回国后，在博士论文基础上，于 1919 年出版《中国哲学史大纲》（上卷），这在中国哲学史学科中具有里程碑意义。

于此可见，中国哲学史作为一门现代学科，从创建起就与西方哲学有着密不可分的关系，在发展过程中也长期以西方哲学为参照和标准。如果抛开地域上的"中国"与"西方"之别，二者均属"哲学"这一学科，却又存在极大的差异。因此，在百年历史中，曾多次掀起中国哲学与哲学关系、中国哲学合法性问题的讨论热潮。除了纯学术讨论外，热潮中还充溢着民族与世界、中与西、保守与开放、传统与现代等近代以来的探索和争鸣。这属于"中国哲学"与"哲学"的关系问题，或者用冯友兰的话，属于"中国底哲学"与"哲学在中国"的关系问题。

"中国哲学史"与"中国哲学"的关系则发生较晚。一般而言，哲学史与哲学密不可分，尤其是中国哲学体系的建立，或者说，作为现代学科的中国哲学，就是在对漫长历史中的中华优秀传统文化进行考索、摘取与重构。在相当长的时期中，中国哲学史的研究对象就是中国哲学，即在以经史子集系统为主的传统文化中探寻属于哲学的思想。自 20 世纪 80 年代以来，新中国独立培养了一批又一批哲学研究者，对中国哲学史各个分期都有了非常全面且深入的研究。在此基础上，自然发展出对哲学体系的追求，由对中国哲学史的探索发展到对哲学体系的建构。与此同时，中国经济高速发展，科技进步加速了全球化进程，社会文化各方面都开启了新局面，无论是个体生命的安顿，还是世界格局的调整，都在呼唤回应当下问题的新的哲学体系、价值系统。这是"中国哲学史"与"中国哲学"的关系问题。

一　在中国哲学史书写中探寻中国哲学

中国哲学史学科的建立、"中国哲学史"著作的书写与"中国哲学"的发展密不可分。这一点是中国哲学学科发展的独特之处。一般来说，"史"是对事物发展历程的记述、回顾和总结，所以"史"总是滞后于事件本身的，西方哲学与西方哲学史的关系就是如此。20世纪初"哲学"由日本及胡适等留美学者引入中国，首先面对的不是哲学体系的建构，而是对中国固有的历史思想资源进行"反向格义"。这与汉代佛教传入中国的情况完全不同，佛教传入是其融入中华文化的过程，以中华文化固有的概念解释外来文化。"在长期发展中，它（佛教）被气象阔大、理论学说丰富多彩的中国哲学改造，成为中国思想的有机组成部分。……佛教在中国的广袤土地上，比在它的发源地——印度，展现了更加生动、更加多姿多彩的画面。"① 百年前西方哲学的传入，则是以全新的学科系统、思维方法、问题意识、概念定义重新选取、诠释、组织、构建中国固有思想的过程。在这个过程中，一方面将经史子集中与哲学研究内容相关的部分进行整理诠释，另一方面挖掘其中的哲学问题、逻辑方法，并对其进行体系建构。

中国哲学史的早期写作，大体上也是沿着以上两个方面推进。前面提到在中国哲学史上具有里程碑意义的胡适《中国哲学史大纲》（上卷），主体是他在哥伦比亚大学撰写的博士论文《先秦名学史》，名学在胡适看来是逻辑学，而逻辑学是西方哲学尤其是英美哲学最重要的哲学方法。胡适受美国实用主义影响，写作时尤其重视挖掘中国文化中逻辑方法的内容。他明确表示："我这本书的特别立场是要抓住每一位哲人或每一个学派的'名学方法'（逻辑方法，即是知识思考的方法），认为这是哲学史的中心问题。"② 因注重逻辑学与实证主义，故而该书长处是大刀阔斧去除繁芜，从浩瀚的典籍和上古神话中梳理出一个大体规模，从先秦诸子讲起。可惜胡适只写了上卷，止步于先秦诸子。其短处是太过偏重逻辑学，而逻辑恰恰是中国古代思想较为薄弱的部分，这造成该书内容与中国思想存在错位。其所采用的视角与方

---

① 张学智：《中国哲学概论》，高等教育出版社，2022，第 153 页。
② 胡适：《中国哲学史大纲》（上卷），《胡适学术文集》，中华书局，1991，第 5 页。

法虽属于哲学（美国实用主义），但与中国哲学仍有距离。

在中国哲学史的写作过程中探寻中国哲学，这是中国哲学史学科早期的特点。胡适之后，冯友兰在20世纪30年代初出版了《中国哲学史》两卷本，成为影响最为深远，在中国哲学专业中长期广泛使用的教材。冯友兰的《中国哲学史》避免了胡适书中的短处，虽重逻辑，但不受逻辑学和新实在论局限，讨论哲学问题视野开阔，西方哲学中最重要的内容宇宙论、本体论、人生论、知识论被系统地引入到中国思想诠释中。他将中国思想中与哲学内容相关的部分选出，并构建出各部分紧密相连的哲学系统，这就囊括了对中国思想进行整理诠释、体系建构两大方面。冯友兰是中国哲学史学科的实际奠基人，建立了中国哲学史的整体规模："先秦诸子、两汉经学中涉及义理的部分、魏晋玄学、隋唐佛学、宋明理学、清代义理之学。"① 他将哲学问题、哲学方法、体系建构融入到中国哲学纵向的历史发展脉络中。

与冯友兰纵向的历史脉络不同，张岱年在1936年完成的《中国哲学大纲》，是以横向的哲学问题为纲来建构中国哲学。"此书内容，主要是将中国哲人所讨论的主要哲学问题选出，而分别叙述其源流发展，以显出中国哲学之整个的条理系统，亦可以看做一本中国哲学的问题史。"② 张岱年在哲学方法上受英美分析哲学影响，注重逻辑分析，《中国哲学大纲》全书分为宇宙论、人生论、致知论三部，全面地分析了中国思想中的哲学问题、概念范畴及其发展演变历程。如宇宙论、中道论、太极阴阳、理气论等，以及人生论中天人合一、性善性恶、仁等，是中国特有的概念，同时其内含的哲学问题与西方哲学是共通的，都是在研究宇宙的根本原理、探讨人类生活的根本准则、考察人类认识的根本规律。中国哲学首先是哲学，中国哲学史首先是哲学问题的发展史。

新中国成立前，中国哲学在中国哲学史的书写中建立起来，在方法上主要受以英美为主的西方哲学影响，在内容上囊括了哲学最重要的三个部分：宇宙论（本体论）、人生论、知识论（致知论）。可见中国哲学作为一个现代学科，自建立起，就是一个完整的哲学体系，而非哲学中某个门类。它包含哲学中所有根本性的问题，是中国文化对宇宙、人生根本性问题的独特解

---

① 张学智：《中国哲学概论》，第20页。
② 张岱年：《中国哲学大纲》，商务印书馆，2015，第21页。

答。中国哲学在关注的哲学根本问题上具有普遍性，在对这些根本问题的解答上又具有独特性。

新中国成立以后，马克思主义哲学成为社会各界的指导思想，中国哲学在研究方法和视角上增加了新的内容。从20世纪60年代到80年代，主要由教育部统编中国哲学史教材，写作主体由个人转为集体，最早是由任继愈主编的四卷本《中国哲学史》。作为教材使用范围最广的是北京大学哲学系编写的《中国哲学史》，它广泛加入了马克思哲学思想，在哲学方法上重注唯物唯心的分判，在历史脉络中运用唯物史观和阶级斗争的观念。这为中国哲学研究和中国哲学史写作增加了新的内容和新的挑战：如何将马克思主义哲学与中国哲学相结合？如何在中国哲学中观照和回应以马克思唯物论及现代科学主义为主流的社会现实？

此时不单是民族性与世界性的问题，还包括传统与现代的问题。对于拥有悠久历史的中华优秀传统文化，应考虑如何扎根于当代，直面当下问题，回应现代人的困惑，获得自身的创造性转化及创新性发展。1978年恢复高考后，新中国培养了一批优秀的中国哲学学者，中国哲学史研究无论在广度还是在深度上都有了极大的推进，并具有更强的国际影响力。与改革开放同时，学术界的国际交流景象繁荣，西方哲学各个时期各种流派都被广泛引入国内，仅商务印书馆的"汉译名著"系列就拥有极大的阅读群体和学术影响力。传统与现代、新时期的民族性与世界性问题交织在一起，共同推动中国哲学在方法、视野、问题意识、研究深度与广度上，达到了一个新的高度。这也呼唤着新的——能够更好总结中国哲学当下发展、展现中国哲学思想特色、体现中国哲学研究高度的——"中国哲学史"著作。

《中国哲学概论》正是在这一背景下产生的，它在当下中国哲学研究高度上，继承了中国哲学史书写的历史传统，做出了研究方法和思想深度上的推进。在方法上，张学智深耕于北京大学的中国哲学史传统，将冯友兰纵向的历史脉络与张岱年横向的哲学问题结合起来，开创了十字交叉的书写方式；在哲学内容上，该书突出中国哲学的特点，同时又强调哲学问题的普遍性，将民族性与世界性（特殊性与普遍性）融为一体。拨开表象，中西方哲学在哲学根本问题上是一致的，追求哲学问题普遍性的同时，凸显中国哲学的独特性，是百年来一代又一代中国哲学研究者坚定的信念和努力的方向。

二　基于哲学特性的十字交叉方法

《中国哲学概论》整体结构采用十字交叉的写作方法，这在中国哲学史书写中是首次。这不仅是写作方法的创新，从根本上看，这还是作者对世界哲学及其发展趋势的整体把握。通过对中西方哲学发展历史的梳理，作者敏锐地指出：

> 中西方哲学的发展历史昭示我们，如果把哲学分作不同的统系，则可有纵横两个系统。纵的系统是根据历史文化的积淀做出的，横的系统的根据是对剖面的结构、要素的分析。在西方，两者皆源出于古希腊。前者的典型表现是黑格尔哲学。在他看来，哲学是活动的，是古今有价值的思想体系的总和、抽象。……而以剖面思维为主的哲学则用理性追求知识的确定性。①

首先，十字交叉的书写方式根源于哲学自身的特质。纵横两个系统首先是不同的哲学体系、哲学路径。众所周知，自古以来对哲学的定义是困难和复杂的。哲学作为最古老和最具普遍性的学科，始终面对宇宙和人生的根本性问题，而对根本性问题的追寻必然难以获得一致认同的、内涵清晰外延明确的定义。不同时代，不同哲学家都曾尝试给哲学下定义，下定义本身就包含了哲学家对哲学的理解。例如黑格尔对哲学的定义："那自身决定的真理有一种冲力去发展它自身，只有那有生命的和精神的事物，才有自身冲动、自身发展，所以作为自身具体、自身发展的理念，乃是一个有机的系统，一个全体，包含很多的阶段和环节在它自身内。而哲学就是对于这种发展的认识，并且作为概念的思维，哲学就是这种思维的发展。这种发展愈增进，则哲学便愈完善。"② 黑格尔将哲学看作绝对精神的演进，哲学是一个活动的、有机的思想系统，因此它具有突出的历史性，哲学就是哲学史。这是纵的系统的典型。

---

① 张学智：《中国哲学概论》，第4~7页。
② 〔德〕黑格尔：《哲学史讲演录》第一卷，贺麟、王太庆译，商务印书馆，1959，第32页。

通过追溯古希腊哲学以理性认识获得确定知识，至康德对知性何以可能的主体因素进行的分析，再到现当代处于主流的实在论和分析哲学，张学智对横的哲学做出精当的总结："横的哲学往往就对象的横截面分析其构成要素和结构形式，所用方法主要是逻辑推证的。"① 横的系统突出哲学对真理的追寻，即运用理性探求人类知识的各个方面，如知识论、伦理学、政治学等，追求知识的确定性。近代以来，科学主义盛行，人类知识在广度和深度上均获得空前的发展，横的哲学系统与近代科学主义精神一致，成为哲学的主流，发展出多种流派，如经验主义、逻辑实证主义、存在主义、知识论、语言哲学等。

以横纵两个系统分析不同的哲学体系和方法，并对世界哲学在近现代的发展进行总体上的把握，这是作者对哲学深刻的思考。张学智不仅将其作为哲学这一源远流长又不断创新的复杂学科自身的特点，更将其作为哲学史的书写方法，运用到《中国哲学概论》的写作中。哲学纵横两个系统，被运用到哲学史的书写中，一方面，能将每个问题进行深入的剖析，对不同学派进行对比；另一方面，能展现思想发展变迁的历程。

其次，十字交叉的书写方法是对中国哲学史学科百年来发展的继承和综合创新。中国哲学史写作的经典范式主要有两种，一是纵的写法，从古至今，以时间为重要线索。这是中国哲学史写作中最重要的范式，冯友兰《中国哲学史》《中国哲学简史》《中国哲学史新编》都是纵向写作的代表，将中国古代哲学大体分为先秦、两汉、魏晋、隋唐、宋明、清几个重要历史时期。二是横的写法，以哲学问题为主线，分为不同的专题、流派，对其概念、论题、论证方法、思想衍变等分门别类地展开论述。张岱年在20世纪30年代撰写的《中国哲学大纲》就运用了横的写法，将中国哲学中的重要思想分为宇宙论、人生论、致知论三大部分，各部分根据中国传统思想的特点又细分为道论、太极阴阳论、气论、理气论、天人合一、性善与性恶、自然与人为等。

两种写作范式，都体现了作者明确的方法论意识。对此，张学智在十多年前的文章中已有精准的论述：

① 张学智：《中国哲学概论》，第11页。

从（张岱年）早年《中国哲学大纲》的写作中对逻辑分析方法的运用，到中年的"天人五论"对分析方法的阐述，再到晚年代表他一生哲学所得的《中国哲学史方法论发凡》、《中国古典哲学概念范畴要论》等，在在皆贯彻了分析方法。特别是他二十七岁写成的《中国哲学大纲》，是运用逻辑方法分析中国古代哲学的典范。以纵的方法叙述中国哲学发展历史的著作在三十年代的中国学界已经有了几种，其中最著名的是胡适的《中国哲学史大纲》（上）和冯友兰的《中国哲学史》。而以横的方法全面、系统地论述中国哲学问题的，当时尚无有。张先生将此书的副题定为"中国哲学问题史"，意即在突出横向的、以哲学问题为纲这一点。①

    中国哲学史学科从建立起就一直伴随着如何看待和处理中国哲学与哲学的问题，早期的学科奠基人如冯友兰、胡适、张岱年都具有强烈的哲学意识和方法论自觉。利用纵的方法对历史上各时期哲学思潮的兴起、转变、思想特点进行分析，容易把握中国哲学总体；利用横的方法按照哲学问题全面、深入地论述哲学思想，容易把握哲学精深的义理及逻辑分析方法。纵横两种方法各有所长，著者写作时都着力强调中国哲学的哲学性，同时凸显其民族性。

    《中国哲学概论》首次使用纵横结合的写作方法，继承了中国哲学史研究和写作的两种基本范式，并对其进行综合创新。将纵向哲学义理的剖析与横向历史发展的铺陈叙事有机结合，取两者之长，既凸显中国哲学的哲学性，讨论问题的普遍性，又展现中国哲学独有的思维特点、问题意识、理论形态。中国哲学"具有解决实际问题的现实取向与突出的人本主义精神"②。对照现当代西方哲学的发展趋势，哲学深受科学主义思想影响，过于强调实证的分析方法。哲学的"科学性"使哲学关注的问题日趋细密，从而在回应关于宇宙、人生的根本性问题上的能力反而减弱。中国哲学自古以来具有突出的人本主义精神，内含深沉的形而上学追求，近代以来，中国哲学学人始终坚持这一根本性特质。张学智对此给出了精当的总结：

---

① 张学智：《张岱年早期思想中的哲学、理想与解析》，《哲学研究》2012 年第 1 期。
② 张学智：《中国哲学概论》，第 4 页。

375

对人的精神修养、心灵境界、超越需求等大的方面的探寻，是哲学与实证科学分途之后返归它的本有功能。中国哲学当在面向未来、融入世界文化的归趋中逐渐抹去它的胎记而成为各民族共享的思想利器。①

这不仅是对中国哲学精神特质的总结，更是对哲学未来发展极有见地的启示。

结 语

中国哲学具有自身独特的思维方法论和体系架构，中国哲学史百年来的发展，在民族性与世界性、传统与现代之间，走出了一条既具有突出的哲学普遍性，又保持了民族文化独特性的学术之路。中国文化自西周起一直具有突出的人文主义特点，西周以后"中国文化历程中体现的道德人文主义的精神气质可以说就是在此基础上得以形成"②。中国传统文化是世界上唯一持续至今从未断绝的文明，作为文化核心的中国哲学必然是其精神实质的集中展现。近代以来，中国哲学的发展始终保有人文主义特征，并吸收其他哲学体系的长处，不断地在继承传统的过程中进行创新，尤其是借鉴西方哲学问题意识突出、论证细密等特点来阐发中国思想的深层意蕴。近 10 年来中国哲学在研究方法和哲学思想上不断创新，涌现出很多重要著作，尤其在哲学最为核心的本体论方面有突出进展。张学智在 2006 年出版的《心学论集》中对此曾有展望：

> 今后中国哲学的发展方向，应该是向体系更广大、思辨更深刻、内容更新颖充实、形式更规范严整的方向努力。哲学本体论的建构，是未来中国哲学一个应着力加强的方面。③

站在 21 世纪以来中国哲学发展及多元文化会通的基础上，《中国哲学概论》展现了当代中国哲学史写作的新高度。返本与开新并进，返本，既是继

---

① 张学智：《中国哲学概论》，第 4 页。
② 陈来：《古代宗教与伦理》，生活·读书·新知三联书店，2009，第 196 页。
③ 张学智：《心学论集》，中国社会科学出版社，2006，第 374 页。

承近代以来冯友兰、张岱年等先辈开创的中国哲学研究方法，更是应用中国哲学自身的方法探寻文化本源和精神实质。百年前，我们不可避免地运用西方哲学格义中国思想，今天中国哲学史写作不再是以某种方法、体系来格义中国哲学，而是探索并应用中国哲学自身的方法。开新，十字交叉的写作方法首次运用，是哲学史写作的极大创新，更代表了中国哲学研究在方法和体系上的创新，中国哲学中的"中国"和"哲学"共同获得了凸显。

图书在版编目（CIP）数据

清华国学. 第五辑 / 陈来主编. -- 北京：社会科
学文献出版社，2024.12. -- ISBN 978-7-5228-4536-4

Ⅰ. Z126.27-53

中国国家版本馆 CIP 数据核字第 202455VG76 号

《清华国学》第五辑

主　　编／陈　来

出 版 人／冀祥德
责任编辑／卫　羚
责任印制／王京美

出　　版／社会科学文献出版社·人文分社（010）59367215
　　　　　地址：北京市北三环中路甲 29 号院华龙大厦　邮编：100029
　　　　　网址：www. ssap. com. cn
发　　行／社会科学文献出版社（010）59367028
印　　装／三河市东方印刷有限公司

规　　格／开　本：787mm×1092mm　1/16
　　　　　印　张：23.75　字　数：393 千字
版　　次／2024 年 12 月第 1 版　2024 年 12 月第 1 次印刷
书　　号／ISBN 978-7-5228-4536-4
定　　价／138.00 元

读者服务电话：4008918866